100

| 한국장로교총회창립 100주년기념 표준주석 |

민수기

대한예수교장로회총회교육자원부 편

한국장로교출판사

발간사

본 주석서는 대한예수교장로회총회의 신앙과 신학 이념을 따라 평신도와 신학생, 목회자와 신학 교수들이 성경을 바르게 이해하도록 도움을 주는데 그 목적이 있다.

대한예수교장로회 교단은 1934년 희년에 즈음하여 성경전서 주석의 간행을 총회에서 결의한 바 있다. 그리하여 1937년부터 총회표준주석(1937년, 「욥기」, 「시편」, 「잠언」, 「전도서」, 「아가」; 1939년, 「로마서」, 「고린도전·후서」, 「갈라디아서」)이 간행되기 시작하였다. 그러나 제2차 세계대전의 발발과 일제강점기의 한국교회 탄압으로 주석 발간 사업은 일시 중단되었다. 1945년, 해방은 되었으나 38선으로 남북이 분열되고, 1950년 6·25한국전쟁의 비극을 겪어야 했다. 1953년, 휴전된 후 총회표준주석 사업이 재개되어 1954~1957년(1954년, 「이사야」; 1955년, 「요한복음」; 1956년, 「창세기」; 1957년, 「레위기」, 「민수기」)에 출판이 있었으나, 1959년에 교단의 분열로 오늘에 이르기까지 총회표준주석 사업은 불가한 형편이었다.

대한예수교장로회 제90회기(2005) 총회는 총회창립 100주년(2012)기념 사업의 일환으로 교단 신학의 정체성 확립과 한국장로교회의 신학적 표준을 제시할 총회표준주석을 출판하기로 결의하고, 총회 산하 신구약성경 신학자들에게 집필을 위촉하게 되었다.

2005년 12월 한국장로교총회창립 100주년기념 표준주석편찬위원회가 조직된 후 집필 원칙을 정하고 집필자를 선정하여, 그 원칙에 충실할 것을 서약하게 하였다. 지난 7년 동안 집필자들의 깊은 기도와 연구의 산고 끝에 이제 그 실체가 드러나 장로교 총회표준주석이 출판되었다. 편찬위원회는 수차례 모임을 갖고 50여 명에 이르는 많은 집필자들을 격려하고 집필 목적과 방향 제시를 수시로 하여 주석서의 통일성과 진정성을 유지하게 하였다. 집필된 원고가 제출된 경우, 검독위원회가 총회의 신학과 신앙에 맞는 주석을 출판하기 위해 내용을 수정 또는 추가할 것을 요청하기도 하였다.

이 주석서가 빛을 보기까지 집필자는 물론이고, 총회교육자원부 김치성 총무와 한국장로교출판사의 수고가 있었고, 전국 교회들의 기도 지원이 있었다. 무엇보다도 출판비 및 연구비 전액을 이름 없이 지원해 준 교회가 있었다. 이에 독자 여러분과 함께 하나님께 찬양을 드리며, 이 일에 헌신하신 분들께 감사를 드린다.

유사 이래 성경보다 더 긴 세월 동안 연구되고 읽혀진 책은 없다. 그렇기 때문에 해석 방법도 시대와 지역에 따라 다양하게 나타났다. 에스라 시대까지 거슬러 올라가서 사용된 미드라쉬(Midrash) 주해 방법부터 시작하여 중세의 종교개혁자들과 현대 비평주의자들의 해석 방법 등 수많은 해석학적 이해가 있어 왔고, 여러 언어로 번역되어 하나님의 말씀인 성경은 읽혀졌다. 그러나 하나님의 말씀은 (해석자들이나 번역자들에게) 매이지 않는다(딤후 2 : 9). 성경 주석가와 번역자들은 자기 시대와 문화 속에서 어떤 전제(pre-supposition)를 갖고 성경을 읽기 때문에 언제나 해석의 한계가 있음을 인정할 수밖에 없다. 그런 의미에서 본 주석서도 예외는 아닐 것이다. 그럼에도 불구하고 본서는 그 한계를 최소화시키기 위해 다양한 신학적 입장, 다른 해석들, 교회사적 해석들, 지리적 상황을 포함하려고 노력했다.

우리의 전제는 신구약성경 66권이 하나님의 영감으로 특별 계시된 말씀이라는 대한예수교장로회의 신앙고백을 준거(準據)로 했다. 그러므로 본서는 집필자 자신의 신앙고백과 신학도 내포되었지만, 그보다 총회의 신앙과 신학의 표준적 입장에서 성경을 주석한 것이다. 즉, 사도신경, 웨스트민스터 신앙고백서, 장로교신앙고백을 따르는 개혁주의 신학과 신앙 전통을 따르는 것이다.

집필을 하는 데 있어서 학문적 깊이를 외면할 수는 없으나 목회자나 평신도가 성경을 이해하는 데 도움을 주기 위해 설교를 위한 묵상을 삽입하기도 하였다. 그러나 각 권의 기록자, 기록 연대, 문학적 특징, 책의 목적 등을 설명하는 개론적 연구를 할 때에는 그것이 학문적 연구에 꼭 필요하다고 여겨지는 경우에 한하여 최근 많은 성경학자들이 사용하는 비평적 방법도 가설(假說)로는 소개하였으나 결론은 따르지 않았다. 그것이 교회의 신앙적 지도를 위한 적절한 방법은 아니기 때문이다.

영감으로 된 하나님의 말씀인 성경의 해석은 성령의 조명이 가장 중요한 조건이다. 따라서 본서의 집필자들은 종교개혁자들이 채택했던 문법적, 역사적, 신학적 원리를 주된 해석 방법으로 채택하고, 기도하면서 하나님의 계시된 말씀의 원의를 알기 쉽게 해석하려고 힘썼다. 외래어 사용은 가급적 줄이되 히브리어나 헬라어와 같은 원어를 반드시 읽어야 할 경우에는 음역화해서 누구나 원어의 발음으로 읽게 했다. 각주(脚註)도 가급적 줄이되 문장 뒤에 참고로 넣었다. 또한 각 절이 아닌 단락별로 주해를 하여 전체적 파악을 도왔다.

주석 앞에는 대한성서공회가 출판한 개역개정 성경(4판)을 단락별로 제시했다. 히브리어 성경은 BHS(Biblia Hebraica Stuttgartensia)를, 헬라어 성경은 United Bible Societies가 출판한 The Greek New Testament(4th ed)를 각각 원문으로 채택하여 사용하였다. 특히 개역개정 성경의 번역에 대한 문제가 있다는 의견을 총회가 받아들여 본 편찬위원회에 수정 의뢰를 하였고, 집필자들이 원문을 바로 번역하여 대한성서공회에 제시함으로 수시 교정 제도를 따라 수정하도록 했다.

우리의 생명이시며 찬양의 대상이 되신 우리 주 예수 그리스도를 계시하시고, 하나님의 공의와 사랑을 그의 십자가를 통하여 실현시켜 우리를 구원하신 하나님의 깊은 뜻을 알게 해 주는 신구약성경을 더 많은 사람들이 더 깊이, 더 분명하게 이해하고, 믿게 하기 위하여 대한예수교장로회총회 창립 100주년을 기하여 한국 교회와 세계 교회 앞에 겸손한 자세로 이 주석을 내어놓는다.

"내가 온 것은 양으로 생명을 얻게 하고 더 풍성히 얻게 하려는 것이라" (요 10 : 10b).

Soli Deo Gloria!

한국장로교총회창립 100주년기념

표준주석편찬위원회

위원장 이 종 윤

추천사 1

할렐루야! 2012년은 대한예수교장로회(통합)총회가 창립 100주년을 맞이하는 해입니다. 총회가 창립된 이후 1세기가 지난 지금까지 우리 한국 교회를 세계가 주목할 만큼 눈부시게 성장할 수 있도록 도와주신 에벤에셀의 하나님께 모든 찬송과 영광과 감사를 드립니다.

이와 같은 한국 교회의 놀라운 부흥 가운데서도 마음 한구석에 늘 안타까움이 자리하고 있었는데, 그것은 바로 우리 한국 교회만의 권위 있는 주석이 없다는 사실이었습니다. 현재 목회현장에서 사용되는 우리말 주석들은 대부분 오래되었거나 현대의 한국 교회 상황에 맞지 않는 서구 교회의 해석, 또는 성서학 전문가들의 주석이 아닌 짜깁기식 주석이 대다수를 차지합니다.

이러한 현실 가운데 이번 총회창립 100주년기념사업의 일환으로 본 교단에서 「한국장로교총회창립 100주년기념 표준주석」을 출간하기로 결의하고, 주석서를 출간하게 된 것은 대단히 자랑스럽고 의미 있는 일이 아닐 수 없습니다.

이번 「표준주석」의 출판으로 한국 교회는 이전보다 더욱 '개혁주의 신학과 신앙 전통'을 따르는 성경 해석의 기초를 확립하게 될 것이며, 많은 목회자들이 이 주석서를 통해 하나님의 말씀에 중심을 둔 목회를 실천할 수 있을 것으로 기대합니다. 더 나아가 이 「표준주석」은 한국 교회의 신앙을 더욱 견고히 하는 성경 해석의 표본이 될 것입니다.

아무쪼록 이번 「표준주석」 출간을 계기로 우리 한국 교회가 당면한 갖가지 위기를 극복하고 더욱 하나님 말씀으로 충만하여, 평화통일은 물론 주님의 지상명령인 땅끝까지 복음을 전하는 사명을 보다 잘 감당하는 교회로 거듭나게 되기를 기대하며, 한국의 모든 교회와 성도님들께 자랑스럽게 이 주석서를 추천하는 바입니다. 샬롬!

장로회신학대학교

총장 장 영 일

추천사 2

「한국장로교총회창립 100주년기념 표준주석」의 발간을 축하합니다. 한국 교회 역사에서 중요한 자리를 차지하고 있는 「총회표준주석」은 한국 교회에 큰 영향을 끼친 박윤선 박사님께서 박형룡 박사님을 도와 「표준주석」의 고린도후서 주석 집필에 참여하면서 평생을 주석 집필에 헌신하게 했던 뜻깊은 주석이었습니다.

그러나 그동안 중단되었던 표준주석 사업을 재개함에 있어 편집위원장 이종윤 목사님이 밝힌 대로 성경이 성령으로 영감된 정확 무오한 하나님의 말씀이라는 분명한 신앙고백 위에 집필토록 하였다는 편집 원칙을 통해 「표준주석」의 맥을 잇고자 하는 의지를 보여 줍니다.

이런 맥락에서 비평적 성서연구가 교회의 신앙적 지도에 적합하지 않다는 인식을 가지고 전통적인 개혁주의 해석 방법을 채택할 뿐만 아니라 복음적이고 목회적인 관심을 드러낸 점도 환영할 만한 일입니다. 또한 성경 자체에 대한 전문적인 지식뿐만 아니라 한국 교회와 성도를 체험적으로 알고 있는 성경학자들이 오랜 기도와 연구 끝에 발간하였다는 점도 높이 사고 싶습니다.

아무쪼록 본서가 많은 이들에게 풍성하고 깊이 있는 신학적 성찰을 제공하는 귀한 책이 되길 소망합니다.

합동신학대학원대학교

총장 성 주 진

민수기
차 례

민수기

서론

A. 개론

B. 주제해설 및 구조

서 론

A. 개 론

민수기는 창세기에서 시작된 땅에 대한 약속(창 12 : 1－3)과 그 성취의 전체 과정에서 볼 때, 아직 완성되지 않은 가나안 땅 정복의 중간과정을 보여 주는 책이다. 이 책은 약속의 땅 가나안 진입 실패의 역사를 기록했지만, 동시에 다음 세대에 속한 이스라엘 자손들이 가나안 땅 언저리에 결국은 도달하였다는 성공의 과정도 포함하고 있다. 좀 더 넓은 시야에서 구약과 신약의 책들을 살펴보면, 민수기의 중요 주제들 가운데 하나인 '광야'에 관하여 매우 대조적인 해석을 제시하는 본문들을 종종 만날 수 있다.

시편 95 : 7~11의 본문에서는 민수기의 내용을 이루는 광야 시대를 실패의 역사로 규정하였고, 히브리서 3 : 7~19의 본문에서는 시편 95편의 본문을 인용하면서 이 시대를 불신앙과 범죄로 인한 멸망의 본보기로 제시하였다. 하지만 예레미야 2 : 2~3은 광야를 하나님과 이스라엘 백성의 첫사랑의 장소로 묘사하면서, 전혀 다른 해석의 전통을 보여 준다. 광야 시대에 관한 긍정적 이해는 호세아 2 : 14~16의 본문에도 반영되어 있다. 성경 내에 있는 민수기 관련 본문들의 대조적인 역사 해석의 흔적들은 민수기의 내용이 단순하지만은 않다는 사실을 반증해 주는 증거이기도 하다.

민수기는 책의 제목에서도 두 가지의 전통을 확인해 볼 수 있다. 히브리어로 기록된 맛소라 본문(MT) 전통에서는 1 : 1의 넷째 단어인 '베미드바르'를 책 제목으로 사용하였으며, 이는 우리말로 '광야에서' 라고 번역할 수 있다. '광야에서' 라는 히브리어 책명에서는 하나님의 백성으로서 이스라엘 민족이 출애굽 이후의 역사를 이어 갔던 공간적인 장소의 중요성을 인식할 수 있다. 광야는 이집트의 노예생활에서 해방된 이스라엘 민족의 '역사의 장' 이었으며, 거룩한 백성과 제사장 나라로서 거듭나야 하는 이스라엘 민족의 '재탄생의 장' 이기도 했다. 이에 비해, 헬라어로 기록된 칠십인경(LXX)에서는 '숫자들' 이라는 뜻의 '아리스모이' 를 책명으로 사용했으며, 라틴어역 성경(Vulgata)에서도 같은 뜻의 단어(*Numeri*)를 사용하였다. 한글 성경의 '민수기' (民數記)라는 책명은 '광야' 라는 장소보다는 '숫자' 의 의미를 반영한 전통과 연결되어 있으며, '백성' 민(民)과 '셀' 수(數)의 한자어 조합은 이 책에 기록된 두 차례의 인구조사 내용과 책명이 밀접하게 연결되어 있음을 보여 준다(김영진 외 15인 공저, 「구약성서개론」, 2004, p. 275). 칠십인경의 인구 '숫자' 와 관련된 제목을 생각해 보면, 주전 2세기 경에 히브리어 성경을 헬라어로 번역하였던 디아스포라 유대인들의 입장에서 보았을 때, 장소보다는 사람에 초점을 맞춘 이름을 붙이는 것이 그들에게는 더 의미 있는 일이었을 수 있다.

민수기에 관한 여러 가지 해석의 모습은 비단 성경 자체의 문제로 국한되지 않는다. 민수기에 관하여 연구한 학자들의 견해 가운데서도, 매우 대조적인 주장들을 발견할 수 있다. 먼저 민수기의 구조에 관한 견해들을 크게 둘로 나누어 정리해 볼 수 있는데, 이 책의 내용이 통일되어 있지 않고 구성도 불분명하며, 대부분의 이야기가 잘 정리되지 않은 산만한 자료들의 수집물 정도로 이루어져 있다고 보는 이들이 있으며(마틴 노트〈M. Noth〉, 박종수), 반대로 매우 체계적이고 일관된 형태로 구성되어 있다고 주장하는 이들도 있다(올슨〈Dennis T. Olson〉, 밀그롬〈Jacob Milgrom〉, 더글라스〈Mary Douglas〉, 이원우).

저자에 관한 주장들에서도 이와 유사한 특징을 찾아볼 수 있다. 예를 들어, 민수기 33 : 2에서는 모세가 여호와의 명령대로 이스라엘 백성들의 여정을 기록했다고 서술하고 있지만, 구약 본문 자체의 증언과 교회의 전통적인 입장과는 다른 견해를 제시하는 이들도 있다. 역사비평적 입장에서 문서가설의 전제하에 민수기를 연구하는 이들은, 이 책의 3/4 정도가 제사장 자료(P, 1－4장 ; 10 : 29－36)에 속하고, 비제사장 자료에 속한 야훼 문서(J, 13－14장)와 엘로힘 문서(E, 20 : 14－21 ; 21 : 21 이하)와 신명기적 자료(D, 33 : 50－35 : 34)가 민수기에 들어와 있다고 보았다(M. Noth, 「민수기」, 1986, pp. 16－23).

이들은 민수기의 문체와 본문의 특성상 한 사람의 작품으로 볼 수 없고, 이 책은 적어도 두 사람 이상의 제사장적인 저자들에 의해 기록된 것이라고 주장하기도 한다(J. Milgrom, "Numbers, Book of," *ABD* vol. 4, 1992, p. 1148). 따라서 민수기의 기록 시기도 모세 당시가 아니라 후대로 보아야 하며, 모세 당시의 가나안 진입을 목표로 했던 시대적 배경보다는 포로기 이후에 가나안 땅으로 귀환하는 시대적 상황 가운데서 기록된 책이라고 설명하는 이도 있다(A. Leveen, *Memory and Tradition in the book of Numbers*, 2008, pp. 56－64).

그러나 민수기 본문상의 설명과 증언들을 배제한 채로 저자와 저술 목적과 시대적 배경 등의 문제들을 설명하는 것은 해석상의 한 가능성으로 제시될 수는 있겠지만, 소위 '통시적 연구'(diachronic study)로 구분되는 해석의 결과물들은 성경 본문 자체와의 충돌을 피할 수 없다는 더 큰 문제들을 야기한다. 이러한 근본적인 문제점들을 고려할 때, 성경의 권위를 존중하고, 성경의 최종 본문상에서 해석을 시작하는 '공시적 연구' (synchronic study) 방법론들을 긍정적인 대안으로 검토해 볼 수 있다.

민수기는 과연 어떤 책이기에 이러한 대조적인 평가와 해석들이 나올 수 있었던 것일까? 교회 역사 속에서 민수기가 어렵고 복잡한 책으로 인식되어 왔으며, 주후 3세기의 교부 오리겐이 민수기에 관한 당시 성도들의 오해를 풀기 위하여 이 책에 대한 연속 설교를 하기도 했다는 이야기 등은 이 책 자체가 가지고 있는 독특한 특징들에 기인한 것일 수 있다. 민수기를 살펴보면서 얻을 수 있는 결론들 가운데 하나는 책 자체가 참으로 다양한 메시지와 정체성을 내포하고 있다는 점이다. 민수기에서는 출애굽 제1세대가 전멸할 수밖에 없었던 비극적인 과정을 상세하게 기록하고 있으나, 동시에 절망스러운 심판의 상황 가운데서도 새로운 희망과 미래를 품고 자라난 출애굽 제2세대가 함께 있었음을 보여 주고 있다.

한 세대의 전멸과 새로운 세대의 등장에 관한 역사 기록은 극명한 대조를 이루고 있지만, 첫 번째 세대가 이루지 못한 사명을 두 번째 세대가 새로이 이어받고 있다는 점에서 세대 간의 불연속성에도 불구하고, 그 가운데서 이어지고 있는 연속성을 발견할 수 있다. 그 연속성의 중심에는 하나님의 약속과 신실하심이 자리하고 있다. 이 책은 '과거의 역사' 를 통하여 새로운 세대에게 경고하는 책인 동시에 새로운 공동체 전체를 향하여 '미래의 역사' 를 위한 희망을 보여 주는 역설적인 책으로서의 특징을 가지고 있으며, 그런 의미에서 민수기는 긍정과 부정의 두 가지 인상을 가진 책이라고 말할 수 있다.

민수기가 가지고 있는 이러한 특징과 성격들은 이후에 나오는 구약과 신약의 여러 책들에서 '광야' 의 이미지가 긍정적인 해석과 부정적인 해석의 형태로 공존해 온 이유를 설명해 줄 수 있을 것이다. 마치, 그림에서의 명암대비가 그 부분을 더욱 돋보이게 하여 주듯이, 민수기가 가지고 있는 긍정과 부정의 이중적인 성격은 '광야' 라는 장소에 초점을 맞추든지, 혹은 '숫자' 라는 주제에 초점을 맞추든지 책에 대한 관점의 차이를 넘어서 하나의 공통된 가르침을 더욱 분명하게 드러내 준다. 민수기의 광야 시대는 분명히 실패와 반역과 불순종으로 점철되었던 역사였다. 그러나 이 불행한 역사의 여정 속에서도 하나님의 인도하심과 은혜의 역사는 끊어지지 않았으며, 하나님의 약속은 결코 파기될 수 없는 것이라는 사실을 분명하게 보여 주고 있다.

B. 주제해설 및 구조

성경의 한 구절을 이해하기 위해서 그 구절이 속한 단락의 문맥을 파악하는 일이 필요하듯이, 모세오경의 한 책으로서 민수기를 바르게 알기 위해서는 모세오경 전체와의 관계 속에서 민수기의 위치를 파악하는 일이 필요하다. 창세기는 이스라엘 민족의 조상들이 가족을 형성하게 된 과정과 애굽으로의 이주에 초점을 맞추었고, 출애굽기는 애굽에서의 탈출과 성막 건설에 초점을 맞추었으며, 레위기는 제사장들과 제사에 초점을 맞추었다고 볼 수 있다. 민수기는 가나안 땅에 대한 약속 성취 과정에서의 여러 장애들과 광야 여정에 관하여 기록하였고, 그 결론 부분에서는 출애굽한 이스라엘 자손들이 결국은 살아남아 약속의 땅 가나안의 주변 지역에 진을 치게 되었음을 이야기한다.

그러므로 모세오경에 나타난 사건들의 실제적인 줄거리 대부분은 민수기에서 끝난다고 말할 수 있다. 왜냐하면 신명기는 요단강 건너편에서 백성들이 진을 쳤을 때의 광야 여정에 대한 회고로서 역할을 하고 있기 때문이다 (A. Leveen, *Memory and Tradition in the book of Numbers*, 2008, p. 8).

창세기	출애굽기	레위기	민수기	신명기
족장들의 가족사 애굽 이주	애굽에서의 탈출 성막	제사장 제사	광야 여정 모압 광야 도착	광야 여정 회고 (역사의 재해석)

히브리어로 기록된 성경의 민수기 1 : 1은 '그리고' 라는 접속사를 통하여, 이 책의 첫 부분이 바로 앞에 놓여 있는 레위기의 마지막 부분과 곧바로 연결되고 있다는 사실을 알려 준다. 모세오경 가운데 출애굽기와 레위기와 민수기의 히브리어 본문에서는 각각의 첫 문장을 '그리고' 라는 접속사로 시작함으로써 창세기로부터 시작된 네 권의 책들이 가지고 있는 문학적인 연결 구조를 드러내 주고 있다. 이 책들은 문학적 구조만이 아니라 내용적으로도 시간상의 흐름에 따라 연속된 역사적 사건들을 일관되게 기록하고 있다.

모세오경의 다섯 번째 책인 신명기는 비록 동일한 접속사를 사용하지는 않지만, 이 책 역시 역사적 사건들의 전개가 시간과 공간상으로 앞의 책들과 연속성을 가지며, 특히 앞의 책들에서 언급한 내용들을 반복적으로 기록하면서 그에 대한 해석을 제시하는 책으로 평가할 수 있다(A. Leveen, *Memory and Tradition in the book of Numbers*, 2008, p. 9). 모세오경의 전체적인 구조에 관하여, 시내산에서 모세에게 나타난 하나님의 계시 사건이 기록된 출애굽기 33장을 중심으로 출애굽기와 민수기의 내용이 대칭구조를 이루는 것으로 볼 뿐만 아니라, 시내산 이전과 이후 시대로 창세기부터 여호수아서까지의 '육경' 전체를 구분할 수 있다고 보는 견해도 있다(J. Milgrom, "Numbers, Book of," *ABD* vol. 4, 1992, p. 1148).

이처럼 모세오경 전체의 구조 속에서 민수기의 위치와 긴밀한 연관성을 파악하고자 시도한 연구들은 민수기의 구조가 불분명하다고 평가하기 어렵다는 점과 민수기가 단순히 산만하게 조합된 자료들의 수집물 정도로 보기 어렵다는 사실을 잘 보여 주고 있다. 최근의 몇몇 연구 결과들도 민수기에서 일관되고 통일성 있는 주제와 구조들을 파악할 수 있음을 확인시켜 주고 있다.

올슨은 민수기에 하나님의 백성의 구세대의 죽음과 신세대의 희망에 걸친 전반적인 구조가 나타나며, 이러한 세대적 전환은 이 책의 주된 구조와 주제를 이룬다고 해석하였다. 그는 또한 민수기 1~25장에 있는 수많은 사건들과 율법이 민수기 26~36장에 있는 후반부에서 변경된 형식으로 나타나고 있다는 사실을 설득력 있게 설명하였다(Dennis T. Olson, 「민수기」 현대성서주석, 2000, pp. 25-29). 이처럼 사람 숫자에 초점을 둔 올슨의 구조 분석은 민수기를 '광야에서' 라는 제목에서 볼 수 있듯이, 지리적인 구조를 고려하여 자료들을 배열했다고 보았던 기존의 연구들과도 차이를 보여 준다(Robert D. Bell, "The Theology of the Book of Numbers," *Biblical Viewpoint*, vol. 37, 2003, p. 39).

민수기 1-25장 : 반역의 구세대		민수기 26-36장 : 희망의 신세대	
1장	열두 지파 인구조사	26장	열두 지파 인구조사, 레위 지파 인구조사
3장	레위 지파 인구조사		
5장	여인을 포함한 법률적 강화	27장	여인을 포함한 법률적 강화
6장	나실인에 관한 율법	30장	서원에 관한 율법
7, 15장	제물에 관한 명단과 율법	28-29장	제물에 관한 명단과 율법
9장	유월절 축제	28 : 16-25	미래적인 유월절 축제
10 : 8-9	제사장이 나팔을 불어 전쟁을 알리는 것에 관한 율법	31 : 6	미디안과의 전쟁에서 제사장이 나팔 부는 것에 관한 지시
13장	약속의 땅을 정탐하기 위한 열두 지파 정탐꾼 명단	34장	약속의 땅을 나누기 위한 열두 지도자 명단
13-14장	구세대의 죽음을 가져온 정탐과 이스라엘의 반역	32 : 6-15	정탐에 관한 이야기
10-25장	광야의 여정과 지명	33장	광야 여행 장소 요약
18 : 21-32	레위 지파의 조건	35장	레위 지파 도시의 조건
21 : 21-35	시혼과 옥에 대한 승리, 요단 동편 땅의 획득	32장	요단 동편 시혼과 옥의 땅을 요단 동편 지파에게 분배
25장	미디안이 이스라엘을 범죄하게 함, 미디안을 처벌하기 위한 하나님의 명령	31장	미디안이 행한 일로 인한 전쟁의 선포

땅에 대한 약속과 성취의 주제가 반영된 육경의 구조 속에서 민수기를 파악하는 밀그롬은 '율법'과 '이야기'의 대칭적 구조가 반복해서 민수기에 나타난다고 보았다(J. Milgrom, *Numbers, The JPS Torah Commentary*, 1990, xv－xix).

1장~10 : 10 율법　10 : 11~14장 이야기　15장 율법　16~17장 이야기
18~19장 율법　20~25장 이야기　26장~27 : 11 율법　27 : 12~23 이야기
28~30장 율법　31장~33 : 49 이야기　33 : 50~56, 34~36장 율법

더글라스도 민수기가 '율법'과 '이야기'의 두 가지 요소들로 이루어진 13개 단락으로 구성되어 있다고 보았으며, 민수기 전체가 하나의 '원형 구조'(ring composition)를 이루고 있다고 파악하였다. 이와 더불어 그는 창세기와 민수기 사이에 약속과 저주가 성취되는 평행 구조가 나타나고 있는 것으로 해석하고 있다(Mary Douglas, *In the Wilderness : The Doctrine of Defilement in the Book of Numbers*, 2001, pp. 101－104, 116－119).

		1~4장 Ⅰ		
		하나님의 명령(이야기)	XIII	36장
5~6장	Ⅱ	신앙을 지킴(율법)	XII	33 : 50~35장
7~9장	Ⅲ	제사(이야기)	XI	31장~33 : 49
10 : 1~10	Ⅳ	거룩한 시간(율법)	Ⅹ	28~30장
10 : 11~14장	Ⅴ	반역(이야기)	Ⅸ	20~27장
15장	Ⅵ	제사와 정화(율법)	Ⅷ	18~19장
		세 차례 반역/아론의 지팡이(이야기)		
		16~17장 Ⅶ		

민수기의 '광야' 주제에 관심을 가지고 본문의 구조를 파악한다면, (1) 여행을 준비하는 시내 광야에서(1 : 1 - 10 : 10), (2) 40여 년의 세월을 지낸 가데스 주변에서(10 : 11 - 20 : 13), (3) 약속의 땅 정복과 정착을 준비하는 가데스에서 모압 광야까지(20 : 14 - 36 : 13)의 세 단락으로 구분해 볼 수 있지만, '인구조사' 의 주제에 초점을 맞추어 민수기의 단락 나누기를 했을 경우에는, (1) 첫 번째 인구조사와 그 이후의 역사(1 - 26장), (2) 두 번째 인구조사 이후에 이어진 새로운 세대의 역사(27 - 36장)의 두 단락으로 크게 나누어 볼 수 있다(J. Milgrom, "Numbers, book of," *ABD*, vol. 4, 1992, p. 1146).

그 밖에도, 민수기의 두드러진 특징 가운데 하나는 짧은 형태(21 : 10 - 20)와 긴 형태(33 : 1 - 49)의 '광야 여정' 이 수록되어 있다는 점이다(Graham I. Davies, *The Way of the Wilderness*, 2009, p. 1). 이 광야의 여정은 단순히 지리적인 정보만을 제공하는 것이 아니라, 40여 년의 세월 동안 하나님의 인도하심과 보호하심과 구속사가 펼쳐진 구체적인 공간과 흔적들을 보여 주는 증거로서 의미를 갖는다. 히브리서는 광야의 이스라엘이 약속의 땅 가나안에 들어가는 것을 안식에 들어가는 것으로 이해하였으며(히 3 : 18), 이는 신약의 교회와 성도들이 세상의 역사와 현실 속에서 하나님 나라를 향하여 살아가는 삶의 여정에 유비될 수 있다. 즉, 구약의 성도들에게 있어서의 '광야 여정' 과 신약의 성도들의 삶과 교회의 역사는 동일하신 하나님께서 인도해 가시는 '구속사' 의 다른 표현으로 이해할 수 있다는 것이다.

민수기에서는 제사장과 레위인의 관계 속에서 일어난 사건들을 통하여 독자들로 하여금 성직제도의 질서와 임무를 생각할 수 있도록 한다. 또한 출애굽 제1세대와 제2세대의 전환 과정 속에서 심판과 훈련, 의사소통 방식의 변화와 새로운 희망의 주제들을 이 책에서 발견할 수 있다. 특히 민수기에서는 심판받은 세대의 삶 속에서도 하나님의 은혜는 존재하는가의 문제를 심각하게 고민하도록 해 준다(정중호, "민수기 해석과 설교," 「민수기 : 어떻게 설교할 것인가」, 2009, pp. 43 - 44). 그 외에도 전쟁, 나실인의 제도, 서원,

도피성, 재산 상속 등의 주제들을 민수기에서 확인할 수 있다. 민수기는 이러한 다양한 주제들을 개인적인 경험의 형태가 아니라 집단적인 경험과 기억의 형태로 표현한다.

구약의 공동체가 이스라엘이었다고 한다면, 현 시대에 본문을 읽는 기독교 독자의 입장에서는 교회 공동체를 염두에 두고 민수기를 읽어 갈 수 있으며, 이러한 점은 민수기를 화석화된 '이스라엘의 고대 역사'가 아니라, 현대의 그리스도인 각 사람과 교회의 미래를 위한 '살아 있는 역사'로 읽을 수 있다는 의미와 가능성을 열어 준다.

본서에서는 '민수기'라는 한글 성경의 책명에 반영된 '인구조사'의 의미를 고려하고, 올슨의 연구 결과를 참고하여, 우선 구세대와 신세대의 인구조사를 민수기 구조의 큰 틀로 보았다. 그렇지만 구세대에 속한 광야 시대 역사를 가나안 정탐 사건(1-14장)과 그 이후(15-25장)의 내용으로 다시 구분하였다. 왜냐하면 동일한 출애굽 제1세대에 속한 역사이지만, 하나님의 심판 이전과 이후의 역사로 그 역사의 성격을 구분할 수 있다고 보았기 때문이다. 그리고 제Ⅱ부의 20장에 기록된 제사장 아론의 죽음과 그를 대신한 엘르아살의 교체는 이미 제2세대의 출현을 보여 주고 있으며, 제1세대와 제2세대의 역사가 겹쳐진다는 점에서 앞 단락과는 다른 성격을 보여 주기 때문이다. 제Ⅲ부는 두 번째 인구조사를 통하여 공식적으로 역사 가운데 등장한 신세대의 새로운 역사 부분이다(26-36장). 이러한 구분에 따라 민수기를 다음과 같이 세 단락으로 구성된 책으로 보고, 본문 주석을 진행해 가고자 한다.

제Ⅰ부 출애굽 제1세대와 광야 시대 역사의 시작(1 : 1-14 : 45)
- A. 출애굽 제1세대와 광야 시대의 역사(1 : 1-10 : 36)
  - 1. 가나안 정복전쟁을 위한 준비 - 하나님의 꿈과 준비하심(1 : 1-6 : 27)
    - 1) 인구조사(1 : 1-54)

2) 진의 조직과 정비(2 : 1 - 4 : 49)

3) 정결법과 나실인 제도와 축도(5 : 1 - 6 : 27)

2. 하나님의 꿈, 동행 - '동행' 을 위한 준비(7 : 1 - 10 : 10)

1) 성막의 완공과 지휘관들의 헌물(7 : 1 - 89)

2) 레위인의 성별과 직무(8 : 1 - 26)

3) 유월절, 구름과 불(9 : 1 - 23)

4) 은 나팔 규정(10 : 1 - 10)

3. 시내 광야로부터의 출발(10 : 11 - 36)

B. 깨어진 꿈, 가나안! - 가나안 정복전쟁의 실패(11 : 1 - 14 : 45)

1. 백성의 불평과 원망(11 : 1 - 35)

1) 다베라의 사건(11 : 1 - 3)

2) 만나(11 : 4 - 9)

3) 모세와 70장로(11 : 10 - 30)

4) 메추라기(11 : 31 - 35)

2. 미리암과 아론의 비방(12 : 1 - 16)

1) 모세가 구스 여자를 취한 사건과 미리암과 아론의 비난(12 : 1 - 3)

2) 하나님의 판결(12 : 4 - 8)

3) 미리암이 받은 징벌(12 : 9 - 16)

3. 가나안 정탐(13 : 1 - 33)

1) 정탐꾼 파송의 명령(13 : 1 - 3)

2) 정탐꾼의 명단(13 : 4 - 16)

3) 정탐꾼 파송과 복귀(13 : 17 - 24)

4) 정탐꾼의 보고(13 : 25 - 33)

4. 원망과 심판(14 : 1 - 45)

1) 백성의 원망 : "우리가 한 지휘관을 세우고 애굽으로 돌아가자!" (14 : 1 - 5)

2) 여호수아와 갈렙의 반론(14 : 6 – 10)

3) 모세의 중보적 기도(14 : 11 – 25)

4) 심판의 구체적인 내용(14 : 26 – 38)

5) 이스라엘 자손의 가나안 진입 시도와 실패(14 : 39 – 45)

제Ⅱ부 광야 시대 – 미래를 위한 준비(15 : 1 – 25 : 18)

A. 광야에서 미래를 내다봄(15 : 1 – 20 : 29)

1. 제사, 안식일, 의복에 관한 율법(15 : 1 – 41)

1) 제사에 관한 율법(15 : 1 – 31)

2) 안식일을 범한 자 이야기(15 : 32 – 36)

3) 의복의 장식(15 : 37 – 41)

2. 고라, 다단, 아비람, 온의 반역과 백성들의 원망(16 : 1 – 50)

1) 당을 지은 사람들과 이에 동참한 이들의 반역(16 : 1 – 3)

2) 모세의 응답(16 : 4 – 17)

3) 하나님의 판결(16 : 18 – 35)

4) 향로로 만든 기념물(16 : 36 – 40)

5) 이스라엘 자손 온 회중의 원망(16 : 41 – 50)

3. 아론의 지팡이 사건(17 : 1 – 13)

1) 아론의 지팡이 사건(17 : 1 – 11)

2) 성막에 가까이 가는 자들의 죽음(17 : 12 – 13)

4. 제사장과 레위인의 관계와 직무(18 : 1 – 32)

1) 제사장과 레위인의 직무 회복과 관계 정립(18 : 1 – 7)

2) 제사장의 몫(18 : 8 – 20)

3) 레위인의 몫과 십일조(18 : 21 – 32)

5. 부정을 씻는 물과 시체를 만진 사람을 위한 정결법(19 : 1 – 22)

1) 부정을 씻는 물(19 : 1 – 10)

2) 시체를 만진 사람을 위한 정결법(19 : 11－22)

6. 광야 여정, 그 이후－미리암의 죽음, 모세의 범죄, 아론의 죽음 (20 : 1－29)

1) 미리암의 죽음(20 : 1)

2) 반석의 물과 모세의 범죄(20 : 2－13)

3) 에돔 지역 우회(20 : 14－21)

4) 아론의 죽음(20 : 22－29)

B. 호르마에서 모압 평지까지(21 : 1－25 : 18)

1. 가나안 주변지역 정복(21 : 1－35)

1) 호르마 정복(21 : 1－3)

2) 놋뱀 이야기(21 : 4－9)

3) 비스가산까지의 여정(21 : 10－20)

4) 아모리 왕 시혼의 땅과 야셀 정복(21 : 21－32)

5) 바산 왕 옥의 땅 정복(21 : 33－35)

2. 모압 왕 발락과 브올의 아들 발람 이야기(22 : 1－24 : 25)

1) 모압 왕 발락과 브올의 아들 발람(22 : 1－6)

2) 강가 브돌의 주술사 발람 초청(22 : 7－35)

3) 발람의 주술 시도와 예언(22 : 36－24 : 25)

3. 싯딤에서의 음행 사건과 비느하스(25 : 1－18)

제Ⅲ부 출애굽 제2세대와 새로운 역사(26 : 1－36 : 13)

A. 출애굽 제2세대 인구조사와 새로운 역사(26 : 1－32 : 42)

1. 모압 광야에서의 출애굽 제2세대 인구조사(26 : 1－65)

2. 슬로브핫의 딸들의 재산 상속 요구와 모세의 후계자 여호수아 임명 (27 : 1－23)

1) 슬로브핫의 딸들의 재산 상속(27 : 1－11)

2) 모세의 후계자 여호수아 임명(27 : 12 – 23)

3. 하나님께 드리는 제물과 절기(28 : 1 – 29 : 40)

1) 화제(28 : 1 – 8)

2) 안식일, 초하루, 유월절, 칠칠절과 제물(28 : 9 – 31)

3) 나팔절, 속죄일, 초막절과 제물(29 : 1 – 40)

4. 서원에 관한 규정(30 : 1 – 16)

5. 미디안 전쟁 – 모세의 마지막 과업(31 : 1 – 54)

1) 미디안 전쟁 승리와 귀환(31 : 1 – 20)

2) 제사장 엘르아살이 참전했던 군인들에게 전한 율법(31 : 21 – 47)

3) 참전했던 이스라엘 자손들의 감사예물(31 : 48 – 54)

6. 요단 동편에 정착한 지파들(32 : 1 – 42)

1) 르우벤, 갓 지파의 요단 동편 정착 계획(32 : 1 – 5)

2) 모세의 반대(32 : 6 – 15)

3) 두 지파와 모세가 도달한 합의점과 결론(32 : 16 – 42)

B. 광야 시대 역사의 회고와 전망(33 : 1 – 36 : 13)

1. 모압 평지까지의 여정과 명령(33 : 1 – 56)

1) 출애굽과 모압 평지까지의 여정(33 : 1 – 49)

2) 모압 평지에서의 명령(33 : 50 – 56)

2. 땅 분배의 계획(34 : 1 – 29)

1) 가나안 사방의 경계(34 : 1 – 15)

2) 각 지파의 기업을 나눌 지휘관들(34 : 16 – 29)

3. 레위인의 기업과 도피성과 여성의 상속권에 관한 율법(35 : 1 – 36 : 13)

1) 레위인의 기업(35 : 1 – 8)

2) 도피성(35 : 9 – 34)

3) 여성의 상속권(36 : 1 – 13)

제 I 부

출애굽 제1세대와 광야 시대 역사의 시작

민수기 1 : 1-14 : 45

A. 출애굽 제1세대와 광야 시대의 역사(1 : 1-10 : 36)

1. 가나안 정복전쟁을 위한 준비-하나님의 꿈과 준비하심(1 : 1-6 : 27)
2. 하나님의 꿈, 동행-'동행'을 위한 준비(7 : 1-10 : 10)
3. 시내 광야로부터의 출발(10 : 11-36)

B. 깨어진 꿈, 가나안!-가나안 정복전쟁의 실패(11 : 1-14 : 45)

1. 백성의 불평과 원망(11 : 1-35)
2. 미리암과 아론의 비방(12 : 1-16)
3. 가나안 정탐(13 : 1-33)
4. 원망과 심판(14 : 1-45)

| 민수기 1 : 1-14 : 45 |

출애굽 제1세대와 광야 시대 역사의 시작

민수기는 창세기, 출애굽기, 레위기와 밀접하게 연결되어 있는 책이다. 약속의 땅 가나안으로 진군해 가기 위한 준비로서 인구조사와 진영의 정비는 창세기에 기록된 조상들의 약속과 특별히 하나님께서 이스라엘 자손들을 약속의 땅으로 인도하실 것이라는 창세기 마지막 부분에 기록된 요셉의 유언(창 50 : 24)과 민수기의 첫 부분이 연결되어 있음을 보여 준다. 또한 출애굽한 이스라엘 백성들이 시내산 주변에 머물면서 약 1년 동안 모세를 통하여 율법을 받고, 성막을 건축하고, 여호와께 드리는 제사를 시작하며, 애굽의 노예가 아닌 해방된 자유민으로서 첫걸음을 내딛는 사건들에 관한 기록은 출애굽기와 레위기와의 밀접한 연속성을 보여 주는 내용이다.

민수기 1 : 1~10 : 10까지는 이스라엘 자손이 시내 광야에 머물 때에 행했던 인구조사와 성막을 완공하고 드린 예물과 레위인의 성별에 관한 내용을 기록하였다. 이 일들은 이스라엘 민족의 새로운 역사를 준비하는 구체적인 내용들이었으며, 그 목표는 가나안 정복전쟁이었다. 10 : 11~36까지의 본문에서는 성막에서 구름이 떠오르면서 이스라엘 자손들의 진영별 행진이 시작된 장면과 하나님의 언약궤가 사흘 길을 앞서가며 그 진로를 인도하였다는 설명을 통해, 하나님과 동행함으로 출발한 이스라엘 자손들의 군대와 그 행군 모습을 이상적으로 그려 주었다.

그러나 이스라엘 민족의 영광스러운 첫 출발 직후부터 전개된 사건들은 그들의 여정이 초기부터 순탄치 않았음을 보여 준다. 모세와 미리암과 아론의 갈등은 지도층의 분열을 보여 주었고, 노예 생활의 무책임한 편안함을 그리워하는 백성들은 지속적으로 불평을 일삼았다. 결국 원망과 불평으로 일관하던 백성과 지도자들의 삶은 가나안 땅 정탐 사건을 정점으로 파국으로 치달았다. 민수기 11 : 1~14 : 45까지는 출애굽 제1세대가 가나안 정복전쟁의 과업이 아니라 광야 유랑의 역사를 시작할 수밖에 없었던 암울한 과정을 보여 주고 있다.

A. 출애굽 제1세대와 광야 시대의 역사(1 : 1 - 10 : 36)

1. 가나안 정복전쟁을 위한 준비 - 하나님의 꿈과 준비하심(1 : 1 - 6 : 27)
   1) 인구조사(1 : 1 - 54)
   2) 진의 조직과 정비(2 : 1 - 4 : 49)
   3) 정결법과 나실인 제도와 축도(5 : 1 - 6 : 27)
2. 하나님의 꿈, 동행 - '동행'을 위한 준비(7 : 1 - 10 : 10)
   1) 성막의 완공과 지휘관들의 헌물(7 : 1 - 89)
   2) 레위인의 성별과 직무(8 : 1 - 26)
   3) 유월절, 구름과 불(9 : 1 - 23)
   4) 은 나팔 규정(10 : 1 - 10)
3. 시내 광야로부터의 출발(10 : 11 - 36)

A. 출애굽 제1세대와 광야 시대의 역사(1 : 1－10 : 36)

1. 가나안 정복전쟁을 위한 준비－하나님의 꿈과 준비하심(1 : 1－6 : 27)

1) 인구조사(1 : 1－54)

(1) 인구조사 명령(1 : 1－4) ※ 314쪽 자료 참고

[1]이스라엘 자손이 애굽 땅에서 나온 후 둘째 해 둘째 달 첫째 날에 여호와께
서 시내 광야 회막에서 모세에게 말씀하여 이르시되 [2]너희는 이스라엘 자손
의 모든 회중 각 남자의 수를 그들의 종족과 조상의 가문에 따라 그 명수대로
계수할지니 [3]이스라엘 중 이십 세 이상으로 싸움에 나갈 만한 모든 자를 너와
아론은 그 진영별로 계수하되 [4]각 지파의 각 조상의 가문의 우두머리 한 사람
씩을 너희와 함께하게 하라

[1 : 1－4] 1장에는 '민수기' 라는 제목에 걸맞은 '인구조사' 의 사건이 기록되어 있다. 1장은 첫 번째 인구조사에 관한 기록으로서, 출애굽 제1세대의 인구조사 과정과 내용을 자세하게 기술하였으며, 본문의 문맥과 주요 개념들은 인구조사의 목적과 성격을 명확하게 보여 준다. 1 : 1~4까지의 인구조사 명령은 마치 역사적 사건의 기사를 기록하듯이 '육하원칙' 에 해당하는 내용을 담은 형태로 기록되었다.

'여호와께서' (누가), '출애굽 2년 2월 1일' 에(언제), '시내 광야 회막' 에서(어디서), '이스라엘 자손의 모든 회중 각 남자의 수(20세 이상 남자)를 계수할 것' 을(무엇을), '그들의 종족과 조상의 가문에 따라(진영별로)' (어떻게), '싸움에 나갈 만한 모든 자를 파악하기 위하여' (왜), 모세에게 명하셨다. 이 일은 열두 지파의 우두머리 한 사람씩 총 12명의 지도자가 모세와 아론과 함께 수행할 것을 하나님께서 명하셨고, 이 명령을 모세가 이스라엘 자손들에

게 전달하였다. 출애굽기 12 : 2에서는 출애굽 사건이 일어난 때를 첫 달이 되게 하라는 명령을 통해 연대기의 기준이 되는 의미를 출애굽 사건에 부여하였다. 민수기 1 : 1은 출애굽 사건을 시간의 표준으로 삼은 이 연대기를 따르며, 이스라엘 민족의 역사 가운데서 출애굽 사건이 얼마나 큰 의미를 갖는 사건인가를 보여 준다. 현대 역사의 연대기를 예수 그리스도의 탄생을 기준으로 주전(BC)과 주후(AD)로 구분하듯이, 구약의 역사는 출애굽 사건 이전과 이후 시대로 구분할 수 있다.

누가	언제	어디서	무엇을	어떻게	왜
여호와	출애굽 2년 2월 1일	시내 광야, 회막	20세 이상 남자 계수	진영별로	싸움(전쟁)에 나갈 만한 자 파악을 위해

여기에는 민수기의 성격을 분명하게 드러내 주는 중요한 개념들이 포함되어 있다. 3절에서 '싸움'으로 번역된 히브리어 '짜바'(צבא)는 군대 혹은 전쟁을 뜻하는 말로서, 그 앞에 나온 동사 '야짜'(יצא, 가다)와 결합하면, 문자적으로 '군대에 가다'라는 말로 풀이할 수 있다(J. Milgrom, *Numbers, The JPS Torah Commentary*, 1990, p. 5). 이 단어는 구체적으로 사사기 3 : 1에서 언급하고 있는 '가나안 정복전쟁'을 뜻한다('가나안의 모든 전쟁들'). '진영'으로 번역된 히브리어 '찌브오트'도 '짜바'의 남성 복수형 단어로서, 민수기 1장에 기록된 인구조사의 성격을 보여 주는 군사적 용어이다. 〈표준새번역〉 성경에서는 '군대에 입대할 수 있는 남자들'과 '각 부대별'이라는 군사 용어를 사용함으로써, 전쟁 준비를 위한 인구조사의 목적을 보다 분명하게 부각시키는 형태로 번역하였다.

따라서 1장의 인구조사는 단순한 의미의 인구 숫자 파악이나 세금부과를 위한 통계자료 조사의 성격이 아니라, 전쟁을 위한 뚜렷한 목적을 갖는 '병력 파악'으로 그 성격을 규정할 수 있다. 민수기 1장 첫 단락에서 기록하고 있는 일련의 명령들은 '평시'가 아닌 '전시' 상황을 전제로 한 조치인 것이다. 그러므로 앞으로 전개되는 민수기의 모든 내용들은 평범한 일상을 배경으로 '일반적인 법'이 적용되는 상황이 아니라, 전쟁 시에 '군법'과 같은 차원의 법이 적용될 수 있는 상황임을 미루어 짐작해 볼 수 있다.

(2) 각 지파의 지휘관 12명의 소명(1 : 5–16)

5너희와 함께 설 사람들의 이름은 이러하니 르우벤 지파에서는 스데울의 아
들 엘리술이요 6시므온 지파에서는 수리삿대의 아들 슬루미엘이요 7유다 지
파에서는 암미나답의 아들 나손이요 8잇사갈 지파에서는 수알의 아들 느다넬
이요 9스불론 지파에서는 헬론의 아들 엘리압이요 10요셉의 자손들 중 에브라
임 지파에서는 암미훗의 아들 엘리사마요 므낫세 지파에서는 브다술의 아들
가말리엘이요 11베냐민 지파에서는 기드오니의 아들 아비단이요 12단 지파에
서는 암미삿대의 아들 아히에셀이요 13아셀 지파에서는 오그란의 아들 바기
엘이요 14갓 지파에서는 드우엘의 아들 엘리아삽이요 15납달리 지파에서는 에
난의 아들 아히라이니라 하시니 16그들은 회중에서 부름을 받은 자요 그 조상
지파의 지휘관으로서 이스라엘 종족들의 우두머리라

[1 : 5–16] 1 : 4~5에서는 명령의 주체도 하나님이시고, 각 지파의 지휘관을 선택하고 회중 가운데서 그들을 지명하여 세우신 주체도 하나님으로 표현되어 있다. 지휘관으로 임명된 이스라엘 종족들의 우두머리들은 12명으로 구성되었으며, 모세를 이스라엘 민족의 지도자로 부르시고 아론을 제사장으로 세우신 것처럼, 하나님께서 이들을 백성들 가운데서 지명하여 선택하고 각 조상의 가문의 우두머리로 세우셨다고 본문은 밝히고 있다. 해방된 민족의 지도자로 부름 받은 경험은 본인뿐만 아니라 그 부모와 가족 모두에게도 영광된 일이었을 것이다. 하지만 이 소명에는 개인과 가족 모두의 의무와 책임도 뒤따른다는 사실도 잊지 말아야 한다. 이들의 지파별 순서와 이름은 다음과 같다(Philip J. Budd, *Numbers*, Word Biblical Commentary〈WBC〉 vol. 5, 1984, pp. 4-6).

지파	지휘관	이름의 뜻
1. 르우벤	스데울의 아들 엘리술	하나님+반석
2. 시므온	수리삿대의 아들 슬루미엘	번영(평안)+하나님
3. 유다	암미나답의 아들 나손	뱀(?)
4. 잇사갈	수알의 아들 느다넬	주다+하나님
5. 스불론	헬론의 아들 엘리압	하나님+아버지
6. 에브라임	암미훗의 아들 엘리사마	하나님+듣다
7. 므낫세	브다술의 아들 가말리엘	보상+하나님
8. 베냐민	기드오니의 아들 아비단	아버지+판단
9. 단	암미삿대의 아들 아히에셀	형제+도움
10. 아셀	오그란의 아들 바기엘	만나다(?)+하나님
11. 갓	드우엘(르우엘)의 아들 엘리아삽	하나님+더하다
12. 납달리	에난의 아들 아히라	형제+알다(?)

지파별 지도자들의 이름은 부친의 이름과 함께 소개되고 있으며, 12명 가운데 8명의 이름에 '신명'(神名)이 포함되어 있다. 한국 교회의 성도들이 자녀들의 이름을 지을 때, 예수님과 관련된 '예' 자를 넣어 신앙심을 표현한 이름을 짓는 것처럼, 그 당시의 이스라엘 자손들도 하나님을 뜻하는 신명인 '엘'을 넣어 이름을 지었던 것으로 보인다. 이러한 현상은 무엇을 말해 주는 것일까? 사람들의 이름들에는 그 시대의 시대상이 반영되는 경우가 있다. 예를 들어, 고려 시대 왕들의 이름 가운데 제25대 충렬왕부터 충선, 충숙, 충혜, 충목, 충정으로 이어지던 이름들에는 제31대 공민왕으로 바뀔 때까지 '충'이라는 글자가 포함되었으며, 이러한 현상은 고려가 원나라에 부속되었던 당시의 상황을 보여 주는 것이기도 했다.

출애굽 당시 이스라엘 민족의 지도자 12명 중 50% 이상이 신명과 관련된 형태의 이름을 가지고 있었다는 사실을 볼 때, "애굽에서 노예 생활의 고역에 시달리며 살아야 했던 그들이 얼마나 애타게 하나님을 바라보았으며,

얼마나 간절히 하나님을 향해 부르짖었을까?"라는 물음의 답을 짐작하고도 남음이 있다. 세상에 의지할 것이 많은 이들은 권력과 재력과 가문과 학벌 등으로 자신의 힘을 삼아 이 땅 위에서의 삶을 살아간다. 그러나 노예로서 하루하루 고된 삶을 살아가야 했던 이스라엘 자손들에게는 하나님만이 유일하게 의지하고, 기댈 수 있는 희망이었다.

마태복음 5 : 3에서 예수님께서는 심령이 가난한 자가 복이 있다고 말씀해 주셨다. 그런 사람들이 천국을 소망하며 살아갈 수 있기에, 주님께서는 천국이 그들의 것이라고 이야기해 주셨다. 심령이 가난한 자들만이 하나님을 "나의 힘이신 여호와"(시 18 : 1)라고 고백할 수 있고, 다른 수단이 아니라 하나님을 반석과 요새와 바위와 방패와 산성(시 18 : 2)으로 의지할 수 있으며, 그러한 사람들에게는 하나님께서 친히 구원자와 위로하는 자가 되어 주시는 하늘의 은혜가 있는 것이다.

(3) 인구조사(1 : 17 – 46)

17모세와 아론이 지명된 이 사람들을 데리고 18둘째 달 첫째 날에 온 회중을 모
으니 그들이 각 종족과 조상의 가문에 따라 이십 세 이상인 남자의 이름을 자
기 계통별로 신고하매 19여호와께서 모세에게 명령하신 대로 그가 시내 광야
에서 그들을 계수하였더라 20이스라엘의 장자 르우벤의 아들들에게서 난 자
를 그들의 종족과 조상의 가문에 따라 이십 세 이상으로 싸움에 나갈 만한 각
남자를 그 명수대로 다 계수하니 21르우벤 지파에서 계수된 자는 사만 육천오
백 명이었더라 22시므온의 아들들에게서 난 자를 그들의 종족과 조상의 가문
에 따라 이십 세 이상으로 싸움에 나갈 만한 각 남자를 그 명수대로 다 계수
하니 23시므온 지파에서 계수된 자는 오만 구천삼백 명이었더라 24갓의 아들
들에게서 난 자를 그들의 종족과 조상의 가문에 따라 이십 세 이상으로 싸움
에 나갈 만한 자를 그 명수대로 다 계수하니 25갓 지파에서 계수된 자는 사만
오천육백오십 명이었더라 26유다의 아들들에게서 난 자를 그들의 종족과 조

상의 가문에 따라 이십 세 이상으로 싸움에 나갈 만한 자를 그 명수대로 다
계수하니 27유다 지파에서 계수된 자는 칠만 사천육백 명이었더라 28잇사갈의
아들들에게서 난 자를 그들의 종족과 조상의 가문에 따라 이십 세 이상으로
싸움에 나갈 만한 자를 그 명수대로 다 계수하니 29잇사갈 지파에서 계수된 자
는 오만 사천사백 명이었더라 30스불론의 아들들에게서 난 자를 그들의 종족
과 조상의 가문에 따라 이십 세 이상으로 싸움에 나갈 만한 자를 그 명수대로
다 계수하니 31스불론 지파에서 계수된 자는 오만 칠천사백 명이었더라 32요셉
의 아들 에브라임의 아들들에게서 난 자를 그들의 종족과 조상의 가문에 따
라 이십 세 이상으로 싸움에 나갈 만한 자를 그 명수대로 다 계수하니 33에브
라임 지파에서 계수된 자는 사만 오백 명이었더라 34므낫세의 아들들에게서
난 자를 그들의 종족과 조상의 가문에 따라 이십 세 이상으로 싸움에 나갈 만
한 자를 그 명수대로 다 계수하니 35므낫세 지파에서 계수된 자는 삼만 이천
이백 명이었더라 36베냐민의 아들들에게서 난 자를 그들의 종족과 조상의 가
문에 따라 이십 세 이상으로 싸움에 나갈 만한 자를 그 명수대로 다 계수하니
37베냐민 지파에서 계수된 자는 삼만 오천사백 명이었더라 38단의 아들들에게
서 난 자를 그들의 종족과 조상의 가문에 따라 이십 세 이상으로 싸움에 나갈
만한 자를 그 명수대로 다 계수하니 39단 지파에서 계수된 자는 육만 이천칠
백 명이었더라 40아셀의 아들들에게서 난 자를 그들의 종족과 조상의 가문에
따라 이십 세 이상으로 싸움에 나갈 만한 자를 그 명수대로 다 계수하니 41아
셀 지파에서 계수된 자는 사만 천오백 명이었더라 42납달리의 아들들에게서
난 자를 그들의 종족과 조상의 가문에 따라 이십 세 이상으로 싸움에 나갈 만
한 자를 그 명수대로 다 계수하니 43납달리 지파에서 계수된 자는 오만 삼천
사백 명이었더라 44이 계수함을 받은 자는 모세와 아론과 각기 이스라엘 조상
의 가문을 대표한 열두 지휘관이 계수하였더라 45이같이 이스라엘 자손이 그
조상의 가문을 따라 이십 세 이상으로 싸움에 나갈 만한 이스라엘 자손이 다
계수되었으니 46계수된 자의 총계는 육십만 삼천오백오십 명이었더라

지파별 순서(1 : 17－46)	인원수	(비교) 지휘관 순서(1 : 5－16)
1. 르우벤	46,500	르우벤
2. 시므온	59,300	시므온
3. 갓	45,650	유다
4. 유다	74,600	잇사갈
5. 잇사갈	54,400	스불론
6. 스불론	57,400	에브라임
7. 에브라임	40,500	므낫세
8. 므낫세	32,200	베냐민
9. 베냐민	35,400	단
10. 단	62,700	아셀
11. 아셀	41,500	갓
12. 납달리	53,400	납달리
총인구 : 603,550명		

[1 : 17－46] 인구조사에서 나타나는 지파별 순서는 지휘관들의 이름을 나열한 순서와 약간의 차이가 있다. 1차 인구조사에서는 '갓' 지파를 '유다' 앞에 놓은 점을 제외하고는 다른 순서는 지파별 '지휘관' 들의 순서와 일치하고 있다. 여기서 지파별 이름의 순서와 인원수는 눈여겨보아 둘 필요가 있다. 왜냐하면 두 번째 인구조사와 진의 배치와 광야 여정 등에서 언급하는 순서들과 차이를 보여 주고 있기 때문이다. 창세기와 출애굽기(창 29－30, 35, 46, 49장 ; 출 1장)에 기록된 지파별 순서와의 가장 큰 차이점 두 가지는 우선, 레위 지파가 생략되었다는 점이며, 다른 하나는 요셉의 이름 대신에 그의 두 아들 에브라임과 므낫세가 언급되었다는 점이다.

본래 므낫세가 장자이고 에브라임이 차자였으나, 야곱이 마지막 축복에서 오른손을 에브라임의 머리에 얹고, 왼손을 므낫세의 머리에 얹고 기도함으로 요셉이 그 일을 기뻐하지 않았다는 일화는 창세기 48 : 8~20에 기록되어 있다. 하지만 민수기 1장의 첫 번째 인구조사 목록에서는 야곱이 에브라임을 앞세웠던 전통이(창 48 : 20) 그대로 반영된 것으로 보인다. 열두 지파 가운데, 유다 지파의 인원수가 74,600명으로 가장 많고, 므낫세 지파는 32,200명으로 가장 적은 숫자로 파악되었다. 출애굽 제1세대 가운데, 20세 이상으로 계수함을 입은 병력의 총수는 603,550명이었다.

마틴 노트(M. Noth)와 그레이(G. B. Gray) 등은 이러한 인구조사 결과에 관하여 역사적으로 가능한 숫자가 아니라고 주장하였다. 왜냐하면 성인 남성을 60만 명 정도로 보았을 때, 가족을 포함한 실제 인구는 200~300만 명에 이르는 것으로 전제해야 하기 때문이라는 것이다. 이들은 히브리어 '엘레프'를 1,000이라는 숫자가 아닌 '부대' 혹은 '부족'의 개념으로 볼 수 있다는 가능성을 제안하였다. 마틴 노트는 한 부대의 인원수를 9~10명으로 볼 경우에, 약 600여 개의 부대로 구성된 5,500명 정도의 규모를 크게 벗어나지 않았을 것으로 보았다(Martin Noth, 「민수기」, 1986, pp. 34-36 ; G. B. Gray, *Numbers*, *ICC*, 1903, p. 11).

주석가들 가운데, 민수기 1장의 인구조사 명단에 기록된 많은 숫자를 역사적으로 연결시키는 것이 곤란하다는 결론을 가지고 본문 주석을 시도하는 이도 있으며(올슨〈Dennis T. Olson〉), 그 외에 약 60만의 숫자를 상징적으로 해석하는 경우도 있다. '이스라엘 자손들'에 해당하는 히브리어 '브네 이스라엘'을 히브리어 자음이 가지고 있는 숫자 값으로 풀이해 보면 603이 되고, 이 숫자가 이스라엘 자손들의 인구조사 결과인 603,550명과 연결될 수 있다는 것이다(왕대일, 「민수기」, 2007, p. 96. 참조). 이렇게 해석할 경우에, 현대인의 시각에서 이해하기 어려운 문제가 당장 해결된 것처럼 보일 수 있지만, 이러한 해석은 필연적으로 구약의 다른 본문들과의 충돌을 피할 수 없다.

예를 들어 출애굽기 1 : 7에서는 이스라엘 자손이 온 땅에 가득했다고 표현하였으며, 민수기 22 : 3에서는 모압 사람들이 이스라엘 백성의 많음을 보고 번민했다고 기록하였다. 위에서 살펴본 설명들처럼 민수기 1장의 '엘레프'를 숫자로 보지 않을 경우에는, 구약의 다른 기록들도 허구나 단순한 과장법에 해당하는 표현들로 볼 수밖에 없다. 그러므로 모세오경의 전체적인 맥락에서 볼 때, 민수기 1장의 히브리어 '엘레프'는 〈개역개정〉을 비롯한 성경 번역본들의 전통적인 해석에 따라 숫자 1,000으로 번역하는 것이 더 적절하다고 본다.

웬햄(Gorden J. Wenham)은 현재의 문맥에서 이 숫자가 하나님께서 아브라함에게 그의 후손이 땅의 티끌과 하늘의 별과 같이 많아질 것이라고 말씀해 주셨던, '약속'이 성취되었음을 보여 주는 것이라고 해석하였다(창 12 : 1-3 ; 13 : 16 ; 15 : 5-6, Gorden J. Wenham, *Exploring the Old Testament : A Guide to the Pentateuch*, vol. 1, 2003, p. 106. 참조 ; D. T. Olson, 「민수기」, 2000, p. 45 ; 서명수, "민 1 : 1-10 : 10 : 시내 광야 체류와 행군 준비," 「민수기 : 어떻게 설교할 것인가」, 두란노 HOW주석, 2009, p. 203). 웬햄의 해석처럼 출애굽 제1세대의 인구조사 결과는 아브라함에게 말씀해 주셨던 하나님의 약속들 가운데 한 가지가 성취되었음을 보여 주는 은총의 증거일 수 있다.

그렇다면, 같은 맥락에서 이스라엘 민족의 전체 역사 가운데서도 전례를 찾을 수 없다고 평가되는 이 많은 숫자의 인구가 갖는 의미를 해석할 수 있을 것이다. 이 큰 인구의 규모는 하나님께서 이스라엘 민족의 조상들에게 말씀하셨던 땅에 대한 약속을 지키시기 위하여, 그들의 후손이 하나의 큰 민족으로서 준비되기까지 400여 년이 넘는 세월 동안(출 12 : 40) 기다려 오셨던 하나님의 특별한 시대를 위한 특별한 은혜의 결과일 수 있다. 출애굽의 해방을 위해 모세라는 특별한 지도자를 80여 년간 준비시키셨던 하나님께서 가나안 정복의 전쟁을 수행해야 하는 이 특별한 시대에 이스라엘 자손들이 이 특별한 과업을 수행할 수 있도록 많은 수의 자손을 허락하셨던 것이라고 해석할 수 있다.

그 당시의 현실에서 그렇게 많은 수의 '장정'이 존재하는 것이 불가능하다고 보는 것도 하나의 가설이라면, 이 역시 절대적인 진실이라고 쉽게 단정

할 수만은 없다고 본다. 많은 수의 남성 인구는 출애굽과 가나안 정복전쟁을 위한 하나님의 구체적인 준비하심과 특별한 시대와 때를 위한 하나님의 은총의 결과일 수 있다. 민수기 1 : 20 이하의 본문들에서, 지파별 인구조사에 반복적으로 언급된 '싸움' (צבא, '짜바')이라는 용어는 3절에서 사용되었던 것과 동일한 단어이다. (1) 종족과 조상의 가문에 따라, (2) 싸움에 나갈 만한 자, (3) 20세 이상이라는 조건도 반복적으로 명시되었다.

(4) 레위 지파(1 : 47-54)

47그러나 레위인은 그들의 조상의 지파대로 그 계수에 들지 아니하였으니 48이
는 여호와께서 모세에게 말씀하여 이르시되 49너는 레위 지파만은 계수하지
말며 그들을 이스라엘 자손 계수 중에 넣지 말고 50그들에게 증거의 성막과 그
모든 기구와 그 모든 부속품을 관리하게 하라 그들은 그 성막과 그 모든 기구
를 운반하며 거기서 봉사하며 성막 주위에 진을 칠지며 51성막을 운반할 때에
는 레위인이 그것을 걷고 성막을 세울 때에는 레위인이 그것을 세울 것이요
외인이 가까이 오면 죽일지며 52이스라엘 자손은 막사를 치되 그 진영별로 각
각 그 진영과 군기 곁에 칠 것이나 53레위인은 증거의 성막 사방에 진을 쳐서
이스라엘 자손의 회중에게 진노가 임하지 않게 할 것이라 레위인은 증거의 성
막에 대한 책임을 지킬지니라 하셨음이라 54이스라엘 자손이 그대로 행하되
여호와께서 모세에게 명령하신 대로 행하였더라

[1 : 47-54] 레위 지파가 인구조사에서 생략된 이유는 '증거의 성막' 과 그 모든 기구와 부속품을 관리할 책임을 맡기 위함이었다. 52~53절을 통해 이스라엘 자손은 진영별로 그 진영과 군기 곁에 막사를 치지만, 레위인은 증거의 성막 사방에 진을 치고, 이스라엘 자손의 회중에게 진노가 임하지 않도록 해야 함을 알 수 있다. 레위인은 이스라엘 자손들이 하나님의 거룩함을 함부로 침범하지 못하도록 하는 '완충지대' 의 역할을 하는 사람들이었으며, 하나님

과 사람 사이에서 중간자로서의 역할을 하는 사람들이었다. 레위인이 '증거의 성막' 으로 표현된 회막에 대한 책임을 맡은 지파로 구별되었다는 점이 53절 후반부에서 다시 언급되고 있다. 1절에서는 '회막' 이라는 용어를 사용하였고, 50, 53절에서는 '증거의 성막' 으로 기록한 점도 확인할 수 있다.

'성막' 건축의 지시사항은 출애굽기 25~30장에 기록되었고, 실제적인 건축에 관하여는 35~40장에서 자세하게 기록하였다. 성막은 히브리어 '미스칸' 에 정관사를 결합한 용어의 번역이며, 보통명사로 장막과 거주하는 장소를 뜻하는 용어였다. 성막은 이스라엘 자손 중에 하나님께서 거하시는 장소이며(출 25 : 8 ; MT 25 : 9), 이스라엘 진영 중앙에 위치하였다. 그러나 금송아지 우상숭배의 사건 이후에 하나님께서는 이스라엘 민족과의 동행을 거부하셨으며(출 33 : 3), 모세의 중보적 기도를 들으신 하나님께서 뜻을 돌이키시고, 다시금 함께하심을 허락하신 일이 있었다(33 : 12-16). 이 사건들은 성막건축 지시와 실제 성막건축 사건 사이에 기록되어 있다(32-34장).

출애굽기 33장에서는 금송아지 사건 이후에 '회막' 이 이스라엘 진영 밖에 설치되었다고 설명하였다(출 33 : 7-11). 회막으로 번역된 히브리어 '오헬 모에드' 는 '증거의 장막' 이라는 뜻을 지니며, 이곳은 모세가 하나님께 신탁을 받는 장소였다. 모세는 여기에서 친구와 대화를 나누듯이 하나님과 대면하여 말씀을 들었다. 그러나 출애굽기 40 : 22에서는 성막과 회막이라는 용어를 함께 사용하였으며, 민수기 2 : 2 등의 본문에서는 두 용어의 의미상 차이를 거의 구분할 수 없다(D. T. Olson, 「민수기」, 2000, p. 48). 성막 혹은 회막은 사람들의 죄악에도 불구하고, 하나님께서 그들을 포기하시거나 완전히 버리지 아니하시고, 그들을 다시 용서하시며, 그들과 함께하시는 하나님의 은혜와 하나님의 임재하심의 상징으로서 존재하였다. 성막은 광야 시대의 역사 속에서 이스라엘 자손들과 늘 함께하였다.

설교를 위한 묵상

구약의 인구조사는 민수기와 사무엘서와 역대기서에 남아 있는 기록으로 확인해 볼 수 있다. 민수기 1장의 인구조사는 하나님의 명령에 의해 출애굽 제1세대를 대상으로 이루어졌으며, 이는 가나안 전쟁을 위한 준비의 의미를 가지고 있었음을 1장의 다른 군사적 표현들과 문맥을 통하여 알 수 있다. 인구조사의 목적은 일반적으로 세금의 부과와 부역을 위한 인력의 파악 혹은 병력을 파악하기 위한 목적에 의해서 이루어지며, 출애굽 제1세대의 경우는 이 가운데 병력 파악을 위한 인구조사에 해당한다.

그러나 사무엘서와 역대기서에 기록된 다윗 시대의 인구조사의 경우는 그의 신복 요압이 만류할 정도였던 것을 보면, 아마도 다윗이 자신의 업적과 국력을 스스로 자랑하기 위한 목적으로 시도했던 일로 보인다(삼하 24 : 3, 10 ; 대상 21 : 3, 8). 그 결과도 매우 부정적이었다(삼하 24 : 15 ; 대상 21 : 14). 이처럼 사무엘하 24장에서는 다윗 시대에 있었던 인구조사를 죄로 규정하고, 이로 인하여 백성들에게 재앙이 임했던 사건을 보도하고 있으며, 인구조사에 관한 이 본문의 내용은 민수기 1~2장의 인구조사와 대조적으로 비교해 볼 수 있다. 동일한 이스라엘 자손들의 인구조사였음에도 불구하고, 두 사건 사이에는 분명한 차이점이 있었다. 그 차이점은 바로, 하나님의 말씀과 명령대로 행한 일인가, 아닌가의 문제였다.

민수기 1 : 46에 기록된 603,550명의 인구는 출애굽기 1 : 5에서 언급한 것처럼 애굽으로 이주했던 야곱의 후손 70명이 430년의 애굽 거주 기간에(출 12 : 40) 이렇게 큰 민족을 이루게 되었다는 결과를 보여 주고 있다. 한 사람 아브라함으로부터 시작된 히브리인들의 역사는 하나님의 약속과 함께 출발하였다. 하나님께서는 아브라함을 부르시면서 땅에 대한 약속과 자손에 대한 약속을 주셨으며(창 12 : 1－2), 아직 이삭도 태어나기 전이었던 어느 날, 다시 한 번 아브라함을 불러내어 그에게 저녁 하늘의 별들을 보여 주시면서 그 별들처럼 많은 자손을 주시겠다고 약속하셨다. 아브라함은 하나님의 그 말씀을 믿었고, 하나님께서는 이를 그의 의로 여기셨다(창 15 : 5－6).

이제 민수기 1장의 인구조사는 하나님께서 말씀하셨던 약속은 현실 역사 가운데서 반드시 이루어진다는 사실을 우리의 눈으로 보고, 우리의 귀로 들음으로 확인할 수 있도록 해 준다. 출애굽기 1 : 7에서는 애굽에서 늘어난 이스라엘 자손들의 인구를 이렇게 묘사하였다. "이스라엘 자손은 생육하고 불어나 번성하고 매우 강하여 온 땅에 가득하게 되었더라". 이 외에 20세 이상의 이스라엘 자손의 인구조사에 포함되지 않은 여자와 어린이와 함께 '수많은 잡족'이 출애굽 사건에 동참하였으며, 성경에서는 양과 소와 가축도 함께 애굽에서 해방된 이들의 대열 가운데 포함시켜 묘사하고 있다(출 12 : 38).

그 당시 애굽의 기록들을 보면, 파라오는 노예들에게 휴가 기간을 주기도 했고, 노예들이 광야로 나가 자신들의 신에게 제사하고 돌아올 수 있도록 허락하기도 했다(Hershel Shanks〈ed.〉, *Ancient Israel*, 김유기 옮김, 「고대 이스라엘」, 2005, p. 83). 이스라엘 자손의 해방을 요구하는 모세에게 바로가 애굽 땅에서 제사를 드리라고 말할 때, 그 땅을 떠나 사흘 길 광야로 들어가 하나님께 제사드리고, 여호와의 명령대로 하겠다고 대답하는 모세의 이야기 속에서도 당시 애굽의 실제 상황들을 엿볼 수 있다(출 8 : 25-27).

하지만 분명한 사실은 애굽의 바로가 노예였던 이스라엘 자손들을 해방시키지 않고 끝까지 붙잡아 두려고 했다는 점이다. 출애굽기는 하나님의 말씀과 뜻을 따라 이스라엘 자손의 완전한 해방과 자유와 독립을 요구했던 모세의 주장에 결국 대제국 이집트의 바로도 굴복할 수밖에 없었음을 보여 준다. 해방된 민족 이스라엘의 자손들은 이제 광야 길의 신속한 이동을 위하여 체제를 정비하고, 하나님께서 약속하신 가나안 땅을 정복하기 위한 여정을 나서기 위한 준비를 해야 할 단계까지 나아왔다. 인구조사는 그 준비의 첫걸음이었으며, 하나님께서 꿈꾸셨던 뜻을 실현하고, 조상들에게 주셨던 가나안 땅의 약속을 성취하기 위하여 내딛는 힘찬 발걸음의 시작이었다.

2) 진의 조직과 정비(2 : 1-4 : 49) ※ 315쪽 자료 참고

(1) 지파별 진영에 관한 명령(2 : 1-2)

[1]여호와께서 모세와 아론에게 말씀하여 이르시되 [2]이스라엘 자손은 각각 자

기의 진영의 군기와 자기의 조상의 가문의 기호 곁에 진을 치되 회막을 향하여 사방으로 치라

[2 : 1-2] 민수기 1~2장에서 반복되고 있는 인구조사의 과정과 내용은 1장을 개괄적 내용으로, 2장은 보다 상세한 기록으로 구분해 볼 수 있는데, 마치 창세기 1~2장에서 창조의 사건을 반복적으로 기록하면서 하나는 숲을 보듯이, 다른 하나는 나무를 바라보듯이 세밀하게 묘사한 차이를 느낄 수 있다. 1 : 1은 여호와께서 모세에게 인구조사를 명령하셨다고 기록하였다. 이에 비해 2 : 1은 각 지파별로 진을 치는 일은 모세와 아론, 두 사람에게 명하신 일이라고 밝혀 준다. 이스라엘 자손들의 전체 진영은 회막을 중심으로 한 동심원 구조를 이루고 있으며, 가장 중심에 회막이 위치하고, 그 사면에는 레위인의 장막이 세워졌으며, 그 다음 원에 해당하는 지역에 각각 3개 지파씩 사면을 둘러싼 형태로 진영이 구성되었다.

2 : 2에서 '진을 치다' 로 번역된 히브리어 동사 '하나' 는 본래 '구부리다' 라는 뜻을 가지고 있었으며, 사막이나 광야에서 대상들 혹은 목자들이 자신들의 재산과 가축을 지키기 위해 원형으로 세웠던 천막들의 형태와 관련된 것으로 보인다(J. W. Wevers, "Camp," G. A. Butterick〈ed〉, *The Interpreter's Dictionary of the Bible〈IDB〉*, vol. 1, 1962, p. 493. 참조). '군기' 로 번역된 히브리어 '데겔' (דגל)도 군사적인 용어이며, '부대' 단위를 뜻하는 말로 사용되기도 한다(J. Milgrom, *Numbers*, 1990, p. 11). 안타깝게도 '군기' 와 '조상의 가문의 기호' 가 어떤 문양 혹은 상징이나 문자를 사용하였는지는 알 수 없다. 하지만 이러한 표현들 역시 출애굽한 이스라엘 자손들이 이집트의 노예생활에서 무작정 탈출한 떠돌이 이동 집단이 아니라, 뚜렷한 목적을 가진 군대 조직으로 구성되어 있음을 보여 준다. 그 목적은 하나님께서 약속해 주신 가나안 땅의 정복이었으며, 이를 위한 준비의 과정으로 진의 조직과 체제를 정비하고 사람을 준비하는 내용이 2~4장에 기록되어 있다.

(2) 동쪽의 진영들(2 : 3 - 9)

[3]동방 해 돋는 쪽에 진 칠 자는 그 진영별로 유다의 진영의 군기에 속한 자라
유다 자손의 지휘관은 암미나답의 아들 나손이요 [4]그의 군대로 계수된 자가
칠만 사천육백 명이며 [5]그 곁에 진 칠 자는 잇사갈 지파라 잇사갈 자손의 지
휘관은 수알의 아들 느다넬이요 [6]그의 군대로 계수된 자가 오만 사천사백 명
이라 [7]그리고 스불론 지파라 스불론 자손의 지휘관은 헬론의 아들 엘리압이
요 [8]그의 군대로 계수된 자가 오만 칠천사백 명이니 [9]유다 진영에 속한 군대
로 계수된 군인의 총계는 십팔만 육천사백 명이라 그들은 제일대로 행진할지
니라

[2 : 3-9] 동쪽에는 유다, 잇사갈, 스불론 지파를 배치하였다. 이들은 행진할 때 첫 번째로 움직이는 제일대로 부름 받았다. 1장에 기록되어 있는 지파별 지휘관과 인원수도 다시 반복적으로 기록하였다. 이처럼 진영을 세우는 과정에는 지휘관들의 소명에 이어 지파들의 공동체적 소명의 확인 과정이 포함되어 있다는 점도 주목해 보아야 한다.

행군 시에 유다 지파가 제일 선봉부대로 이동하였음은 매우 의미심장한 일이다. 르우벤 지파가 야곱의 장자의 후손임에도 불구하고, 유다가 전면에 부각되고 있는 점은 단순히 열두 지파 가운데 가장 인구가 많았기 때문이라는 이유보다도, 창세기 49 : 8 이하에 기록된 야곱의 축복기도의 성취로 해석할 수 있다. 야곱은 이 기도에서 다른 형제들에 대한 유다의 우위와 통치권을 예언하였다. 세 지파의 진영은 '유다 진영'으로 분류되었으며, 군인들의 총원은 186,400명이었다.

(3) 남쪽의 진영들(2 : 10 - 17)

[10]남쪽에는 르우벤 군대 진영의 군기가 있을 것이라 르우벤 자손의 지휘관은
스데울의 아들 엘리술이요 [11]그의 군대로 계수된 자가 사만 육천오백 명이며

[12]그 곁에 진 칠 자는 시므온 지파라 시므온 자손의 지휘관은 수리삿대의 아
들 슬루미엘이요 [13]그의 군대로 계수된 자가 오만 구천삼백 명이며 [14]또 갓 지
파라 갓 자손의 지휘관은 르우엘의 아들 엘리아삽이요 [15]그의 군대로 계수된
자가 사만 오천육백오십 명이니 [16]르우벤 진영에 속하여 계수된 군인의 총계
는 십오만 천사백오십 명이라 그들은 제이대로 행진할지니라 [17]그 다음에 회
막이 레위인의 진영과 함께 모든 진영의 중앙에 있어 행진하되 그들의 진 친
순서대로 각 사람은 자기의 위치에서 자기들의 기를 따라 앞으로 행진할지
니라

[2 : 10-17] 남쪽에는 르우벤, 시므온, 갓 지파를 배치하였다. 남쪽의 지파들은 '르우벤 진영'으로 구분되었으며, 총원은 151,450명이었다. 행군 시에 제이대로 행진하도록 부름 받았다. 14절의 갓 지파에 속한 '르우엘'은 1 : 14에 기록된 '드우엘'로 읽을 수 있다(J. Milgrom, *Numbers*, 1990, p. 12). 17절에 기록된 '레위인'은 10 : 17과 비교해 볼 때, 성막을 메는 책임을 담당했던 게르손과 므라리 자손으로 파악해 볼 수 있다. 회막은 진을 쳤을 때뿐만 아니라 진의 이동 시에도 중심에 위치한다. 회막은 하나님의 임재하심을 상징하며, 출애굽한 이스라엘 자손들의 공동체는 철저하게 하나님 중심의 '신정공동체'의 성격을 가지고 있었음을 보여 준다. 진의 이동과 정지의 모든 시간 동안 여호와의 회막이 이스라엘과 함께하는 이 경험을 통하여 이스라엘 자손들은 졸지도 아니하시고, 주무시지도 아니하시며 항상 이스라엘과 함께하시는 하나님의 은혜를(시 121 : 3-8) 구체적으로 알 수 있었을 것이다. 출애굽기 19 : 4에서는 하나님께서 독수리 날개로 이스라엘을 업어 인도하였다고 표현하였고, 신명기 33 : 29에서 모세는 이처럼 전례 없는 구원을 경험한 이스라엘을 '행복한 사람'이라고 노래하였다. 그러므로 여호와의 성막이 이스라엘 진 가운데 존재함은 단순한 동행의 차원을 넘어서 하나님의 은혜가 함께하는 사건으로서 의미를 갖는 일이었다.

(4) 서쪽의 진영들(2 : 18 – 24)

[18]서쪽에는 에브라임의 군대의 진영의 군기가 있을 것이라 에브라임 자손의
지휘관은 암미훗의 아들 엘리사마요 [19]그의 군대로 계수된 자가 사만 오백 명
이며 [20]그 곁에는 므낫세 지파가 있을 것이라 므낫세 자손의 지휘관은 브다술
의 아들 가말리엘이요 [21]그의 군대로 계수된 자가 삼만 이천이백 명이며 [22]또
베냐민 지파라 베냐민 자손의 지휘관은 기드오니의 아들 아비단이요 [23]그의
군대로 계수된 자가 삼만 오천사백 명이니 [24]에브라임 진영에 속하여 계수된
군인의 총계는 십만 팔천백 명이라 그들은 제삼대로 행진할지니라

[2 : 18 – 24] 서쪽에는 에브라임, 므낫세, 베냐민 지파를 배치하였다. '에브라임 진영' 으로 구분된 서쪽 지파들의 총원은 108,100명이었다. 행군 시에 제삼대로 행진하도록 부름 받았다. 20절의 '그 곁에는' 이라는 말은 요셉의 후손인 에브라임과 므낫세, 두 지파가 한 사람의 지휘관에 연결되어 있음을 알려 주는 것이다(J. Milgrom, *Numbers*, 1990, p. 13). 서쪽에 배치된 에브라임과 므낫세와 베냐민은 모두 라헬의 후손들이다(창 30 : 22 – 24 ; 35 : 16 – 18 ; 41 : 51 – 52). 에브라임 지파에서 가나안 정복 시대의 지도자 여호수아가 나왔으며(민 13 : 8, 16), 특별히 후대의 분열왕국 시대 역사 가운데 '에브라임' 은 북이스라엘을 대표하는 지파 이름으로 부각되었다(사 11 : 13).

(5) 북쪽의 진영들(2 : 25 – 31)

[25]북쪽에는 단 군대 진영의 군기가 있을 것이라 단 자손의 지휘관은 암미삿대
의 아들 아히에셀이요 [26]그의 군대로 계수된 자가 육만 이천칠백 명이며 [27]그
곁에 진 칠 자는 아셀 지파라 아셀 자손의 지휘관은 오그란의 아들 바기엘이
요 [28]그의 군대로 계수된 자가 사만 천오백 명이며 [29]또 납달리 지파라 납달리
자손의 지휘관은 에난의 아들 아히라요 [30]그의 군대로 계수된 자가 오만 삼천
사백 명이니 [31]단의 진영에 속하여 계수함을 받은 군인의 총계는 십오만 칠천

육백 명이라 그들은 기를 따라 후대로 행진할지니라 하시니라

[2 : 25-31] 북쪽에는 단, 아셀, 납달리 지파를 배치하였다. 단과 납달리는 라헬의 시녀였던 빌하의 아들들이었다. '단 진영' 으로 구분된 북쪽 지파들의 총원은 157,600명이었으며, 행군 시에 후대로 행진하도록 부름 받았다. 후미에 위치한 부대의 책임은 대열에서 낙오하는 사람들을 보호하고, 후방의 공격에 대비하여 항상 경계를 늦추지 말아야 하는 책임이 있었을 것으로 짐작할 수 있다. 회막의 건축을 담당했던 오홀리압(출 31 : 6)과 사사 시대의 영웅이었던 삼손(삿 13-16장)과 솔로몬의 성전 건축에 참여했던 기술자가 단 지파의 후손(대하 2 : 13-14)이었다. 북쪽에 배치된 지파들은 공교롭게도 이스라엘 자손들의 가나안 땅 분배 시에 가장 북쪽 지역을 차지하고 정착하게 되었다(수 19 : 24-48 ; 삿 18장)

(6) 요약(2 : 32-34)

32이상은 이스라엘 자손이 그들의 조상의 가문을 따라 계수된 자니 모든 진영의 군인 곧 계수된 자의 총계는 육십만 삼천오백오십 명이며 33레위인은 이스라엘 자손과 함께 계수되지 아니하였으니 여호와께서 모세에게 명령하심과 같았느니라 34이스라엘 자손이 여호와께서 모세에게 명령하신 대로 다 준행하여 각기 종족과 조상의 가문에 따르며 자기들의 기를 따라 진 치기도 하며 행진하기도 하였더라

[2 : 32-34] 1 : 46에서 언급한 인구 총계를 2 : 32에서도 반복해서 기록하였다. 총인원 603,550명은 조상의 가문을 따라 계수된 모든 진영의 군인의 숫자였다. 여호와의 명령대로 레위인은 이 숫자에 포함되지 아니하였다는 33절도 1 : 47 이하의 내용 요약에 해당한다. 이스라엘 자손이 여호와께서 모세에게 명령하신 대로 다 준행하였으며, 그들은 각기 종족과 조상의 가문

에 따라 이동하면서 기를 따라 진 치기도 하고, 행진하기도 하였다고 기록하고 있다. 민수기 2 : 33~34에서는 인구조사와 진을 치는 일과 행진하는 일을 포함한 모든 일이 '하나님의 명령' 에 순종하여 행한 것임을 반복적으로 표현함으로써 이 주제를 다시 한 번 강조한다. 34절의 행진에 관한 간략한 언급의 구체적인 내용은 민수기 10 : 11~28 본문에서 온전한 형태로 살펴볼 수 있다.

설교를 위한 묵상

이스라엘 자손들은 군대로 편성되었고, 그 진영의 중심에는 '회막' 이 위치했다. 이 회막을 중심으로 각 진영의 '군기' 는 동쪽 유다 진영의 기, 남쪽 르우벤 진영의 기, 서쪽 에브라임 진영의 기, 북쪽 단 진영의 기로 구분하여 배치되었으며, 각 지파에 속한 구성원들은 이 깃발을 자기 '조상의 가문의 기호' 와 '회막' 사이의 '중간 기호' 삼아 행군을 하기도 하고 멈추기도 하였다. 모든 깃발과 진은 회막을 향하여 그 사방에 세워졌으며(2절), '회막' 은 이스라엘 자손들의 진영에서 위치상의 중심일 뿐만 아니라, 그들의 삶에 있어서도 중심이 되었다. 아침에 눈을 뜨며 일어난 이스라엘 자손들은 그들의 장막에서 밖으로 나와 하루를 시작할 때, 진의 중앙에 위치한 회막과 그 위에 있는 구름 기둥을 보며 가시적으로 하나님의 임재하심을 경험할 수 있었고, 펄럭이는 지파별 깃발을 바라보며 다시 한 번 이집트의 노예가 아닌 하나님의 백성으로서 자신의 소속과 위치와 정체성을 스스로 확인할 수 있었을 것이다.

이스라엘 자손들은 제사장 나라의 소명을 받았으며(출 19 : 5-6), 그러한 공동체의 구체적인 모습은 회막을 중심으로 세워진 진영의 형성을 통해 드러나게 되었다(P. J. Budd, *Numbers*, 1984, p. 24). 회막이 구심점을 이루는 형태의 이스라엘 공동체는 예배 공동체의 정체성을 갖는 동시에, 가나안 정복전쟁을 대비한 군사 공동체의 정체성을 갖는 이중적인 구조를 이루었다. 이러한 특징은 성소를 중심으로 '바깥쪽 원' 에 해당하는 각 지파별 진영의 배치와 '안쪽 원' 에 해당하는 레위 지파의 장막 배치의 이중 구조를 통해서도 확인할 수 있다.

이 모든 것은 모세의 명령에 따른 것이며, 모세는 하나님의 말씀을 받아 전달한 것이다. 출애굽한 이스라엘 자손들의 공동체는 이러한 질서와 체계 가운데서 일사불란하게 움직이며, 하나님께서 꿈꾸시며 준비하신 약속의 땅 가나안을 향한 발걸음을 진행해 갈 수 있었다. 정리해 보자면, 이스라엘 자손들이 바라보면서 행진하거나 멈출 때의 기호로 삼았던 것은 '깃발 – 회막 – 모세의 명령 – 하나님의 말씀' 이었다고 말할 수 있다. 깃발과 회막이 가시적인 기호였다고 한다면, 모세의 명령과 하나님의 말씀은 불가시적인 내용에 해당한다. 민수기 2장의 내용들 가운데 모든 것을 여호와께서 명하신 대로 이스라엘 자손들이 준행하였다는 2 : 34의 말씀이 인상적이다.

여러 주석가들이 지파별 진영의 위치를 지파별 서열의 문제와 연관 지어 해석하려는 시도를 해 왔다. 하지만 여기서 초점을 맞추어야 할 것은 중심의 문제이다. 동서남북의 어느 지역과 위치의 좋고 나쁨이 아니라 전체 공동체의 중심이 무엇인가를 보아야 한다. 이스라엘 공동체의 중심은 '회막' 이었으며, 그 중심은 하나님이었다. 하나님을 바라보지 못하고, 사람과 사람을 비교하며, 물리적인 위치를 비교하고, 서열을 나누는 일은 한없이 소모적인 행위들이 될 수 있다. 출애굽한 이스라엘 공동체의 진영 배치는 우리 성도들의 삶과 생각 가운데 중심을 차지하도록 해야 할 것이 무엇인가를 보여 준다. 중심은 하나님 한 분이어야 한다. 두 가지 혹은 세 가지가 될 수 없으며, 어떤 사람이나 물질이나 권력이나 다른 그 무엇으로도 대치될 수 없다.

(7) 아론의 아들들(3 : 1 – 4)

1여호와께서 시내 산에서 모세와 말씀하실 때에 아론과 모세가 낳은 자는 이
러하니라 2아론의 아들들의 이름은 이러하니 장자는 나답이요 다음은 아비후
와 엘르아살과 이다말이니 3이는 아론의 아들들의 이름이며 그들은 기름 부
음을 받고 거룩하게 구별되어 제사장 직분을 위임 받은 제사장들이라 4나답
과 아비후는 시내 광야에서 여호와 앞에 다른 불을 드리다가 여호와 앞에서

죽어 자식이 없었으며 엘르아살과 이다말이 그의 아버지 아론 앞에서 제사장의 직분을 행하였더라

[3 : 1-4] 1절에서는 '아론과 모세가 낳은 자' 라고 시작하지만, 정작 이어진 본문은 아론의 네 아들인 '나답, 아비후, 엘르아살, 이다말' 만을 언급한다. 이에 관해 히브리어 인쇄본 성경(BHS)의 비평장치에서는 모세의 이름을 생략할 것을 제안하기도 했다. 하지만 여기서 구체적으로 언급하지 않았던 모세의 자녀들의 이름은 역대상 23 : 14~15에서 확인할 수 있다. 모세의 아들들은 게르솜과 엘리에셀이었으며, 레위 지파 중에 기록되었다고 밝혀 주고 있다. 2절에 기록된 아론의 아들들의 이름은 출애굽기 28 : 1에서 아론의 아들들을 언급한 순서와 동일하다. 아론의 아들들이 제사장으로 위임된 일에 관한 내용은 출애굽기 28~29장과 레위기 8장을 배경으로 하고 있으며, 다른 본문들에 비해 민수기는 제사장 위임 사실에 관한 간략한 언급만을 제공하는 특징을 보여 주고 있다.

특별히 4절의 나답과 아비후가 시내 광야에서 다른 불을 드리다가 죽은 사건은 레위기 10장과 16장의 내용에 근거한 것이며, 이 내용은 민수기 26 : 61에도 기록되어 있다. 민수기 3 : 4에서 언급한 새로운 정보는 나답과 아비후에게 자녀가 없었다는 내용이다. 역대상 24 : 2에서도 이 일을 기록하였으며, 여기서는 나답과 아비후가 다른 불을 드린 일에 대한 언급을 생략하고 단순하게 아버지보다 일찍 죽었고, 자식이 없었다고 기록한 차이점을 발견할 수 있다. 마음 아픈 사건과 상처에 관한 기억을 다시 언급하거나 떠올리고 싶지 않은 것이 사람의 기본 마음일 수 있다. 하지만 성경에서는 이스라엘 자손의 첫 제사장 가문에 속했던 나답과 아비후가 하나님 앞에서 저지른 잘못으로 인하여 죽었던 사건을 반복하여 기록하고 있다.

이 사건은 하나님께 예배드리는 일이 얼마나 중대한 일인가를 보여 준다. 하나님께 예배드리는 일의 책임을 맡은 제사장은 자신의 목숨을 잃을 수

있는 위험을 감수하면서 하나님과 사람 사이에 서서 일하는 것임을 보여 주었다. 또한 이 일은 제사장도 하나님 앞에서 죄를 범함으로 인해 징계를 받을 수 있다는 사실을 경계하며, 지위고하를 막론하고 이런 일은 누구에게나 일어날 수 있다는 교훈을 준다. 그런 의미에서 "그런즉 선 줄로 생각하는 자는 넘어질까 조심하라"(고전 10 : 12)는 신약의 교훈은 시대를 초월하여 모든 이들에게 여전히 유효한 가르침이다.

아론의 남은 아들들인 엘르아살과 이다말이 아론의 앞에서 직분을 행했다는 4절의 표현은 아론의 감독하에 아들들이 제사장의 임무를 수행했음을 알려 주는 내용이다. 하나님의 일을 행함에 있어서 권위와 질서의 체계가 세워져 있었던 회막 예배의 모습을 본문말씀을 통하여 다시 한 번 확인할 수 있다.

(8) 레위인의 책임과 정체성(3 : 5 - 13)

5여호와께서 또 모세에게 말씀하여 이르시되 6레위 지파는 나아가 제사장 아
론 앞에 서서 그에게 시종하게 하라 7그들이 회막 앞에서 아론의 직무와 온
회중의 직무를 위하여 회막에서 시무하되 8곧 회막의 모든 기구를 맡아 지키
며 이스라엘 자손의 직무를 위하여 성막에서 시무할지니 9너는 레위인을 아
론과 그의 아들들에게 맡기라 그들은 이스라엘 자손 중에서 아론에게 온전히
맡겨진 자들이니라 10너는 아론과 그의 아들들을 세워 제사장 직무를 행하게
하라 외인이 가까이 하면 죽임을 당할 것이니라 11여호와께서 모세에게 말씀
하여 이르시되 12보라 내가 이스라엘 자손 중에서 레위인을 택하여 이스라엘
자손 중에 태를 열어 태어난 모든 자를 대신하게 하였은즉 레위인은 내 것이
라 13처음 태어난 자는 다 내 것임은 내가 애굽 땅에서 그 처음 태어난 자를 다
죽이던 날에 이스라엘의 처음 태어난 자는 사람이나 짐승을 다 거룩하게 구
별하였음이니 그들은 내 것이 될 것임이니라 나는 여호와이니라

[3 : 5-13] 레위인의 직무는 아론을 돕는 일이었다(6절). 레위인은 회막에서 아론과 회중의 일을 돕고, 회막의 모든 기구를 관리하는 책임을 맡으며, 제사장 아론과 그 아들들에게 소속된 사람들로서 회막에서 봉사하기 위하여 구별되었다(9절). 문자적인 의미로 볼 때 레위인은 제사장의 소유가 된 사람들로 인식될 수 있었다. 그렇지만 이 말씀은 제사장들이 레위인을 자기 소유물로 여겨 함부로 다룰 수 있음을 지시하는 의미로 받아들여질 수는 없다. 왜냐하면 레위인은 동시에 하나님의 소유로서, 하나님께 속한 사람들이었기 때문이다(12절). 제사장과 레위인의 직무는 구별되었으며, 레위인이 제사장에게 속해 있다는 질서는 세워져 있었지만, 하나님께 속한 '하나님의 사람들' 이라는 정체성에 있어서는 동일함을 확인할 수 있다.

제사장과 레위인은 하나님께서 명령하신 질서 속에서 서로 협력하는 관계를 이루어 가야 하는 사람들이었으며, '하나님의 일' 을 하기 위한 목적을 위해 선택되고 부름 받은 사람들이었다. 그러나 그러한 협력의 관계에서 균형이 깨어지고, 제사장과 레위인 사이의 질서가 무시되었을 때 발생했던 혼란상에 관하여는 16장에 기록된 고라의 반역 사건에서 살펴볼 수 있다. 10절에서는 아론과 그 아들들의 제사장 직무를 확인하고, 다른 사람들이 성소에 가까이 하다가 죽을 수 있음을 경고한다. 레위인은 이스라엘 자손의 장자를 대신하는 사람들이며, 이 일은 출애굽 당시의 열 가지 재앙 가운데 애굽의 장자를 하나님께서 치셨던 사건과 연관되어 있다(출 12장).

그날에 이스라엘의 처음 난 사람과 동물을 하나님께서 거룩히 구별하여 하나님의 소유로 삼으셨으며, 레위인은 이스라엘의 처음 것을 대신하는 사람들이다. '처음 것' 은 가장 귀한 것을 의미하며(창 4 : 4, *Life Application Study Bible*, 2004, p. 12), 민수기에서는 '처음 난 것' 에 거룩함과 하나님께 속함의 의미를 부여하였고, 레위인은 바로 이스라엘 자손들 가운데 이 처음 난 사람들을 대신하는 사람들로 해석하였다. 이러한 설명은 다시금 레위인에게 주어진 그들의 정체성을 확인시켜 준다. 즉, 레위인은 하나님께 속한 하나님의 사람들이다. 신명기 18 : 1~8의 본문에서도 제사장과 레위인의 몫과 직무에 대한 규정들을 서술하고 있지만, 민수기가 광야 시대를 배경으로 하고 있음에 비해 신명기는 가나안 정착 이후에 적용될 규정이라는 점에서 분명한 차이점을 보여 주고 있다.

(9) 1개월 이상의 레위인 인구조사와 속전(3 : 14 - 51)

14여호와께서 시내 광야에서 모세에게 말씀하여 이르시되 15레위 자손을 그들
의 조상의 가문과 종족을 따라 계수하되 일 개월 이상된 남자를 다 계수하라
16모세가 여호와의 말씀을 따라 그 명령하신 대로 계수하니라 17레위의 아들들
의 이름은 이러하니 게르손과 고핫과 므라리요 18게르손의 아들들의 이름은
그들의 종족대로 이러하니 립니와 시므이요 19고핫의 아들들은 그들의 종족
대로 이러하니 아므람과 이스할과 헤브론과 웃시엘이요 20므라리의 아들들은
그들의 종족대로 말리와 무시이니 이는 그의 종족대로 된 레위인의 조상의
가문들이니라 21게르손에게서는 립니 종족과 시므이 종족이 났으니 이들이
곧 게르손의 조상의 가문들이라 22계수된 자 곧 일 개월 이상 된 남자의 수효
합계는 칠천오백 명이며 23게르손 종족들은 성막 뒤 곧 서쪽에 진을 칠 것이
요 24라엘의 아들 엘리아삽은 게르손 사람의 조상의 가문의 지휘관이 될 것이
며 25게르손 자손이 회막에서 맡을 일은 성막과 장막과 그 덮개와 회막 휘장
문과 26뜰의 휘장과 및 성막과 제단 사방에 있는 뜰의 휘장 문과 그 모든 것에
쓰는 줄들이니라 27고핫에게서는 아므람 종족과 이스할 종족과 헤브론 종족
과 웃시엘 종족이 났으니 이들은 곧 고핫 종족들이라 28계수된 자로서 출생
후 일 개월 이상 된 남자는 모두 팔천육백 명인데 성소를 맡을 것이며 29고핫
자손의 종족들은 성막 남쪽에 진을 칠 것이요 30웃시엘의 아들 엘리사반은 고
핫 사람의 종족과 조상의 가문의 지휘관이 될 것이며 31그들이 맡을 것은 증
거궤와 상과 등잔대와 제단들과 성소에서 봉사하는 데 쓰는 기구들과 휘장과
그것에 쓰는 모든 것이며 32제사장 아론의 아들 엘르아살은 레위인의 지휘관

들의 어른이 되고 또 성소를 맡을 자를 통할할 것이니라 33므라리에게서는 말
리 종족과 무시 종족이 났으니 이들은 곧 므라리 종족들이라 34그 계수된 자
곧 일 개월 이상 된 남자는 모두 육천이백 명이며 35아비하일의 아들 수리엘
은 므라리 종족과 조상의 가문의 지휘관이 될 것이요 이 종족은 성막 북쪽에
진을 칠 것이며 36므라리 자손이 맡을 것은 성막의 널판과 그 띠와 그 기둥과
그 받침과 그 모든 기구와 그것에 쓰는 모든 것이며 37뜰 사방 기둥과 그 받침
과 그 말뚝과 그 줄들이니라 38성막 앞 동쪽 곧 회막 앞 해 돋는 쪽에는 모세
와 아론과 아론의 아들들이 진을 치고 이스라엘 자손의 직무를 위하여 성소
의 직무를 수행할 것이며 외인이 가까이 하면 죽일지니라 39모세와 아론이 여
호와의 명령을 따라 레위인을 각 종족대로 계수한즉 일 개월 이상 된 남자는
모두 이만 이천 명이었더라 40여호와께서 또 모세에게 이르시되 이스라엘 자
손의 처음 태어난 남자를 일 개월 이상으로 다 계수하여 그 명수를 기록하라
41나는 여호와라 이스라엘 자손 중 모든 처음 태어난 자 대신에 레위인을 내
게 돌리고 또 이스라엘 자손의 가축 중 모든 처음 태어난 것 대신에 레위인의
가축을 내게 돌리라 42모세가 여호와께서 자기에게 명령하신 대로 이스라엘
자손 중 모든 처음 태어난 자를 계수하니 43일 개월 이상으로 계수된 처음 태
어난 남자의 총계는 이만 이천이백칠십삼 명이었더라 44여호와께서 모세에게
말씀하여 이르시되 45이스라엘 자손 중 모든 처음 태어난 자 대신에 레위인을
취하고 또 그들의 가축 대신에 레위인의 가축을 취하라 레위인은 내 것이라
나는 여호와니라 46이스라엘 자손의 처음 태어난 자가 레위인보다 이백칠십
삼 명이 더 많은즉 속전으로 47한 사람에 다섯 세겔씩 받되 성소의 세겔로 받
으라 한 세겔은 이십 게라니라 48그 더한 자의 속전을 아론과 그의 아들들에
게 줄 것이니라 49모세가 레위인으로 대속한 이외의 사람에게서 속전을 받았
으니 50곧 이스라엘 자손의 처음 태어난 자에게서 받은 돈이 성소의 세겔로
천삼백육십오 세겔이라 51모세가 이 속전을 여호와의 말씀대로 아론과 그의
아들들에게 주었으니 여호와께서 모세에게 명령하심과 같았느니라

[3 : 14-51] 레위 지파는 게르손, 고핫, 므라리의 자손으로 구성된다. 레위인들은 가족별로 성막의 책임을 분담했다. 이에 관한 상세한 내용이 민수기 3장과 4장의 내용을 구성하고 있다. 게르손 자손은 성막과 장막과 그 덮개와 회막 휘장 문, 뜰의 휘장, 성막과 제단 사방 뜰의 휘장 문과 줄들을 관리했고, 이동 시에 성막과 기구들을 메고 옮기는 책임을 맡았으며, 제사장 이다말의 감독하에 임무를 수행했다(민 4 : 22 이하). 고핫 자손은 성소를 맡을 책임을 받았고, 증거궤와 상과 등잔대와 제단들과 성소의 기구들과 휘장을 담당했으며, 민수기 4 : 4에서는 '회막 안의 지성물'에 대한 책임이 고핫 자손에게 맡겨졌음을 다시 확인해 주고 있다. 아론의 아들 엘르아살이 레위인 지휘관들의 어른으로서 성소 맡을 자를 감독하도록 임명되었다. 므라리 자손은 성막의 널판, 띠, 기둥, 받침, 기구, 뜰 사방 기둥, 그 받침과 말뚝과 줄에 관한 책임을 맡았으며, 이다말의 감독하에 회막의 일을 수행하였다.

성소의 모든 관리와 책임은 성직자 한 사람의 능력으로만 감당할 수 있는 일이 아니었으며, 제사장과 레위인들 서로가 협력하고 질서 가운데서 각자의 세부적인 책임들을 담당함으로써 온전하게 수행될 수 있는 일들이었다. 성소와 관련된 모든 일들은 개인이 아닌 공동체의 일이었으며, 함께 협력하면서, 상호 존중과 조화 가운데서 이루어 가야 하는 하나님의 일이었다.

40절 이하에서는 레위인의 인구조사에 관하여 지시하고 있다. 이스라엘 자손들 전체의 인구조사와는 별도로 레위인의 인구조사는 생후 1개월 이상 된 남자에게 적용되었다. 당시의 높은 영아 사망률 때문에 30일 이하의 영아는 사람 숫자에 포함되지 않았던 것으로 보인다. 유대인들은 30일 이하의 영아 사망 시에 장례식도 치르지 않는 전통을 지키기도 했다. 가문별로 파악한 레위인의 총수는 모세와 아론과 아론의 아들들을 제외하면 22,300명이지만, 민수기 3 : 39에서는 레위인의 총 인원수를 22,000명으로 기록하였다. 300명은 레위인 가운데 신체적인 장애나 결함이 있어 총계에서 제외된 경우라고 볼 수 있다.

게르손 (성막 뒤-서쪽)	고핫 (성막 남쪽)	므라리 (장막 북쪽)	모세, 아론, 아론의 아들들 (성막 앞-동편)
7,500	8,600	6,200	

43절에서는 이스라엘 장자의 숫자를 22,273명으로 파악하였으며, 이스라엘 자손의 처음 난 자를 레위인으로 대신하고, 가축들의 처음 난 것을 레위인의 가축들로 대신해야 하는데, 이스라엘 자손의 장자가 레위인보다 273명이 많은 부분에 관하여는 속전으로 한 사람당 5세겔씩을 취하여, 모두 1,365세겔(약 15.5kg)을 모세가 받도록 하였다. '성소의 세겔' 은 출애굽기 30 : 13과 레위기 27 : 25에서도 언급하고 있는데, 1세겔은 '20게라' 에 해당하며(레 27 : 25, '게라' 는 원래 곡식 낟알을 의미함, 약 0.57g), 은 11.5g 정도의 무게였을 것으로 파악되고 있다. 하지만 5세겔은 당시에 적은 돈이 아니었으며, 주전 2000년경의 시기에 노동자의 6개월분 임금이나, 노예 한 사람을 살 수 있는 가격 정도에 해당하는 금액이었다.

속전의 계산과 레위인 가족별로 이루어지는 업무 분담의 규정들을 보면서 하나님의 세밀하심과 철저하심을 느낄 수 있다. 이 세상의 모든 만물은 본래 하나님의 것이며(신 10 : 14 ; 시 24 : 1), 이스라엘 자손은 모든 민족 가운데서 특별히 하나님의 소유로 선택받은 백성이었다(출 19 : 5). 그 가운데 다시 하나님께 속한 것으로 구별된 장자를 대신하여 '하나님의 사람들' 로 부름 받아 성소의 직무를 감당하게 된 레위인이다. 이 순서를 다시 거슬러 올라가면서 레위인의 상징적인 의미를 생각해 보면, 레위인은 하나님 앞에서 이 세상 만물이 하나님의 것임을 드러내 주는 상징성을 갖는 사람들이라고 할 수 있으며, 하나님께 속한 모든 사람들을 대표하는 의미를 가지고 하나님 앞에 서는 사람들이라고 해석할 수 있다.

레위인과 같이, 이 시대의 그리스도인들은 하나님의 소유된 백성과 거룩한 나라와 제사장으로 예수 그리스도 안에서 새롭게 부름 받은 사람들로서

(벧전 2 : 9), 이 세상 모든 것이 궁극적으로는 하나님께 속한 것임을 증거하고, 복음을 전하면서 살아갈 책임을 감당해야 하는 하나님의 사람들임을 인식하며 살아가야 하겠다.

설교를 위한 묵상

3장은 제사장 아론과 그의 아들들과 그들을 도울 레위인의 구별과 조직에 관하여 기술한다. 민수기 18장에서는 회막에서 봉사하기 위하여 구별된 레위인들이 하나님께 속한 사람들로서, 다른 기업을 분배받을 수 없고, 십일조가 그들의 기업이 될 것이라고 설명한다. 레위인들은 하나님과 이스라엘 자손 사이에서 성막의 직무를 담당함으로써 사람들의 생명을 지키고 보존하는 역할을 하였다(민 18 : 3, 21－23). 이들에게 위임된 책임이 실로 막중하였지만, 이후의 광야 시대 역사 속에서 레위인들이 자신들의 직분을 망각하고 구별된 제사장의 임무까지 불법적으로 요구함으로써, 이스라엘 자손들의 공동체 안에서 큰 혼란과 재난이 발생한 일이 있었다. 하나님께서 말씀하셨던 그대로 성소에 접근하는 사람들이 죽는 재난이 일어났던 것이다(민 16 : 9－10 ; 17 : 12－13).

레위인들은 하나님께 예배드리는 일을 위하여 특별히 구분된 사람들이었지만, 제사장을 돕는 일과 하나님 앞에서 감당해야 할 성소에 대한 책임을 소홀히 할 때 일어난 결과는 참으로 비극적이었다. 하나님께서 법을 세우시고, 말씀으로 그것을 명하셨을 때에는 그 결과가 현실 역사 가운데 반드시 이루어짐을 민수기에 기록된 사건들을 통하여 분명하게 확인할 수 있다. 하나님의 일은 하나님께서 선택하시고, 특별한 은혜를 주실 때에 감당할 수 있는 '하나님의 일' 이지만, 그 주어진 책임을 감당하는 사람이 대충 준비해도 다 은혜로 넘어갈 수 있는 그런 일이 아니다. 하나님께서는 레위인들의 직무를 맡기실 때 철저하게 책임을 규정하고, 분배하셨으며, 레위 지파에 속한 가문들이 전문성을 가지고 그 일을 실행할 것을 요구하셨다.

민수기 3장에 기록된 레위인의 직무와 역할에 관한 하나님의 명령들은 그분의 준비와 계획에 나타난 세밀하심과 완전하심을 엿볼 수 있게 해 준다. 우리가 현실의 삶 속에서 '하나님의 일'을 하는 데 있어서도 일반적인 일들과 마찬가지로 조직과 체계를 갖추고, 역할을 분담하는 일이 중요하다. 일의 능률과 효과를 위해서 그러한 조직과 체계와 질서가 중요한 것이다. 하나님의 일을 하고, 예배를 드리는 일이 은혜롭게 이루어져야 하지만, 그것이 하나님의 일이니까 사람이 아무 계획 없이, 준비 없이 일을 해도 괜찮다는 의미는 아니다. 그런 자세와 마음가짐은 하나님께서 주신 책임 자체에 담긴 은혜까지 '값싼 은혜'로 전락시킬 위험이 있다. 하나님의 일이니까 사람이 대충하여도 하나님께서 은혜로 채워 주실 것이라는 생각은 미신적인 사고일 수 있다.

하나님의 일과 하나님께 드리는 예배가 은혜롭게 이루어지기 위해서는 세밀하고 철저한 준비와 노력이 필요하다. 본문의 규정들 속에 담겨 있는 하나님의 세밀하심과 완전하심을 생각할 때, 하나님을 바르게 섬기고, 하나님께 바르게 예배드리는 일을 소홀히 할 수 없다는 사실을 다시금 깨달을 수 있다.

(10) 30~50세의 레위인 인구조사와 책임(4 : 1-49)

1또 여호와께서 모세와 아론에게 말씀하여 이르시되 2레위 자손 중에서 고핫
자손을 그들의 종족과 조상의 가문에 따라 집계할지니 3곧 삼십 세 이상으로
오십 세까지 회막의 일을 하기 위하여 그 역사에 참가할 만한 모든 자를 계수
하라 4고핫 자손이 회막 안의 지성물에 대하여 할 일은 이러하니라 5진영이
전진할 때에 아론과 그의 아들들이 들어가서 칸 막는 휘장을 걷어 증거궤를
덮고 6그 위를 해달의 가죽으로 덮고 그 위에 순청색 보자기를 덮은 후에 그
채를 꿰고 7진설병의 상에 청색 보자기를 펴고 대접들과 숟가락들과 주발들
과 붓는 잔들을 그 위에 두고 또 항상 진설하는 떡을 그 위에 두고 8홍색 보자
기를 그 위에 펴고 그것을 해달의 가죽 덮개로 덮은 후에 그 채를 꿰고 9청색
보자기를 취하여 등잔대와 등잔들과 불 집게들과 불똥 그릇들과 그 쓰는 바

모든 기름 그릇을 덮고 10등잔대와 그 모든 기구를 해달의 가죽 덮개 안에 넣
어 메는 틀 위에 두고 11금제단 위에 청색 보자기를 펴고 해달의 가죽 덮개로
덮고 그 채를 꿰고 12성소에서 봉사하는 데에 쓰는 모든 기구를 취하여 청색
보자기에 싸서 해달의 가죽 덮개로 덮어 메는 틀 위에 두고 13제단의 재를 버
리고 그 제단 위에 자색 보자기를 펴고 14봉사하는 데에 쓰는 모든 기구 곧 불
옮기는 그릇들과 고기 갈고리들과 부삽들과 대야들과 제단의 모든 기구를 두
고 해달의 가죽 덮개를 그 위에 덮고 그 채를 뀔 것이며 15진영을 떠날 때에 아
론과 그의 아들들이 성소와 성소의 모든 기구 덮는 일을 마치거든 고핫 자손
들이 와서 멜 것이니라 그러나 성물은 만지지 말라 그들이 죽으리라 회막 물
건 중에서 이것들은 고핫 자손이 멜 것이며 16제사장 아론의 아들 엘르아살이
맡을 것은 등유와 태우는 향과 항상 드리는 소제물과 관유이며 또 장막 전체
와 그중에 있는 모든 것과 성소와 그 모든 기구니라 17여호와께서 또 모세와
아론에게 말씀하여 이르시되 18너희는 고핫 족속의 지파를 레위인 중에서 끊
어지게 하지 말지니 19그들이 지성물에 접근할 때에 그들의 생명을 보존하고
죽지 않게 하기 위하여 이같이 하라 아론과 그의 아들들이 들어가서 각 사람
에게 그가 할 일과 그가 멜 것을 지휘하게 할지니라 20그들은 잠시라도 들어
가서 성소를 보지 말라 그들이 죽으리라 21여호와께서 또 모세에게 말씀하여
이르시되 22게르손 자손도 그 조상의 가문과 종족에 따라 계수하되 23삼십 세
이상으로 오십 세까지 회막에서 복무하고 봉사할 모든 자를 계수하라 24게르
손 종족의 할 일과 멜 것은 이러하니 25곧 그들이 성막의 휘장들과 회막과 그
덮개와 그 위의 해달의 가죽 덮개와 회막 휘장 문을 메며 26뜰의 휘장과 성막
과 제단 사방에 있는 뜰의 휘장 문과 그 줄들과 그것에 사용하는 모든 기구를
메며 이 모든 것을 이렇게 맡아 처리할 것이라 27게르손 자손은 그들의 모든
일 곧 멜 것과 처리할 것을 아론과 그의 아들들의 명령대로 할 것이니 너희는
그들이 멜 짐을 그들에게 맡길 것이니라 28게르손 자손의 종족들이 회막에서
할 일은 이러하며 그들의 직무는 제사장 아론의 아들 이다말이 감독할지니라

29너는 므라리 자손도 그 조상의 가문과 종족에 따라 계수하되 30삼십 세부터
오십 세까지 회막에서 복무하고 봉사할 모든 자를 계수하라 31그들이 직무를
따라 회막에서 할 모든 일 곧 그 멜 것은 이러하니 곧 장막의 널판들과 그 띠
들과 그 기둥들과 그 받침들과 32뜰 둘레의 기둥들과 그 받침들과 그 말뚝들
과 그 줄들과 그 모든 기구들과 그것에 쓰는 모든 것이라 너희는 그들이 맡아
멜 모든 기구의 품목을 지정하라 33이는 제사장 아론의 아들 이다말의 수하에
있을 므라리 자손의 종족들이 그 모든 직무대로 회막에서 행할 일이니라 34모
세와 아론과 회중의 지도자들이 고핫 자손들을 그 종족과 조상의 가문에 따라
계수하니 35삼십 세부터 오십 세까지 회막에서 복무하고 봉사할 모든 자 36곧
그 종족대로 계수된 자가 이천칠백오십 명이니 37이는 모세와 아론이 여호와
께서 모세에게 명령하신 대로 회막에서 종사하는 고핫인의 모든 종족 중 계
수된 자이니라 38게르손 자손 중 그 종족과 조상의 가문을 따라 계수된 자는
39삼십 세부터 오십 세까지 회막 봉사에 참여하여 일할 만한 모든 자라 40그
종족과 조상의 가문을 따라 계수된 자는 이천육백삼십 명이니 41이는 모세와
아론이 여호와의 명령대로 회막에서 종사하는 게르손 자손의 모든 종족 중
계수된 자니라 42므라리 자손의 종족 중 그 종족과 조상의 가문을 따라 계수
된 자는 43삼십 세부터 오십 세까지 회막에서 복무하고 봉사할 모든 자라 44그
종족을 따라 계수된 자는 삼천이백 명이니 45이는 모세와 아론이 여호와께서
모세에게 명령하신 대로 므라리 자손들의 종족 중 계수된 자니라 46모세와 아
론과 이스라엘 지휘관들이 레위인을 그 종족과 조상의 가문에 따라 다 계수
하니 47삼십 세부터 오십 세까지 회막 봉사와 메는 일에 참여하여 일할 만한
모든 자 48곧 그 계수된 자는 팔천오백팔십 명이라 49그들이 할 일과 짐을 메
는 일을 따라 모세에게 계수되었으되 여호와께서 모세에게 명령하신 대로 그
들이 계수되었더라

[4:1-49] 민수기 1~2장에서 이스라엘 자손 전체의 인구조사 내용이 반복

되는 형식의 단락과 문장을 통해 기록된 것처럼, 3~4장에서도 레위인의 인구조사 내용을 반복적으로 기술하는 형식을 취하였다. 4장의 규정들에서는 아론과 그의 아들들이 진의 출발 전에 성소의 이동을 위하여 해야 할 일들을 먼저 지시하고 있으며, 여기서 언급하고 있는 세세한 항목들을 통해 다시 한 번 성소의 기구들을 구체적으로 파악해 볼 수 있다. 성막의 재료와 색상과 성물에 관한 구체적인 내용들은 출애굽기 35장 이하의 성막과 기구의 제작에 관한 본문의 내용과 평행을 이루고 있다.

① 칸 막는 휘장과 해달 가죽과 순청색 보자기로 증거궤를 덮고 그 채를 꿰어 준비한다.
② 진설병 상에 청색 보자기를 펴서 대접들, 숟가락들, 주발들, 붓는 잔들, 떡을 놓고, 홍색 보자기, 해달 가죽 덮개로 덮고 그 채를 꿰어 준비한다.
③ 청색 보자기로 등잔대, 등잔들, 불 집게들, 불똥 그릇들, 그 외의 모든 기름 그릇을 덮는다. 등잔대와 모든 기구를 해달 가죽 덮개 안에 넣어 메는 틀 위에 둔다.
④ 금제단 위에 청색 보자기를 펴고, 해달 가죽 덮개로 덮고, 그 채를 꿰어 준비한다.
⑤ 성소의 모든 기구는 청색 보자기에 싸서 해달 가죽 덮개로 덮어 메는 틀 위에 둔다.
⑥ 제단의 재는 버리고 그 제단 위에 자색 보자기를 펴서 불 옮기는 그릇들, 고기 갈고리들, 부삽들, 대야들, 제단의 모든 기구를 해달 가죽 덮개로 덮고 그 채를 꿰어 준비한다.

6절 이하에 언급된 청색과 자색과 홍색의 색상은 출애굽기 25 : 4에도 언급된 색들이며, 중요한 물품을 덮는 덮개의 색으로 사용되었다. 5절의 증거궤는 청색과 자색과 홍색의 실로 짠 성소의 휘장으로 분리된 공간에 있었으며(출 26 : 31-33), 이 증거궤의 이동 시에는 휘장을 걷어서 덮은 후에, 마지막으로 보라색에 가까운 순청색 보자기로 덮도록 하였다(민 4 : 5-6). 이러한 색상의 사용과 절차는 거룩성에 대한 등급을 의미하는 것으로 해석되기도 한다. 다음으로 청색과 홍색의 보자기로 덮는 진설병 상은 두 가지 색상과 관련되어 있으며, 금제단과 등잔대와 기물들은 청색 보자기로 덮어서 한 가지 색상과 연결되고 있다(J. Milgrom, *Numbers*, p. 25).

구약에서는 증거궤를 하나님의 보좌로 생각했던 흔적들을 찾아볼 수 있는데(삼상 4 : 4 ; 삼하 6 : 2), 유대인의 전승(미드라쉬)에서 증거궤는 천상의 보좌에 대한 지상의 대응물로 인식되기도 했다(J. Milgrom, *Numbers*, p. 25). 7절의 진설병은 열두 개의 떡덩이를 늘 여호와 앞에 두었다가 안식일마다 정기적으로 교체해야 한다(레 24 : 5-8 ; 출 25 : 30). 고대 서아시아의 종교에서는 신들이 먹을 음식을 사람들이 차려 놓는다는 생각을 가지고 있었지만, 시편 50 : 13에서는 하나님께 이러한 생각을 적용하는 것을 거부한다. 레위기 24 : 8~9에서는 제사장들이 진설병을 먹도록 규정하였다(왕대일, 「민수기」, pp. 153-154).

11절의 금제단은 분향을 하는 제단이며, 13~14절의 번제단을 자색 보자기로 덮어서 이동시키는 것은 출애굽기 30 : 28~29에서 언급한 바와 같이 지성물로 분류되기 때문이다. 아론과 그 아들들이 모든 기구 덮기를 마친 후에 고핫 자손은 그것을 메고 가야 하며, 그들은 회막 안 지성물에 대한 책임을 맡았다. 회막의 성물을 만져서는 안 되며(15절), 성소에 들어가서 보아서도 안 된다(20절). 이 규정들과 관련하여 사무엘하 6장의 다윗 시대에 언약궤를 예루살렘으로 옮길 때에 있었던 사건과 비교해 볼 수 있다. 수레에 싣고 가던 언약궤를 웃사가 손으로 붙들었다가 죽은 일이 있었고, 이 후에 다윗이 다시 레위인들에게 궤를 메고 가도록 하였다는 기록을 볼 수 있다. 이에 관하여 동일한 사건을 기록한 역대상 15 : 11~15 본문에서는 여호와의 율법대로 궤를 메어서 이동해야 하는데 그렇지 않았기 때문에 웃사가 죽는 사고가 있었다는 해석을 덧붙여 설명하였다.

또한 사무엘상 6 : 19에서는 블레셋에 빼앗겼던 언약궤가 이스라엘 땅으로 돌아왔을 때에 벧세메스 사람들이 궤를 들여다보았다가 많은 사람이 죽었던 사건도 수록하고 있다. 민수기 4장에 기록된 성소와 성물에 관한 경고와 이와 관련하여 실제 역사 속에서 일어났던 사건들을 생각해 보면, 하나님께 속한 것은 하찮게 여기거나, 함부로 할 수 없음을 깨달을 수밖에 없다. 특히 민수기 4 : 19에서는 고핫 자손들이 지성물에 접촉하여 죽는 일이 일어나지 않도록 경고하고 있으며, 레위인들이 담당해야 했던 성소에서의 '하나님의 일'은 죽음의 위험에 노출될 수 있을 만큼 중대한 일이었음을 다시금 확인할 수 있다.

엘르아살은 등의 기름과 태우는 향과 소제물과 관유와 장막과 그 안의 성소와 모든 기구의 책임을 맡았다. 게르손 자손은 성막의 휘장들, 회막과 그 덮개, 해달의 가죽 덮개, 회막 휘장 문, 뜰의 휘장과 휘장 문, 그 줄들, 모든 기구를 맡았다. 게르손 자손의 종족들은 이다말의 감독 아래 회막에서의 직무를 감당하도록 하였다. 므라리 자손도 회막의 메는 일을 하였으며, 장막의 널판들, 띠들, 기둥들과 받침들, 뜰 둘레의 기둥들, 받침들, 말뚝들, 줄들, 모든 기구들에 대한 책임을 맡았다. 이들도 아론의 아들 가운데 이다말의 감독하에 속해 있었다. 세 자손의 총인원수는 8,580명으로 파악되었으며(48절), 이들은 30~50세까지 회막 봉사와 메는 일에 책임을 맡았다.

아 론		
엘르아살(레위인 모든 족장들의 어른)	이다말(감독)	
고핫 자손	게르손 자손	므라리 자손
2,750명	2,630명	3,200명

오늘날 예배에 모든 규정을 다 적용할 수는 없지만, 우리 그리스도인들도 그만큼 정성을 다하고, 예배에 관한 예수님의 가르침을 기억하며 영과 진리로 하나님께 예배드려야 한다는 마음을 잃어버리지 않아야 하겠다(요 4 : 24).

설교를 위한 묵상

1~4장까지는 반복적인 구조와 문장들로 구성되어 있다. 1~2장의 전체 인구조사와 3~4장의 레위인 인구조사는 같은 주제들을 조금씩 차이를 두고 반복적으로 기록하였다. 3장은 레위인의 인구조사와 조직과 배치에 해당하며, 4장은 레위인의 직무 분담에 관한 내용으로 정리해 볼 수 있다. 한자 가운데 '익힐 습'(習) 자에는 새가 날기 위하여 비행 연습을 할 때, 백 번의 날갯짓을 반복한 후에 비로소 나는 법을 배울 수 있다는 뜻이 담겨 있다고 한다. 무엇인가를 배우고 익히기 위하여 반복이 중요함을 생각해 볼 수 있는 뜻풀이이다. 민수기의 첫 부분에서 '젖과 꿀이 흐르는 약속의 땅' 가나안에 진입하기 위하여 준비하는 과정에서 진과 조직을 정비하고, 인구조사를 하고, 레위인의 책임을 맡기는 일들은 결국 사람을 준비하는 일임을 알 수 있다.

1~4장까지 각 장의 결론 부분에서도 예외 없이 반복되는 설명을 찾아볼 수 있는데, 그것은 이스라엘 자손들이 하나님의 말씀대로 준행하였다는 것이다. 민수기의 첫 부분은 하나님의 말씀이 반복적으로 실행되고 실천되었음을 보여 주는 것이기도 하다. 하나님의 뜻은 하나님께 순종하며 그분의 말씀을 실천하는 사람들을 통해 이 세상 가운데서 펼쳐질 수 있고, 이루어질 수 있다. 민수기 1~4장까지는 내용과 구조상의 반복뿐만이 아니라, 하나님의 명령에 순종하고 행하였다는 말씀의 반복을 통하여 이 주제들의 중요성을 강조하고 있다. 동시에 이 말씀을 듣는 청중과 읽는 독자들도 이러한 반복을 통하여, 자연스럽게 하나님의 일을 세밀하고 철저하게 준비하는 것과 하나님의 말씀을 준행하는 것의 중요성을 '반복 학습' 할 수 있다.

3~4장의 레위인에 관한 규정들에서 우리가 주목해 보아야 할 점 한 가지는, 먼저 3장에서 레위인의 정체성에 관하여 말하고, 그 다음 4장에서 레위인의 직무를 이야기하고 있는 순서의 문제이다. 하나님의 일을 하는 사람들에게 있어서 우선순위는 하나님과의 관계를 바르게 정립하고, 하나님과의 관계 안에서 자신이 누구인가를 분명하게 인식하고 깨닫는 일이 있어야 하고, 그런 다음 주어진 일을 맡을 수 있어야 할 것이다. 반복되는 일들과 행사 속에서 자신에 대한 분명한 정체성이 세워져 있지 않은 사람들은 쉽게 지치거나 혹은 일 가운데서 파묻혀 자아를 잃어버리는 일중독에 빠질 수도 있기 때문이다.

모든 그리스도인들은 직업의 소명이 되었든지, 교회의 일이 되었든지, 하나님 앞에서 하나님의 사람으로서 일하고, 살아가는 사람들이라는 자아의 정체성을 확고하게 세우고 붙잡는 일이 필요하다. 골로새서 3 : 23에서 "무슨 일을 하든지 마음을 다하여 주께 하듯 하고 사람에게 하듯 하지 말라"라는 말씀은 교회의 일을 하는 사람들에게도, 직업상의 일을 하는 사람에게도 동일하게 주어진 모든 그리스도인들을 향한 신약의 교훈이다. 구약의 광야 시대에 회막의 봉사와 직무를 맡았던 레위인들은 반복된 일상과 직무들을 감당하는 가운데 하나님의 사람으로서 정체성을 가지고 제사장들을 도우며, 하나님의 백성을 섬기면서 살았던 사람들이었다.

3) 정결법과 나실인 제도와 축도(5 : 1-6 : 27)

(1) 개인적인 부정에 관한 규정(5 : 1-4)

1여호와께서 모세에게 말씀하여 이르시되 2이스라엘 자손에게 명령하여 모든
나병 환자와 유출증이 있는 자와 주검으로 부정하게 된 자를 다 진영 밖으로
내보내되 3남녀를 막론하고 다 진영 밖으로 내보내어 그들이 진영을 더럽히
게 하지 말라 내가 그 진영 가운데에 거하느니라 하시매 4이스라엘 자손이 그
같이 행하여 그들을 진영 밖으로 내보냈으니 곧 여호와께서 모세에게 이르신
대로 이스라엘 자손이 행하였더라

[5 : 1-4] 1~4절까지의 본문은 부정한 자를 진영 밖으로 내보내어 격리시키기 위한 규정을 담고 있다. 부정한 자는 셋으로 나눌 수 있는데 나병 환자, 유출증이 있는 자, 주검으로 부정하게 된 자들로 구분할 수 있다. 이러한 경우들은 사람을 부정하게 하는 것으로 규정되었으며, 부정하게 된 사람들을 진영 밖으로 내보내는 것은 진영을 더럽히지 않기 위함이었다. 그 궁극적 이유는 거룩하신 하나님께서 진영 가운데 함께 거하시기 때문이다. 이 규정도

여호와께서 명하신 대로 실행되었다.

'나병'에 해당하는 히브리어 '짜루아'는 단순히 한센병만을 의미하기보다는 수염, 머리털, 의복, 가죽, 건물 등에 발생한 문제에 폭넓게 적용되었던 병리학적 용어였으며, 악성 피부질환에 해당하는 용어이다. 〈표준새번역〉 성경에서는 이 낱말을 '악성 피부병'으로 번역하였다. 나병환자에 관한 규정들 가운데 '부정하다'라고 외치도록 명한 레위기 13 : 45을 보면, 이러한 악성 피부질환을 '부정함'으로 파악했던 구약의 인식을 확인할 수 있다. 이런 사람은 병이 있는 동안 진영 밖에서 생활하도록 규정하였다(레 13 : 46).

'유출증'에 관한 규정은 레위기 15장에도 수록되어 있다. 레위기 15장에서는 유출증, 남녀의 동침과 설정, 여성의 월경과 월경 이외의 출혈 모두를 다루고 있으며, 이러한 사람들과 접촉한 자도 함께 부정해진다고 설명하고 있다. 레위기에서 부정함은 이처럼 전염성을 갖는 것으로 인식되었다. 따라서 부정한 사람은 진영 가운데서 다른 사람들과 함께 생활할 수 없었다.

'주검'(시체와의 접촉)으로 인한 부정함은 제사장에 관한 규정(레 21장)과 일반인에 관한 규정(민 19장)으로 구분해 볼 수 있다. 이외에도 부정한 동물 혹은 죽은 짐승을 먹거나 접촉하는 것도 사람을 부정하게 하는 것으로 여겨졌다(레 11장 ; 17 : 15).

메리 더글라스(Mary Douglas)는 레위기의 나병과 신체적인 유출증과 산모와 관련된 '부정함'을 '병리학적 포괄성'이라는 말로 표현하였으며, 본문의 기록자가 바벨론을 비롯한 당시의 종교적인 배경하에서 귀신 혹은 신들의 영향력 아래 놓여 있는 것으로 파악되었던 질병의 문제들(나병 – 나병의 신, 주검 – 조상신, 귀신 – 야간의 설정, 산모 – 유아와 산모를 해하는 신 등)과 함께 일련의 병리학적 현상들을 하나의 연속물로 보고, 이를 '부정함'의 영역 속에 포함시켜 종교적으로 설명한 것으로 보았다(M. Douglas, *Leviticus as Literature*, 1999, pp. 188 – 189). 달리 말하면, 레위기와 민수기의 '부정함'에 관한 규정들은 나병으로 번역된 병리적인 문제들과 생리적인 배출과 출산과 주검 등의 여러 현상들이 더 이상 어떤 신적인 존재와 귀신과 관련된 것이 아니라, 하나님 앞에서의 '부정함'에 해당하는 문제로 새롭게 해석되었다는 것이다.

레위기와 민수기의 정결법은 이 모든 문제들이 더 이상 귀신과 악령의 영향하에 속한 현상이 아니라 단순한 병리적인 현상으로 인식할 수 있는 영적인 자유함의 길을 열어 주었고, 사람들로 하여금 하나님께서 명하신 제의법과 정결함에 관한 규정들을 지킴으로써 문제를 해결하고, 하나님과의 바른 관계를 지키며 살아갈 수 있도록 하였다.

(2) 인간관계에서의 부정에 관한 규정(5 : 5-10)

5여호와께서 모세에게 말씀하여 이르시되 6이스라엘 자손에게 이르라 남자나
여자나 사람들이 범하는 죄를 범하여 여호와께 거역함으로 죄를 지으면 7그
지은 죄를 자복하고 그 죄 값을 온전히 갚되 오분의 일을 더하여 그가 죄를
지었던 그 사람에게 돌려줄 것이요 8만일 죄 값을 받을 만한 친척이 없으면
그 죄 값을 여호와께 드려 제사장에게로 돌릴 것이니 이는 그를 위하여 속죄
할 속죄의 숫양과 함께 돌릴 것이니라 9이스라엘 자손이 거제로 제사장에게
가져오는 모든 성물은 그의 것이 될 것이라 10각 사람이 구별한 물건은 그의
것이 되나니 누구든지 제사장에게 주는 것은 그의 것이 되느니라

[5 : 5-10] 죄도 사람을 더럽힐 수 있다. 5~10절의 본문에서는 사람들이 죄를 범하였을 경우에 죄를 고백하고 그 죄 값을 갚도록 명령한다. 1/5을 그 죄 값으로 더하여 당사자 혹은 친족에게 보상해야 하며, 그럴 수 없는 상황에서는 속죄할 속죄의 숫양도 제사장에게 가져갈 것을 규정하고 있다. 죄 값으로 1/5을 더하여 보상하라는 내용은 레위기 5 : 14~19의 속건제 규정과 일치하고 있다.

인간관계 혹은 하나님과의 관계에 있어서 잘못은 죄의 고백으로만 끝나

는 것이 아니며, 타인에게 손해를 끼치는 죄를 범했을 경우에는 그에 상응하는 배상을 하도록 규정하고 있다는 점에서 구약의 죄에 관한 규정은 매우 구체적이며, 현실적인 성격을 갖고 있다고 말할 수 있다.

(3) 가정에서의 부정함에 관한 규정(5 : 11 - 31)

11여호와께서 모세에게 말씀하여 이르시되 12이스라엘 자손에게 말하여 그들에
게 이르라 만일 어떤 사람의 아내가 탈선하여 남편에게 신의를 저버렸고 13한
남자가 그 여자와 동침하였으나 그의 남편의 눈에 숨겨 드러나지 아니하였고
그 여자의 더러워진 일에 증인도 없고 그가 잡히지도 아니하였어도 14그 남편
이 의심이 생겨 그 아내를 의심하였는데 그의 아내가 더럽혀졌거나 또는 그
남편이 의심이 생겨 그 아내를 의심하였으나 그 아내가 더럽혀지지 아니하였
든지 15그의 아내를 데리고 제사장에게로 가서 그를 위하여 보리 가루 십분의
일 에바를 헌물로 드리되 그것에 기름도 붓지 말고 유향도 두지 말라 이는 의
심의 소제요 죄악을 기억나게 하는 기억의 소제라 16제사장은 그 여인을 가까
이 오게 하여 여호와 앞에 세우고 17토기에 거룩한 물을 담고 성막 바닥의 티
끌을 취하여 물에 넣고 18여인을 여호와 앞에 세우고 그의 머리를 풀게 하고
기억나게 하는 소제물 곧 의심의 소제물을 그의 두 손에 두고 제사장은 저주
가 되게 할 쓴 물을 자기 손에 들고 19여인에게 맹세하게 하여 그에게 이르기
를 네가 네 남편을 두고 탈선하여 다른 남자와 동침하여 더럽힌 일이 없으면
저주가 되게 하는 이 쓴 물의 해독을 면하리라 20그러나 네가 네 남편을 두고
탈선하여 몸을 더럽혀서 네 남편 아닌 사람과 동침하였으면 21(제사장이 그 여
인에게 저주의 맹세를 하게 하고 그 여인에게 말할지니라) 여호와께서 네 넓
적다리가 마르고 네 배가 부어서 네가 네 백성 중에 저줏거리, 맹셋거리가
되게 하실지라 22이 저주가 되게 하는 이 물이 네 창자에 들어가서 네 배를 붓
게 하고 네 넓적다리를 마르게 하리라 할 것이요 여인은 아멘 아멘 할지니라
23제사장이 저주의 말을 두루마리에 써서 그 글자를 그 쓴 물에 빨아 넣고 24여

인에게 그 저주가 되게 하는 쓴 물을 마시게 할지니 그 저주가 되게 하는 물이 그의 속에 들어 가서 쓰리라 [25]제사장이 먼저 그 여인의 손에서 의심의 소제물을 취하여 그 소제물을 여호와 앞에 흔들고 제단으로 가지고 가서 [26]제사장은 그 소제물 중에서 한 움큼을 취하여 그 여자에게 기억나게 하는 소제물로 제단 위에 불사르고 그 후에 여인에게 그 물을 마시게 할지라 [27]그 물을 마시게 한 후에 만일 여인이 몸을 더럽혀서 그 남편에게 범죄하였으면 그 저주가 되게 하는 물이 그의 속에 들어가서 쓰게 되어 그의 배가 부으며 그의 넓적다리가 마르리니 그 여인이 그 백성 중에서 저줏거리가 될 것이니라 [28]그러나 여인이 더럽힌 일이 없고 정결하면 해를 받지 않고 임신하리라 [29]이는 의심의 법이니 아내가 그의 남편을 두고 탈선하여 더럽힌 때나 [30]또는 그 남편이 의심이 생겨서 자기의 아내를 의심할 때에 여인을 여호와 앞에 두고 제사장이 이 법대로 행할 것이라 [31]남편은 무죄할 것이요 여인은 죄가 있으면 당하리라

[5 : 11-31] 11~31절까지의 내용은 '의심의 법'에 관한 규정이다. 의심의 법은 아내가 남편을 두고 탈선하여 더러워진 경우나 그 남편이 의심이 생겨 자기 아내를 의심할 때 여인을 여호와 앞에 두고 제사장이 해야 할 일에 관한 것이다. '의심의 소제' 곧 죄악을 기억나게 하는 '기억의 소제'는 남편이 아내의 탈선 혹은 부정함을 의심할 경우에 그것이 사실로 판명되든지, 사실이 아닌 것으로 판명되든지 보리 가루 1/10 '에바'를 아내를 위하여 헌물로 드린다(14-15절).

'에바'를 오늘날의 부피단위로 환산하면 22리터이므로, 1/10 '에바'는 2.2리터 정도의 양에 해당한다. '그를 위하여'라는 표현에서 '위하여'로 번역된 히브리어는 '대신하여'로 바꾸어 해석할 수 있다. 11~15절은 의심의 소제를 드리는 상황과 조건을 설명하고, 16~28절은 의심의 법 실행 과정과 절차에 관하여 기록하고 있다. 29~31절은 이 규정의 요약과 마무리에 해당

한다. 이 규정의 절차는 다음과 같다.

① 아내의 탈선에 대한 남편의 의심
② 남 편 : 아내를 제사장에게 데려감.
제사장 : 그 여인을 가까이 오게 하여, 여호와 앞에 세움.
③ 제사장 : 토기에 거룩한 물을 담고, 성막 바닥의 티끌을 물에 넣음.
여 인 : 머리를 풀고, 의심의 소제물을 두 손에 들도록 함.
④ 제사장 : 저주가 되게 할 쓴 물을 들고, 여인에게 맹세하게 하면서 들려주어야 할 말 – "네가 네 남편을 두고 탈선하여 다른 남자와 동침하여 더럽힌 일이 없으면 저주가 되게 하는 이 쓴 물의 해독을 면하리라. 그러나 네가 네 남편을 두고 탈선하여 몸을 더럽혀서 네 남편 아닌 사람과 동침하였으면, 여호와께서 네 넓적다리가 마르고 네 배가 부어서 네가 네 백성 중에 저줏거리, 맹셋거리가 되게 하실지라. 이 저주가 되게 하는 이 물이 네 창자에 들어가서 네 배를 붓게 하고 네 넓적다리를 마르게 하리라" (19 – 22).
여 인 : "아멘, 아멘." 으로 응답함.
⑤ 제사장 : 저주의 말을 두루마리에 써서 그 글자를 그 쓴 물에 빨아 넣음. (여인에게 그 저주가 되게 하는 쓴 물을 마시게 함.)
⑥ 제사장 : 그 여인의 손에서 의심의 소제물을 취하여 여호와 앞에 흔들고 제단으로 가져감.
여 인 : 제사장이 주는 한 움큼의 소제물을 제단 위에 불사름.
⑦ 제사장 : 그 후에 여인으로 하여금 저주가 되게 하는 쓴 물을 마시게 함.
⑧ 결과
ⓐ 여인이 몸을 더럽혀 남편에게 죄를 범한 경우 : 그 저주가 되게 하는 물이 속에 들어가서 쓰게 되어 배가 부으며 넓적다리가 말라 그

여인이 백성 중에서 저줏거리가 됨.

ⓑ 여인이 더럽힌 일이 없고 정결한 경우 : 해를 받지 않고 임신할 것임.

* '의심의 법' – 남편은 무죄할 것이며, 여인은 죄가 있으면 당할 것임.

본문의 내용에 관하여 아내인 여성에게 너무 일방적으로 적용된 법이 아니냐는 입장에서 해석하는 견해도 있다. 물론 남성 중심의 가부장적인 고대 이스라엘의 사회 풍습이지만, 그 당시의 시대적 분위기를 무시하고 구약의 법 규정들을 파악하기는 어렵다. 그럼에도 불구하고 '의심의 소제' 혹은 '의심의 법'에 관한 규정은 결혼 관계에 대하여 하나님께서 직접 간섭하고 계심을 보여 준다. 의심의 법을 실행할 때, 아내는 하나님 앞에 세워진다. 남편과 아내의 제한된 인간관계 내에서만 모든 문제가 처리되고 결정되는 것이 아니라, 남편과 하나님과 아내와의 관계 가운데서 가정의 문제가 다루어진다는 사실은, 달리 생각해 보면 남성 중심의 가부장적인 시대에 남편 마음대로 결혼 관계의 문제를 처리할 수 없음을 의미하는 것일 수 있다.

결혼과 가정의 문제는 사람과 사람 사이의 문제로만 볼 것이 아니라 하나님과의 관계라는 영적인 차원에서 보아야 하는 주제임을 '의심의 법'에 관한 민수기의 율법을 통해 다시금 깨달을 수 있다. 이 내용은 남편과 아내 사이에 결혼의 증인은 하나님이시라는 말라기 2 : 14의 말씀을 생각나게 한다.

설교를 위한 묵상

가정은 사회의 가장 기본적인 구성단위이다. 가정의 해체와 붕괴는 곧바로 그 공동체 전체의 불안정과 위기로 이어질 수 있다. 서로 남이었던 두 사람이 한 가족을 이루었을 때 그 두 사람을 가족으로 살아갈 수 있도록 하는 가장 기본적인 바탕은 무엇일까? 그것은 아마도 부부 사이의 믿음일 것이다. 서로에 대한 신뢰와 믿음이 있을 때 두 사람은 서로를 의지하며 자신의 부모와 형제와 자매를 떠나 새로운 가족으로서 살아갈 수 있다.

민수기 5장에서는 부부 사이의 위기 가운데 '신뢰감의 상실,' 즉 '의심'의 문제에 관하여 다루고 있다. 남편이 아내의 부정을 의심하게 되었을 때, 민수기 5장의 율법은 종교적인 의식과 율법을 통하여 의심의 문제를 해결하고, 하나님 앞에서 부부 사이의 신뢰관계를 다시금 확인하고, 회복하는 방법을 제시하였다. 이 율법의 의미는 그 당시의 가부장적인 사회분위기 속에서 남편이 아내에 대한 의심만을 가지고 아내를 버리거나, 극단적으로 일방적인 결정을 할 수 없도록 하였다는 점에서 의의를 찾을 수 있다.

하지만 죄 없는 여성이 남편에게 이런 의심을 받고, 이러한 율법에 따른 의식을 치르게 되었을 때에 입게 될 인격적인 손상과 마음의 상처의 문제는 다시 한 번 깊이 있게 생각해야 할 것이다. 베드로전서 3 : 1~7의 본문에서는 아내들의 남편에 대한 순종을 교훈하는 말씀과 더불어 남편들에게 아내를 더 연약한 그릇이요 또 생명의 은혜를 함께 이어받을 자로 알아 귀히 여길 것을 권면하는 말씀을 함께 기록하였다. 이처럼 부부 관계에 관한 신약의 여러 말씀들은 많은 경우에 남편과 아내 모두를 향한 권면을 동시에 행하고 있다.

민수기 5장에서는 고대 시대의 당시 상황 속에서 아내와 남편의 관계에서 생길 수 있는 문제의 법적, 종교적 해결의 방안을 남성 중심적으로 제시하였다. 하지만 이 법의 더 근본적인 정신은 부부 사이의 상호 간에 존재해야 할 신뢰와 사랑이라는 인격적인 관계를 지키기 위한 것임을 생각해야 하겠다. 부부의 관계는 상호적인 관계이며, 서로를 믿고, 존경하며, 그 관계를 건강하게 유지해 가기 위해서 무엇보다 서로 사랑하는 마음이 중요하다. 그러나 이 관계 역시 부부 각자의 하나님을 향한 믿음과 사랑이 건강한 바탕을 이룰 때, 하나님을 믿는 신앙을 중심으로 함께 서로를 존중하고 신뢰하며 살아갈 수 있다.

(4) 나실인이 지켜야 할 의무(6 : 1-8)

1여호와께서 모세에게 말씀하여 이르시되 2이스라엘 자손에게 전하여 그들에
게 이르라 남자나 여자가 특별한 서원 곧 나실인의 서원을 하고 자기 몸을 구
별하여 여호와께 드리려고 하면 3포도주와 독주를 멀리하며 포도주로 된 초
나 독주로 된 초를 마시지 말며 포도즙도 마시지 말며 생포도나 건포도도 먹
지 말지니 4자기 몸을 구별하는 모든 날 동안에는 포도나무 소산은 씨나 껍질
이라도 먹지 말지며 5그 서원을 하고 구별하는 모든 날 동안은 삭도를 절대로
그의 머리에 대지 말 것이라 자기 몸을 구별하여 여호와께 드리는 날이 차기
까지 그는 거룩한즉 그의 머리털을 길게 자라게 할 것이며 6자기의 몸을 구별
하여 여호와께 드리는 모든 날 동안은 시체를 가까이 하지 말 것이요 7그의
부모 형제 자매가 죽은 때에라도 그로 말미암아 몸을 더럽히지 말 것이니 이
는 자기의 몸을 구별하여 하나님께 드리는 표가 그의 머리에 있음이라 8자기
의 몸을 구별하는 모든 날 동안 그는 여호와께 거룩한 자니라

[6 : 1-8] 나실인은 남자나 여자가 개인적으로 여호와께 자기 몸을 구별하여 드림으로 '여호와께 거룩한 자' 로 헌신한 사람을 뜻한다. 구약에서는 삼손이나 사무엘처럼 태어나면서부터 평생을 나실인으로 살아가는 '평생 나실인' 과 일정한 기간 동안 스스로 나실인으로서 헌신하는 기간을 지키는 '한시적인 나실인' 이 있었음을 알려 준다. 민수기 6장은 한시적인 나실인에 관한 규정을 수록하고 있다.

구약의 제사장은 기름 부음을 받은 레위인 남성만으로 구성되어 있다(레 21장). 하지만 후대의 이스라엘 역사 가운데 이러한 원칙이 무너졌던 경우도 있었다. 분열왕국 시대 초기에 북이스라엘의 여로보암 왕은 레위인이 아닌 보통 백성으로 제사장을 세움으로써, 제사장에 관한 율법의 전통을 어그러뜨렸다(왕상 12 : 31). 이는 그가 저지른 범죄 가운데 하나로 평가되고 있다.

제사장에 관한 규정과는 달리, 나실인의 서원은 성에 관계없이 남자와

여자가 모두 할 수 있는 특별한 서원에 따라 평신도가 스스로를 하나님 앞에 헌신하는 제도였다. 나실인에게는 서원 기간에 철저하게 지켜야 할 의무들이 있었다.

① 포도 금지 – 포도주와 독주를 멀리하며, 포도주와 독주로 된 초를 마시지 말아야 하고, 포도즙과 생포도와 건포도와 포도씨와 껍질까지도 먹지 못한다(3–4절).
② 삭발 금지 – 구별하는 모든 날 동안 삭도를 머리에 댈 수 없으며, 머리털은 길게 자라게 한다(5절).
③ 주검에 접근 금지 – 구별하는 모든 날 동안 부모, 형제, 자매의 주검에도 가까이 할 수 없다(6–7절).

이 규정들의 강도는 제사장에 관한 규정과 비교해 보아도 매우 높은 수준임을 알 수 있다. 제사장에게는 포도주와 독주를 금하는 금주의 규정이 있었다(레 10 : 9). 그러나 포도까지 금하는 규정은 나실인에 관한 규정에서 등장한다. 나실인의 규정 가운데 독특한 것은 머리털을 자를 수 없다는 규정이다(민 6 : 5). 그 이유는 하나님께 자기 몸을 구별하여 드리는 표가 머리에 있기 때문이라고 민수기 6 : 7에서 설명하고 있으며, 사사기 13장 이하의 삼손 이야기에서는 나실인 삼손의 힘이 그의 머리카락과 연관되어 있음을 말하기도 한다(삿 13 : 5 ; 16 : 17). 그러나 삼손의 초능력적인 힘이 그의 머리카락에 담겨 있었다는 것보다는, 나실인으로서 하나님의 말씀을 지켜 머리에 삭도를 대지 않는 것에 있었다고 보는 것이 더 적절하다.

또한 제사장의 경우에 부모, 자녀, 형제, 출가하지 아니한 자매의 주검에 가까이 하는 것이 허락되었으나(레 21 : 1–3), 대제사장의 경우에는 일체의 주검에 접촉하는 것이 금지되었다(레 21 : 11). 주검에 관한 나실인의 규정은 제사장보다는 대제사장의 규정에 가깝다. 나실인은 평신도로서 특별한 서원을 지키는 사람이었지만, 그에게 적용된 규정은 매우 철저하고, 경우에 따라서는 대제사장에게 요구되었던 수준의 규정이 요구되기도 했다. 따라서 구약의 율법은 그 규정의 강도가 성직자의 직위에 정비례하는 것만은 아니었음을 알 수 있다. 나실인은 자기 몸을 구별하는 날 동안 '여호와께 거룩한 자'로서 정체성을 갖는다.

아모스 2 : 11~12에서는 나실인에 관한 언급을 하고 있는데, 선지자 아모스는 나실인으로 하여금 포도주를 먹게 함으로써 하나님 앞에 성별된 사람들을 부정하게 하는 일이 벌어진 북이스라엘 사람들의 생활상을 죄악들 가운데 하나로 지적하였다. 어느 시대와 어느 공동체를 막론하고, 하나님 앞에서 스스로를 성별하기로 결단하고 살아가는 사람들의 헌신은 보이지 않는 모습으로 사람들에게 큰 영향력을 끼친다. 그렇게 구별되고 헌신된 삶을 살아가는 사람들의 생활은 보이지 않지만 하나님의 살아 계심을 보여 주는 현실에서의 증거가 될 수 있기 때문이다.

(5) 나실인을 위한 세부규정(6 : 9 – 21)

[9]누가 갑자기 그 곁에서 죽어서 스스로 구별한 자의 머리를 더럽히면 그의 몸
을 정결하게 하는 날에 머리를 밀 것이니 곧 일곱째 날에 밀 것이며 [10]여덟째
날에 산비둘기 두 마리나 집비둘기 새끼 두 마리를 가지고 회막 문에 와서 제
사장에게 줄 것이요 [11]제사장은 그 하나를 속죄제물로, 하나를 번제물로 드려
서 그의 시체로 말미암아 얻은 죄를 속하고 또 그는 그날에 그의 머리를 성결
하게 할 것이며 [12]자기 몸을 구별하여 여호와께 드릴 날을 새로 정하고 일 년
된 숫양을 가져다가 속건제물로 드릴지니라 자기의 몸을 구별한 때에 그의
몸을 더럽혔은즉 지나간 기간은 무효니라 [13]나실인의 법은 이러하니라 자기
의 몸을 구별한 날이 차면 그 사람을 회막 문으로 데리고 갈 것이요 [14]그는 여
호와께 헌물을 드리되 번제물로 일 년 된 흠 없는 숫양 한 마리와 속죄제물
로 일 년 된 흠 없는 어린 암양 한 마리와 화목제물로 흠 없는 숫양 한 마리와

[15]무교병 한 광주리와 고운 가루에 기름 섞은 과자들과 기름 바른 무교전병들
과 그 소제물과 전제물을 드릴 것이요 [16]제사장은 그것들을 여호와 앞에 가져
다가 속죄제와 번제를 드리고 [17]화목제물로 숫양에 무교병 한 광주리를 아울
러 여호와께 드리고 그 소제와 전제를 드릴 것이요 [18]자기의 몸을 구별한 나
실인은 회막 문에서 자기의 머리털을 밀고 그것을 화목제물 밑에 있는 불에
둘지며 [19]자기의 몸을 구별한 나실인이 그의 머리 털을 민 후에 제사장이 삶은
숫양의 어깨와 광주리 가운데 무교병 하나와 무교전병 하나를 취하여 나실인
의 두 손에 두고 [20]여호와 앞에 요제로 흔들 것이며 그것과 흔든 가슴과 받들
어올린 넓적다리는 성물이라 다 제사장에게 돌릴 것이니라 그 후에는 나실인
이 포도주를 마실 수 있느니라 [21]이는 곧 서원한 나실인이 자기의 몸을 구별한
일로 말미암아 여호와께 헌물을 드림과 행할 법이며 이외에도 힘이 미치는 대
로 하려니와 그가 서원한 대로 자기의 몸을 구별하는 법을 따라 할 것이니라

[6 : 9-21]

① 주검에 접촉했을 경우(6 : 9-12)

나실인이 비의도적으로 주검에 접촉하게 되었을 때에도, 나실인은 그의 머리가 더럽혀진 것으로 간주한다. 그러한 경우에 몸을 정결하게 하는 제7일에 머리를 밀고, 제8일에 산비둘기 두 마리 혹은 집비둘기 새끼 두 마리를 가지고 회막 문으로 간다. 제사장에게 하나는 속죄제물로 주고, 다른 하나는 번제물로 드려서 주검과 접촉한 죄를 속하고, 머리를 성결하게 한다. 이 절차가 끝나면 나실인의 서원을 했던 사람은 몸이 더럽혀짐으로 지나간 기간은 무효로 간주하고, 자기 몸을 구별하여 여호와께 드릴 날을 새로 정하여 1년 된 숫양을 속건제물로 드린다.

② 서원 기간을 마치는 날(6 : 13-21)

서원 기간이 끝날 때는 제사를 드리고 머리털을 미는 의식으로 마무리한다. 나실인의 헌물은 규정된 것 외에 힘이 미치는 대로 더 할 수 있었다(6 :

21). 모세오경의 율법은 기본적인 요구와 함께 사람의 자율성을 존중하는 정신이 그 기초에 놓여 있음을 여기서도 확인할 수 있다.

ⓐ 나실인은 회막 문으로 가서, 여호와께 헌물을 드리도록 한다.

㉠ 번제 - 1년 된 흠 없는 숫양 한 마리

㉡ 속죄제 - 1년 된 흠 없는 어린 암양 한 마리

㉢ 화목제 - 흠 없는 숫양 한 마리

㉣ 무교병 한 광주리, 고운 가루에 기름 섞은 과자들, 기름 바른 무교전병들, 소제물, 전제물

ⓑ 나실인은 다시 회막 문에서 머리털을 밀고, 그것을 화목제물 밑에 있는 불에 둔다.

㉤ 요제 - 나실인의 두 손에 삶은 숫양의 어깨, 광주리의 무교병 하나, 무교전병 하나를 두고, 이를 여호와 앞에 흔들어 드림. (요제와 흔든 가슴, 넓적다리는 성물로서 모두 제사장의 몫이다.)

ⓒ 나실인은 그 후에는 포도주를 다시 마실 수 있다.

신약에서도 그리스도인의 삶은 현실 가운데서 살아가되 세속에 물들지 않아야 한다고 교훈한다(약 1 : 27). 이 세상의 풍조를 본받지 않으며, 세상 속에서 살아가지만 하나님 앞에 살아 있는 제물로 드려지는 삶을 살아야 한다는 로마서 12 : 1~2의 교훈은 자기 자신을 부인하고, 자기 십자가를 지고 나를 따르라고 말씀하신 예수님의 가르침(마 16 : 24)과도 일맥상통한다. 구약의 나실인으로서의 삶에 관한 규정들 속에서 신약의 제자도에 상응할 만한 흔적들을 찾아볼 수 있다.

(6) 제사장의 축도(6 : 22 - 27)

[22]여호와께서 모세에게 말씀하여 이르시되 [23]아론과 그의 아들들에게 말하여 이르기를 너희는 이스라엘 자손을 위하여 이렇게 축복하여 이르되 [24]여호와

는 네게 복을 주시고 너를 지키시기를 원하며 [25]여호와는 그의 얼굴을 네게 비추사 은혜 베푸시기를 원하며 [26]여호와는 그 얼굴을 네게로 향하여 드사 평강 주시기를 원하노라 할지니라 하라 [27]그들은 이같이 내 이름으로 이스라엘 자손에게 축복할지니 내가 그들에게 복을 주리라

[6 : 22-27] 구약에 기록된 제사장의 축도는 민수기 6 : 22~27에 기록된 본문에서 만날 수 있다. 아론과 그 아들들이 이스라엘 자손을 위하여 선포할 축복의 내용은 24~26절 본문에 기록되어 있으며, 여호와의 복 주심, 지키심, 얼굴을 비추심(은혜), 얼굴을 향하심(평강) 등의 주제들이 포함되어 있다. 각 절의 전반부는 하나님의 행위(복 주심, 얼굴을 비추심, 얼굴을 향하심.)를 묘사하고, 후반부는 그 결과(지키심, 은혜를 베푸심, 평강을 주심.)를 설명한 구조로 이루어져 있다.

히브리어로 기록된 본문의 첫 행은 세 단어, 둘째 행은 다섯 단어, 셋째 행은 일곱 단어로서, 총 열다섯 단어로 구성된 축도는 여호와의 이름이 세 번 나오고, 나머지는 열두 단어로 이루어져 있다. 웬햄은 이 열둘이라는 숫자가 이스라엘 자손의 열두 지파를 뜻할 수 있다고 보았다(Gorden J. Wenham, *Exploring the Old Testament : A Guide to the Pentateuch*, vol. 1〈Downers Grove : InterVarsity Press, 2003〉, p. 107). 민수기 6 : 24~26에 기록된 제사장의 축도의 흔적은 시편 121 : 7에서도 발견할 수 있다(민 6 : 24b와 시 121 : 7b 비교). 시편 121편의 경우에는 땅의 중심과 올바른 제의의 중심으로서 여호와의 성전이 있는 시온산을 하나님의 축복과 연결시킨 특징을 찾아볼 수 있다(Karl William Weyde, *The Appointed Festivals of YHWH*, 2004, pp. 202-203).

제사장의 중요한 의무 가운데 하나는 하나님을 대신하여 사람을 축복하는 일이다. 27절에서 제사장이 주님의 이름으로 이스라엘 자손에게 축복할 때에 하나님께서 그들에게 복을 주신다는 표현이 인상적이다. 구약에서는

천지창조의 말씀 가운데서 처음 '복'에 관하여 언급하였다. 하나님의 약속은 구약에서 먼저 '복'의 형태로 나타났고, 족장들을 통해 주신 '언약' 가운데로 연결되었다(창 12 : 1–3). '복'에 해당하는 히브리어 동사 '바라크'는 '하나님을 찬양하다'와 '무릎을 꿇다'라는 의미도 함께 포함하고 있는 낱말이다. 하나님 앞에 무릎을 꿇는 행위는 하나님께 대한 경배와 순종을 의미하며, 그런 의미에서 구약에서 말하는 복은 하나님께 온전한 마음으로 순종하는 일 자체를 뜻할 수도 있다(배철현, 「창세기, 샤갈이 그림으로 말하다」〈서울 : 코바나컨텐츠, 2011〉, p. 69).

하나님은 사람들에게 복을 주기 원하시며, 하나님과의 바른 관계 속에서 행복하게 살아가기를 원하신다(신 10 : 12–13). 자녀가 행복하게 살기를 간절히 바라는 부모의 마음처럼, 하나님께서 사람들을 향하여 품으셨던 마음은 하나님의 자녀들이 행복하게 살아가는 삶이라는 사실을 구약에서는 여러 차례에 걸쳐 말씀해 주고 있다. 하나님의 이러한 뜻은 민수기 6장의 축도문에도 잘 나타나 있다. 민수기 6장에 기록된 제사장의 축도가 매우 단순하고 짧은 문장으로 되어 있지만, 이를 통해 이스라엘 자손에게 하나님께서 복을 주시겠다는 말씀은 하나님께서 자신의 소유된 백성에게 은혜를 주시고자 하는 방법이며, 이스라엘 자손을 향하신 하나님의 사랑의 표현이기도 하다.

또한 그 주어는 언제나 사람인 제사장이 아니라 하나님이심을 확인할 수 있으며, 이는 축복이 제사장 자신의 능력과 경건으로 말미암은 것이 아니라 전적으로 하나님께 속한 것이며, 하나님께로부터 말미암는 것이라는 사실을 보여 준다.

설교를 위한 묵상

나실인은 하나님께 헌신한 사람으로서 일정 기간 혹은 평생을 구별되게 살아가는 사람을 지칭하는 말이다. 구약의 인물들 가운데 평생 나실인의 삶을 살았던 사람은 삼손과 사무엘이 대표적인 경우라고 할 수 있다. 그 외에도 이스라엘 자손들은 한시적으로 기간을 정하여 나실인으로서의 서원을 지키는 경우가 있었으며, 민수기 6장은 이를 위한 규정을 기록하였다. 고대 이스라엘 사회에서 성직은 제사장과 레위인이 담당하였으며, 남성들만이 이 역할을 할 수 있었다. 여성 예언자들의 활동을 제외하면 구약에서 여성이 성직에 해당하는 역할을 감당한 일들은 거의 나타나지 않는다. 그러나 나실인의 규정은 예외적이었다.

나실인의 서원은 남성과 여성의 구분이 없었으며, 그 규정들 가운데는 제사장에게 요구되는 기준보다도 더 높은 기준이 적용되는 내용도 있었다. 예를 들어 시체 접촉에 관한 규정은 제사장의 경우에 부모, 자녀, 형제, 출가하지 않은 자매의 주검에 접촉할 수 있다고 기록하였다(레 21 : 1-3). 하지만 나실인에게는 부모, 형제, 자매가 죽은 경우에도 시체를 가까이 하는 일을 금지하는 규정이 적용되었다(민 6 : 6-7). 신약에서는 예수께서 당신을 따르려는 제자에게 죽은 자의 장사는 죽은 자에게 맡기고 나를 따르라고 말씀하셨던 이야기 가운데서, 이러한 나실인 규정의 흔적을 발견할 수 있다(마 8 : 21-22). 출애굽 시대 이후에 하나님께 자신을 구별하여 드리는 헌신의 서원으로서 나실인의 법이 매우 엄격하고 철저한 성격을 가지고 있었음을 위의 규정들을 통하여 알 수 있다.

오늘날 이 나실인의 서원에 해당하는 경건의 훈련을 적용한다면, 어떻게 교회생활 가운데서 그 정신을 이어 가는 일이 가능할까? 예를 들어 어떤 기간을 정해 놓고 작정기도를 하는 경우를 생각해 볼 수 있다. 그 기간에는 먹고, 마시고, 보고, 듣고, 생각하는 모든 일에 있어서 절제하며, 기도와 말씀에 전념하는 경험을 할 수 있고, 기독교 교회력에 따라 사순절을 지내면서 그 기간을 특별히 구별된 시간으로 하나님 앞에서 헌신의 약속을 지킬 수 있다. 하지만 그리스도인의 정체성에는 이미 세상의 빛과 소금으로서 부름 받고, 자기 십자가를 지고 예수를 따르는 소명에 순종하며, 하나님의 자녀로 살아가는 성도로서의 삶이 담겨 있기에, 1년 365일이 성도들에게는 구별되고 헌신된, 하나님 앞에서의 약속의 삶일 수 있다.

2. 하나님의 꿈, 동행 - '동행'을 위한 준비(7 : 1-10 : 10)

1) 성막의 완공과 지휘관들의 헌물(7 : 1-89)

(1) 장막을 세운 날에 지휘관들이 드린 헌물과 분배(7 : 1-9)

[1]모세가 장막 세우기를 끝내고 그것에 기름을 발라 거룩히 구별하고 또 그 모
든 기구와 제단과 그 모든 기물에 기름을 발라 거룩히 구별한 날에 [2]이스라엘
지휘관들 곧 그들의 조상의 가문의 우두머리들이요 그 지파의 지휘관으로서
그 계수함을 받은 자의 감독된 자들이 헌물을 드렸으니 [3]그들이 여호와께 드
린 헌물은 덮개 있는 수레 여섯 대와 소 열두 마리이니 지휘관 두 사람에 수
레가 하나씩이요 지휘관 한 사람에 소가 한 마리씩이라 그것들을 장막 앞에
드린지라 [4]여호와께서 모세에게 말씀하여 이르시되 [5]그것을 그들에게서 받아
레위인에게 주어 각기 직임대로 회막 봉사에 쓰게 할지니라 [6]모세가 수레와
소를 받아 레위인에게 주었으니 [7]곧 게르손 자손들에게는 그들의 직임대로
수레 둘과 소 네 마리를 주었고 [8]므라리 자손들에게는 그들의 직임대로 수레
넷과 소 여덟 마리를 주고 제사장 아론의 아들 이다말에게 감독하게 하였으
나 [9]고핫 자손에게는 주지 아니하였으니 그들의 성소의 직임은 그 어깨로 메
는 일을 하는 까닭이었더라

[7 : 1-9] 7 : 1에서는 장막 세우기를 끝내고, 장막과 모든 기구와 제단과 모든 기물에 기름을 발라 '거룩히 구별한 날'이라는 언급을 하고 있다. 출애굽기 40 : 2, 17에서는 성막의 완공일을 구체적으로 출애굽 2년 1월 1일이라고 기록하고 있다. 따라서 출애굽 2년 2월 1일에 인구조사가 이루어졌다고 기록한 민수기 1 : 1의 내용보다 민수기 7장의 장막 완공에 관한 이야기가 시간상으로 앞선 내용임을 알 수 있다. 이 기간에 해당하는 일정과 내용은 민수기 10 : 10까지의 본문에 기록되어 있다.

기름을 발라 성막과 그 안의 기물들을 거룩하게 하는 일에 관한 것은 출애굽기 40 : 9~10에서도 규정하고 있는 내용이다. 출애굽기 29 : 4~7은 아론과 그 아들들을 물로 씻기고, 그 후에 머리에 관유를 부어 거룩하게 하는 제사장 위임식 규정을 설명하고 있다. 사람에게 기름을 붓는 일은 구약의 전통에서 제사장과 왕과 예언자에게 적용되었으며, 이러한 전통은 후에 '기름부음을 받은 자' 라는 뜻의 '메시야' 개념으로 연결되었다. 본문에서는 성막과 성물에 해당하는 기름 바르는 의식에 대하여 설명하고 있으며, 이 역시 하나님께 성별되게 하는 의미를 갖는 것임을 보여 준다.

7 : 2에서는 이스라엘 지휘관들이 '조상의 가문의 우두머리들' 이고, 그 '지파의 지휘관' 이며, 계수함을 받은 자의 '감독된 자들' 이라는 세 가지 다른 칭호도 가지고 있었음을 보여 준다. 3절에서는 이들이 장막 완공일에 바친 헌물은 수레 여섯 대, 소 열두 마리였다고 기록하고 있다. 4~9절은 지휘관들이 드린 헌물의 분배에 관하여 기록한 내용이다. 민수기 4장의 규정대로 므라리 자손은 성막에서 큰 물품을 담당하여 수레 넷과 소 여덟 마리를 분배받았고, 게르손 자손은 성막의 휘장과 외부의 성물을 담당했기 때문에 수레 둘과 소 네 마리를 분배받았다. 고핫 자손은 증거궤와 같이 다른 성물들보다 더 중요한 지성물에 대한 책임을 맡았으며, 이것들을 어깨에 메고 운반해야 했기 때문에 수레가 할당되지 않았다(민 4 : 4-16 ; 삼하 6 : 3-8 ; 대상 13 : 7-10 참조).

(2) 제단에 기름 바르던 날 지휘관들이 드린 헌물(7 : 10-83)

10제단에 기름을 바르던 날에 지휘관들이 제단의 봉헌을 위하여 헌물을 가져
다가 그 헌물을 제단 앞에 드리니라 11여호와께서 모세에게 이르시기를 지휘
관들은 하루 한 사람씩 제단의 봉헌물을 드릴지니라 하셨더라 12첫째 날에 헌
물을 드린 자는 유다 지파 암미나답의 아들 나손이라 13그의 헌물은 성소의
세겔로 백삼십 세겔 무게의 은반 하나와 칠십 세겔 무게의 은 바리 하나라 이

두 그릇에는 소제물로 기름 섞은 고운 가루를 채웠고 14또 열 세겔 무게의 금
그릇 하나라 그것에는 향을 채웠고 15또 번제물로 수송아지 한 마리와 숫양
한 마리와 일 년 된 어린 숫양 한 마리이며 16속죄제물로 숫염소 한 마리이며
17화목제물로 소 두 마리와 숫양 다섯 마리와 숫염소 다섯 마리와 일 년 된 어
린 숫양 다섯 마리라 이는 암미나답의 아들 나손의 헌물이었더라 18둘째 날에
는 잇사갈의 지휘관 수알의 아들 느다넬이 헌물을 드렸으니 19그가 드린 헌물
도 성소의 세겔로 백삼십 세겔 무게의 은반 하나와 칠십 세겔 무게의 은 바리
하나라 이 두 그릇에는 소제물로 기름 섞은 고운 가루를 채웠고 20또 열 세겔
무게의 금 그릇 하나라 그것에는 향을 채웠고 21또 번제물로 수송아지 한 마리
와 숫양 한 마리와 일 년 된 어린 숫양 한 마리이며 22속죄제물로 숫염소 한 마
리이며 23화목제물로 소 두 마리와 숫양 다섯 마리와 숫염소 다섯 마리와 일
년 된 어린 숫양 다섯 마리라 이는 수알의 아들 느다넬의 헌물이었더라 24셋
째 날에는 스불론 자손의 지휘관 헬론의 아들 엘리압이 헌물을 드렸으니 25그
의 헌물도 성소의 세겔로 백삼십 세겔 무게의 은반 하나와 칠십 세겔 무게의
은 바리 하나라 이 두 그릇에는 소제물로 기름 섞은 고운 가루를 채웠고 26또
열 세겔 무게의 금 그릇 하나라 이것에는 향을 채웠고 27또 번제물로 수송아
지 한 마리와 숫양 한 마리와 일 년 된 어린 숫양 한 마리이며 28속죄제물로
숫염소 한 마리이며 29화목제물로 소 두 마리와 숫양 다섯 마리와 숫염소 다
섯 마리와 일 년 된 어린 숫양 다섯 마리라 이는 헬론의 아들 엘리압의 헌물
이었더라 30넷째 날에는 르우벤 자손의 지휘관 스데울의 아들 엘리술이 헌물
을 드렸으니 31그의 헌물도 성소의 세겔로 백삼십 세겔 무게의 은 쟁반 하나
와 칠십 세겔 무게의 은 바리 하나라 이 두 그릇에는 소제물로 기름 섞은 고
운 가루를 채웠고 32또 열 세겔 무게의 금 그릇 하나라 이것에는 향을 채웠고
33또 번제물로 수송아지 한 마리와 숫양 한 마리와 일 년 된 어린 숫양 한 마리
이며 34속죄제물로 숫염소 한 마리이며 35화목제물로 소 두 마리와 숫양 다섯
마리와 숫염소 다섯 마리와 일 년 된 어린 숫양 다섯 마리라 이는 스데울의

아들 엘리술의 헌물이었더라 36다섯째 날에는 시므온 자손의 지휘관 수리삿
대의 아들 슬루미엘이 헌물을 드렸으니 37그 헌물도 성소의 세겔로 백삼십 세
겔 무게의 은 쟁반 하나와 칠십 세겔 무게의 은 바리 하나라 이 두 그릇에는
소제물로 기름 섞은 고운 가루를 채웠고38 또 열 세겔 무게의 금 그릇 하나라
이것에는 향을 채웠고 39또 번제물로 수송아지 한 마리와 숫양 한 마리와 일
년 된 어린 숫양 한 마리이며 40속죄제물로 숫염소 한 마리이며 41화목제물로
소 두 마리와 숫양 다섯 마리와 숫염소 다섯 마리와 일 년 된 어린 숫양 다섯
마리라 이는 수리삿대의 아들 슬루미엘의 헌물이었더라 42여섯째 날에는 갓
자손의 지휘관 드우엘의 아들 엘리아삽이 헌물을 드렸으니 43그의 헌물도 성
소의 세겔로 백삼십 세겔 무게의 은 쟁반 하나와 칠십 세겔 무게의 은 바리
하나라 이 두 그릇에는 소제물로 기름 섞은 고운 가루를 채웠고 44또 열 세겔
무게의 금 그릇 하나라 이것에는 향을 채웠고 45또 번제물로 수송아지 한 마
리와 숫양 한 마리와 일 년 된 어린 숫양 한 마리이며 46속죄제물로 숫염소 한
마리이며 47화목제물로 소 두 마리와 숫양 다섯 마리와 숫염소 다섯 마리와
일 년 된 어린 숫양 다섯 마리라 이는 드우엘의 아들 엘리아삽의 헌물이었더
라 48일곱째 날에는 에브라임 자손의 지휘관 암미훗의 아들 엘리사마가 헌물
을 드렸으니 49그의 헌물도 성소의 세겔로 백삼십 세겔 무게의 은 쟁반 하나
와 칠십 세겔 무게의 은 바리 하나라 이 두 그릇에는 소제물로 기름 섞은 고
운 가루를 채웠고 50또 열 세겔 무게의 금 그릇 하나라 이것에는 향을 채웠고
51또 번제물로 수송아지 한 마리와 숫양 한 마리와 일 년 된 어린 숫양 한 마리
이며 52속죄제물로 숫염소 한 마리이며 53화목제물로 소 두 마리와 숫양 다섯
마리와 숫염소 다섯 마리와 일 년 된 어린 숫양 다섯 마리라 이는 암미훗의
아들 엘리사마의 헌물이었더라 54여덟째 날에는 므낫세 자손의 지휘관 브다
술의 아들 가말리엘이 헌물을 드렸으니 55그 헌물도 성소의 세겔로 백삼십 세
겔 무게의 은 쟁반 하나와 칠십 세겔 무게의 은 바리 하나라 이 두 그릇에는
소제물로 기름 섞은 고운 가루를 채웠고 56또 열 세겔 무게의 금 그릇 하나라

이것에는 향을 채웠고 57또 번제물로 수송아지 한 마리와 숫양 한 마리와 일
년 된 어린 숫양 한 마리이며 58속죄제물로 숫염소 한 마리이며 59화목제물로
소 두 마리와 숫양 다섯 마리와 숫염소 다섯 마리와 일 년 된 어린 숫양 다섯
마리라 이는 브다술의 아들 가말리엘의 헌물이었더라 60아홉째 날에는 베냐민
자손의 지휘관 기드오니의 아들 아비단이 헌물을 드렸으니 61그의 헌물도 성
소의 세겔로 백삼십 세겔 무게의 은 쟁반 하나와 칠십 세겔 무게의 은 바리
하나라 이 두 그릇에는 소제물로 기름 섞은 고운 가루를 채웠고 62또 열 세겔
무게의 금 그릇 하나라 이것에는 향을 채웠고 63또 번제물로 수송아지 한 마
리와 숫양 한 마리와 일 년 된 어린 숫양 한 마리이며 64속죄제물로 숫염소
한 마리이며 65화목제물로 소 두 마리와 숫양 다섯 마리와 숫염소 다섯 마리
와 일 년 된 어린 숫양 다섯 마리라 이는 기드오니의 아들 아비단의 헌물이었
더라 66열째 날에는 단 자손의 지휘관 암미삿대의 아들 아히에셀이 헌물을 드
렸으니 67그의 헌물도 성소의 세겔로 백삼십 세겔 무게의 은 쟁반 하나와 칠
십 세겔 무게의 은 바리 하나라 이 두 그릇에는 소제물로 기름 섞은 고운 가
루를 채웠고 68또 열 세겔 무게의 금 그릇 하나라 이것에는 향을 채웠고 69또
번제물로 수송아지 한 마리와 숫양 한 마리와 일 년 된 어린 숫양 한 마리이
며 70속죄제물로 숫염소 한 마리이며 71화목제물로 소 두 마리와 숫양 다섯 마
리와 숫염소 다섯 마리와 일 년 된 어린 숫양 다섯 마리라 이는 암미삿대의
아들 아히에셀의 헌물이었더라 72열한째 날에는 아셀 자손의 지휘관 오그란
의 아들 바기엘이 헌물을 드렸으니 73그의 헌물도 성소의 세겔로 백삼십 세겔
무게의 은 쟁반 하나와 칠십 세겔 무게의 은 바리 하나라 이 두 그릇에는 소
제물로 기름 섞은 고운 가루를 채웠고 74또 열 세겔 무게의 금 그릇 하나라 이
것에는 향을 채웠고 75또 번제물로 수송아지 한 마리와 숫양 한 마리와 일 년
된 어린 숫양 한 마리이며 76속죄제물로 숫염소 한 마리이며 77화목제물로 소
두 마리와 숫양 다섯 마리와 숫염소 다섯 마리와 일 년 된 어린 숫양 다섯 마
리라 이는 오그란의 아들 바기엘의 헌물이었더라 78열두째 날에는 납달리 자

손의 지휘관 에난의 아들 아히라가 헌물을 드렸으니 [79]그의 헌물도 성소의 세겔로 백삼십 세겔 무게의 은 쟁반 하나와 칠십 세겔 무게의 은 바리 하나라 이 두 그릇에는 소제물로 기름 섞은 고운 가루를 채웠고 [80]또 열 세겔 무게의 금 그릇 하나라 이것에는 향을 채웠고 [81]또 번제물로 수송아지 한 마리와 숫양 한 마리와 일 년 된 어린 숫양 한 마리이며 [82]속죄제물로 숫염소 한 마리이며 [83]화목제물로 소 두 마리와 숫양 다섯 마리와 숫염소 다섯 마리와 일 년 된 어린 숫양 다섯 마리라 이는 에난의 아들 아히라의 헌물이었더라

[7 : 10-83] 7 : 10의 제단은 성소의 제물을 드리는 장소이다. 후대에 이루어진 제단의 봉헌식은 주전 165년 안티오쿠스 에피파네스 4세에 의한 유대인 박해 시대에 예루살렘의 성전을 회복했던 마카비에 의해 다시 이루어졌다(마카베오상 4 : 36-59 ; 마카베오하 10 : 1-8). 히브리어로 '하누카'라고 부르는 이 절기는 마카비 시대 이후부터 유대인들에 의해 오늘날까지 지켜져 오고 있으며, 이 절기가 지켜지는 유대력의 키슬레브월 25일은 기독교의 성탄절과 같은 시기에 해당한다. 12~83절에서는 12일에 걸쳐 12명의 지휘관들이 하루에 한 사람씩 드린 헌물의 목록을 나열하고 있다. 하루가 아닌 12일 동안 헌물을 드렸다는 사실은 그만큼 하나님 앞에 드린 헌물의 양이 많았음을 보여 주는 것이다.

각 지파의 지휘관들은 이스라엘 자손 전체를 대표하는 사람들이기에 그들이 드리는 헌물은 7장의 질서 정연한 순서와 목록대로 이스라엘 백성 모두가 동참하여 하나님께 드리는 헌신의 의미를 갖는다. 여기에 나와 있는 지파별 순서는 민수기 2장의 진영별 순서와 같다. 각 지파별 지휘관들이 드린 헌물의 내용은 "몇째 날에 어느 자손의 지휘관 아무개의 아들 누가 헌물을 드렸으니-이는 아무개의 아들 누구의 헌물이었더라"라는 정형적인 구문 형식 내에 기록되어 있다.

헌물의 내용물은 지휘관들마다 동일하다. 동일한 헌물 내용과 함께, '아

무개의 아들 누구' 라는 봉헌자의 가문과 이름이 전체 문장의 앞뒤에서 '수미상응 구조' (inclusio) 형태로 나타나고 있다는 점도 공통된 특징들 가운데 하나이다. 여기에는 지파별 서열, 힘겨루기, 크고 작음이 문제될 수 없다. 모든 지파가 동일하게 드린 헌물에는 하나님 앞에서 평등하고, 공정한 형식으로 이루어진 공동체 전체의 헌신과 봉헌의 의미만이 담겨질 수 있었다.

날짜	지파	봉헌자	봉헌물	2장	위치
1	유다	나손	130세겔 은반 1, 70세겔 은 바리 1(소제물-기름 섞은 고운 가루)/10세겔 금 그릇 1(향)/수송아지 1, 숫양 1, 1년 된 어린 숫양 1(번제물)/숫염소 1(속죄제물)/소 2, 숫양 5, 숫염소 5, 1년 된 어린 숫양 5(화목제물)	유다	동
2	잇사갈	느다넬	동일함.	잇사갈	
3	스불론	엘리압	동일함.	스불론	
4	르우벤	엘리술	동일함.	르우벤	남
5	시므온	슬루미엘	동일함.	시므온	
6	갓	엘리아삽	동일함.	갓	
7	에브라임	엘리사마	동일함.	에브라임	서
8	므낫세	가말리엘	동일함.	므낫세	
9	베냐민	아비단	동일함.	베냐민	
10	단	아히에셀	동일함.	단	북
11	아셀	바기엘	동일함.	아셀	
12	납달리	아히라	동일함.	납달리	

(3) 봉헌물의 총계(7 : 84-89)

[84]이는 곧 제단에 기름 바르던 날에 이스라엘 지휘관들이 드린 바 제단의 봉
헌물이라 은 쟁반이 열둘이요 은 바리가 열둘이요 금 그릇이 열둘이니 [85]은
쟁반은 각각 백삼십 세겔 무게요 은 바리는 각각 칠십 세겔 무게라 성소의 세
겔로 모든 기구의 은이 모두 이천사백 세겔이요 [86]또 향을 채운 금 그릇이 열

둘이니 성소의 세겔로 각각 열 세겔 무게라 그 그릇의 금이 모두 백이십 세겔
이요 87또 번제물로 수송아지가 열두 마리요 숫양이 열두 마리요 일 년 된 어
린 숫양이 열두 마리요 그 소제물이며 속죄제물로 숫염소가 열두 마리이며
88화목제물로 수소가 스물네 마리요 숫양이 육십 마리요 숫염소가 육십 마리
요 일 년 된 어린 숫양이 육십 마리라 이는 제단에 기름 바른 후에 드린 바 제
단의 봉헌물이었더라 89모세가 회막에 들어가서 여호와께 말하려 할 때에 증
거궤 위 속죄소 위의 두 그룹 사이에서 자기에게 말씀하시는 목소리를 들었
으니 여호와께서 그에게 말씀하심이었더라

[7 : 84-89] 7 : 84~89은 제단에 기름 바르던 날에 제단에 봉헌한 봉헌물에 관하여 전체를 다시 정리한 내용이다. 은으로 된 봉헌 기구들과 금으로 된 그릇들을 기록하였으며, 봉헌물의 총량을 다시 정리하였다. 본문에서는 모세가 들었던 하나님의 말씀이 어디에서 들렸던 것인지 알 수 있도록 매우 자세하게 기록하고 있다. 모세는 회막 내의 증거궤 위에 있는 속죄소 위의 두 그룹 사이에서 여호와의 말씀을 들을 수 있었다. 광야 시대 성막을 그대로 반영하여 예루살렘에 건축되었던 성전에서는 언약궤를 하나님의 발등상으로 표현하기도 했다(왕하 19 : 15 ; 시 99편).

여기서 '여호와께 말하려 할 때' 라는 문장에 사용된 히브리어 '딥베르' 는 피엘형(강세형) 동사로서 '대화하다' 라는 뜻을 가지며, 그 다음의 '말씀하시는' 으로 번역된 히브리어 '믿답베르' 는 히트파엘(강세 재귀형 동사) 분사형 동사로서, 에스겔 2 : 2과 43 : 6에서는 지성소에서 예언자에게 말씀하시는 하나님의 음성과 연결되어 나타나고 있다. 민수기 7 : 89은 하나님께서 모세와 말씀하실 때, 서로 대화하는 형식으로 말씀하셨음을 알려 주고 있다. 이 내용은 친구가 서로 대화하듯이 말씀하셨다는 출애굽기 33 : 11의 이야기를 생각나게 한다. 민수기 12 : 8과 신명기 34 : 10에서도 하나님께서 모세와 대면하여 말씀하셨다고 기록하고 있다.

봉헌물	총량
은 쟁반	12(개별 무게 : 각각 130세겔)
은 바리	12(개별 무게 : 각각 70세겔)
전체 기구의 은 중량 : 성소 세겔로 2,400세겔	
금 그릇	12(개별 무게 : 각각 10세겔)
전체 그릇의 금 중량 : 성소 세겔로 120세겔	
(번제물) 수송아지	12
(번제물) 숫양	12
(번제물) 1년 된 어린 숫양	12
(속죄제물) 숫염소	12
(화목제물) 수소	24
(화목제물) 숫양	60
(화목제물) 숫염소	60
(화목제물) 1년 된 어린 숫양	60

설교를 위한 묵상

제단에 기름을 바르고 난 후에 드린 봉헌물의 양은 매우 큰 규모였으며, 봉헌물로 드린 제물의 종류는 번제와 속죄제와 화목제 제물이었다. 총 열둘에 해당하는 제물은 번제와 속죄제였으며, 총 스물넷과 육십에 해당하는 제물은 화목제였다. 모든 제사의 제물은 하나님께 드리는 것이지만, 그 제사의 특성상 화목제의 경우는 사람들이 제물을 함께 나누어 먹는 일에 참여할 수 있었으며, 이 제사의 제물은 제사 후에 레위인과 제물 드린 사람과 그의 가족과 노비까지 함께 나누어 먹으며 감사와 기쁨을 나눌 수 있었다. 번제와 속죄제로 드리는 제물의 종류는 총 네 가지였으며, 이는 화목제 제물의 종류와도 거의 동일하다.

제단은 1년에 한 번 대제사장이 지성소에 들어가서 제단 뿔에 속죄제의 피를 바르는 예식을 행할 때 활용되었으며, 7장에 기록된 말씀처럼 모세가 들었던 여호와의 말씀이 들려오는 장소이기도 했다. 제단을 기름 바름으로 성별하는 의식은 모든 것을 하나님께 전적으로 드리는 의미의 번제, 하나님께 나아가는 사람들의 죄를 속하고 성물을 정결하게 하는 의미의 속죄제, 사람들과 함께 나눔의 의미를 포함하는 화목제로 구성되어 있다. 이 봉헌 예식의 내용은 하나님과 사람 사이의 관계와 소통의 의미를 담은 것으로 해석할 수 있으며, 이는 모세가 이스라엘 백성을 위하여 하나님과 소통하였던 장소인 제단의 기능과도 일맥상통하는 면이 있다.

제단의 봉헌 예식을 통하여 하나님 앞에 성별되고, 속죄함을 받은 이스라엘 공동체와 하나님과의 소통의 장이 공식적으로 준비되고 완성되었다. 이스라엘 자손들은 이 제단에서 모세를 통하여 하나님의 말씀을 듣고, 하나님의 뜻을 여쭈어 보는 일을 할 수 있었다. 우리의 삶 가운데 과연 제단과 같은 장소는 무엇일까? 하나님께 기도드리고, 하나님의 뜻을 묵상하며, 하나님의 말씀에 귀 기울이는 공간적인 장소는 교회이다. 하지만 교실과 일터의 책상도 하나님 앞에서 구별된 시간을 드리고 하나님과 소통하는 제단 같은 장소가 될 수 있으며, 주방의 식탁이 그런 기능을 하는 곳이 될 수도 있다. 공간뿐만이 아니라, 하나님과의 영적인 교제를 위하여 하루 일과 가운데 특별히 구별한 시간 역시 시간 속의 제단이 될 수 있다.

구약의 안식일을 '시간 속의 성소' 라고 할 수 있는 것처럼 주일을 시간 속의 제단으로 삼고, 하루 일정 가운데 특별한 시간을 구별함으로써 하나님과 영적인 교제를 하고, 예배와 기도와 찬송을 드리며, 이를 통하여 하나님과 소통하는 시간 속의 제단을 마련할 수 있다. 우리 그리스도인들은 거룩한 주일과 교회의 시공간적인 성소 혹은 제단만이 아니라 일상의 삶 어디에서도 영과 진리로 주님과 소통하고 교제하는 그곳을 생활 속의 제단으로 삼아 살아갈 수 있는 것이다.

2) 레위인의 성별과 직무(8 : 1-26)

(1) 성막 안 등잔대에 불을 켤 때의 규정(8 : 1-4)

[1]여호와께서 또 모세에게 말씀하여 이르시되 [2]아론에게 말하여 이르라 등불

을 켤 때에는 일곱 등잔을 등잔대 앞으로 비추게 할지니라 하시매 [3]아론이 그
리하여 등불을 등잔대 앞으로 비추도록 켰으니 여호와께서 모세에게 명령하
심과 같았더라 [4]이 등잔대의 제작법은 이러하니 곧 금을 쳐서 만든 것인데 밑
판에서 그 꽃까지 쳐서 만든 것이라 모세가 여호와께서 자기에게 보이신 양
식을 따라 이 등잔대를 만들었더라

[8 : 1-4] 민수기 8 : 1~3까지는 일곱 등잔의 등불을 켤 때에 등잔대 앞으로 비추도록 켜라는 하나님의 말씀을 모세가 아론에게 전달하고, 아론은 그대로 실행하였음을 기록한 내용이며, 4절은 '메노라' 라고 부르는 등잔대 제작에 관한 내용으로 구성되어 있다. 금을 쳐서 만든 대와 꽃잎 모양의 받침 형태로 이루어진 등잔대는 여호와께서 모세에게 보여 주신 양식대로 만들었다. 고대 서아시아의 종교적인 전통에서 가지와 꽃의 장식은 다산과 생명을 상징하는 것으로 해석되기도 했다. 성소의 등잔대는 보이지 않으시는 하나님의 빛과 생명 수여의 능력을 표현하는 의미를 가지며, 솔로몬 성전에서는 10개의 등잔대를 세우는 형태로 지속되었다(왕상 7 : 49).

등잔대는 유대인들의 '하누카' 절기의 상징물로서, 이 절기를 '수전절' 혹은 '빛의 절기' 라고 부르기도 하며, 마카비에 의한 예루살렘 성전의 재탈환을 기념하기 위하여 유대인들은 '메노라' 라고 부르는 촛대에 불을 켜는 의식으로 전통을 이어 가고 있다. 민수기 8 : 2에서는 일곱 개의 등잔으로 구성된 등잔대의 구조를 보여 준다. 등잔대에 불을 켜는 일에 관한 규정과 보충적인 설명을 기록한 민수기 8장의 본문은 출애굽기 37 : 17~24에 기록된 등잔대의 제작과정과 레위기 24 : 2~4의 등잔대에 관한 아론의 책임을 기록한 내용과 순서와 내용적으로 연결되어 있다. 출애굽기, 레위기, 민수기 세 권의 책들에 나타나는 이러한 연관성은 이 책들의 밀접한 관계를 구체적으로 잘 드러내 준다.

(2) 레위인의 정결의식과 레위인을 요제로 드리는 규정(8 : 5 - 13)

[5]여호와께서 모세에게 말씀하여 이르시되 [6]이스라엘 자손 중에서 레위인을
데려다가 정결하게 하라 [7]너는 이같이 하여 그들을 정결하게 하되 곧 속죄의
물을 그들에게 뿌리고 그들에게 그들의 전신을 삭도로 밀게 하고 그 의복을
빨게 하여 몸을 정결하게 하고 [8]또 그들에게 수송아지 한 마리를 번제물로,
기름 섞은 고운 가루를 그 소제물로 가져오게 하고 그 외에 너는 또 수송아지
한 마리를 속죄제물로 가져오고 [9]레위인을 회막 앞에 나오게 하고 이스라엘
자손의 온 회중을 모으고 [10]레위인을 여호와 앞에 나오게 하고 이스라엘 자손
이 그들에게 안수하게 한 후에 [11]아론이 이스라엘 자손을 위하여 레위인을 흔
들어 바치는 제물로 여호와 앞에 드릴지니 이는 그들에게 여호와께 봉사하게
하기 위함이라 [12]레위인으로 수송아지들의 머리에 안수하게 하고 네가 그 하
나는 속죄제물로, 하나는 번제물로 여호와께 드려 레위인을 속죄하고 [13]레위
인을 아론과 그의 아들들 앞에 세워 여호와께 요제로 드릴지니라

[8 : 5-13] 민수기 8 : 5~13은 여호와께서 모세에게 레위인을 정결하게 하라고 명하시고, '흔들어 바치는 제물' 로 드리라고 말씀하신 규정의 절차이다. 이 내용 가운데 레위인이 여호와께 드리는 제물은 지파별 지휘관들이 드리는 헌물과 달리, 수송아지만을 사용하고 있다는 점에서 다르다. 레위인을 '흔들어 바치는 제물' (요제, 테누파)로 드리는 상세한 절차는 다음과 같다.

① 속죄의 물을 레위인에게 뿌림.
② 전신을 삭도로 밀게 함.
③ 의복을 빨고, 몸을 정결하게 함.
④ 번제물 - 수송아지 1, 소제물 - 기름 섞은 고운 가루, 속죄제물 - 수송아지 1
⑤ 회막 앞으로 레위인을 나오게 하고, 이스라엘 자손의 온 회중을 모음.

⑥ 이스라엘 자손이 레위인에게 안수함.
⑦ 아론이 레위인을 '흔들어 바치는 제물' 로 여호와 앞에 드림.
⑧ 레위인은 수송아지들의 머리에 안수함.
⑨ 속죄제물 하나와 번제물 하나를 여호와께 드려 레위인을 속죄함.
⑩ 레위인을 아론과 그 아들들 앞에 세워 여호와께 '흔들어 바치는 제물' (요제)로 드림.

이러한 절차를 통해 정결하게 된 레위인들은 하나님 앞에서 '흔들어 바치는 제물' (요제)로 드려진 사람들로서의 정체성을 갖는다. 이는 구약적인 의미에서 레위인의 거듭남이라고 말할 수 있다. 레위인은 자기의 욕망과 의지대로 살아가는 사람들이 아니라, 제물로 드려진 사람들로 살아가야 한다. 그들은 살아 있는 제물로서, 여호와께 봉사하는 사람들이었다(11절). 즉, 제물은 더 이상 사람의 소유가 아니라 '하나님의 것' 임을 뜻하며, 레위인은 하나님의 백성인 이스라엘 자손들 가운데서도 다시 한 번 '하나님의 소유' 로 구별된 사람들이었다.

(3) 레위인의 구별과 직무(8 : 14 - 19)

[14]너는 이같이 이스라엘 자손 중에서 레위인을 구별하라 그리하면 그들이 내
게 속할 것이라 [15]네가 그들을 정결하게 하여 요제로 드린 후에 그들이 회막
에 들어가서 봉사할 것이니라 [16]그들은 이스라엘 자손 중에서 내게 온전히 드
린 바 된 자라 이스라엘 자손 중 모든 초태생 곧 모든 처음 태어난 자 대신 내
가 그들을 취하였나니 [17]이스라엘 자손 중에 처음 태어난 것은 사람이든지 짐
승이든지 다 내게 속하였음은 내가 애굽 땅에서 모든 처음 태어난 자를 치던
날에 그들을 내게 구별하였음이라 [18]이러므로 내가 이스라엘 자손 중 모든 처
음 태어난 자 대신 레위인을 취하였느니라 [19]내가 이스라엘 자손 중에서 레위
인을 취하여 그들을 아론과 그의 아들들에게 주어 그들로 회막에서 이스라엘

자손을 대신하여 봉사하게 하며 또 이스라엘 자손을 위하여 속죄하게 하였나니 이는 이스라엘 자손이 성소에 가까이 할 때에 그들 중에 재앙이 없게 하려 하였음이니라

[8 : 14-19] 레위인의 구별은 하나님께 속한 사람들이 됨을 뜻한다(8 : 14). 이 일은 레위인을 정결하게 하여 '흔들어 바치는 제물'로 드리는 과정을 통해 이루어진다. 이러한 절차를 밟은 후에 비로소 레위인들은 회막에 들어가 봉사할 수 있었으며, 레위인은 이스라엘 자손 중에서 하나님께 온전히 드린 바 된 사람으로서 살아가야 한다. 이는 이스라엘 자손 가운데 처음 태어난 자를 대신하는 의미를 가지며, 이 일은 애굽 땅에서 모든 처음 태어난 자를 여호와께서 치시던 때에 이스라엘 자손의 처음 태어난 자를 여호와께서 구별하셨던 사건에 근거한 것이다(17절). 레위인은 또한 하나님께서 아론과 그 아들들에게 주신 선물로서의 정체성을 갖는다(19절).

19절에서 사용된 히브리어 '네투님'은 〈개역한글〉 성경에서 '선물'로 번역되어 레위인에게 적용되었으며, 이러한 표현의 유사한 용례는 사무엘상 1 : 11에서 한나가 아들 사무엘을 하나님께 바쳤을 때와 여호수아 9 : 27에서 여호수아가 기브온 사람들을 성소에서 노동하는 자들로 삼았을 때도 사용되었다. 민수기 8장에 기록된 레위인의 책임은 이스라엘 자손을 대신하여 회막에서 봉사하고, 이스라엘 자손을 위하여 속죄하는 것이었으며, 이스라엘 자손이 성소에 접근할 때 그들에게 재앙이 임하지 않도록 하는 것이었다.

사람은 사람이고 하나님은 하나님이시기 때문에, 하나님과 사람 사이에는 넘을 수 없는 경계가 있다. 그러나 레위인은 사람이면서 하나님께 속한 사람들로서, 하나님과 사람 사이에서 이스라엘 자손을 대신하는 사람들로 살아가야 한다. 바꾸어 말하면 그들은 하나님과 사람 사이에서 중보자로서의 정체성을 가지고 살아갈 책임을 맡은 사람들이었다.

(4) 레위인에 관한 여호와의 명령을 준행함(8 : 20-22)

[20]모세와 아론과 이스라엘 자손의 온 회중이 여호와께서 레위인에 대하여 모
세에게 명령하신 것을 다 따라 레위인에게 행하였으되 곧 이스라엘 자손이
그와 같이 그들에게 행하였더라 [21]레위인이 이에 죄에서 스스로 깨끗하게 하
고 그들의 옷을 빨매 아론이 그들을 여호와 앞에 요제로 드리고 그가 또 그들
을 위하여 속죄하여 정결하게 한 [22]후에 레위인이 회막에 들어가서 아론과 그
의 아들들 앞에서 봉사하니라 여호와께서 레위인의 일에 대하여 모세에게 명
령하게 하신 것을 따라 그와 같이 그들에게 행하였더라

[8 : 20-22] 모세와 아론과 이스라엘 자손의 온 회중은 여호와께서 레위인에 관하여 모세에게 명하신 대로 행하였다. 레위인은 스스로 죄에서 깨끗하게 하고, 옷을 빨고, 아론은 그들을 요제로 여호와 앞에 드리고, 속죄하여 정결하게 한 후에 레위인은 회막에 들어가서 아론과 그 아들들 앞에서 봉사하였다. 이 모든 것이 여호와께서 모세에게 명하신 대로 행한 것이라는 내용의 문장은 민수기 8 : 20, 22에서 본문의 앞과 뒤에 배치되어 '수미상응 구조'를 이루며 하나의 단락을 구성하고 있다. 이 단락은 레위인의 정결과 구별을 위한 규정과 절차들의 결론적인 마무리 역할을 하고 있다.

(5) 레위인의 정년(8 : 23-26)

[23]여호와께서 또 모세에게 말씀하여 이르시되 [24]레위인은 이같이 할지니 곧
이십오 세 이상으로는 회막에 들어가서 복무하고 봉사할 것이요 [25]오십 세부
터는 그 일을 쉬어 봉사하지 아니할 것이나 [26]그의 형제와 함께 회막에서 돕
는 직무를 지킬 것이요 일하지 아니할 것이라 너는 레위인의 직무에 대하여
이같이 할지니라

[8 : 23-26] 레위인이 회막에서 봉사할 기간은 25~49세까지이다. 50세부터

는 회막에 들어가 일을 도울 수는 있지만, 회막에서 맡았던 책임을 담당하는 일을 하지는 않는다. 회막의 일은 성격상 오늘날의 예배와는 많이 다르다. 회막의 예배는 제사였으며, 제물을 옮기고, 성소의 기구들을 관리하고, 이동시키는 일은 무거운 중량을 육체로 감당해야 하는 육체노동에 해당하는 일들이었다. 따라서 가장 건장하게 활동할 수 있는 연령에 속한 기간에 레위인들은 회막에서 주어진 봉사의 임무를 감당할 수 있었다.

8 : 24에서 레위인의 봉사 연령을 25세 이상으로 언급한 것은 4 : 3에서 30세로 기록한 내용과 비교해 볼 때, 5년간의 시간차를 확인할 수 있다. 이를 4장과 8장의 자료에 반영된 시대적 차이로 보고, 레위인의 인원 확보가 부족해진 상황이 민수기 4장에 반영되었다고 해석하는 입장도 있다(스 3 : 8 참조 ; 왕대일 「민수기」, 2007, p. 242. 참조). 그러나 25~30세까지를 일종의 '수습기간' 으로 보고, 30세 이후부터를 '본격적인 사역기간' 으로 본다면, 민수기 4장과 8장의 연령차는 큰 문제가 되기 어렵다.

이러한 맥락에서 레위기 21장의 제사장에 관한 규정들 가운데 신체적인 결함이 있는 사람은 제사장이 될 수 없다는 규정도 회막의 일과 제사로 드리는 예배의 성격상 신체장애를 가지고 있는 사람이 감당하기 어려운 상황을 전제로 한 사항들이었을 것이라고 해석할 수 있다. 조금 다른 각도에서 이 규정을 바라보면, 이것은 신체장애를 가진 사람에 대한 차별보다는 그러한 어려움을 가진 사람들에 대한 배려의 마음이 담긴 규정으로 이해할 수 있을 것이다.

설교를 위한 묵상

8장에서는 "레위인이 누구인가?"에 관하여 설명하고 있다. 민수기 8장은 레위인을 '요제' 로서의 정체성을 갖는 사람들이라고 정의하였다. 그들은 사람이지만 하나님께 속한 자들이며, 하나님께 구별되고, 하나님께 봉사하는 사람으로서 살아가야 한다. 레위인의 정체성을 규정한 '요제'는 하나님께 드리는 다양한 제물들 가운데 하나였다. 그런데 이 제물은 사람을 대신하여 동물이 죽음으로써 하나님께 드려지는 것이었다. 제물은 죽었기에 자신의 영광과 명예와 권력과 욕심과 정욕을 따라 살 수 없고, 온전히 타자를 위해 존재할 수밖에 없다. 자신의 목소리를 높일 수 없고, 자신의 유익을 구할 수도 없다. 그것이 제물이다. 레위인은 하나님께 제물로 드려진 사람이다.

또한 레위인은 하나님의 '선물'로서의 정체성을 가지고 있다. 레위인은 제사장들에게 하나님께서 주신 선물이다. 하나님의 선물은 최고의 것이며, 최상의 것이다. 하나님께 인정받은 사람들이라는 자부심을 가질 수 있다. 그렇지만 그러한 이유 때문에 레위인은 스스로를 깨끗하게 구별할 수 있어야 하고, 거룩한 사람들로서 다른 사람들을 위해 하나님 앞에서 살아가야 할 책임을 감당해야 한다.

오늘날 교회에서 사역자들과 책임을 맡은 직분자들은 하나님께 드려진 제물로서의 정체성을 가지고 있어야 하며, 동시에 하나님께서 그 교회와 성도들을 위해 주신 하나님의 선물이라는 정체성을 가질 수 있어야 한다. 교회를 섬기는 사람들은 그의 존재 자체가 교회와 성도들에게 축복이라고 여겨질 수 있을 정도로, 그의 언행과 삶이 교회에 덕을 끼칠 수 있어야 할 것이다.

하나님께 구별되어, 주님의 몸 된 교회를 섬기는 직무를 감당하는 것은 하나님께서 그 사람을 충성되게 여기셨다는 사실을 근거로 한다(딤전 1 : 12). 사도 바울은 한 걸음 더 나아가서, 교회의 직분자들뿐만 아니라 모든 그리스도인들에게 자신의 몸을 하나님께서 기뻐하시는 거룩한 산 제물로 드리라고 권면하였다(롬 12 : 1). 신약의 이 말씀들에 비추어, 민수기 8장에서 레위인이 하나님께 요제로 드려진 사람들이라는 말씀의 의미를 보다 선명하게 파악할 수 있다.

3) 유월절, 구름과 불(9 : 1-23)

(1) 유월절 준수 명령의 준행(9 : 1-5)

1애굽 땅에서 나온 다음 해 첫째 달에 여호와께서 시내 광야에서 모세에게
말씀하여 이르시되 2이스라엘 자손에게 유월절을 그 정한 기일에 지키게 하
라 3그 정한 기일 곧 이 달 열넷째 날 해 질 때에 너희는 그것을 지키되 그
모든 율례와 그 모든 규례대로 지킬지니라 4모세가 이스라엘 자손에게 명령
하여 유월절을 지키라 하매 5그들이 첫째 달 열넷째 날 해 질 때에 시내 광
야에서 유월절을 지켰으되 이스라엘 자손이 여호와께서 모세에게 명령하신
것을 다 따라 행하였더라

[9 : 1-5] 민수기 9장의 유월절 행사가 시간적으로 7장의 성막 완공에 이어진 일이라는 사실을 '애굽 땅에서 나온 다음 해 첫째 달' 이라는 9 : 1의 언급을 통해 확인할 수 있다. 유월절은 1월 14일 해 질 때에 지켰으며, 이 역시 하나님께서 모세에게 말씀하시고, 모세는 이스라엘 자손에게 명하였으며, 이스라엘 자손들은 여호와께서 모세에게 명한 대로 지켰다는 말씀들과 함께 기록되어 있다(1-2, 4-5).

(2) 부정하게 된 자와 여행 중인 자와 거류민의 유월절 규정(9 : 6-14)

6그때에 사람의 시체로 말미암아 부정하게 되어서 유월절을 지킬 수 없는 사
람들이 있었는데 그들이 그날에 모세와 아론 앞에 이르러 7그에게 이르되 우
리가 사람의 시체로 말미암아 부정하게 되었거니와 우리를 금지하여 이스라
엘 자손과 함께 정한 기일에 여호와께 헌물을 드리지 못하게 하심은 어찌함
이니이까 8모세가 그들에게 이르되 기다리라 여호와께서 너희에게 대하여 어
떻게 명령하시는지 내가 들으리라 9여호와께서 모세에게 말씀하여 이르시되
10이스라엘 자손에게 말하여 이르라 너희나 너희 후손 중에 시체로 말미암아

부정하게 되든지 먼 여행 중에 있다 할지라도 다 여호와 앞에 마땅히 유월절
을 지키되 [11]둘째 달 열넷째 날 해 질 때에 그것을 지켜서 어린 양에 무교병과
쓴 나물을 아울러 먹을 것이요 [12]아침까지 그것을 조금도 남겨 두지 말며 그
뼈를 하나도 꺾지 말아서 유월절 모든 율례대로 지킬 것이니라 [13]그러나 사람
이 정결하기도 하고 여행 중에도 있지 아니하면서 유월절을 지키지 아니하는
자는 그 백성 중에서 끊어지리니 이런 사람은 그 정한 기일에 여호와께 헌물
을 드리지 아니하였은즉 그의 죄를 담당할지며 [14]만일 타국인이 너희 중에 거
류하여 여호와 앞에 유월절을 지키고자 하면 유월절 율례대로 그 규례를 따
라서 행할지니 거류민에게나 본토인에게나 그 율례는 동일할 것이니라

[9:6-14] 이스라엘 자손들은 사람의 시체로 인하여 부정하게 된 자와 여행 중인 사람이라고 할지라도 유월절을 지켜야 한다. 이스라엘 자손들 가운데 거류하는 타국인에게도 이 율법은 동일하게 적용되며, 2월 14일 해 질 때에 어린 양, 무교병, 쓴 나물을 먹어야 하고, 아침까지 그것을 남겨 두지 말고, 뼈를 꺾지 말아야 한다. 출애굽기 12장의 유월절의 기원에 관한 내용과 레위기 23장의 유월절과 제의에 관한 규정에 이어지는 민수기 9장에서는 유월절 준수를 위한 보다 세부적인 규정들을 수록하였다. 출애굽기 12장의 유월절에 관한 율법은 이 명절의 유래가 무엇이며, 어떤 일을 기념하는 날인지를 자세하게 설명하였다. 이에 비해 민수기 9장의 유월절 규정에서는 이 절기의 유래에 관한 설명은 생략하였다. 따라서 유월절에 관한 율법을 온전하게 이해하기 위해서는 모세오경 전체를 하나의 맥락으로 보고 이해해야 한다.

민수기 9 : 6~9의 본문에서는 사람의 시체로 인하여 부정하게 된 사람들이 모세와 아론에게 유월절을 지키는 일에 동참하지 못하였음을 호소하였고, 모세는 이에 대한 여호와의 명령을 받아 사람들에게 전달하였음을 밝히고 있다. 율법의 수립 과정들 가운데 한 형태를 보여 주는 유월절 준수를 위

한 세부규정들은 한쪽의 일방적인 강요가 아니라, 하나님과 이스라엘 자손들 사이의 대화적인 관계 속에서 형성된 것임을 알려 준다. 비록 짧은 본문이지만 여기서 사람들의 인격을 존중하시고, 그들의 생각과 의견을 존중하시며, 모세를 통하여 사람들과 대화하시는 하나님을 만날 수 있다.

출애굽기 12장에 기록된 유월절은 애굽에서 지킨 최초의 유월절이었지만, 민수기 9장의 유월절은 이제 해방된 자유민으로서 시내 광야에서 지키는 첫 유월절로서의 의미를 갖는다. 민수기의 이 내용은 출애굽기와 레위기의 유월절 규정들에 순차적으로 이어지는 시간적인 배경과 상황을 전제로 한 것임을 알 수 있다.

(3) 구름과 불(9 : 15－23)

15성막을 세운 날에 구름이 성막 곧 증거의 성막을 덮었고 저녁이 되면 성막
위에 불 모양 같은 것이 나타나서 아침까지 이르렀으되 16항상 그러하여 낮에
는 구름이 그것을 덮었고 밤이면 불 모양이 있었는데 17구름이 성막에서 떠오
르는 때에는 이스라엘 자손이 곧 행진하였고 구름이 머무는 곳에 이스라엘
자손이 진을 쳤으니 18이스라엘 자손이 여호와의 명령을 따라 행진하였고 여
호와의 명령을 따라 진을 쳤으며 구름이 성막 위에 머무는 동안에는 그들이
진영에 머물렀고 19구름이 성막 위에 머무는 날이 오랠 때에는 이스라엘 자손
이 여호와의 명령을 지켜 행진하지 아니하였으며 20혹시 구름이 성막 위에 머
무는 날이 적을 때에도 그들이 다만 여호와의 명령을 따라 진영에 머물고 여
호와의 명령을 따라 행진하였으며 21혹시 구름이 저녁부터 아침까지 있다가
아침에 그 구름이 떠오를 때에는 그들이 행진하였고 구름이 밤낮 있다가 떠
오르면 곧 행진하였으며 22이틀이든지 한 달이든지 일 년이든지 구름이 성막
위에 머물러 있을 동안에는 이스라엘 자손이 진영에 머물고 행진하지 아니하
다가 떠오르면 행진하였으니 23곧 그들이 여호와의 명령을 따라 진을 치며 여
호와의 명령을 따라 행진하고 또 모세를 통하여 이르신 여호와의 명령을 따

라 여호와의 직임을 지켰더라

[9 : 15-23] 성막이 완공되던 날에 구름이 성막을 덮었으며, 낮에는 구름이 성막을 덮고, 밤에는 불 모양이 있었다. 출애굽기 13 : 21~22에서는 이를 '구름 기둥'과 '불 기둥'이라고 묘사하였다(출 14 : 19, 24 ; 33 : 9-10 비교). 성막의 이동과 정지는 구름이 성막 위에 머물 때와 떠오를 때에 따라서 이루어졌다. 이 일이 의미하는 바는 이스라엘 자손이 여호와의 명령을 따라 진을 치거나 행진하였다는 것이다. 민수기 9 : 15~23의 본문에서는 '여호와의 명령'이라는 표현이 8회 사용되었다. 이는 이스라엘 자손들이 하나님의 말씀에 온전한 모습으로 순종하였음을 상징적으로 묘사하는 개념이며, 본문에서 가장 중요한 주제이기도 하다.

이스라엘 자손들은 하나님의 지시하심에 따라 나아가기도 하고, 멈추기도 하였으며, 모세를 통하여 주신 여호와의 명령을 준행하였다. 이것이 광야 시대 초기의 이스라엘 자손들의 삶의 방식이었다. 23절의 '여호와의 직임'은 히브리어 '미쉬메레트 아도나이'의 번역이며, 이 용어는 19절에도 사용되어 '수미상관법' 구조를 이루고 있다. *REB*(*The Oxford Study Bible, Revised English Bible*〈*REB*〉, 1992, p. 150.)에서는 이 히브리어를 '주님의 금지명령'(the Lord's injunction)으로 번역하였고, 밀그롬(J. Milgrom)도 이러한 해석을 지지하고 있다. 그는 히브리어 '미쉬메레트'가 하나님의 금지명령과 연관된 단어였다고 보았다(J. Milgrom, *Numbers*, 1990, p. 72).

본문에서는 '여호와의 직임'이 무엇이었는지 구체적으로 언급하지 않고 있다. 하지만 이 단어가 금지명령과 관련되어 있다면 레위기 18, 20장의 이스라엘 자손들에게 가나안과 애굽의 종교적인 풍속을 금하라는 명령, 11장의 정한 짐승과 부정한 짐승에 관련된 금지규정, 21, 22장의 제사장과 관련된 금지명령을 참조하여 민수기 9장에서 말한 '여호와의 직임'에 관하여 추측할 수 있을 것이다. 이러한 내용들을 전체적으로 살펴볼 때, 출애굽한 이스라엘 자손들의 첫 세대가 처음부터 불평과 원망과 반역을 일삼았던 것이 아님을 알 수 있다. 처음에는 출애굽 제1세대도 하나님께서 명하시는 것과 금하시는 것을 말씀대로 순종하고, 하나님의 인도하심에 따라 일사불란하게 움직였던 사람들이었으며, 그들의 불순종의 모습들은 민수기의 중간 부분(11-25장)에 수록된 본문에서 찾아볼 수 있다.

설교를 위한 묵상

유대인의 달력은 종교력과 일반력으로 구분된다. 종교력으로 첫째 달 14일 저녁에 유월절을 지키는 풍습은 출애굽 사건과 함께 시작되었다. 이러한 유래를 갖고 있는 유월절은 이스라엘의 최대 명절이며, 이날은 단순한 축제의 날이 아니라 애굽의 노예생활로부터 해방을 맞이한 사건을 기념하는 역사적인 절기이기도 하다. 유월절은 이스라엘의 절기들 가운데 '명절의 역사화'가 잘 이루어진 대표적인 명절이라고 할 수 있다.

이 절기를 지키기 위한 규정들 가운데 어린 양과 무교병과 쓴 나물을 먹어야 한다는 음식에 관한 규정에서는 이 역사적인 절기를 지식적으로 기억할 뿐만 아니라, 특별한 절기 음식을 통해 미각과 후각으로도 기억하도록 하였던 세밀함을 엿볼 수 있다. 문설주에 피를 바르는 의식 역시 시각적으로 이 절기의 의미를 되새길 수 있는 방법이 되었을 것이다. 후대에 이 절기는 아가서를 낭독하는 풍습과 연결되기도 하였다. 무엇보다도 여호와께 예물을 드리는 예배와 함께 지켜짐으로써 이 절기는 하나님과 이스라엘 민족의 관계를 입체적으로 기억하고 기념하는 신앙적인 명절로 지켜질 수 있었다.

전통과 문화를 형성하는 일도 쉽지 않지만, 시대와 상황을 초월하여 그 전통을 지켜 가는 일은 더욱 어려운 일이라고 할 수 있다. 역사적이며 신앙적인 명절로서 유월절은 이스라엘 민족의 개별적인 정체성과 전체적인 공동체성을 하나님 앞에서 동시에 확인하는 기능을 하기에 충분한 절기가 될 수 있었을 것이다. 오늘날 교회력에 따른 절기들을 지킬 때 각 교회는 어디에 비중을 두고 이 절기들을 지켜 가고 있는지 점검해 볼 필요가 있다. 그리고 이 절기들을 지키는 일과 함께 다음 세대에게 기독교 신앙을 전달하고 교육하는 일을 위한 다양한 방법론들을 개발해 가야 하겠다. 이 일을 위한 지혜를 구약의 전통과 가르침들 가운데서 발견할 수 있다.

민수기 9장의 구름과 불은 하나님께서 함께하심과 이스라엘 진 가운데 임재하심의 상징이었으며, 하나님과의 동행을 눈으로 보고 체험할 수 있는 증거이기도 했다. 아침에 잠에서 깨어나 눈을 뜨고, 장막 밖으로 나온 사람들에게 처음 보였던 성막 위의 구름과 그들이 잠자리에 들기 위해 장막으로 들어가면서 보았을 불은 졸지도 않으시고, 주무시지도 않으시는 하나님께서(시 121 : 3-8) 이스라엘 자손들을 보호하고 계신다는 것을 시각적으로 보여 주는 하나님의 말씀이었다.

오늘날 우리 그리스도인들에게는 교회와 성경말씀과 목회자들의 존재가 그러한 하나님의 임재와 함께하심의 상징이 될 수 있다. 뿐만 아니라 현대의 그리스도인들은 전파를 통해 선교하는 기독교 방송 매체들을 통하여 하루 24시간 내내 접할 수 있는 말씀의 선포와 기독교 문화의 영향력 가운데서 하나님을 의식하며 살아갈 수도 있다. 하지만 이 풍요로움과 넉넉함이 일상의 진부함이 되지 않도록, 진정으로 깨어 있는 신앙인의 삶을 살아가야 할 것이다.

4) 은 나팔 규정(10 : 1-10)

1여호와께서 모세에게 말씀하여 이르시되 2은 나팔 둘을 만들되 두들겨 만들
어서 그것으로 회중을 소집하며 진영을 출발하게 할 것이라 3나팔 두 개를 불
때에는 온 회중이 회막 문 앞에 모여서 네게로 나아올 것이요 4하나만 불 때
에는 이스라엘의 천부장 된 지휘관들이 모여서 네게로 나아올 것이며 5너희
가 그것을 크게 불 때에는 동쪽 진영들이 행진할 것이며 6두 번째로 크게 불
때에는 남쪽 진영들이 행진할 것이라 떠나려 할 때에는 나팔 소리를 크게 불
것이며 7또 회중을 모을 때에도 나팔을 불 것이나 소리를 크게 내지 말며 8그

나팔은 아론의 자손인 제사장들이 불지니 이는 너희 대대에 영원한 율례니라
[9]또 너희 땅에서 너희가 자기를 압박하는 대적을 치러 나갈 때에는 나팔을 크
게 불지니 그리하면 너희 하나님 여호와가 너희를 기억하고 너희를 너희의
대적에게서 구원하시리라 [10]또 너희의 희락의 날과 너희가 정한 절기와 초하
루에는 번제물을 드리고 화목제물을 드리며 나팔을 불라 그로 말미암아 너희
의 하나님이 너희를 기억하시리라 나는 너희의 하나님 여호와니라

[10 : 1-10] 10 : 1~10의 본문은 은 나팔 제작과 신호에 관한 규정이다. 은 나팔에 관한 규정은 '현재'의 광야 시대를 위한 목적과 '미래'의 가나안 정착 시대를 위한 두 가지 목적을 갖는 것으로 구분된다. 은 나팔 두 개를 두들겨 만들어 회중을 소집하고, 진영을 출발하게 할 때와 절기 때에 아론의 자손인 제사장이 불도록 하였다. 이는 '현재'와 관련된 규정이다. 또한 이스라엘 자손들이 거주하는 땅에 대적이 침략하였을 때에 나팔을 불면 여호와께서 그들을 기억하시고 대적에게서 구원하실 것이며, 절기 때에 나팔을 불면 그로 인하여 이스라엘 자손을 기억하실 것이라는 약속이 나팔에 관한 규정들과 함께 주어졌다. 이는 '미래'를 위한 규정이다.

하나님은 이스라엘 자손이 애굽에서 고된 노동으로 인하여 탄식하고, 부르짖으며, 고통스러워하는 소리를 들으셨을 뿐만 아니라(출 2 : 23-24), 그들이 은 나팔을 불어 하나님을 향해 소리를 발할 때에도 그 소리를 듣고 계신다. 10절에서는 은 나팔이 하나님께서 이스라엘을 기억하시는 수단이라고 묘사하였지만, 이는 동시에 이스라엘 자손들로 하여금 하나님께서 이루신 출애굽의 구원과 하나님께서 이끌어 가시는 광야에서의 여정과 인도하심을 기억하도록 하는 수단이기도 했다. 이스라엘 자손들이 가나안 땅에 들어가 살아갈 미래에도 은 나팔은 하나님과 하나님의 구원 역사를 기억할 수 있게 하는 수단으로 사용될 것이다.

하나님의 인도하심은 구름과 불과 성막과 같이 눈에 보이는 '시각적인

방법' 들을 통하여서만 나타난 것이 아니라, 은 나팔처럼 귀로 들을 수 있는 소리를 통한 '청각적인 방법' 으로도 이스라엘 자손들에게 인식될 수 있었다. 이스라엘 자손들 가운데 하나님의 함께하심과 인도하심은 이처럼 다양한 방법들을 통하여 매우 입체적으로 인식할 수 있도록 준비되었다. 히브리서 1 : 1에서 "옛적에 선지자들을 통하여 여러 부분과 여러 모양으로 우리 조상들에게 말씀하신 하나님이"라고 이야기했던 것처럼, 이 출애굽 시대에도 하나님께서는 참으로 다양한 방법으로 이스라엘과 함께하시는 하나님의 은혜와 역사를 사람들이 알 수 있도록 해 주셨던 것이다.

① 나팔 2개를 불 때 – 온 회중이 회막 문 앞에 모여서 나아옴.
② 나팔 1개를 불 때 – 이스라엘의 천부장 된 지휘관의 소집
③ 첫 번째 나팔을 크게 불 때 – 동쪽 진영 행진
④ 두 번째 나팔을 크게 불 때 – 남쪽 진영 행진(떠나려 할 때 나팔을 크게 분다.)
⑤ 나팔 소리를 크게 내지 않고 불 때 – 회중 소집
⑥ 나팔을 크게 불 때 – 침략자들과의 전쟁에 나설 때
⑦ 번제물, 화목제물을 드리며 나팔을 불 때 – 희락의 날, 정한 절기, 초하루

3. 시내 광야로부터의 출발(10 : 11–36)

11둘째 해 둘째 달 스무날에 구름이 증거의 성막에서 떠오르매 12이스라엘 자
손이 시내 광야에서 출발하여 자기 길을 가더니 바란 광야에 구름이 머무니
라 13이와 같이 그들이 여호와께서 모세에게 명령하신 것을 따라 행진하기를
시작하였는데 14선두로 유다 자손의 진영의 군기에 속한 자들이 그들의 진영
별로 행진하였으니 유다 군대는 암미나답의 아들 나손이 이끌었고 15잇사갈
자손 지파의 군대는 수알의 아들 느다넬이 이끌었고 16스불론 자손 지파의 군

대는 헬론의 아들 엘리압이 이끌었더라 [17]이에 성막을 걷으매 게르손 자손과
므라리 자손이 성막을 메고 출발하였으며 [18]다음으로 르우벤 진영의 군기에
속한 자들이 그들의 진영별로 출발하였으니 르우벤의 군대는 스데울의 아들
엘리술이 이끌었고 [19]시므온 자손 지파의 군대는 수리삿대의 아들 슬루미엘
이 이끌었고 [20]갓 자손 지파의 군대는 드우엘의 아들 엘리아삽이 이끌었더라
[21]고핫인은 성물을 메고 행진하였고 그들이 이르기 전에 성막을 세웠으며 [22]다
음으로 에브라임 자손 진영의 군기에 속한 자들이 그들의 진영별로 행진하였
으니 에브라임 군대는 암미훗의 아들 엘리사마가 이끌었고 [23]므낫세 자손 지
파의 군대는 브다술의 아들 가말리엘이 이끌었고 [24]베냐민 자손 지파의 군대
는 기드오니의 아들 아비단이 이끌었더라 [25]다음으로 단 자손 진영의 군기에
속한 자들이 그들의 진영별로 행진하였으니 이 군대는 모든 진영의 마지막
진영이었더라 단 군대는 암미삿대의 아들 아히에셀이 이끌었고 [26]아셀 자손
지파의 군대는 오그란의 아들 바기엘이 이끌었고 [27]납달리 자손 지파의 군대
는 에난의 아들 아히라가 이끌었더라 [28]이스라엘 자손이 행진할 때에 이와 같
이 그들의 군대를 따라 나아갔더라 [29]모세가 모세의 장인 미디안 사람 르우엘
의 아들 호밥에게 이르되 여호와께서 주마 하신 곳으로 우리가 행진하나니
우리와 동행하자 그리하면 선대하리라 여호와께서 이스라엘에게 복을 내리
리라 하셨느니라 [30]호밥이 그에게 이르되 나는 가지 아니하고 내 고향 내 친
족에게로 가리라 [31]모세가 이르되 청하건대 우리를 떠나지 마소서 당신은 우
리가 광야에서 어떻게 진 칠지를 아나니 우리의 눈이 되리이다 [32]우리와 동행
하면 여호와께서 우리에게 복을 내리시는 대로 우리도 당신에게 행하리이다
[33]그들이 여호와의 산에서 떠나 삼 일 길을 갈 때에 여호와의 언약궤가 그 삼
일 길에 앞서 가며 그들의 쉴 곳을 찾았고 [34]그들이 진영을 떠날 때에 낮에는
여호와의 구름이 그 위에 덮였었더라 [35]궤가 떠날 때에는 모세가 말하되 여호
와여 일어나사 주의 대적들을 흩으시고 주를 미워하는 자가 주 앞에서 도망
하게 하소서 하였고 [36]궤가 쉴 때에는 말하되 여호와여 이스라엘 종족들에게
로 돌아오소서 하였더라

[10 : 11-36] ※ 315쪽 자료 참고 출애굽 2년 2월 20일에 드디어 이스라엘 자손이 시내 광야에서 출발하여 가나안 정복을 위한 첫발을 내딛었다. 민수기 1 : 1에서 출애굽 2년 2월 1일에 시내 광야 회막에서 하나님께서 모세에게 말씀하셨다는 본문과 비교해 보면, 민수기 1~10장까지의 내용은 시내 광야에서의 19일간의 기록에 해당한다. 구름이 증거의 성막에서 떠오르는 것을 신호로 이스라엘 자손의 행진이 시작된 것이다(11-12절). 떠오른 구름은 시내 광야로부터 바란 광야까지 이동하여 멈추었으며, 이스라엘 자손도 함께 그곳에서 멈추었다.

① 언약궤-3일 길을 앞서 감 : 쉴 곳을 찾음(33절).
② 선두 진영-유다, 잇사갈, 스불론 지파
③ 성막을 걷음.-게르손 자손과 므라리 자손이 성막을 메고 출발함.
④ 중간 진영 1-르우벤, 시므온, 갓 지파
⑤ 고핫 자손이 성물을 메고 행진함.
⑥ 중간 진영 2-에브라임, 므낫세, 베냐민 지파
⑦ 마지막 진영-단, 아셀, 납달리 지파

민수기 1~10장까지의 본문에서 묘사하고 있는 이스라엘 자손들의 모습은 하나님과 동행하며, 하나님의 인도하심과 지시하심에 순종하는 신앙 공동체로서 손색이 없고, 하나의 이상적인 상을 보여 준다. 10 : 11~28까지 본문에 기록된 이스라엘 진영의 행진에 관한 상세한 설명은 2 : 34과 연결되어 있다. 10장 전체에서 기술하고 있는 이스라엘 자손들의 행진에 관하여, 하란(Menachem Haran)은 이스라엘 공동체의 '유토피아적인' 모습이라고 평가하였다(Menachem Haran, "The Character of the Priestly Source : Utopian and Exclusive Features," Yosef Kaplan〈ed〉, *Proceedings of the Eighth World Congress of Jewish Studies*, 1983, p. 136).

10 : 29~32에는 모세가 장인 르우엘의 아들인 호밥에게 하나님께서 이

스라엘 자손에게 주시겠다고 약속한 땅으로 함께 가자고 초청하는 이야기가 수록되어 있다. 호밥은 처음에 모세의 청을 거절하였으나, 모세는 재차 호밥에게 동행을 요청하며 광야에서 이스라엘 사람들의 '눈'이 되어 달라고 부탁하였다. 〈표준새번역〉 성경은 이를 '길잡이'라고 번역하였다. 모세는 그에게 여호와께서 이스라엘 자손에게 복을 주실 것이며, 자신과 이스라엘 자손이 선대할 것임을 두 번에 걸쳐 이야기했다(29, 32절). 호밥이 모세의 간곡한 요청을 용납했는지 혹은 거절하였는지 민수기 10장에는 나와 있지 않다.

그러나 사사기 1 : 16과 4 : 11에서는 모세의 장인의 후손인 겐 사람이 이스라엘 자손들과 함께 가나안 땅에 정착하였음을 언급한 내용을 통해 호밥이 모세의 요청에 따랐다는 사실을 확인할 수 있다. 구약 시대와 그 이후의 이스라엘 민족의 역사 속에서 이스라엘의 선민의식이 강화되고 이방인에 대한 배타적인 태도가 강화된 시대와 사건들의 기록을 찾아볼 수 있지만, 분명한 사실 한 가지는 모세의 처가는 외국인이었으며, 모세가 출애굽 시대의 지도자로서 준비되고 활동하는 과정에서 그들로부터 많은 도움을 받았다는 점이다(정중호, 「새로운 해석과 설교를 위한 민수기 I」, 2008, pp. 240-241).

창세기에서는 요셉이 애굽 여인과 결혼하여 므낫세와 에브라임을 얻었다고 기록하였으며(창 41 : 50-52, 46 : 20), 출애굽기에서도 출애굽 당시에 여러 민족이 출애굽의 대열에 동참하였음을 증언하였다(출 12 : 38). 이와 연속된 맥락에서 민수기 10 : 29 이하의 본문은 이방인이었던 모세의 처가 식구들(미디안)이 어떻게 출애굽의 역사에 동참하게 되었는지를 알려 준다. 이러한 역사적인 배경들 속에서 레위기 19 : 34a의 "너희와 함께 있는 거류민을 너희 중에서 낳은 자 같이 여기며 자기 같이 사랑하라"는 하나님의 명령과 그 의미를 파악해 볼 수 있다. 이 명령의 구체적인 근거로 주어진 말씀 역시, 이스라엘 사람들 자신이 이집트에서 거류민이었다는 역사적 경험과 연결되어 있다. 이러한 모세오경의 내용들은 구약성경이 이방인에 대하여 배타적인 태도(신 7 : 1-5 ; 23 : 3)만을 취하고 있지는 않다는 것을 보여 준다.

10 : 33은 여호와의 언약궤가 '삼 일 길'을 앞서 갔다고 기술하였다. 하나님의 임재의 상징인 언약궤가 이스라엘 자손의 행진 시에 진영의 선봉에서 있었음을 확인할 수 있는 내용이다. 전장에서 부하들을 앞세우는 지휘관이 아니라, 마치 자신이 앞장을 서고 부대를 이끄는 선봉장처럼 언약궤는 이스라엘 자손들보다 앞서 행하며 백성들의 쉴 곳을 찾았다. 신약에서도 "나를 따라오라. 내가 너희를 사람을 낚는 어부가 되게 하리라."라고 제자들에게 명령하셨던 예수님의 말씀 속에서 앞장선 지휘관과 같은 예수님의 모습을 만날 수 있다(마 4 : 19). 언약궤의 앞서 나아감은 하나님께서 친히 이스라엘 자손들과 그들의 군대의 선봉장으로서 그들의 인도자가 되시며, 그들과 언제나 동행하시는 분임을 보여 준 구체적인 사건으로서 의미를 갖는다.

10 : 35~36에서는 궤가 떠날 때와 멈출 때에 모세가 선포한 공식적인 문구를 소개하였다. 이스라엘의 '종족들'로 번역된 용어는, 히브리어로 '리브보트 알르페'이며, '천만'이라는 숫자의 의미를 갖는다. 이 표현은 창세기 24 : 60에서 이삭과의 결혼을 위해 고향을 떠나게 된 리브가에게 리브가의 가족들이 해 주었던 축복 속에 사용된 말이며, 민수기에서는 '셀 수 없이 많은 무장한 부대들'을 묘사하기 위한 표현으로 사용되었다(J. Milgrom, *Numbers*, 1990, p. 40). 36절의 문장은 "이스라엘 천만인의 여호와여, 돌아오소서."로 번역하는 것도 가능하다. 〈개역한글〉 성경에서는 "여호와여 이스라엘 천만인에게로 돌아오소서"로 번역하였다. 유대인들의 영문 번역 성경인 〈TANAKH〉에서도 '이스라엘의 천만인'(Israel's myriads of thousands)으로 번역하였으며, 〈칠십인경〉에서도 '이스라엘의 천만인'으로 번역하였다. '천만인'이라는 말이 히브리어의 관용적인 표현을 더 잘 살린 번역일 수 있다.

① 궤가 떠날 때 – "여호와여, 일어나사 주의 대적들을 흩으시고, 주를 미워하는 자가 주 앞에서 도망하게 하소서."
② 궤가 쉴 때 – "여호와여, 이스라엘 종족들에게로 돌아오소서."

출애굽기 18 : 1은 모세의 장인을 미디안 제사장 '이드로' 라고 밝혀 주고 있다. 그는 모세의 아내와 두 아들을 데리고 출애굽에 성공한 모세를 만나러 왔으며, 모세가 이스라엘 백성들의 조직을 편성하는 일에 도움을 주기도 했다. 이후에 모세의 장인은 자기 고향으로 돌아갔다고 출애굽기에 기록되어 있다(출 18 : 27). 민수기 10장에서는 장인의 이름을 '르우엘' 로 기록하였으며, 그의 아들 호밥에게 모세가 동행을 권유하였다는 사실을 밝히고 있다. 처음에 호밥은 모세의 요청을 거절하였으며, 자신의 고향과 친족에게로 돌아가겠다고 대답했다. 그러나 모세는 하나님께서 이스라엘 자손에게 복을 주시고, 약속하신 땅으로 인도하실 것을 확신하였기에, 흔들림 없이 그를 초청할 수 있었다.

결국 모세의 청을 수용한 호밥으로 인하여 그의 후손들은 하나님의 백성의 반열에 속하게 되었다(삿 1 : 16 ; 4 : 11). 구약성경에서는 아무것도 기대할 것이 없는 상황에서도 손해와 이익의 문제를 넘어서서 시어머니 나오미를 따라 나섰던 룻처럼 자발적으로 하나님의 백성이 된 이방인이 있는가 하면, 모세의 처가 식구였던 호밥처럼 타인의 강권에 이끌려 하나님의 백성이 된 이방인도 있었음을 알려 준다.

신약성경에서 타인의 강권함에 의해 그리스도인이 된 유사한 사례를 찾아본다면, 예수님께서 고난 받으실 때에 억지로 예수님의 십자가를 지고 따라갔던 구레네 사람 시몬의 경우를 생각해 볼 수 있지 않을까? 구레네는 북아프리카의 도시였으며, 그곳 출신의 시몬은 유월절을 지키기 위해 예루살렘으로 올라오다가 예수님의 십자가 사건을 목격하게 되었다. 그때에 그는 로마 군인들에게 붙잡혀 체력저하로 자신이 처형당할 십자가를 질 수 없었던 예수님 대신에 강제로 십자가를 지고 예수님을 따라가게 되었다. 구레네 시몬은 그렇게 로마 군인들의 강제에 의해 얼떨결에 예수님의 공생애 마지막 순간에 동행하였던 것이다(마 27 : 32 ; 눅 23 : 26, *Tyndale Application Study Bible*, New Living Translation〈NLT〉, 2004, p. 1606). 마가복음 15 : 21에서는 이 사람이 알렉산더와 루포의 아버지라고 밝히고 있다. 만일 이 루포가 로마서 16 : 13에 언급된 루포와 동일인이라면, 예수님의 십자가를 강제로 짊어졌던 이 사건으로 말미암아 그와 그의 가족이 예수님을 믿고 그리스도인이 되었다고 볼 수 있다.

어떠한 과정을 통하여 하나님의 백성이 되었든지, 중요한 것은 하나님의 백성이 되고, 하나님의 자녀가 되는 일이다. '하나님의 백성' 이 되는 일, 예수 그리스도를 믿음으로 구원에 이르는 일이 복된 길임을 확신한다면, 모세처럼 담대히 권면할 수 있어야 할 것이다. 복음의 씨를 뿌리는 것은 우리 그리스도인들의 책임이지만, 자라고 열매 맺게 하시는 분은 하나님이시다(고전 3 : 6－7). 사도행전 16 : 31의 "이르되 주 예수를 믿으라 그리하면 너와 네 집이 구원을 받으리라"라는 말씀과 같이 하나님의 백성이 되고, 하나님의 자녀가 되는 것은 그 당사자와 그의 가족 모두가 구원을 얻는 길이며, 결국은 그 사람들이 행복하게 살아갈 수 있는 길이 되기 때문이다.

B. 깨어진 꿈, 가나안! － 가나안 정복전쟁의 실패(11 : 1－14 : 45)

1. 백성의 불평과 원망(11 : 1－35)
   1) 다베라의 사건(11 : 1－3)
   2) 만나(11 : 4－9)
   3) 모세와 70장로(11 : 10－30)
   4) 메추라기(11 : 31－35)
2. 미리암과 아론의 비방(12 : 1－16)
   1) 모세가 구스 여자를 취한 사건과 미리암과 아론의 비난(12 : 1－3)
   2) 하나님의 판결(12 : 4－8)
   3) 미리암이 받은 징벌(12 : 9－16)
3. 가나안 정탐(13 : 1－33)
   1) 정탐꾼 파송의 명령(13 : 1－3)
   2) 정탐꾼의 명단(13 : 4－16)
   3) 정탐꾼 파송과 복귀(13 : 17－24)
   4) 정탐꾼의 보고(13 : 25－33)
4. 원망과 심판(14 : 1－45)
   1) 백성의 원망 : "우리가 한 지휘관을 세우고 애굽으로 돌아가자!" (14 : 1－5)

2) 여호수아와 갈렙의 반론(14 : 6－10)

3) 모세의 중보적 기도(14 : 11－25)

4) 심판의 구체적인 내용(14 : 26－38)

5) 이스라엘 자손의 가나안 진입 시도와 실패(14 : 39－45)

B. 깨어진 꿈, 가나안!－가나안 정복전쟁의 실패 (11 : 1－14 : 45)

1. 백성의 불평과 원망(11 : 1－35)

1) 다베라의 사건(11 : 1－3)

> [1]여호와께서 들으시기에 백성이 악한 말로 원망하매 여호와께서 들으시고 진
> 노하사 여호와의 불을 그들 중에 붙여서 진영 끝을 사르게 하시매 [2]백성이 모
> 세에게 부르짖으므로 모세가 여호와께 기도하니 불이 꺼졌더라 [3]그곳 이름을
> 다베라라 불렀으니 이는 여호와의 불이 그들 중에 붙은 까닭이었더라

[11 : 1－3] 11 : 1~3은 백성들의 원망 사건 보도의 전형적인 틀을 보여 주는 본문이다. 사사기 2 : 16~19의 본문이 사사기 역사의 요약에 해당하는 내용을(백성의 범죄－이방인의 침략－부르짖음－사사를 통한 구원－사사의 사후에 범죄함.) 담고 있듯이, 민수기 11 : 1~3의 본문도 백성들의 원망과 불평의 사건들에서 나타나는 내용을 요약해서 보여 주고 있다. 본문 1절에서 그들이 '악한 말'로 원망하였다는 표현은 이스라엘 자손들의 무리한 요구와 불평의 성격을 잘 드러내 준다.

히브리어 '라아'는 사고방식이나 행동양식이 사악함을 뜻하는 형용사로서, 1절 본문에서는 '악한 말'로 번역되었다(Samuel P. Tregelles〈tr.〉,

Gesenius' Hebrew-Chaldee Lexicon to the Old Testament〈Grand Rapids : Eerdmans Publishing Company, 1980〉, p. 772). '여호와께서 들으시기에' 에 해당하는 히브리어의 문자적인 표현은 '여호와의 귀에' 이며, 1절의 전체적인 문장은 "여호와께서 귀로 들으시기에 사람들이 악한 불평을 하였다."라고 번역해 볼 수 있다.

이스라엘 자손이 애굽에서 노예로서 고역에 시달릴 때 부르짖었던 그 소리를 들으시고, 이스라엘 민족을 돌아보셨던 하나님께서는 모세를 통하여 이스라엘 민족을 애굽의 종살이에서 구원하셨다(출 2 : 23-25). 하나님께서 이스라엘 자손들의 소리를 듣고 계심을 충분히 경험했던 백성이 하나님께서 들으시기에 '악한' 불평을 한다는 것은 하나님을 무시하거나 불신하는 죄악을 범하는 것과 같은 일이다. 이로 인하여 이스라엘의 진영에 하나님의 심판이 임했으며, 그 과정은 다음과 같이 정리해 볼 수 있다.

① 백성의 원망을 여호와께서 들으심.
② 여호와의 진노와 심판(여호와의 불이 진영 끝을 사름.)
③ 백성의 부르짖음.
④ 모세의 중재
⑤ 재앙의 그침(불이 꺼짐)과 장소에 이름 붙임(다베라).

2) 만나(11 : 4-9)

[4]그들 중에 섞여 사는 다른 인종들이 탐욕을 품으매 이스라엘 자손도 다시
울며 이르되 누가 우리에게 고기를 주어 먹게 하랴 [5]우리가 애굽에 있을 때
에는 값없이 생선과 오이와 참외와 부추와 파와 마늘들을 먹은 것이 생각나
거늘 [6]이제는 우리의 기력이 다하여 이 만나 외에는 보이는 것이 아무것도
없도다 하니 [7]만나는 깟씨와 같고 모양은 진주와 같은 것이라 [8]백성이 두루
다니며 그것을 거두어 맷돌에 갈기도 하며 절구에 찧기도 하고 가마에 삶기

도 하여 과자를 만들었으니 그 맛이 기름 섞은 과자 맛 같았더라 [9]밤에 이슬이 진영에 내릴 때에 만나도 함께 내렸더라

[11 : 4-9] 본문의 내용과 매우 유사한 사건이 출애굽기 16장에 기록되어 있다. 출애굽한 이스라엘 백성이 신 광야에 이르렀을 때에 먹을 것이 없어서 불평하였던 사건이 있었고, 그때 만나와 메추라기를 공급받을 수 있었다. 이에 관하여 일부 주석가들은 시내산을 중심으로 대칭 구조를 이루는 문학적인 요소로서 출애굽기와 민수기의 여정과 사건을 해석하기도 한다. 그러나 출애굽기 16장 본문에서 불평한 사람들은 '이스라엘 자손 온 회중'(출 16 : 2)이었으며, 그 요구의 성격과 결과가 너무 판이하게 다르다는 점을 간과할 수는 없다.

민수기 11장 본문에 따르면 이스라엘 자손 가운데 '섞여 사는 다른 인종들'이 탐욕을 품었고, 이스라엘 자손들도 함께 먹을 것에 대한 원망을 시작하였다. 그들이 원망하면서 언급한 생선은 광야에서 구할 수 없는 음식임에도 불구하고 그들은 생선, 오이, 참외, 부추, 파, 마늘을 생각하며 만나밖에 먹을 수 없어 기력이 쇠하였음을 불평하였다. 4절의 낱말들 가운데 히브리어 '타아바'는 욕구 혹은 열망으로 번역될 수 있지만(잠 10 : 24, '원하는 것' 〈개역개정〉), 부정적인 의미로 사용될 때는 본문에서처럼 '탐욕'으로 번역될 수 있다. 이 명사는 동일한 어근의 동사와 함께 사용되어 '탐욕'의 의미를 매우 강조한 문장에서 사용되었다(Koehler Baumgartner, *The Hebrew & Aramaic Lexicon of the Old Testament*, vol. 2, 2001, pp. 1673-1674). 이러한 용어와 문장은 이스라엘 자손들의 음식에 관한 원망이 어떤 성격의 문제였는가를 매우 적절하게 표현한 것이라고 평가할 수 있다.

이는 단순히 먹을 것이 없어서 배고픔의 고통을 견디지 못해 부르짖는 '생계형 불평'이 아니라 광야와 사막에서는 맛볼 수 없는 생선과 채소를 구하면서 불평하는 일종의 '탐욕'이라고 말할 수밖에 없다. 왜냐하면 그들의 요구는 배고픔으로 인한 불평이 아니라, 상황에 맞지 않는 것을 요구하는 욕심과 그로 인한 원망이었기 때문이다. 이어지는 7~9절까지 본문에서는 이

미 그들이 먹고 있었던 만나에 관하여 자세하게 설명하였으며, 음식에 대한 불평의 내용에 대조적으로 이어지는 '만나'에 대한 자세한 언급은 이스라엘 자손들의 문제점을 다시 한 번 부각시키고 있다.

① 모양 : 만나는 깟씨와 같고, 모양은 진주와 같음.
② 조리법 : 맷돌에 갈거나, 절구에 찧거나, 가마에 삶기도 하여 과자를 만듦.
③ 맛 : 기름 섞은 과자 맛 같았음.
④ 만나가 내리는 시간 : 밤에 이슬이 진영에 내릴 때

이러한 문장 구조와 표현들을 통하여 본문에서는 이스라엘 자손들의 불평은 식량이 없음으로 인한 궁핍함 때문이 아니라, 결국 그들의 입맛에 맞지 않는 음식의 기호 문제 때문이었음이 더욱 선명하게 드러난다.

민 11 : 4-9	내용	의미와 기능
4절	탐욕을 품은 사람들 : 불평	잘못의 성격 규정
5-6절	불평 내용 : 1) 생선과 야채를 구함(사막, 광야의 상황). 2) 먹을 것은 만나밖에 없음.	1) 구할 수 없는 음식 요구 2) 이미 먹을 음식이 있음.
7-9절	만나 : 자세한 묘사	굶주림의 문제가 아닌 음식의 기호 문제임.

3) 모세와 70장로(11 : 10-30)

[10]백성의 온 종족들이 각기 자기 장막 문에서 우는 것을 모세가 들으니라 이러므로 여호와의 진노가 심히 크고 모세도 기뻐하지 아니하여 [11]모세가 여호와께 여짜오되 어찌하여 주께서 종을 괴롭게 하시나이까 어찌하여 내게 주의 목전에서 은혜를 입게 아니하시고 이 모든 백성을 내게 맡기사 내가 그

짐을 지게 하시나이까 12이 모든 백성을 내가 배었나이까 내가 그들을 낳았나
이까 어찌 주께서 내게 양육하는 아버지가 젖 먹는 아이를 품듯 그들을 품에
품고 주께서 그들의 열조에게 맹세하신 땅으로 가라 하시나이까 13이 모든 백
성에게 줄 고기를 내가 어디서 얻으리이까 그들이 나를 향하여 울며 이르되
우리에게 고기를 주어 먹게 하라 하온즉 14책임이 심히 중하여 나 혼자는 이
모든 백성을 감당할 수 없나이다 15주께서 내게 이같이 행하실진대 구하옵나
니 내게 은혜를 베푸사 즉시 나를 죽여 내가 고난 당함을 내가 보지 않게 하
옵소서 16여호와께서 모세에게 이르시되 이스라엘 노인 중에 네가 알기로 백
성의 장로와 지도자가 될 만한 자 칠십 명을 모아 내게 데리고 와 회막에 이
르러 거기서 너와 함께 서게 하라 17내가 강림하여 거기서 너와 말하고 네게
임한 영을 그들에게도 임하게 하리니 그들이 너와 함께 백성의 짐을 담당하
고 너 혼자 담당하지 아니하리라 18또 백성에게 이르기를 너희의 몸을 거룩히
하여 내일 고기 먹기를 기다리라 너희가 울며 이르기를 누가 우리에게 고기
를 주어 먹게 하랴 애굽에 있을 때가 우리에게 좋았다 하는 말이 여호와께
들렸으므로 여호와께서 너희에게 고기를 주어 먹게 하실 것이라 19하루나 이
틀이나 닷새나 열흘이나 스무 날만 먹을 뿐 아니라 20냄새도 싫어하기까지 한
달 동안 먹게 하시리니 이는 너희가 너희 중에 계시는 여호와를 멸시하고 그
앞에서 울며 이르기를 우리가 어찌하여 애굽에서 나왔던가 함이라 하라 21모
세가 이르되 나와 함께 있는 이 백성의 보행자가 육십만 명이온데 주의 말씀
이 한 달 동안 고기를 주어 먹게 하겠다 하시오니 22그들을 위하여 양 떼와
소 떼를 잡은들 족하오며 바다의 모든 고기를 모은들 족하오리이까 23여호와
께서 모세에게 이르시되 여호와의 손이 짧으냐 네가 이제 내 말이 네게 응하
는 여부를 보리라 24모세가 나가서 여호와의 말씀을 백성에게 알리고 백성의
장로 칠십 인을 모아 장막에 둘러 세우매 25여호와께서 구름 가운데 강림하
사 모세에게 말씀하시고 그에게 임한 영을 칠십 장로에게도 임하게 하시니
영이 임하신 때에 그들이 예언을 하다가 다시는 하지 아니하였더라 26그 기
명된 자 중 엘닷이라 하는 자와 메닷이라 하는 자 두 사람이 진영에 머물고

장막에 나아가지 아니하였으나 그들에게도 영이 임하였으므로 진영에서 예
언한지라 [27]한 소년이 달려와서 모세에게 전하여 이르되 엘닷과 메닷이 진중
에서 예언하나이다 하매 [28]택한 자 중 한 사람 곧 모세를 섬기는 눈의 아들
여호수아가 말하여 이르되 내 주 모세여 그들을 말리소서 [29]모세가 그에게
이르되 네가 나를 두고 시기하느냐 여호와께서 그의 영을 그의 모든 백성에
게 주사 다 선지자가 되게 하시기를 원하노라 [30]모세와 이스라엘 장로들이
진중으로 돌아왔더라

[11 : 10-30] '고기'를 요구하며 우는 백성의 소리를 들은 모세도 여호와께 불평하였다. 자신은 백성의 요구를 만족시켜 줄 고기를 줄 수가 없고, 책임이 너무 중하여 혼자서는 이 백성을 감당할 수 없기에 차라리 죽는 것이 낫다는 내용의 간구를 모세는 여호와께 드렸다. 이에 하나님께서 주신 해결책은 먼저 이스라엘 노인 중에 장로와 지도자가 될 만한 사람 70명을 세워 여호와의 영이 그들에게 임하게 할 것이므로 그들이 모세와 함께 백성의 짐을 담당하게 될 것이라는 말씀이었다. 다음으로 백성에게는 내일부터 한 달간 고기를 싫어할 때까지 먹게 될 것이라는 약속을 주셨다.

모세는 보행자가 60만 명이나 되는 이 백성에게 고기를 한 달간 공급하려면 양 떼와 소 떼와 바다의 모든 고기를 모아도 사람들이 만족할 만큼 주는 것은 불가능한 일이 아닌가를 반문하였고, 하나님께서는 하나님의 말씀이 이루어지는가의 여부를 직접 확인하게 될 것이라고 답해 주셨다. 그런데 19~20절에서는 하나님께서 백성에게 고기를 공급하시는 이유가 고기를 먹는 문제를 빌미로 애굽에 있을 때가 좋았다고 말하는 백성들의 소리를 들으셨기 때문이며, 출애굽 사건 자체를 후회하였기 때문이라고 하였다.

이 문제는 근본적으로 하나님께서 행하시고 이루신 구원의 역사 자체를 부정하는 것이었고, 결국 자신들과 함께 계신 여호와를 멸시하는 일임을 분명히 밝혀 주고 있다. 11장의 결론 부분에서는 사람들의 요구에 따라 하나님께서 주신 응답 자체가 결코 기계적인 '은혜'나 '복'이 되는 것은 아니라는

사실을 '메추라기의 공급'에 관한 사건을 통하여 알려 준다. 33절에서는 백성들 가운데 음식에 대하여 도를 넘어선 욕심을 부렸던 사람들에게 큰 재앙이 임했음을 밝혀 주고 있다.

24절 이하의 내용에서는 장막으로 나아온 장로 70인에게 여호와의 영이 임하여, 그들이 예언을 하다가 멈춘 사건과 진영에 머물고 장막에 나아가지 않았던 엘닷과 메닷에게도 여호와의 영이 임하여 진영에서 예언하였던 사건을 언급하였다. 이 일을 보고받은 모세에게 여호수아가 예언을 금할 것을 요청하였으나, 모세는 오히려 여호와께서 그 영을 모든 백성에게 주어 다 선지자가 되게 하시기를 원한다는 대답을 하였다. 여기서 우리는 지도자로서 모세의 포용력과 관대함을 엿볼 수 있다. 어떠한 정보나 능력의 독점은 다른 이들과의 차별성을 드러낼 수 있는 손쉬운 길이고, 이를 통하여 사람들은 자신의 권력이나 평가를 강화하거나 높일 수 있다. 그러나 모세는 이 은사가 자신의 것이 아니라 하나님의 것임을 알았고, 개인을 위해 사용될 것이 아니라 이스라엘 민족 전체를 위한 것이 되어야 함을 바르게 알고 있었던 것으로 보인다.

지도자 모세의 이러한 모습은 예수님의 공생애 당시에 있었던 한 사건을 기억할 수 있게 해 준다. 제자 요한은 예수님을 따르지 않으면서 예수의 이름으로 이적을 행하는 사람들을 만나자 그들의 사역을 금지시켰다. 이 내용을 보고하는 제자에게 예수님께서는 그 일을 금하지 말 것과 예수님과 제자들을 반대하지 않는 자들은 '우리를 위하는 자'라고 말씀해 주신 일이 있었다(막 9 : 38 – 40). 구약과 신약에 기록된 유사한 모습의 두 사건은 비록 그 의미와 내용과 초점이 다르다고 할지라도, 위대한 '지도자'의 지도력에 관하여 생각할 수 있게 한다. 모세는 비록 예수님 이전 시대의 인물이었지만, 지도자의 면모에서 예수님을 닮은 모습을 보여 주었고, 그의 넓은 마음에서 지도력의 한 면을 발견할 수 있다.

4) 메추라기(11 : 31 – 35)

[31]바람이 여호와에게서 나와 바다에서부터 메추라기를 몰아 진영 곁 이쪽 저쪽
곧 진영 사방으로 각기 하룻길 되는 지면 위 두 규빗쯤에 내리게 한지라 [32]백성
이 일어나 그날 종일 종야와 그 이튿날 종일토록 메추라기를 모으니 적게 모
은 자도 열 호멜이라 그들이 자기들을 위하여 진영 사면에 펴 두었더라 [33]고
기가 아직 이 사이에 있어 씹히기 전에 여호와께서 백성에게 대하여 진노하
사 심히 큰 재앙으로 치셨으므로 [34]그곳 이름을 기브롯 핫다아와라 불렀으니
욕심을 낸 백성을 거기 장사함이었더라 [35]백성이 기브롯 핫다아와에서 행진
하여 하세롯에 이르러 거기 거하니라

[11 : 31-35] 바다 쪽으로부터 바람에 몰려온 메추라기는 진영 사방의 하룻길 거리에 2규빗쯤 내렸다. 규빗은 손끝에서 팔꿈치까지의 약 45cm에 해당하는 길이이다. 창세기 22장에서 아브라함이 브엘세바로부터 모리아의 한 산에 도달할 때까지를 3일 길로 보았다면, 약 70km의 실제 총거리를 셋으로 나누어 23km 정도의 거리를 하룻길로 환산할 수 있다. 그리고 2규빗은 약 90cm의 두께로 추정해 볼 수 있다.

메추라기의 수집은 이틀에 걸쳐 이루어졌으며, 메추라기를 적게 모은 이가 '10호멜'이었다는 기록에서 그 엄청난 양을 다시 한 번 확인할 수 있다. 10호멜은 리터로 환산하면 2.2kℓ에 해당한다(노재명, 「성경배경을 통한 성경읽기」, 2009, pp. 131-132). 그러나 여호와께서는 백성들의 원망과 불평에 진노하여 재앙을 내리셨고, 이곳의 이름은 '탐욕의 무덤'이라는 뜻의 '기브롯 핫다아와'라고 불리게 되었다. 여기서 이동한 이스라엘 자손은 하세롯에 이르렀다.

11장을 전체적으로 보았을 때, 앞부분과 뒷부분에서 공통적으로 나타난 주제는 '탐욕'이었다(4, 34절). 그러나 그 중간에 들어 있는 모세의 이야기는 '탐욕'의 주제와는 너무도 대조적으로 '관용'과 '포용력'의 주제를 보여주고 있다.

'다베라'와 '기브롯 핫다아와'에서의 사건들은 10장에 묘사된 이스라엘 자손들의 모습과는 너무나 대조적이다. 10장이 하나님께 순종하는 이스라엘 자손들의 모습을 보여 주었다면, 반대로 11장은 불평과 원망 가운데 심판에 이르게 된 이스라엘 자손들의 모습을 보여 주었다(Adriane B. Leveen, "Variations on a Theme : Differing Conceptions of Memory in the Book of Numbers," *JSOT*〈2002〉, vol. 27, pp. 201-221). 하나님께서는 거칠고 삭막한 광야를 행진하는 이스라엘 민족을 향하여 분명한 기대와 뜻을 품고 계셨을 것이다. 이스라엘 민족을 하나님의 소유이며, 거룩한 백성과 제사장 나라로 부르신 하나님께서는 이스라엘 민족에게 가나안 정복전쟁의 과업을 명하셨다.

애굽의 노예가 아닌 해방된 민족으로서 하나님의 뜻을 이 땅 위에 펼쳐 가야 할 첫 번째 사명을 위해 이스라엘의 모든 백성들은 군대로 조직되었으며, 하나님께서는 약 1년여에 걸쳐 친히 모세를 통해 백성들에게 율법을 가르치셨고, 성막을 세우게 하심으로 그들과 함께하셨으며, 구름과 불로 그들을 인도하시고, 그들과 함께 거하시며 동행하셨다. 그러나 이스라엘 자손들은 해방된 민족임에도 불구하고 여전히 노예처럼 처신하였으며, 마치 자라지 않는 어린아이처럼 말하고 행동하였다. 하나님께서 그들에게 원하신 것은 성숙함이었으나, 이스라엘이 보여 준 모든 반응은 미성숙이었다.

인격적인 대화와 겸손한 요구 대신 일방적인 원망과 불평이 그들의 의사소통 방식이었다. '언어는 존재의 집'이라는 말처럼 말은 생각으로부터 나오고, 생각은 그 사람의 마음으로부터 나오는 것이며, 한 사람의 언어는 그 말을 하는 사람의 가치관, 인격과 무관하지 않다. 민수기 11 : 1에서는 이스라엘 자손들이 하나님 앞에서 '악한 말'로 원망했다는 말로 가나안 정복전쟁을 위한 첫걸음을 내딛었던 이스라엘 자손들의 첫 번째 사건을 기록하였다. 이 짧은 표현 속에 출애굽한 이스라엘 자손들의 정체성이 고스란히 집약되어 있음을 알 수 있다. 이러한 원망과 불평의 말들을 언어로 삼은 이스라엘 자손들에게서는 명령에 따라 생사를 넘나드는 용맹한 군대의 모습도, 대화를 통해 문제를 풀어 가는 인격적인 성숙함도 찾을 수 없다. 한 걸음 더 나아가 이 언어 속에서는 하나님의 살아 계심을 믿으며, 기도와 간구와 감사로 하나님께 나아가는 믿음과 신앙의 모습을 발견할 수도 없다.

하지만 하나님은 원망과 불평과 불신앙에 대한 심판에도 불구하고, 하나님의 말씀으로 만나를 명하시고, 하늘에서 내리는 음식으로 이스라엘 자손들을 먹이기 시작하셨다. 이 과정을 자세히 들여다보면서, 하나님의 오래 참으심과 이스라엘 자손들의 변화를 기다리시는 하나님의 속 깊으신 뜻을 만난다. 원망하며 불평하는 백성, 차라리 목숨을 거두어 달라는 지도자 모세의 호소, 동역자 70인을 세우셨음에도 불구하고 그들 가운데서 감사도, 하나님께 영광을 돌리는 찬양도 나오지 않는 모습들을 보시며 하나님의 마음은 어떠하였을까?

민수기 11장에 기록된 원망과 불평의 악한 말들과 그 결과를 볼 때, 역으로 믿음과 감사와 찬양이 하나님을 얼마나 기쁘시게 하는 일이며, 그러한 기도와 고백과 찬양의 모든 선한 말들이 마음과 생각을 변화시키고, 나아가 인격과 성품을 변화시키며, 마침내 그 공동체가 걸어갈 역사의 방향에까지도 영향을 끼칠 수 있음을 깨달을 수 있다. 우리 그리스도인들이 예수님을 닮아 가는 사람들이고, 예수님을 따라가는 사람들이라면 예수님의 언어를 먼저 배울 수 있어야 하겠다. 민수기 11장의 이스라엘 백성들과 그들의 사건을 타산지석으로 삼아 하나님 앞에서 하지 말아야 할 것이 무엇인지를 배워야 하겠다.

2. 미리암과 아론의 비방(12 : 1－16)

1) 모세가 구스 여자를 취한 사건과 미리암과 아론의 비난(12 : 1－3)

1모세가 구스 여자를 취하였더니 그 구스 여자를 취하였으므로 미리암과 아
론이 모세를 비방하니라 2그들이 이르되 여호와께서 모세와만 말씀하셨느냐
우리와도 말씀하지 아니하셨느냐 하매 여호와께서 이 말을 들으셨더라 3이
사람 모세는 온유함이 지면의 모든 사람보다 더하더라

[12 : 1-3] 12 : 1의 "구스 여자를 취하였으므로"라는 문장을 〈표준새번역〉에서는 "구스 여인을 아내로 맞았다고 해서"로 번역하여 사건의 내용을 더 구체적으로 표현하였다. 이 일로 인하여 미리암과 아론이 모세를 비방하는 일이 벌어졌다. 여기서 '비방하다'와 연관된 낱말 가운데 히브리어 동사 '테다베르'는 3인칭 여성 단수의 형태라는 점에 주목할 필요가 있다. 분명히 이 문장에서 모세를 언급한 사람들은 미리암과 아론이었지만, 이들을 주어로 하는 동사가 3인칭 복수가 아니라 3인칭 여성 단수 형태로 사용된 것은 주도권이 미리암에게 있었음을 알려 주는 단서로 해석할 수 있다.

본문에서는 아론 대신 미리암이 먼저 언급된 점과 히브리어 동사에서 3인칭 여성 단수를 주어로 활용한 점에서 미리암에게 더 큰 책임이 있었음을 어감상으로 느낄 수 있다. 이러한 사항들은 나중에 아론이 처벌에서 제외되고 미리암에게만 징벌이 임했다는 결론 부분의 내용과 그 이유를 파악할 때 도움이 되는 부분들이다.

그러나 12 : 2을 보면 모세가 구스 여자를 취한 것에 대한 미리암과 아론의 비난은 하나의 빌미에 불과하고, 정작 그들이 거론하고자 했던 문제는 모세의 권위에 관한 것이었다. 그들이 한 사건을 계기로 모세의 권위에 도전하고자 했음을 2절에 기록된 그들의 문제 제기에서 확인할 수 있다. "여호와께서 모세와만 말씀하셨느냐? 우리와도 말씀하지 아니하셨느냐?"라는 물음에서 볼 수 있듯이, 문제의 핵심은 "왜 구스 여자를 취했는가?"가 아니었다.

여호와께서 이 말을 들으시고 그들 사이에 판결하셨다는 내용이 12장 전체를 구성하고 있다. 하지만 다음 단락으로 넘어가기 전에 3절에서는 모세에 관한 평가가 기록되어 있다. "이 사람 모세는 온유함이 지면의 모든 사람보다 더하더라". 여기서 온유함으로 번역된 히브리어 '아난'은 시편 22 : 26과 스바냐 2 : 3에서는 '겸손'으로 번역되기도 했으며, '얌전하다'라는 의미보다는 '헌신적인' 혹은 '신뢰할 만한'이라는 의미로 해석될 수 있다(J. Milgrom, *Numbers*, 1990, p. 94). 출애굽기 33 : 7~11에서는 모세가 친구와 이야기함

같이 하나님을 만났다고 묘사하였으며, 민수기의 다음 단락인 12 : 6~8에서는 모세가 하나님께 충성되었다는 평가를 받았고, 하나님과 대면하였다고 언급하였다. 신명기 34 : 10~12의 본문에서도 모세가 여호와를 대면하였다고 기록하고 있다.

모세오경의 이러한 평가들은 모세의 권위를 하나님께서 친히 세우시고, 인정하셨으며, 그의 권위가 예외적이고 독특한 것이었음을 증거하고 있다. 그러나 이러한 권위도 당대에 많은 사람들의 도전에 직면하였으며, 모세의 가장 가까운 형제와 자매에 의해서도 이러한 일들이 발생했음을 민수기 12장에서 이야기해 주고 있다.

2) 하나님의 판결(12 : 4－8)

> 4여호와께서 갑자기 모세와 아론과 미리암에게 이르시되 너희 세 사람은 회
> 막으로 나아오라 하시니 그 세 사람이 나아가매 5여호와께서 구름 기둥 가운
> 데로부터 강림하사 장막 문에 서시고 아론과 미리암을 부르시는지라 그 두
> 사람이 나아가매 6이르시되 내 말을 들으라 너희 중에 선지자가 있으면 나 여
> 호와가 환상으로 나를 그에게 알리기도 하고 꿈으로 그와 말하기도 하거니와
> 7내 종 모세와는 그렇지 아니하니 그는 내 온 집에 충성함이라 8그와는 내가
> 대면하여 명백히 말하고 은밀한 말로 하지 아니하며 그는 또 여호와의 형상
> 을 보거늘 너희가 어찌하여 내 종 모세 비방하기를 두려워하지 아니하느냐

[12 : 4－8] 여호와께서 갑자기 모세와 아론과 미리암에게 말씀하셨고, 세 사람은 회막으로 나아가 구름 기둥 가운데로 강림하시는 하나님의 현현하심을 경험하게 되었다. 하나님은 다시 아론과 미리암을 부르시고 말씀하셨다. 6절에서는 하나님께서 선지자와 의사소통하시는 방법이 언급되고 있는데, '환상'(창 15 : 1 ; 단 7 : 15)과 '꿈'(왕상 3 : 5－15)을 통해 사람들과 의사소통을

하시지만 모세와는 직접 '대면' 하여 말씀하신다는 사실을 그들에게 확인시키시고, 그들의 비방에 대하여 꾸짖으시며 진노하셨다.

하나님께서는 모세를 '내 종' 이라고 부르심으로써, 그의 충성됨과 그에 대한 신뢰감을 표현해 주셨다. 모세는 이미 하나님의 시내산 강림 사건 때에도 이스라엘 자손을 대신하여 하나님께 가까이 나아갔었다(출 19 : 18－21). 또한 두 번째 십계명 수여 사건 이후에 그의 얼굴에 광채가 있었다는 기록도 하나님과의 관계에 있어서 모세의 특별함을 보여 주는 일이었다(출 34 : 29－35).

3) 미리암이 받은 징벌(12 : 9－16)

> 9여호와께서 그들을 향하여 진노하시고 떠나시매 10구름이 장막 위에서 떠나
> 갔고 미리암은 나병에 걸려 눈과 같더라 아론이 미리암을 본즉 나병에 걸렸는
> 지라 11아론이 이에 모세에게 이르되 슬프도다 내 주여 우리가 어리석은 일을
> 하여 죄를 지었으나 청하건대 그 벌을 우리에게 돌리지 마소서 12그가 살이 반
> 이나 썩어 모태로부터 죽어서 나온 자 같이 되지 않게 하소서 13모세가 여호와
> 께 부르짖어 이르되 하나님이여 원하건대 그를 고쳐 주옵소서 14여호와께서
> 모세에게 이르시되 그의 아버지가 그의 얼굴에 침을 뱉었을지라도 그가 이레
> 동안 부끄러워하지 않겠느냐 그런즉 그를 진영 밖에 이레 동안 가두고 그 후
> 에 들어오게 할지니라 하시니 15이에 미리암이 진영 밖에 이레 동안 갇혀 있
> 었고 백성은 그를 다시 들어오게 하기까지 행진하지 아니하다가 16그 후에 백
> 성이 하세롯을 떠나 바란 광야에 진을 치니라

[12 : 9－16] 이 사건 직후에 구름이 장막 위에서 떠나고 미리암은 나병이 들려 눈과 같이 희어졌다. 아론이 이로 인하여 모세에게 자신의 어리석음과 죄를 고백하고 미리암을 위하여 간청하였으며, 모세도 하나님께서 그를 고쳐 주시기를 기도하였다. 하나님께서는 7일간 미리암을 진영 밖에 가두었다가

들어오게 하라는 말씀을 해 주셨고, 그대로 행한 후에 이스라엘 백성들은 하세롯에서 진행하여 바란 광야에 이르게 되었다.

서명수는 모세의 예언자적 권위에 대한 미리암의 도전을 군사적인 남성 중심의 '공동체 조직화'에 대한 미리암의 저항으로 해석하였다. 출애굽 사건에서 선지자라는 칭호를 받으며(출 15 : 20), 새롭게 형성되는 공동체의 지도자로서 활동했던 미리암은 공동체의 군사 조직화 과정에서 다른 여성들과 함께 남성 중심의 가부장적 구조에 의해 소외되었다는 것이다. 군사 행진에서 중요한 것은 병력이기 때문에 여성들은 인구조사에 포함되지 못하였으며, 결혼하지 않은 여성 포로들을 첩으로 삼을 수 있다는 규정들은(민 31 : 18, 35) 여성의 위치를 더욱 약화시키는 조치들이었다.

미리암의 잘못은 결국 여성이라는 입장에서만 공동체의 상황을 인식했다는 점이며, 약속의 땅을 향한 행군과 가나안 정복전쟁을 위한 공동체의 재조직화의 필요성을 이해하지 못한 것이다. 그러므로 미리암에 대한 하나님의 심판은 남성과 여성의 성적인 갈등의 문제나 결혼에 관한 윤리적 문제의 차원이 아니라, 시대의 변화를 읽지 못한 지도자에 대한 하나님의 징계라는 신학적인 차원에서 그 의미를 해석해야 할 문제로 볼 수 있다(서명수, "민수기의 새로운 공동체 형성과 저항," 「민수기 : 어떻게 설교할 것인가」, 2009, pp. 150-154).

설교를 위한 묵상

민수기 12장에서 초점을 맞추어야 할 주제는 무엇일까? 본문에서 구스 여자의 검은 피부색과 미리암이 하나님의 진노하심을 입어 걸린 나병과 하얀 피부색을 대조시키면서 인종주의적 편견에 대한 하나님의 심판을 주장하는 해석도 있고, 남성(모세)과 여성(미리암)의 대결 구도에 초점을 맞추는 해석도 있다. 또한 모세의 권위과 선지자의 권위(출 15 : 20) 문제 사이에 나타난 갈등의 문제로 해석하는 견해와 이방인과의 통혼 문제(출 34 : 15-16; 신 7 : 3-5; 스 9 : 2)에 관한 메시지가 담긴 본문으로 보는 해석도 있다.

그러나 분명한 것은 미리암과 아론이 처음 제기한 문제는 모세가 구스 여자를 아내로 취한 사건이었지만, 이를 빌미로 본격적으로 거론한 문제는 모세의 권위에 관한 도전을 의미했다는 점이다. 이 문제에 관하여 하나님께서 친히 개입하셔서 너무나도 분명하게 말씀해 주심으로써 이 문제는 더 이상의 논쟁의 여지없이 마무리될 수 있었다. 만일 권위에 대한 도전과 주도적인 역할을 했던 미리암이 징계를 받은 사건의 배경을 좀 더 거시적인 관점에서 본다면, 이는 모세 개인에 대한 도전보다는 가나안 정복전쟁의 목적을 위하여 남성 중심의 군사적 공동체로 개편되는 사회와 시대적 변화 속에서 여성 지도자로서 자신의 입지가 좁아진 현실에 대한 저항으로 파악할 수 있다(서명수, 같은 책, p. 154).

지도자에게는 개인으로서가 아니라 공인으로서 시대의 흐름과 변화를 읽을 줄 아는 지혜가 있어야 한다. 그렇지 못할 때에는 그 시대를 향하신 하나님의 뜻에 거스를 수도 있기 때문이다. 예수님께서는 하늘로부터 오는 표적을 구하는 바리새인과 사두개인들에게 "너희가 날씨는 분별할 줄 알면서 시대의 표적은 분별할 수 없느냐"(마 16 : 3b)라고 물으신 일이 있었다. 유대 종교 지도자들도 결국은 하나님의 뜻도, 그 시대의 징조도 분별하지 못하고 예수님을 대적하는 잘못을 저지르고 말았다.

만일 지도층의 공인으로서 시대의 변화와 하나님의 뜻을 바르게 읽어 내지 못한 것이 미리암의 문제였다면, 현대의 교회 지도자들도 동일한 문제에 직면할 수 있다. 교회의 지도자는 교회 공동체만의 지도자가 아니라 민족 공동체 전체의 지도자로서의 역할을 감당할 수 있는 역량과 실력을 기르는 일이 중요할 것이다. 오늘날 교회와 목회 현장에서 여러 가지 문제가 발생하였을 때, 우리 그리스도인들은 어떻게 생각하고, 판단하고, 말하고, 처신해야 하는가? 구약에서 가장 존경받는 인물로 알려진 모세도 그의 권위에 대한 도전을 경험하였고, 신약에서 가장 존경받는 교회 지도자였던 바울도 권위에 도전받는 일들을 경험하였음을 볼 때, 지도자들에게 심적으로나 물리적으로나 큰 타격이 될 수 있는 이러한 일들이 현실에서 벌어질 수 있다는 사실을 비판만 하거나, 부정할 수만은 없다.

사도바울은 고린도전서 14장에서 성령의 은사에 관한 말씀을 전하면서 "하나님은 무질서의 하나님이 아니시요 오직 화평의 하나님이시니라"(14 : 33a)라고 가르쳤고,

"모든 것을 품위 있게 하고 질서 있게 하라"(14 : 40)고 권면하였다. 이 말씀은 성령의 은사에 관한 문제뿐만 아니라 교회가 평화로울 때와 어려운 상황에서도 적용되어야 할 말씀이기도 하다. 마태복음 16장의 말씀처럼 교회 지도자들은 시대를 분별할 수 있는 소양을 갖추고, 고린도전서 12장의 말씀처럼 교회 안에서 각 사람이 자신의 은사를 분별하며, 도를 넘어선 욕심을 부리지 않는 일이 필요하다. 그리고 서로가 교회에 덕을 세우기 위하여 판단하고, 말과 행동을 삼가는 일이 필요하다(고전 14 : 12).

옛날 광야 시대에 자신의 직분에 만족하지 못하고 모세를 비난하며, 그의 권위에까지 도전하려고 했던 미리암과 아론이 범했던 실수를 반복하지 말아야 하겠다. 그리고 교회의 지도자들도 하나님께서 기름 부어 세워 주신 직분의 중요함을 늘 인식하며, 먼저 주님의 말씀과 교훈을 연구하고, 준행하고, 가르치며, 말과 행실과 삶에서 신앙인의 본이 될 수 있도록 처신할 수 있어야 하겠다(스 7 : 10 ; 딤전 4 : 6-13). 무엇보다 중요한 것은 모세가 미리암을 위하여 하나님 앞에 간구했던 것처럼, 하나님 앞에서 '온유'(겸손)한 마음으로 서로를 위하여 끊임없이 기도하는 일이다. 넓고, 크게 보며, 역사의 흐름을 읽을 수 있는 영적인 지혜와 시야를 가질 수 있을 때, 주님께서 맡기시는 지도자의 책임을 옳게 감당할 수 있을 것이다.

3. 가나안 정탐(13 : 1-33)

1) 정탐꾼 파송의 명령(13 : 1-3)

> [1]여호와께서 모세에게 말씀하여 이르시되 [2]사람을 보내어 내가 이스라엘 자손에게 주는 가나안 땅을 정탐하게 하되 그들의 조상의 가문 각 지파 중에서 지휘관 된 자 한 사람씩 보내라 [3]모세가 여호와의 명령을 따라 바란 광야에서 그들을 보냈으니 그들은 다 이스라엘 자손의 수령 된 사람이라

[13 : 1-3] 하나님께서는 모세에게 가나안 땅을 정탐하기 위한 정탐꾼 파송의 명령을 내리셨다. 여기서 주목할 점은 가나안 땅을 특별히 '내가 이스라엘 자손에게 주는 가나안 땅' 이라고 언급하고 있는 점이다. 이 땅은 하나님께서 친히 이스라엘 자손을 위하여 그들에게 주신 땅이었다. 하나님께서는 아브라함을 부르시면서 그의 후손들에게 땅을 주시겠다고 약속하셨고, 이스라엘의 조상들로부터 모세에 이르기까지 동일한 약속을 주셨으며, 마침내 수백 년을 기다리며 준비하셨던 그 땅을 이스라엘 자손들에게 주시기 위해 모세에게 가나안 땅의 정탐을 명령하셨던 것이다.

'내가 이스라엘 자손에게 주는 가나안 땅' 이라는 이 짧은 표현 속에는 하나님의 약속과 뜻과 수백 년의 기다리심과 계획하심과 마음이 담겨 있었을 것이다. 모세는 조상의 가문 각 지파 가운데서 지휘관을 한 사람씩 보내라는 말씀을 받아, 드디어 바란 광야에서 이스라엘 자손의 우두머리들을 선발하고, 그들을 파송하였다.

2) 정탐꾼의 명단(13 : 4-16)

4그들의 이름은 이러하니라 르우벤 지파에서는 삭굴의 아들 삼무아요 5시므
온 지파에서는 호리의 아들 사밧이요 6유다 지파에서는 여분네의 아들 갈렙
이요 7잇사갈 지파에서는 요셉의 아들 이갈이요 8에브라임 지파에서는 눈의
아들 호세아요 9베냐민 지파에서는 라부의 아들 발디요 10스불론 지파에서는
소디의 아들 갓디엘이요 11요셉 지파 곧 므낫세 지파에서는 수시의 아들 갓디
요 12단 지파에서는 그말리의 아들 암미엘이요 13아셀 지파에서는 미가엘의 아
들 스둘이요 14납달리 지파에서는 웝시의 아들 나비요 15갓 지파에서는 마기의
아들 그우엘이니 16이는 모세가 땅을 정탐하러 보낸 자들의 이름이라 모세가
눈의 아들 호세아를 여호수아라 불렀더라

지휘관	인구조사	행군진영	가나안 정탐	지파별 정탐꾼	참고사항
르우벤	르우벤	유다	르우벤	삭굴의 아들 삼무아	삼하 5 : 14
시므온	시므온	잇사갈	시므온	호리의 아들 사밧	창 36 : 22
유다	갓	스불론	유다	(그니스 사람) 여분네의 아들 갈렙	수 14 : 6
잇사갈	유다	르우벤	잇사갈	요셉의 아들 이갈	삼하 23 : 36
스불론	잇사갈	시므온	에브라임	눈의 아들 호세아	
에브라임	스불론	갓	베냐민	라부의 아들 발디	삼하 3 : 15, 삼상 25 : 44
므낫세	에브라임	에브라임	스불론	소디의 아들 갓디엘	
베냐민	므낫세	므낫세	요셉(므낫세)	수시의 아들 갓디	
단	베냐민	베냐민	단	그말리의 아들 암미엘	삼하 9 : 4, 대상 3 : 5
아셀	단	단	아셀	미가엘의 아들 스둘	
갓	아셀	아셀	납달리	웝시의 아들 나비	
납달리	납달리	납달리	갓	마기의 아들 그우엘	
1장	1장	10장	13장		

[13 : 4-16] 13 : 4~15 본문에는 정탐꾼의 명단이 기록되어 있다. 각 지파별 정탐꾼의 명단 순서는 1장의 지휘관 순서, 인구조사의 순서와도 다르고, 10장의 행군 시 진영별 순서와도 다르다. 그리고 13 : 16에서는 특별히 호세아의 이름을 모세가 여호수아로 개명한 사실을 기록하고 있다. 이는 '구원' 이라는 뜻의 히브리어 '호세아' 에 '여호와' 의 약자에 해당하는 요소가 결합되어 있는 형태이다. 여호수아라는 이름은 '하나님은 구원이시다' 라는 뜻을 담고 있다.

3) 정탐꾼 파송과 복귀(13 : 17 – 24)

[17]모세가 가나안 땅을 정탐하러 그들을 보내며 이르되 너희는 네겝 길로 행하
여 산지로 올라가서 [18]그 땅이 어떠한지 정탐하라 곧 그 땅 거민이 강한지 약
한지 많은지 적은지와 [19]그들이 사는 땅이 좋은지 나쁜지와 사는 성읍이 진영
인지 산성인지와 [20]토지가 비옥한지 메마른지 나무가 있는지 없는지를 탐지하
라 담대하라 또 그 땅의 실과를 가져오라 하니 그때는 포도가 처음 익을 즈음
이었더라 [21]이에 그들이 올라가서 땅을 정탐하되 신 광야에서부터 하맛 어귀
르홉에 이르렀고 [22]또 네겝으로 올라가서 헤브론에 이르렀으니 헤브론은 애굽
소안보다 칠 년 전에 세운 곳이라 그곳에 아낙 자손 아히만과 세새와 달매가
있었더라 [23]또 에스골 골짜기에 이르러 거기서 포도송이가 달린 가지를 베어
둘이 막대기에 꿰어 메고 또 석류와 무화과를 따니라 [24]이스라엘 자손이 거기
서 포도를 베었으므로 그곳을 에스골 골짜기라 불렀더라

[13 : 17–24] 모세는 12명의 정탐꾼을 파송하면서 '네겝' 길을 지나서 산지로 올라가라고 지시하였고, 그들이 조사할 사항도 상세하게 명령하였다. 그 내용은 가나안 땅 거주민, 환경, 주거지, 산업에 관한 것이었다. 모세는 그 땅의 실과도 가져오라고 명하였는데, 정탐꾼이 가나안 땅으로 올라가던 때는 마침 포도가 처음 익는 시기였다. 모세가 그 땅이 어떠한지를 조사하라고 명한 구체적인 항목들은 다음과 같다.

① 그 땅의 거민이 강한지, 약한지?
② 많은지, 적은지?
③ 그들이 사는 땅이 좋은지, 나쁜지?
④ 사는 성읍이 진영인지, 산성인지?
⑤ 토지가 비옥한지, 메마른지?

⑥ 나무가 있는지, 없는지?

정탐꾼들은 신 광야 – 하맛 어귀의 르홉 – 네겝 – 헤브론 – 에스골 골짜기 등을 정탐하였는데, 그 가운데 헤브론은 애굽의 소안보다 7년 전에 세워진 곳이며, 아낙 자손 아히만, 세새, 달매가 거주한 곳이었다. 에스골 골짜기에서는 포도송이가 달린 가지를 베어 두 사람이 막대에 꿰어 메고 석류와 무화과도 거둘 수 있었다. 람세스 왕가의 옛 수도이기도 했던 소안은 제20왕조의 람세스 11세 재위 23년(주전 1083년)의 문서에서 처음 등장한 것으로 알려져 있다(Anson F. Rainey, R. Steven Notley, *Carta's Atlas of the Biblical World*, 강성열 옮김, 「성경역사, 지리학, 고고학 아틀라스」, 2010, pp. 156 – 157).

4) 정탐꾼의 보고(13 : 25 – 33)

[25]사십 일 동안 땅을 정탐하기를 마치고 돌아와 [26]바란 광야 가데스에 이르러
모세와 아론과 이스라엘 자손의 온 회중에게 나아와 그들에게 보고하고 그
땅의 과일을 보이고 [27]모세에게 말하여 이르되 당신이 우리를 보낸 땅에 간즉
과연 그 땅에 젖과 꿀이 흐르는데 이것은 그 땅의 과일이니이다 [28]그러나 그
땅 거주민은 강하고 성읍은 견고하고 심히 클 뿐 아니라 거기서 아낙 자손을
보았으며 [29]아말렉인은 남방 땅에 거주하고 헷인과 여부스인과 아모리인은
산지에 거주하고 가나안인은 해변과 요단 가에 거주하더이다 [30]갈렙이 모세
앞에서 백성을 조용하게 하고 이르되 우리가 곧 올라가서 그 땅을 취하자 능
히 이기리라 하나 [31]그와 함께 올라갔던 사람들은 이르되 우리는 능히 올라가
서 그 백성을 치지 못하리라 그들은 우리보다 강하니라 하고 [32]이스라엘 자손
앞에서 그 정탐한 땅을 악평하여 이르되 우리가 두루 다니며 정탐한 땅은 그
거주민을 삼키는 땅이요 거기서 본 모든 백성은 신장이 장대한 자들이며 [33]거
기서 네피림 후손인 아낙 자손의 거인들을 보았나니 우리는 스스로 보기에도

메뚜기 같으니 그들이 보기에도 그와 같았을 것이니라

[13 : 25-33] 40일간의 정탐을 끝마친 정탐꾼들은 바란 광야 가데스에 돌아와 모세와 아론과 이스라엘 자손의 온 회중에게 보고하였다. 그들은 가나안 땅의 과일을 보이며 그 땅이 젖과 꿀이 흐르는 땅임을 인정하였지만, 그 땅의 거주민은 강하고, 성읍은 견고하고 크다고 평가하였고, 아낙 자손, 아말렉인(남방 땅), 헷인, 여부스인, 아모리인(산지), 가나안인(해변과 요단 가)이 각각의 지역에 거주하고 있다고 보고하였다.

그러자 이 보고를 들은 백성들이 동요했던 것으로 보인다. 이때 갈렙이 나서서 백성을 진정시키며, 그 땅으로 올라가서 그 땅을 취하자는 주장을 했다. 그러나 다른 정탐꾼들의 입장은 정반대였다. 그 땅은 '거주민을 삼키는 땅' 이며, 그곳의 백성은 '신장이 장대한 자들' 이라는 것이었다. 네피림의 후손인 아낙 자손 거인들을 보았는데, 그들에 비하면 자신들은 메뚜기 같았으며, 그들의 눈에도 그렇게 보였을 것이라고 주장하였다.

설교를 위한 묵상

1591년 조선의 조정은 임진왜란 직전에 통신사를 일본에 파견하였고, 정사 황윤길과 부사 김성일로부터 극과 극의 상이한 보고를 받게 되었다. 황윤길은 일본의 침략 가능성을 주장했고, 김성일은 그 불가능성을 주장하였다. 유성룡이 임진왜란 후에 썼던 「징비록」이라는 글에 보면, 조선의 조정은 김성일의 보고를 채택함으로써 임진왜란을 미리 대비하고 전쟁을 막을 수 있는 기회를 놓쳐 버리고 말았다고 회고하는 내용을 찾아볼 수 있다.

민수기 13장에서도 이와 유사한 유형의 사건이 이스라엘 민족의 역사 가운데 있었음을 이야기해 주고 있다. 여기서는 가나안 땅에 대한 상반된 의견이 대립했던 한 사건의 기록을 만날 수 있다. 이스라엘 자손들이 가나안 정복전쟁을 목전에 두고, 정탐꾼을 파견했을 때, 가나안 땅을 정탐하고 돌아온 12명의 정탐꾼들 가운데 여호수아와 갈렙은 긍정적인 시각을 가지고 하나님의 말씀에 순종하여 그 땅을 정복할 것을 주장했으나, 나머지 10명의 정탐꾼들은 부정적인 시각을 가지고 심지어 그 땅을 저주하며, 그 땅을 정복하는 일의 불가능성을 보고하였다.

어떠한 일이든지 혹은 대상이든지, 그것을 바라보는 두 가지 시각이 있을 수 있다. 긍정적인 시각과 부정적인 시각이 있을 수 있으나, 그 시각과 입장에 따라 결과는 극과 극으로 나누어지게 된다. 그 두 가지 시각은 그 대상이 가진 긍정적인 면과 부정적인 면의 두 가지 성격과 가능성에 기인할 수도 있다. 그러나 그것을 시의적절하게 분별하여 바르게 꿰뚫어 보고, 판단할 수 있는 능력을 지혜라고 말할 수 있을 것이다. 열 명의 정탐꾼들은 자신들의 부정적인 시각에 사로잡혀 때를 분별하지 못하였고, 하나님의 뜻마저도 외면하고 불순종하는 자리까지 나아갔다. 그럼에도 불구하고 아직까지는 역사의 방향이 파국으로 치닫지 않을 수 있는 한 번의 기회는 더 남아 있었다.

12명의 정탐꾼들이 보고한 상반된 주장들 가운데 과연 어느 쪽을 선택하는가의 문제는 이제 백성들의 몫으로 남게 되었다. 그 이야기는 민수기 14장에서 이어지고 있다.

4. 원망과 심판(14 : 1-45)

1) 백성의 원망 : "우리가 한 지휘관을 세우고 애굽으로 돌아가자!"(14 : 1-5)

1 온 회중이 소리를 높여 부르짖으며 백성이 밤새도록 통곡하였더라 2 이스라
엘 자손이 다 모세와 아론을 원망하며 온 회중이 그들에게 이르되 우리가 애
굽 땅에서 죽었거나 이 광야에서 죽었으면 좋았을 것을 3 어찌하여 여호와가
우리를 그 땅으로 인도하여 칼에 쓰러지게 하려 하는가 우리 처자가 사로잡

히리니 애굽으로 돌아가는 것이 낫지 아니하랴 [4]이에 서로 말하되 우리가 한
지휘관을 세우고 애굽으로 돌아가자 하매 [5]모세와 아론이 이스라엘 자손의
온 회중 앞에서 엎드린지라

[14 : 1-5] '온 회중' 이 소리 높여 부르짖으며, '백성' 이 밤새도록 통곡하였고, '이스라엘 자손' 이 다 모세와 아론을 원망하였으며, '온 회중' 이 그들에게 말하였다. 1~2절에서는 동일한 의미의 주어를 네 차례 반복함으로써, 이스라엘 자손의 모든 사람이 원망하는 일에 동참하였음을 강조해서 묘사하였다. 이 주어들은 처음과 마지막에서 '온 회중' 이라는 용어를 사용하고, 그 중간에는 다른 표현들을 사용하면서 '수미상응 구조' 를 이루고 있다. 이후의 문장에서도 이 용어들이 반복적으로 등장하고 있다.

· 온 회중 – 부르짖음. / 백성 – 통곡함.
· 이스라엘 자손 – 모세와 아론을 원망함. / 온 회중 – 모세와 아론에게 말함.

온 이스라엘이 모세와 아론을 원망하며 했던 말들은 다름이 아니라, 하나님의 구원 역사 전체를 부정하고 거부하는 내용이었다. 그들의 원망은 사람에 대한 불평의 차원을 넘어서 하나님께 대한 반역으로 치닫고 있음을 알 수 있다.

① 애굽 땅에서 죽었거나
② 광야에서 죽었으면 좋았을 것이다.
③ 어찌하여 여호와가 우리를 그 땅으로 인도하여 칼에 쓰러지게 하려 하는가?
④ 우리 처자가 사로잡힐 것이다.

⑤ 애굽으로 돌아가는 것이 낫지 아니한가?

백성의 말들을 다시 정리해 보면, 전체 문장 구조상으로도 그들의 원망 중심에는 하나님께 대한 불신이 너무나도 뚜렷하게 자리 잡고 있음을 볼 수 있다. 첫 문장에서 '애굽'이 언급되고, 마지막 문장에서도 '애굽'이 언급되고 있는 점도 인상적이다. 이제 그들의 결론은 "우리가 한 지휘관을 세우고 애굽으로 돌아가자!"라는 것이었다. 이 상황이 얼마나 절박하고 위급했던지 모세와 아론은 '이스라엘 자손의 온 회중' 앞에서 엎드리고 말았다.

2) 여호수아와 갈렙의 반론(14 : 6-10)

> 6그 땅을 정탐한 자 중 눈의 아들 여호수아와 여분네의 아들 갈렙이 자기들의
> 옷을 찢고 7이스라엘 자손의 온 회중에게 말하여 이르되 우리가 두루 다니며
> 정탐한 땅은 심히 아름다운 땅이라 8여호와께서 우리를 기뻐하시면 우리를
> 그 땅으로 인도하여 들이시고 그 땅을 우리에게 주시리라 이는 과연 젖과 꿀
> 이 흐르는 땅이니라 9다만 여호와를 거역하지는 말라 또 그 땅 백성을 두려워
> 하지 말라 그들은 우리의 먹이라 그들의 보호자는 그들에게서 떠났고 여호와
> 는 우리와 함께하시느니라 그들을 두려워하지 말라 하나 10온 회중이 그들을
> 돌로 치려 하는데 그때에 여호와의 영광이 회막에서 이스라엘 모든 자손에게
> 나타나시니라

[14 : 6-10] 그때 12명의 정탐꾼 가운데 여호수아와 갈렙은 옷을 찢고, '이스라엘 자손의 온 회중'에게 말하였다. 약 10개의 문장으로 이루어진 두 사람의 반론은 반복적인 표현들을 통해, 얼마나 간절한 마음으로 절실하게 이야기했는가를 짐작할 수 있게 해 준다.

① 우리가 두루 다니며 정탐한 땅은 심히 아름다운 땅이다.
② 여호와께서 우리를 기뻐하시면 우리를 그 땅으로 인도하여 들이시고
③ 그 땅을 우리에게 주실 것이다.
④ 이는 과연 젖과 꿀이 흐르는 땅이다.
⑤ 다만 여호와를 거역하지 말라.
⑥ 그 땅 백성을 두려워하지 말라.
⑦ 그들은 우리의 먹이이다.
⑧ 그들의 보호자는 그들에게서 떠났다.
⑨ 여호와는 우리와 함께하신다.
⑩ 그들을 두려워하지 말라.

그러나 온 회중은 오히려 그들을 돌로 치려 하였다. 그때 여호와의 영광이 회막에서 이스라엘 모든 자손에게 나타나셨다.

3) 모세의 중보적 기도(14 : 11－25)

[11]여호와께서 모세에게 이르시되 이 백성이 어느 때까지 나를 멸시하겠느냐
내가 그들 중에 많은 이적을 행하였으나 어느 때까지 나를 믿지 않겠느냐 [12]내
가 전염병으로 그들을 쳐서 멸하고 네게 그들보다 크고 강한 나라를 이루게
하리라 [13]모세가 여호와께 여짜오되 애굽인 중에서 주의 능력으로 이 백성을
인도하여 내셨거늘 그리하시면 그들이 듣고 [14]이 땅 거주민에게 전하리이다
주 여호와께서 이 백성 중에 계심을 그들도 들었으니 곧 주 여호와께서 대면
하여 보이시며 주의 구름이 그들 위에 섰으며 주께서 낮에는 구름 기둥 가운
데에서, 밤에는 불 기둥 가운데에서 그들 앞에 행하시는 것이니이다 [15]이제
주께서 이 백성을 하나같이 죽이시면 주의 명성을 들은 여러 나라가 말하여
이르기를 [16]여호와가 이 백성에게 주기로 맹세한 땅에 인도할 능력이 없었으

므로 광야에서 죽였다 하리이다 [17]이제 구하옵나니 이미 말씀하신 대로 주의
큰 권능을 나타내옵소서 이르시기를 [18]여호와는 노하기를 더디 하시고 인자
가 많아 죄악과 허물을 사하시나 형벌 받을 자는 결단코 사하지 아니하시고
아버지의 죄악을 자식에게 갚아 삼사대까지 이르게 하리라 하셨나이다 [19]구
하옵나니 주의 인자의 광대하심을 따라 이 백성의 죄악을 사하시되 애굽에서
부터 지금까지 이 백성을 사하신 것같이 사하시옵소서 [20]여호와께서 이르시
되 내가 네 말대로 사하노라 [21]그러나 진실로 내가 살아 있는 것과 여호와의
영광이 온 세계에 충만할 것을 두고 맹세하노니 [22]내 영광과 애굽과 광야에서
행한 내 이적을 보고서도 이같이 열 번이나 나를 시험하고 내 목소리를 청종
하지 아니한 그 사람들은 [23]내가 그들의 조상들에게 맹세한 땅을 결단코 보
지 못할 것이요 또 나를 멸시하는 사람은 한 사람도 그것을 보지 못하리라
[24]그러나 내 종 갈렙은 그 마음이 그들과 달라서 나를 온전히 따랐은즉 그가
갔던 땅으로 내가 그를 인도하여 들이리니 그의 자손이 그 땅을 차지하리라
[25]아말렉인과 가나안인이 골짜기에 거주하나니 너희는 내일 돌이켜 홍해 길
을 따라 광야로 들어갈지니라

[14 : 11-25] 하나님께서는 백성의 원망을 '하나님을 멸시하는 일' 이며, '하나님을 불신하는 일' 로 판단하셨다. 하나님의 진노하심은 전염병으로 이스라엘 자손을 멸하고, 모세를 통해 크고 강한 나라를 이루게 하시겠다는 말씀으로 표현되었다. 이에 모세는 진노하신 하나님과 범죄한 이스라엘 백성 사이에서 중재자로서 하나님께 말씀을 드렸다. 그 내용은 다음과 같이 정리해 볼 수 있다.

① 하나님께서 이스라엘 자손을 멸하실 경우에 예측되는 결과를 말함 : 애굽인과 가나안 사람들이 여호와께서 이 백성에게 주기로 맹세한 땅에 인도할 능력이 없었으므로 광야에서 죽였다고 말할 것입니다. 왜냐

하면 주 여호와께서 이 백성 중에 계심을 그들도 들었기 때문입니다.

※ 모세가 하나님께서 백성 가운데 함께하심의 증거로 제시한 것은 다음과 같다.

ⓐ 주 여호와께서 대면하여 보이심.

ⓑ 주의 구름이 그들 위에 섰음.

ⓒ 주께서 낮에는 구름 기둥 가운데에서, 밤에는 불 기둥 가운데에서 그들 앞에 행하심.

② 첫 번째 간구 – 주님의 큰 권능을 나타내시기를 간구함 :
여호와는 노하기를 더디 하시고, 인자가 많아 죄악과 허물을 사하심. 형벌 받을 자는 사하지 아니하시고, 아버지의 죄악을 자손 삼사대까지 이르게 함.

③ 두 번째 간구 – 백성의 죄악을 사하시기를 간구함 :
주의 인자의 광대하심을 따라 애굽에서부터 지금까지 용서하신 것처럼 용서하여 주시기를 간구함.

하나님께서는 모세의 중보적 기도를 들으시고, 온 이스라엘 자손을 멸하고자 하셨던 뜻을 돌이키셨다. 그러나 하나님께서는 하나님의 '살아 계심'과 '여호와의 영광이 온 세계에 충만할 것'을 두고 출애굽 제1세대에 속한 사람들은 가나안 땅에 들어가지 못할 것이라고 맹세하셨다. 하나님께서 말씀하신 그들의 죄는 다음과 같다.

① 열 번이나 하나님을 시험함.
② 하나님의 목소리를 청종하지 아니함.
③ 하나님을 멸시함.

'열 번' 을 시험하였다는 말은 구약의 관용적인 표현에 해당한다. 창세기 31 : 7에서 야곱이 삼촌 라반이 자신에게 행한 일을 레아와 라헬에게 말할 때 품삯을 '열 번' 이나 속였다고 말하면서 이 숫자를 사용했다. 이 숫자는 완전함을 표현하는 숫자에 해당하며, 이스라엘 자손들이 전적으로 하나님 앞에서 불신앙으로 일관하였음을 의미한다.

하나님께 대한 시험과 불순종과 멸시가 출애굽 제1세대에 속한 사람들의 죄악이었으며, 이로 말미암아 그들은 약속의 땅 가나안을 보지 못하리라는 선고를 받았다. 그러나 하나님께서는 갈렙의 마음은 그들과 달랐기 때문에 가나안 땅에 들어가 그 땅을 차지할 것이라고 말씀하시고, 이스라엘 백성들에게 다음 날 광야로 돌아가라고 명하셨다.

4) 심판의 구체적인 내용(14 : 26 - 38)

> 26여호와께서 모세와 아론에게 말씀하여 이르시되 27나를 원망하는 이 악한 회
> 중에게 내가 어느 때까지 참으랴 이스라엘 자손이 나를 향하여 원망하는 바
> 그 원망하는 말을 내가 들었노라 28그들에게 이르기를 여호와의 말씀에 내
> 삶을 두고 맹세하노라 너희 말이 내 귀에 들린 대로 내가 너희에게 행하리니
> 29너희 시체가 이 광야에 엎드러질 것이라 너희 중에서 이십 세 이상으로서
> 계수된 자 곧 나를 원망한 자 전부가 30여분네의 아들 갈렙과 눈의 아들 여호
> 수아 외에는 내가 맹세하여 너희에게 살게 하리라 한 땅에 결단코 들어가지
> 못하리라 31너희가 사로잡히겠다고 말하던 너희의 유아들은 내가 인도하여
> 들이리니 그들은 너희가 싫어하던 땅을 보려니와 32너희의 시체는 이 광야에
> 엎드러질 것이요 33너희의 자녀들은 너희 반역한 죄를 지고 너희의 시체가 광
> 야에서 소멸되기까지 사십 년을 광야에서 방황하는 자가 되리라 34너희는 그
> 땅을 정탐한 날 수인 사십 일의 하루를 일 년으로 쳐서 그 사십 년간 너희의
> 죄악을 담당할지니 너희는 그제서야 내가 싫어하면 어떻게 되는지를 알리라

하셨다 하라 [35]나 여호와가 말하였거니와 모여 나를 거역하는 이 악한 온 회
중에게 내가 반드시 이같이 행하리니 그들이 이 광야에서 소멸되어 거기서
죽으리라 [36]모세의 보냄을 받고 땅을 정탐하고 돌아와서 그 땅을 악평하여 온
회중이 모세를 원망하게 한 사람 [37]곧 그 땅에 대하여 악평한 자들은 여호와
앞에서 재앙으로 죽었고 [38]그 땅을 정탐하러 갔던 사람들 중에서 오직 눈의
아들 여호수아와 여분네의 아들 갈렙은 생존하니라

[14 : 26-38]

(1) 여호와의 심판 선언 : 이스라엘 자손이 나를 원망하는 말을 들었다. 내 귀에 들린 대로 행할 것이다.

(2) 심판 내용 :

① 20세 이상으로서 계수된 자가 광야에서 죽음(28-30절). **"이 광야에서"** (여호수아와 갈렙을 제외하고 하나님을 원망한 자 전부)

② 너희가 사로잡힐 것이라고 말했던 유아들은 그 땅으로 들어갈 것임(31절).

③ 너희의 시체가 광야에 엎드러질 것임(32절). **"이 광야에서"**

④ 너희의 자녀들은 너희 반역죄를 지고, 40년간 광야에서 방황할 것임(33-34절).

⑤ 모여서 나를 거역한 이 악한 온 회중이 광야에서 소멸되어 죽을 것임(35절). **"이 광야에서"**

(3) 심판 선언의 마무리 : 그 땅을 악평했던 정탐꾼 10명, 곧 온 회중이 모세를 원망하게 한 사람들은 여호와 앞에서 재앙으로 모두 죽었고, 정탐하러 갔던 사람들 중에서 오직 여호수아와 갈렙만 생존하였다.

여호와께서 모세와 아론에게 심판의 구체적인 내용을 말씀해 주셨다. 범죄한 세대가 가나안 땅에 들어가지 못하고 죽을 것이라는 심판의 내용은 교차대구법 형태의 구조를 이루는 본문 안에 담겨 있으며, 각각의 본문들은

'이 광야에서' 라는 구로 연결되어 있다(Tzvi Novick, "Law and Loss : Response to Catastrophe in Numbers 15," *Harvard Theological Review* 〈*HTR*〉 101 : 1, 2008, p. 9). 이 사건으로 말미암아 '광야' 라는 장소는 하나님의 '심판' 이라는 주제와 연결되어 구약의 역사 가운데 있었던 가슴 아픈 역사의 의미를 간직하게 되었다. 시간과 장소에 대한 의미 부여는 그와 관계된 사람으로 말미암아 이루어지게 됨을 생각해 볼 때, 이 본문 말씀을 통하여 하나님 앞에서 살아가는 우리 그리스도인들의 인생과 삶의 자리에 대한 책임의 문제를 생각하지 않을 수 없다.

5) 이스라엘 자손의 가나안 진입 시도와 실패(14 : 39 – 45)

> [39]모세가 이 말로 이스라엘 모든 자손에게 알리매 백성이 크게 슬퍼하여 [40]아
> 침에 일찍이 일어나 산꼭대기로 올라가며 이르되 보소서 우리가 여기 있나이
> 다 우리가 여호와께서 허락하신 곳으로 올라가리니 우리가 범죄하였음이니
> 이다 [41]모세가 이르되 너희가 어찌하여 이제 여호와의 명령을 범하느냐 이 일
> 이 형통하지 못하리라 [42]여호와께서 너희 중에 계시지 아니하니 올라가지 말
> 라 너희의 대적 앞에서 패할까 하노라 [43]아말렉인과 가나안인이 너희 앞에 있
> 으니 너희가 그 칼에 망하리라 너희가 여호와를 배반하였으니 여호와께서 너
> 희와 함께하지 아니하시리라 하나 [44]그들이 그래도 산꼭대기로 올라갔고 여
> 호와의 언약궤와 모세는 진영을 떠나지 아니하였더라 [45]아말렉인과 산간지대
> 에 거주하는 가나안인이 내려와 그들을 무찌르고 호르마까지 이르렀더라

[14 : 39 – 45] 하나님의 말씀을 전달 받은 백성들은 크게 슬퍼하며, 아침 일찍이 일어나 산꼭대기로 올라가며 "보소서, 우리가 여기 있나이다. 우리가 여호와께서 허락하신 곳으로 올라가리니 우리가 범죄하였음이니이다."라고 고백하였다. 그러나 은혜의 때는 이미 지나 버렸다. 심판은 결정되었고, 선

고가 내려진 결정은 돌이킬 수 없었다.

"너희가 여호와를 배반하였으니 여호와께서 너희와 함께하지 아니하시리라"라는 모세의 말과 만류에도 불구하고, 백성들은 산으로 올라갔다. 모세의 경고대로 결국 이스라엘 백성은 아말렉인과 산간지대의 가나안인의 공격을 받아 호르마까지 쫓겨 갈 수밖에 없었다. 호르마는 이스라엘 자손들에게 이제 치욕과 슬픔과 실패의 장소가 되어 버렸다. 이로써 하나님께서 꿈꾸시며 출애굽 제1세대와 함께 준비해 주셨던 모든 계획과 꿈은 도전도 하기 전에 깨어져 버린 것처럼 보이게 되었다.

설교를 위한 묵상

어리석은 지도자들의 판단과 부정적인 시각은 가나안 정복전쟁을 명하셨던 하나님의 말씀을 거역하기에 충분했던 것으로 결과가 드러났다. 가나안 땅을 정복하기 위해 전진해야 한다는 여호수아와 갈렙의 주장에도 불구하고, 백성들은 나머지 열 사람의 의견에 동조하였으며, 전장에서 '명령 불복종'에 해당하는 의견에 동의할 뿐만 아니라, 하나님께서 세우신 지도자 모세가 아닌 다른 한 지휘관을 세우고 애굽의 노예생활로 돌아가자고 주장함으로써 하나님께 정면으로 도전하는 '반역의 죄'까지 범하게 되었다.

이스라엘 자손들은 자신들에게 넘겨졌던 순종과 불순종의 선택 상황에서 하나님을 대적하는 쪽으로 결정을 함으로써, 역사의 방향을 바로잡을 수 있는 마지막 기회를 스스로 차 버리고, 함께 심판과 멸망으로 몰려가는 길을 선택하였다. 결국 하나님은 출애굽의 구원 사건에 동참하였던 출애굽 제1세대에 대한 심판을 선언하셨다.

자신의 생명보다 더 사랑하던 이스라엘 백성에게 하나님께서 내리신 심판과 그 선고의 내용을 전달해야만 하는 모세의 심정은 과연 어떠했을까? 모세는 출애굽 직후에 이스라엘 자손들이 금송아지 우상을 만들어 하나님의 진노를 샀을 때에도 자신의 이름이 여호와의 생명책에서 지워질지라도 이 백성을 용서하고, 살려 달라고 기도했던 지도자였다. 또한 방금 전까지도 다른 지도자를 세워서 애굽으로 돌아가자고 외치며, 자신을 죽이려고 덤벼들던 이 백성의 죄를 용서해 달라고 하나님께 기도드렸던 지도자가 바로 이 모세라는 사람이었다.

출애굽 제1세대에게는 사형선고와 다름없는 심판의 결정을 내리셔야 했던 하나님의 마음은 또 어떠하셨을까? 그러한 심판의 말씀을 받은 이스라엘 사람들의 마음은 어떠했을까? 14 : 22에서 열 번이나 하나님을 시험하였다는 표현은 그 이상도, 그 이하도 없이 이스라엘 자손들이 끝까지 하나님을 믿지 아니하고 하나님을 불신하는 마음과 태도로 완벽하게 일관하였음을 의미한다. 이 표현을 통하여 우리는 하나님의 진노하심과 심판은 순간적인 감정의 폭발이 아니라 오래 참으심과 기다림의 결과였으며, 때가 찬 결론에 다다른 상태에서 나온 것임을 느끼고 깨달을 수 있다.

하나님의 심판 선언 직후에 이스라엘 자손들은 또 다시 마음을 돌이키고, 가나안 땅을 정복하러 들어가겠다고 나섰다. 마치 청개구리처럼 하나님의 명령과 말씀과는 반대방향으로만 향하는 이스라엘 백성들에게서 지혜로움 대신 어리석음을 볼 수밖에 없다. 결과는 더욱 참혹하였다. 패전한 이스라엘 자손들은 아말렉 사람과 가나안 주민에게 쫓겨 호르마까지 달아나는 일을 겪게 되었다.

모세는 하나님의 진노하심과 심판을 돌이키기 위하여 고군분투하였으며, 하나님께서는 모세의 기도를 들으시고, 그 자리에서 이스라엘 민족 모두를 멸하는 심판을 행하지는 않으셨다. 하지만 모세는 하나님과 사람들 사이에서 중재자로서 역할을 하며, 자신의 말도 듣지 않고 하나님의 말씀과 뜻에도 순종하지 않으며, 늘 원망과 불평 가운데서 어리석은 판단과 불순종을 일삼는 이스라엘 자손들의 모든 과정을 지도자로서 지켜보아야만 했다.

민수기 14장의 사건들은 모세의 속이 검은 숯처럼 타들어 가는 순간순간을 우리의 눈앞에서 보여 주는 듯하다. 가나안 정복과 심판의 뜻을 돌이켜 이스라엘 자손을 심판하셔야만 했던 하나님의 마음속 슬픔, 심판을 선고 받은 백성들의 슬픔, 그 백성들의 어리석음을 하나님과 이스라엘 사이에서 지켜볼 수밖에 없었던 지도자 모세의 슬픔을 14장 본문들의 줄과 줄 사이에서 읽을 수 있다.

제 Ⅱ 부

광야 시대 – 미래를 위한 준비

민수기 15 : 1 – 25 : 18

A. 광야에서 미래를 내다봄(15 : 1 – 20 : 29)

1. 제사, 안식일, 의복에 관한 율법(15 : 1 – 41)
2. 고라, 다단, 아비람, 온의 반역과 백성들의 원망(16 : 1 – 50)
3. 아론의 지팡이 사건(17 : 1 – 13)
4. 제사장과 레위인의 관계와 직무(18 : 1 – 32)
5. 부정을 씻는 물과 시체를 만진 사람을 위한 정결법(19 : 1 – 22)
6. 광야 여정, 그 이후 – 미리암의 죽음, 모세의 범죄, 아론의 죽음(20 : 1 – 29)

B. 호르마에서 모압 평지까지(21 : 1 – 25 : 18)

1. 가나안 주변지역 정복(21 : 1 – 35)
2. 모압 왕 발락과 브올의 아들 발람 이야기(22 : 1 – 24 : 25)
3. 싯딤에서의 음행 사건과 비느하스(25 : 1 – 18)

| 민수기 15 : 1-25 : 18 |

광야 시대 – 미래를 위한 준비

출애굽 제1세대의 첫 번째 가나안 진입 시도와 그 실패 이후 이스라엘 자손들은 광야에서 유랑의 역사를 시작하였다. 그 세월은 하나님께서 내리셨던 심판의 말씀처럼 40여 년을 필요로 하는 긴 시간이었다. 이 광야 시대는 과연 어떠한 역사였을까? 심판과 절망과 실패의 역사 속에서는 어떠한 뜻도, 의미도 찾을 수 없는 것일까? 이스라엘 역사 가운데서 한 세대와 또 다른 한 세대의 완전한 세대교체가 이루어지는 일이 이 기간에 이루어졌으며, 광야 시대는 한 세대의 죽음과 새로운 세대의 탄생이 동시에 이루어진 시대이기도 하였다.

20 : 1의 미리암의 죽음과 22절 이하에 기록된 아론의 죽음은 구세대의 지도자들이 역사의 뒤안길로 사라지는 과정을 보여 주며, 머지않은 모세의 죽음을 암시하는 내용들로 해석할 수 있다. 하지만 이 사건들은 단순히 구세대에 대한 심판의 말씀 성취의 의미만을 갖는 것이 아니다. 20 : 25~28에

기록된 제사장 엘르아살의 출현은 광야가 새로운 세대에게는 훈련의 장이었으며, 이 시대가 용광로와 같은 연단의 시간이었다는 역사의 숨은 의미를 보여 준다. 곧바로 이어지는 21장의 호르마 전투 역시 14 : 45에 기록된 구세대의 패배와 치욕이 아닌 승리와 회복의 현장으로 다시금 자리매김되는 사건으로서 의미를 갖는다.

구세대만의 역사가 아니라 광야에서 자라난 신세대가 광야 시대 역사에 함께함으로써 나타난 변화들을 두 번째 단락의 기록들 가운데서 발견할 수 있다. 마치 영화의 한 장면과 다른 장면이 오버랩 되듯이 두 세대의 역사가 겹쳐진 형태로 공존하는 특징을 볼 수 있다. 타산지석으로 삼아야 할 어두운 역사의 여행을 시작하며, 이 역사의 숨은 뜻들을 찾아가고자 한다.

A. 광야에서 미래를 내다봄(15 : 1 – 20 : 29)
- 1. 제사, 안식일, 의복에 관한 율법(15 : 1 – 41)
  - 1) 제사에 관한 율법(15 : 1 – 31)
  - 2) 안식일을 범한 자 이야기(15 : 32 – 36)
  - 3) 의복의 장식(15 : 37 – 41)
- 2. 고라, 다단, 아비람, 온의 반역과 백성들의 원망(16 : 1 – 50)
  - 1) 당을 지은 사람들과 이에 동참한 이들의 반역(16 : 1 – 3)
  - 2) 모세의 응답(16 : 4 – 17)
  - 3) 하나님의 판결(16 : 18 – 35)
  - 4) 향로로 만든 기념물(16 : 36 – 40)
  - 5) 이스라엘 자손 온 회중의 원망(16 : 41 – 50)
- 3. 아론의 지팡이 사건(17 : 1 – 13)
  - 1) 아론의 지팡이 사건(17 : 1 – 11)
  - 2) 성막에 가까이 가는 자들의 죽음(17 : 12 – 13)
- 4. 제사장과 레위인의 관계와 직무(18 : 1 – 32)

1) 제사장과 레위인의 직무 회복과 관계 정립(18 : 1 - 7)
2) 제사장의 몫(18 : 8 - 20)
3) 레위인의 몫과 십일조(18 : 21 - 32)
5. 부정을 씻는 물과 시체를 만진 사람을 위한 정결법(19 : 1 - 22)
1) 부정을 씻는 물(19 : 1 - 10)
2) 시체를 만진 사람을 위한 정결법(19 : 11 - 22)
6. 광야 여정, 그 이후 - 미리암의 죽음, 모세의 범죄, 아론의 죽음 (20 : 1 - 29)
1) 미리암의 죽음(20 : 1)
2) 반석의 물과 모세의 범죄(20 : 2 - 13)
3) 에돔 지역 우회(20 : 14 - 21)
4) 아론의 죽음(20 : 22 - 29)

A. 광야에서 미래를 내다봄(15 : 1 - 20 : 29)

1. 제사, 안식일, 의복에 관한 율법(15 : 1 - 41)

1) 제사에 관한 율법(15 : 1 - 31)

(1) 화제, 번제, 화목제(서원제, 낙헌제), 절기제(15 : 1 - 16)

1여호와께서 모세에게 말씀하여 이르시되 2이스라엘 자손에게 말하여 그들에
게 이르라 너희는 내가 주어 살게 할 땅에 들어가서 3여호와께 화제나 번제나
서원을 갚는 제사나 낙헌제나 정한 절기제에 소나 양을 여호와께 향기롭게 드
릴 때에 4그러한 헌물을 드리는 자는 고운 가루 십분의 일에 기름 사분의 일
힌을 섞어 여호와께 소제로 드릴 것이며 5번제나 다른 제사로 드리는 제물이
어린 양이면 전제로 포도주 사분의 일 힌을 준비할 것이요 6숫양이면 소제로

고운 가루 십분의 이에 기름 삼분의 일 힌을 섞어 준비하고 [7]전제로 포도주 삼
분의 일 힌을 드려 여호와 앞에 향기롭게 할 것이요 [8]번제로나 서원을 갚는 제
사로나 화목제로 수송아지를 예비하여 여호와께 드릴 때에는 [9]소제로 고운 가
루 십분의 삼 에바에 기름 반 힌을 섞어 그 수송아지와 함께 드리고 [10]전제로
포도주 반 힌을 드려·여호와 앞에 향기로운 화제를 삼을지니라 [11]수송아지나
숫양이나 어린 숫양이나 어린 염소에는 그 마리 수마다 위와 같이 행하되 [12]너
희가 준비하는 수효를 따라 각기 수효에 맞게 하라 [13]누구든지 본토 소생이 여
호와께 향기로운 화제를 드릴 때에는 이 법대로 할 것이요 [14]너희 중에 거류하
는 타국인이나 너희 중에 대대로 있는 자나 누구든지 여호와께 향기로운 화제
를 드릴 때에는 너희가 하는 대로 그도 그리할 것이라 [15]회중 곧 너희에게나
거류하는 타국인에게나 같은 율례이니 너희의 대대로 영원한 율례라 너희가
어떠한 대로 타국인도 여호와 앞에 그러하리라 [16]너희에게나 너희 중에 거류
하는 타국인에게나 같은 법도, 같은 규례이니라

[15 : 1-16] 15 : 1~16 단락에서는 가나안 땅을 '내가 주어 살게 할 땅'으로 언급하였다. 이 표현에서 주어는 전적으로 하나님이시다. 하나님께서 친히 이스라엘 자손에게 주시는 땅에서 그들이 거주하는 현실을 전제로 하나님께서는 여러 가지 제사를 명하셨다.

① 화제, 번제, 서원제, 낙헌제, 절기제 : 소나 양의 제물 – 고운 가루 1/10 에바, 기름 1/4 힌(소제)

② 번제나 다른 제사 : 어린 양의 제물 – 포도주 1/4 힌(전제)
숫양의 제물 – 고운 가루 2/10 에바, 기름 1/3 힌(소제)/포도주 1/3 힌(전제)

③ 번제, 서원제, 화목제 : 수송아지의 제물 – 고운 가루 3/10 에바, 기름 1/2 힌(소제)/포도주 1/2 힌(전제)

서원제와 낙헌제는 감사제와 함께 '화목제' 에 속하는 제사들이다. 그러나 15 : 8은 서원제와 화목제를 따로 분리해서 언급하고 있다. 수송아지, 숫양, 어린 숫양, 어린 염소를 제물로 드릴 때에 그 숫자에 맞추어서 위의 규정대로 첨가할 내용들을 더하여 여호와께 제사 드려야 한다. 제물에 첨가되는 고운 가루와 기름과 포도주는 가나안 땅의 정착과 농경 생활의 소산물들이며, '여호와 앞에 향기로운 화제' 를 드리는 이 규정은 이스라엘 자손(본토인)과 타국인(거류민)에게 동일하게 적용되는 율법들이다.

이는 이스라엘 자손들의 범죄와 하나님의 심판에도 불구하고, 결국 약속의 땅에 대한 소망이 끊어지지 않았음을 보여 준다. 하나님께서 꿈꾸셨던, 그리고 이스라엘 자손들에게 꿈꾸게 하셨던 그 꿈과 약속은 여전히 유효한 것임을 이 말씀을 통하여 하나님께서는 다시 한 번 확증해 주셨다.

(2) 거제, 화제, 속죄제(15 : 17 – 31)

[17]여호와께서 모세에게 말씀하여 이르시되 [18]이스라엘 자손에게 말하여 이르
라 너희는 내가 인도하는 땅에 들어가거든 [19]그 땅의 양식을 먹을 때에 여호
와께 거제를 드리되 [20]너희의 처음 익은 곡식 가루 떡을 거제로 타작 마당의
거제 같이 들어 드리라 [21]너희의 처음 익은 곡식 가루 떡을 대대에 여호와께
거제로 드릴지니라 [22]너희가 그릇 범죄하여 여호와가 모세에게 말씀하신 이
모든 명령을 지키지 못하되 [23]곧 여호와께서 모세를 통하여 너희에게 명령한
모든 것을 여호와께서 명령한 날 이후부터 너희 대대에 지키지 못하여 [24]회중
이 부지중에 범죄하였거든 온 회중은 수송아지 한 마리를 여호와께 향기로운
화제로 드리고 규례대로 소제와 전제를 드리고 숫염소 한 마리를 속죄제로
드릴 것이라 [25]제사장이 이스라엘 자손의 온 회중을 위하여 속죄하면 그들이
사함을 받으리니 이는 그가 부지중에 범죄함이며 또 부지중에 범죄함으로 말
미암아 헌물 곧 화제와 속죄제를 여호와께 드렸음이라 [26]이스라엘 자손의 온
회중과 그들 중에 거류하는 타국인도 사함을 받을 것은 온 백성이 부지중에

범죄하였음이니라 27만일 한 사람이 부지중에 범죄하면 일 년 된 암염소로 속
죄제를 드릴 것이요 28제사장은 그 부지중에 범죄한 사람이 부지중에 여호와
앞에 범한 죄를 위하여 속죄하여 그 죄를 속할지니 그리하면 사함을 얻으리
라 29이스라엘 자손 중 본토 소생이든지 그들 중에 거류하는 타국인이든지 누
구든 부지중에 범죄한 자에 대한 법이 동일하거니와 30본토인이든지 타국인
이든지 고의로 무엇을 범하면 누구나 여호와를 비방하는 자니 그의 백성 중
에서 끊어질 것이라 31그런 사람은 여호와의 말씀을 멸시하고 그의 명령을 파
괴하였은즉 그의 죄악이 자기에게로 돌아가서 온전히 끊어지리라

[15 : 17-31] 15 : 17~31의 단락에서는 가나안 땅을 '내가 인도하는 땅' 으로 언급하였다. 18절의 이 표현은 2절의 '내가 주어 살게 할 땅' 과 짝을 이루고 있다. 땅은 하나님께서 이스라엘 자손들에게 주실 선물이며, 사람의 것이 아닌 하나님의 것이다(레 25 : 23). 이 단락에서는 거제, 화제, 속죄제에 관한 규정들을 서술하고 있지만, 이 내용은 다시 그 땅의 양식을 먹을 때와 부지중에 죄를 범했을 때와 고의적으로 죄를 범했을 때의 규정들로 구분하여 파악할 수 있다. 여기서 한 가지 주목할 점은 '거류하는 타국인' 에 관한 규정 부분이다. 히브리어 '게르' 에 해당하는 이 용어는 모든 이방인이 아니라, 이스라엘 자손들의 신앙공동체 안에 들어와 있는 외국인으로서, 하나님께 대한 신앙이 전제된 사람들로 이해할 수 있는 제한적인 의미를 갖는다. 그럼에도 불구하고 구약의 신앙 안에서 이방인을 향한 열린 자세의 가능성을 이 내용들 가운데서 엿볼 수 있다. 이 용어를 칠십인경에서는 '개종자' 라는 뜻을 가진 헬라어 '프로셀류토스' 로 번역하였다.

① 그 땅의 양식을 먹을 때 : 거제 – 처음 익은 곡식 가루의 떡
② 부지중에 죄를 범했을 때 :
– 곧, 여호와께서 모세를 통하여 명령한 모든 것을 지키지 못했을 때

ⓐ 회중이 부지중에 죄를 범하였을 때 :

화제 – 수송아지/소제, 전제/속죄제 – 숫염소

제사장이 온 회중을 위하여 속죄하면, 부지중에 범한 죄를 사함 받을 수 있다. 이 법은 이스라엘 자손과 타국인에게 동일하게 적용된다.

ⓑ 한 사람이 부지중에 죄를 범하였을 때 :

속죄제 – 1년 된 암염소

제사장이 부지중에 죄를 범한 사람을 위하여 속죄하면, 사함 받을 수 있다. 이 법은 이스라엘 자손과 타국인에게 동일하게 적용된다.

그러나 고의로 죄를 범하였을 때에는 속죄제의 법이 적용될 수 없다(15 : 30 – 31). 고의적으로 죄를 범한 그 사람은 '여호와를 비방하는 자' 이다. 그런 사람은 '여호와의 말씀을 멸시한 것' 이며, '그의 명령을 파괴한 것' 이므로 백성 중에서 끊어질 것이다. 〈표준새번역〉에서는 '여호와를 비방하는 자' 라는 〈개역개정〉의 표현을 '주를 모독한 것' 으로 번역하였다. 〈개역개정〉이 죄 지은 사람에 초점을 맞추어 번역했다면, 〈표준새번역〉은 죄의 성격에 더 비중을 두고 번역하였다는 특징이 각각의 번역에서 잘 나타나고 있다. 이러한 내용들을 통하여 15 : 30~31에서는 고의적으로 죄를 범하면 하나님의 죄 사하심을 받을 길이 없다는 것을 가르치고 있다.

이 본문의 메아리를 신약에서 찾아볼 수 있는데, 우선 히브리서 10 : 26~27에서 고의적으로 범한 죄에 관한 교훈을 확인할 수 있다. "우리가 진리를 아는 지식을 받은 후 짐짓 죄를 범한즉 다시 속죄하는 제사가 없고 오직 무서운 마음으로 심판을 기다리는 것과 대적하는 자를 태울 맹렬한 불만 있으리라". 히브리서는 고의적으로 짓는 죄는 사함이 없고 지옥의 심판만이 남아 있다는 내용을 보충함으로써, 보다 적극적이고 강하게 이 문제에 관하여 교훈하였다.

다음으로 베드로후서 2 : 20~22의 본문에서는 동일한 주제를 다른 방식으로 교훈하고 있다. "만일 그들이 우리 주 되신 구주 예수 그리스도를 앎으로 세상의 더러움을 피한 후에 다시 그중에 얽매이고 지면 그 나중 형편이 처음보다 더 심하리니 의의 도를 안 후에 받은 거룩한 명령을 저버리는 것보다 알지 못하는 것이 도리어 그들에게 나으니라 참된 속담에 이르기를 개가 그 토하였던 것에 돌아가고 돼지가 씻었다가 더러운 구덩이에 도로 누웠다 하는 말이 그들에게 응하였도다". 베드로후서는 이러한 죄의 결과에 대한 적극적인 묘사를 생략함으로써 보다 완곡하게 이 문제를 표현하였으며, 개와 돼지에 관한 속담을 가지고 이 주제를 빗대어 설명하는 특징을 보여 준다.

2) 안식일을 범한 자 이야기(15 : 32－36)

> [32]이스라엘 자손이 광야에 거류할 때에 안식일에 어떤 사람이 나무하는 것을
> 발견한지라 [33]그 나무하는 자를 발견한 자들이 그를 모세와 아론과 온 회중
> 앞으로 끌어왔으나 [34]어떻게 처치할는지 지시하심을 받지 못한 고로 가두었
> 더니 [35]여호와께서 모세에게 이르시되 그 사람을 반드시 죽일지니 온 회중이
> 진영 밖에서 돌로 그를 칠지니라 [36]온 회중이 곧 그를 진영 밖으로 끌어내고
> 돌로 그를 쳐 죽여서 여호와께서 모세에게 명령하신 대로 하니라

[15 : 32－36] 출애굽기 32장의 아론이 새겨 만든 '금송아지' 신상의 이야기는(32 : 4) "너를 위하여 새긴 우상을 만들지 말고……"라는 십계명의 제2계명에 해당하는 내용이었다. 또한 레위기 24 : 10~23의 본문에는 싸움 중에 여호와의 이름을 모독하고 저주하였다가 사형을 당한 슬로밋의 아들 이야기가 기록되어 있다. 이 문제는 "너는 네 하나님 여호와의 이름을 망령되게 부르지 말라"(출 20 : 7a)라는 십계명의 제3계명과 연관된 사건이었다.

그리고 민수기 15 : 32~36에는 안식일에 어떤 사람이 나무하는 것을 백성들이 발견하고, 여호와의 판결에 따라 그 사람을 사형에 처한 내용의 이야

기가 수록되어 있다. 이 사건은 "안식일을 기억하여 거룩하게 지키라"(출 20 : 8)라는 십계명의 제4계명과 연관되어 있다. 출애굽기, 레위기, 민수기의 순서로 이어지는 본문들 속에 수록된 단편적인 이야기들이 단순히 책의 순서만이 아니라, 십계명의 제2~4계명의 순서와도 일치하고 있다는 사실이 인상적이다.

안식일은 하나님과 이스라엘 사이의 영원한 언약이며, 그 관계의 표징이다(출 31 : 16-17, 레 24 : 8). 안식일에 일하는 사람은 반드시 사형에 처하라는 명령은 이미 주어져 있었다(출 31 : 15). 안식일에 나무하다가 발견된 사람은 처음에 모세와 아론과 온 회중 앞으로 끌려왔으나 그를 "어떻게 처치할는지 지시하심을 받지 못한 고로" 사람들은 그를 가두었다. 그 후에 하나님의 판결이 다시 주어졌고, 온 회중은 그를 진영 밖으로 끌어내어 사형에 처하였다. 이는 여호와께서 모세에게 명하신 대로 한 것이었다.

32~36절의 내용은 30~31절과 연결된, 15장 자체의 문맥에서 보았을 때에는 고의적인 범죄에 관한 율법 규정이 적용된 사례를 구체적으로 보여 주는 내용으로 해석할 수 있다. 따라서 본문은 30~31절에 대한 '판례'에 해당하는 본문으로 볼 수 있다. 동시에 이 본문은 13~14장에 기록된 바와 같이 불평과 원망 가운데서 하나님의 심판을 받은 이스라엘 민족 공동체의 재난 상황과 연결된 큰 문맥에서 보았을 때, 한 개인의 사형선고라는 비극적인 분위기에도 불구하고, 역설적으로 하나님과 이스라엘 자손 사이의 관계를 확증해 준 사건으로서 의미를 갖는다.

하나님과 이스라엘의 관계 속에 세워진 영원한 언약으로서 안식일을 준수할 것을 명령하고 강조한 본문의 이야기는 비록 하나님의 심판이 이스라엘 민족에게 임했지만, 그 관계는 여전히 파괴되지 않았다는 사실을 보여 준다. 그러므로 안식일의 의미는 지속적이고 유효한 것이다(이러한 해석은 다음의 글에서도 확인할 수 있다. Tzvi Novick, "Law and Loss : Response to Catastrophe in Numbers 15," *Harvard Theological Review*〈*HTR*〉 101 :

1, 2008, pp. 1-14 ; 김진명, "안식일에 나무하는 자 이야기의 의미와 역할에 대한 해석"〈민 15 : 32-36〉, 「구약논단」 제17권, 40집〈2011. 6. 30〉, pp. 33-53. 참고).

3) 의복의 장식(15 : 37-41)

> [37]여호와께서 모세에게 말씀하여 이르시되 [38]이스라엘 자손에게 명령하여 대대로 그들의 옷단 귀에 술을 만들고 청색 끈을 그 귀의 술에 더하라 [39]이 술은 너희가 보고 여호와의 모든 계명을 기억하여 준행하고 너희를 방종하게 하는 자신의 마음과 눈의 욕심을 따라 음행하지 않게 하기 위함이라 [40]그리하여 너희가 내 모든 계명을 기억하고 행하면 너희의 하나님 앞에 거룩하리라 [41]나는 여호와 너희 하나님이라 나는 너희의 하나님이 되려고 너희를 애굽 땅에서 인도해 내었느니라 나는 여호와 너희의 하나님이니라

[15 : 37-41] 15 : 37~41에는 옷자락 끝의 옷 술에 관한 규정이 기록되어 있다. 옷의 술은 고대 서아시아의 그림이나 조각에서 그 사람의 존귀함을 나타내는 요소로 사용되었는데, 구약에서는 이스라엘 자손들 전체에게 옷 술을 달라고 명하고 있다(신 22 : 12). 이는 거룩한 백성과 제사장 나라로 부름 받은 이스라엘 자손들의 정체성을 상기시켜 주는 것이었다(G. J. Wenham, *The Pentateuch*, 박대영 옮김, 「모세오경」, 2007, p. 176). 이스라엘 자손들은 대대로 청색 끈을 더하여 만든 옷 술을 옷자락 끝에 매달고 다녀야 한다. 이 옷 술을 옷단 귀에 만들어 다는 것은 이스라엘 자손들이 이것을 보도록 하기 위한 것이었으며, 그 이유는 두 가지였다.

① 여호와의 모든 계명을 기억하여 준행하도록 하기 위한 것
② 방종하게 하는 마음과 눈의 욕심을 따라 음행하지 않게 하기 위한 것

이것은 하나님의 소유된 백성인 이스라엘 사람들의 교육을 위한 시각적 자료에 해당한다. 이 옷 술을 보고 이스라엘 자손들이 여호와의 모든 계명을 기억하고 행하면, 그들은 하나님 앞에 거룩할 것이다. 옷단 귀에 만들어 매다는 옷 술의 기능은 이처럼 '보는 것'과 관련된 주제였으며, '해야 할 것'(여호와의 모든 계명)과 '하지 말아야 할 것'(방종함, 음행)의 실천을 위한 것이었다. 여기서 '방종'에 해당하는 내용은 가나안 정탐 사건의 죄와 연결된 것으로 볼 수도 있다. 13~14장의 내용에 따르면 정탐꾼들은 '자신들의 눈'으로 스스로를 보기에 '메뚜기'와 같다고 말함으로써(13 : 33) 공동체 전체를 낙담하도록 만들었다.

백성들의 원망과 불평은 모세 대신 새로운 지휘관을 세우고 애굽으로 다시 돌아가자는 주장에까지 이르렀다(14 : 4－5). 이러한 모습들은 결국 하나님을 불신하고 '방종'했던 사건의 구체적인 내용들이었다고 볼 수 있다(Tzvi Novick, "Law and Loss : Response to Catastrophe in Numbers 15," *Harvard Theological Review〈HTR〉* 101 : 1, 2008, pp. 3－4). 특별히 '음행'의 주제는 레위기 18~20장에서도 나타난다. 레위기 18, 20장은 서로 짝을 이루면서 대부분의 내용이 '음행'과 관련된 것으로서 '하지 말아야 할 것'에 관한 규정들을 담고 있다는 공통점이 있다.

반면에 18장과 20장 사이에 위치한 레위기 19장의 내용은 '여호와의 율법'으로서 '해야 할 것'에 해당한다. 또한 민수기 15 : 40의 '거룩함'의 주제는 레위기 19 : 2에 기록된 '거룩함'의 명령과도 연관되어 있다. 민수기 15장의 마지막 절인 41절은 "나는 여호와 너희 하나님이라"라는 명사구문을 문장의 앞과 뒤에서 두 번 반복하고, 그 사이에 출애굽의 구원 사건을 배경으로 언급하고 있다. 이처럼 '거룩함의 요구'와 '애굽으로부터의 구원'이 결합된 40~41절의 구조는 레위기 22 : 32~33에서 이미 나타났던 형태이다. 이러한 연결 구조는 '출애굽의 구원'과 '가나안 땅의 수여'라는 주제가 함께 나타나는 레위기 25 : 38과 26 : 45의 구조와는 분명하게 구별되는 특징을 보여 준다(Rolf Rendtorff, *The Covenant Formula*, 1998, pp. 40-41).

출애굽의 구원 사건의 주제와 거룩함의 주제가 결합된 민수기 15장의 본문 구조는 하나님과 이스라엘 자손의 '관계'를 강조하는 내용을 담고 있는 형식이라고 해석할 수 있으며, 이러한 관계를 강조하는 내용과 형식은 41절에서도 잘 나타나고 있다. 민수기 15 : 41은 짧지만 문장의 앞과 뒤가 일치하는 전형적인 '수미상응 구조'를 이루고 있으며, 하나님과 이스라엘의 상호적인 관계(나-너희)를 세 차례 반복하는 강조구문으로 표현하였다.

15 : 41a	15 : 41b	15 : 41c
나는 여호와 너희 하나님	나-너희 하나님 : 출애굽 구원	나는 여호와 너희 하나님
'나-너희' a	'나-너희' a'	'나-너희' a''

설교를 위한 묵상

출애굽 제1세대의 원망과 반역으로 말미암아 그들은 가나안 땅에 들어갈 수 없게 되었다. 그러나 하나님께서 꿈꾸시고, 계획하셨던 그 뜻은 끝나지 않았다. 여전히 그 뜻은 살아 있고, 약속의 땅 위에 건설될 예배공동체의 비전은 아직도 유효한 것이었다. 이스라엘 자손에게 말씀하신 하나님의 소유, 거룩한 백성, 제사장 나라의 이상은 하나님의 계획과 의지와 율법의 말씀들 가운데서 이미 선취된 현실로서 존재한다. 이는 인간의 타락과 반역적인 거부에도 불구하고 폐기되거나 사라져 버리지 않는 '하나님의 약속'이며, 광야 시대의 역사 속에서도 끊어지지 않고 이어지는 하나님의 '불가항력적인 은총'인 것이다.

민수기 14장에서 하나님께서는 출애굽의 구원 사건에 참여하였던 제1세대에게 '사형선고'를 내리셨다. 그럼에도 불구하고 하나님과 이스라엘의 상호적인 관계는 끊어지거나, 결코 포기된 것이 아니었다. 15장에서 하나님께서는 '약속의 땅'을 확인하시고, 하나님과 사람의 관계를 보여 주는 '제사'의 율법을 확인하셨으며, 하나님의 백성으로서 정체성을 지키며 살아가는 삶을 위한 '시각적 장치'(옷단의 술)를 만들 것을 명령하셨다. 그리고 안식일에 관련된 한 비극적인 이야기를 통하여 하나님과 이스라엘 사이의 영원한 언약에 근거한 관계(출 31 : 13)가 여전히 지속되고 있음을 역설적으로 말씀해 주셨다. 그러므로 '예배'(구약의 제사)는 그 자체로서 '희망'이다.
예배는 가나안 땅을 향한 희망과 하나님의 백성을 향하신 하나님의 은혜가 끊어지지 않았음을 보여 주는 사랑의 증거이다. 하나님과 이스라엘 자손의 관계는 하나님께서 주시는 이 율법의 말씀들을 통하여 유지되고 있는 것이다. 따라서 우리는 민수기 15장에서 이스라엘 자손을 버리지 않으시는 하나님의 속마음을 느낄 수 있으며, 이스라엘 자손에게 주어진 신앙공동체로서의 정체성 역시 완전히 파괴되지 않았음을 분명하게 깨달아 알 수 있다. 땅과 제사와 안식일에 관한 율법의 존속을 위한 하나님의 의지가 반영된 법과 이야기를 통하여 이러한 사실들을 확인할 수 있는 것이다. 하나님과 이스라엘의 관계는 그 어떤 것으로도 끊을 수 없는 사랑의 관계였다.
신약에서는 '예수 그리스도와 교회'의 관계를 이러한 끊을 수 없는 사랑의 관계로 묘사하였다. 로마서 8 : 35~39의 본문은 예수 그리스도와 그리스도인들의 관계를 그 자체로서 한 편의 아름다운 시와 같은 본문으로 표현하였다.

"누가 우리를 그리스도의 사랑에서 끊으리요.
환난이나, 곤고나, 박해나, 기근이나, 적신이나, 위험이나, 칼이랴.
기록된 바 '우리가 종일 주를 위하여 죽임을 당하게 되며,
도살 당할 양같이 여김을 받았나이다.' 함과 같으니라.
그러나 이 모든 일에 우리를 사랑하시는 이로 말미암아
우리가 넉넉히 이기느니라.
내가 확신하노니,
사망이나, 생명이나, 천사들이나, 권세자들이나, 현재 일이나,
장래 일이나, 능력이나, 높음이나, 깊음이나, 다른 어떤 피조물이라도
우리를 우리 주 그리스도 예수 안에 있는 하나님의 사랑에서 끊을 수 없으리라."

2. 고라, 다단, 아비람, 온의 반역과 백성들의 원망(16 : 1-50)

1) 당을 지은 사람들과 이에 동참한 이들의 반역(16 : 1-3)

[1]레위의 증손 고핫의 손자 이스할의 아들 고라와 르우벤 자손 엘리압의 아들
다단과 아비람과 벨렛의 아들 온이 당을 짓고 [2]이스라엘 자손 총회에서 택함
을 받은 자 곧 회중 가운데에서 이름 있는 지휘관 이백오십 명과 함께 일어나
서 모세를 거스르니라 [3]그들이 모여서 모세와 아론을 거슬러 그들에게 이르
되 너희가 분수에 지나도다 회중이 다 각각 거룩하고 여호와께서도 그들 중
에 계시거늘 너희가 어찌하여 여호와의 총회 위에 스스로 높이느냐

[16 : 1-3] 16~18장의 내용은 제사장과 레위인 사이에 발생했던 대립과 갈등의 문제를 다루고 있다. 광야 시대 성직자들이었던 제사장과 레위인들의 직무와 관계 정립을 위한 하나님의 말씀들은 구약의 이스라엘 공동체와 하나님의 일을 하는 데 있어서 질서라는 주제를 되짚어 보게 한다. 성직자들이 하나님의 일을 올바르게 한다는 것이 그들 자신과 공동체 전체를 위해 얼마나 중요한 일인가 하는 문제를 일련의 사건들과 그 내용들 속에서 찾아 볼 수 있다.

성직자들 사이에서 벌어진 갈등의 문제와 이러한 상황들 가운데 개입하시고 심판하시는 하나님의 모습 속에서 모든 상황과 사람들 마음속의 숨은 의도까지 꿰뚫어 보시는 공의로운 심판주로서의 하나님을 만날 수 있다.

레위 지파의 고라와 르우벤 지파의 다단과 아비람과 온이 당을 짓고, '이스라엘 자손 총회' 의 지휘관 250인이 여기에 합세하여 모세를 거스르고, 모세와 아론에게 대항하여 일어났다. 본문은 그들이 모세와 아론에게 대적한 이유와 내용을 네 가지로 기록하였다.

① 모세와 아론이 분수에 지나치다.

② 회중이 다 각각 거룩하다.

③ 여호와께서 그들 가운데 계신다.

④ 모세와 아론이 여호와의 총회 위에 스스로를 높이고 있다.

'모세와 아론'에 관한 언급과 '회중'에 관한 언급이 대비를 이루고 있으며, '모세와 아론'의 문제를 앞뒤에 기록하고, '회중'의 주장을 그 사이에 배치한 문장의 구조가 인상적이다. 당을 지어 반역한 사람들이 지적한 모세와 아론의 문제는 하나님의 뜻에 맞지 않는 인간적인 자만과 교만과 월권이라는 것이다.

이 사람들은 자신들의 정체성과 가치에 관하여는 매우 대조적으로 묘사하였다. "회중이 다 각각 거룩하다."라는 표현과 "여호와께서 그들 중에 계신다."라는 말은 매우 신앙적인 주장처럼 보인다. 그러나 이 모든 것은 신앙을 가장한 불신앙이었다. 왜냐하면 하나님께서 친히 부르셔서 소명을 맡기신 모세와 하나님의 명령에 따라 기름 부으심을 받고 제사장이 된 아론의 권위에 대한 반역은 결국 이들을 이스라엘 자손 총회의 두 지도자로 세우신 하나님의 결정을 부정하고, 궁극적으로는 하나님의 주권을 거부하는 것과 같은 일이기 때문이다.

백성들 모두가 거룩하고, 하나님께서 그들 가운데 계신다는 완전한 평등주의적 공동체상은 하나님께서 그리고 계신 공동체의 모습이 아니라 인간적인 이념에 근거한 다른 공동체의 모습이었다. 하지만 고라와 다단과 아비람과 온의 반역은 공동체의 성격에 관한 이상적 주장을 명분으로, 모세와 아론과 대등한 지도력을 갖기 위한 욕심을 감추고 있었다. 하나님의 심판은 사람들이 숨기고 있던 근본적인 의도에 대한 심판이었으며, 개인의 이익과 욕망을 위해 공동체의 모든 질서를 파괴한 지도자들에 대한 심판이었다.

2) 모세의 응답(16 : 4 – 17)

4모세가 듣고 엎드렸다가 5고라와 그의 모든 무리에게 말하여 이르되 아침에
여호와께서 자기에게 속한 자가 누구인지, 거룩한 자가 누구인지 보이시고
그 사람을 자기에게 가까이 나아오게 하시되 곧 그가 택하신 자를 자기에게
가까이 나아오게 하시리니 6이렇게 하라 너 고라와 네 모든 무리는 향로를 가
져다가 7내일 여호와 앞에서 그 향로에 불을 담고 그 위에 향을 두라 그때에
여호와께서 택하신 자는 거룩하게 되리라 레위 자손들아 너희가 너무 분수에
지나치느니라 8모세가 또 고라에게 이르되 너희 레위 자손들아 들으라 9이스
라엘의 하나님이 이스라엘 회중에서 너희를 구별하여 자기에게 가까이 하게
하사 여호와의 성막에서 봉사하게 하시며 회중 앞에 서서 그들을 대신하여
섬기게 하심이 너희에게 작은 일이겠느냐 10하나님이 너와 네 모든 형제 레위
자손으로 너와 함께 가까이 오게 하셨거늘 너희가 오히려 제사장의 직분을
구하느냐 11이를 위하여 너와 너의 무리가 다 모여서 여호와를 거스르는도다
아론이 어떠한 사람이기에 너희가 그를 원망하느냐 12모세가 엘리압의 아들
다단과 아비람을 부르러 사람을 보냈더니 그들이 이르되 우리는 올라가지 않
겠노라 13네가 우리를 젖과 꿀이 흐르는 땅에서 이끌어 내어 광야에서 죽이려
함이 어찌 작은 일이기에 오히려 스스로 우리 위에 왕이 되려 하느냐 14이뿐
아니라 네가 우리를 젖과 꿀이 흐르는 땅으로 인도하여 들이지도 아니하고
밭도 포도원도 우리에게 기업으로 주지 아니하니 네가 이 사람들의 눈을 빼
려느냐 우리는 올라가지 아니하겠노라 15모세가 심히 노하여 여호와께 여짜
오되 주는 그들의 헌물을 돌아보지 마옵소서 나는 그들의 나귀 한 마리도 빼
앗지 아니하였고 그들 중의 한 사람도 해하지 아니하였나이다 하고 16이에 모
세가 고라에게 이르되 너와 너의 온 무리는 아론과 함께 내일 여호와 앞으로
나아오되 17너희는 제각기 향로를 들고 그 위에 향을 얹고 각 사람이 그 향로
를 여호와 앞으로 가져오라 향로는 모두 이백오십 개라 너와 아론도 각각 향
로를 가지고 올지니라

[16 : 4-17] 모세는 가나안 정탐 사건 직후에 모세를 거부하고 한 지휘관을 세워 애굽으로 돌아가자고 주장하는 이스라엘 자손의 회중 앞에서 엎드릴 수밖에 없었다(민 14 : 4-5). 이제 다시 모세의 권위에 저항하여 당을 짓고, 반역한 이들 앞에서 모세는 또 엎드렸다. 그러고 나서 모세는 고라와 그의 모든 무리에게 말하였다. 16장에서 고라의 이름이 가장 먼저 언급되고, 이어지는 단락에서도 그의 이름이 주로 등장하는 것으로 보아, 12장의 미리암과 아론의 사건에 관한 기록에서처럼 이 반역 사건의 주도권은 고라에게 있었던 것으로 보인다. 하지만 아론의 제사장직에 대한 반역은 '고라'에 의해 언급되었고(16 : 3), 모세의 지도력에 대한 반역은 '다단과 아비람'에 의해 표현되었다(16 : 13).

13절에서 다단과 아비람은 '젖과 꿀이 흐르는 땅'을 언급했는데, 이때 사용한 표현은 '가나안 땅'에 대한 통상적인 표현을 '애굽 땅'에 적용함으로써, 불신앙과 반역의 마음을 드러낸 것으로 해석되고 있다(M. Douglas, 왕대일, 정중호, J. Milgrom). 또한 "스스로 우리 위에 왕이 되려느냐?"라는 물음은 출애굽기 2 : 14에서 히브리인들의 싸움을 말리던 모세를 지적했던 한 히브리인의 말과 유사하다. 이로 인해 유대교의 미드라쉬 전승에서는 그 히브리인과 다단을 동일시하기도 했다(J. Milgrom, *Numbers*, 1990, p. 133).

① 모세의 첫 번째 이야기 - 고라와 그의 모든 무리에게 : (5-7절)

ⓐ 아침에 여호와께서 자기에게 속한 자가 누구인지, 거룩한 자가 누구인지 보이시고,

ⓑ 그가 택하신 사람을 여호와께 가까이 나오게 하실 것이다.

ⓒ 고라와 그와 함께한 무리는 향로를 가져다가

ⓓ 내일 여호와 앞에서 그 향로에 불을 담고, 그 위에 향을 두라.

ⓔ 그때에 여호와께서 택하신 자는 거룩하게 되리라.

ⓕ 레위 자손들아, 너희가 너무 분수에 지나치느니라.

② 모세의 두 번째 이야기 – 고라에게 : (8 – 11절)

ⓐ 하나님께서 레위 자손을 구별하심, 자기에게 가까이하게 하심, 여호와의 성막에서 봉사하게 하심, 회중 앞에 서서 그들을 대신하여 섬기게 하심이 작은 일인가?

ⓑ 하나님께서 너와 너의 모든 형제 레위 자손을 가까이 오게 하셨거늘, 제사장의 직분을 구하느냐?

ⓒ 이를 위하여 너와 너의 무리가 여호와를 거스르는 것이다.

ⓓ 아론이 어떠한 사람이기에 너희가 그를 원망하느냐?

③ 모세의 세 번째 이야기 – 다단과 아비람 : (12 – 15절)

ⓐ 모세가 다단과 아비람을 부르러 사람을 보냈으나, 그들이 거절함.

ⓑ 다단과 아비람의 이야기

㉠ 우리를 젖과 꿀이 흐르는 땅에서 이끌어 내어 광야에서 죽이려 함.

㉡ 모세가 스스로 우리 위에 왕이 되려 함.

㉢ 우리를 젖과 꿀이 흐르는 땅으로 인도하여 들이지 아니함.

㉣ 밭과 포도원도 우리에게 기업으로 주지 아니함.

㉤ 네가 이 사람들의 눈을 빼려느냐?

ⓒ 모세가 노하여, 여호와께 여쭘.

㉠ 주는 그들의 헌물을 돌아보지 마옵소서.

㉡ 나는 그들의 나귀 한 마리도 빼앗지 아니하였고,

㉢ 그들 중의 한 사람도 해하지 아니하였나이다.

④ 모세의 네 번째 이야기 – 고라에게 : (16 – 17절)

ⓐ 고라와 그의 온 무리는 아론과 함께 내일 여호와 앞으로 나올 것

ⓑ 제각기 향로를 들고, 그 위에 향을 얹고, 여호와 앞으로 그 향로를 가져올 것

3) 하나님의 판결(16 : 18 – 35)

[18]그들이 제각기 향로를 가져다가 불을 담고 향을 그 위에 얹고 모세와 아론
과 더불어 회막 문에 서니라 [19]고라가 온 회중을 회막 문에 모아 놓고 그 두 사
람을 대적하려 하매 여호와의 영광이 온 회중에게 나타나시니라 [20]여호와께
서 모세와 아론에게 말씀하여 이르시되 [21]너희는 이 회중에게서 떠나라 내가
순식간에 그들을 멸하려 하노라 [22]그 두 사람이 엎드려 이르되 하나님이여 모
든 육체의 생명의 하나님이여 한 사람이 범죄하였거늘 온 회중에게 진노하시
나이까 [23]여호와께서 모세에게 말씀하여 이르시되 [24]회중에게 명령하여 이르
기를 너희는 고라와 다단과 아비람의 장막 사방에서 떠나라 하라 [25]모세가 일
어나 다단과 아비람에게로 가니 이스라엘 장로들이 따랐더라 [26]모세가 회중
에게 말하여 이르되 이 악인들의 장막에서 떠나고 그들의 물건은 아무것도
만지지 말라 그들의 모든 죄중에서 너희도 멸망할까 두려워하노라 하매 [27]무
리가 고라와 다단과 아비람의 장막 사방을 떠나고 다단과 아비람은 그들의
처자와 유아들과 함께 나와서 자기 장막 문에 선지라 [28]모세가 이르되 여호와
께서 나를 보내사 이 모든 일을 행하게 하신 것이요 나의 임의로 함이 아닌
줄을 이 일로 말미암아 알리라 [29]곧 이 사람들의 죽음이 모든 사람과 같고 그
들이 당하는 벌이 모든 사람이 당하는 벌과 같으면 여호와께서 나를 보내심
이 아니거니와 [30]만일 여호와께서 새 일을 행하사 땅이 입을 열어 이 사람들
과 그들의 모든 소유물을 삼켜 산 채로 스올에 빠지게 하시면 이 사람들이 과
연 여호와를 멸시한 것인 줄을 너희가 알리라 [31]그가 이 모든 말을 마치자마
자 그들이 섰던 땅바닥이 갈라지니라 [32]땅이 그 입을 열어 그들과 그들의 집
과 고라에게 속한 모든 사람과 그들의 재물을 삼키매 [33]그들과 그의 모든 재
물이 산 채로 스올에 빠지며 땅이 그 위에 덮이니 그들이 회중 가운데서 망하
니라 [34]그 주위에 있는 온 이스라엘이 그들의 부르짖음을 듣고 도망하며 이르

되 땅이 우리도 삼킬까 두렵다 하였고 [35]여호와께로부터 불이 나와서 분향하는 이백오십 명을 불살랐더라

[16 : 18-35] 고라와 그의 무리가 불과 향을 담은 향로를 가지고 모세와 아론과 함께 회막 문에 섰고, 고라가 그 두 사람에게 대적하려고 할 때 여호와의 영광이 온 회중에게 나타나셨다. 하나님께서는 회중에게 고라와 다단과 아비람의 장막 사방에서 떠날 것을 모세를 통하여 명하셨다. 결국 회중은 그들의 장막에서 떠났고, 그들은 가족들과 함께 장막 문에 서 있다가 갈라진 땅속으로 모두 사라지고 말았다. 또한 주님께로부터 나온 불이 분향하던 250명도 불살라 버렸다. 이로써 모세와 아론과 대립했던 고라와 그의 무리들 사이에 하나님의 판결이 분명해졌다.

16 : 30, 32에서는 활유법 혹은 의인법을 사용하여 땅이 입을 열어 그들을 삼킨다는 표현을 썼다. 레위기 18, 20장에서는 사람들이 저지른 죄악으로 인하여, 땅이 그 역겨움을 견디지 못하고 거주민을 토해 내 버린다고 묘사하였다. 모세오경에서 땅은 하나님의 소유로 나타나거나(레 25 : 23), 하나님께서 사람에게 주신 사람의 소유로 묘사되기도 하지만(신 19 : 14), 민수기 16장이나 레위기 18, 20장에서와 같이 땅이 독립적으로 살아 있는 생명체처럼 묘사되기도 한다.

민수기 16장에서 '땅'은 '스올'과 평행어로 사용되었으며, 이사야 14 : 9~11에서는 '스올'을 죽음의 장소로 설명하였다. 후대에는 '스올'을 악한 자들이 가는 곳으로 인식하였다(시 9 : 17〈MT 9 : 18〉; 31 : 17〈MT 31 : 18〉). 시편 55 : 15에서도 악인이 산 채로 스올에 내려간다는 표현을 사용하였다. 랍비 시대에 이르러 '스올'은 '게헨나'로 대치되었고(J. Milgrom, *Numbers*, 1990, p. 138), 〈개역한글〉 성경에서 '게헨나'는 '지옥'으로 번역되었다(마 5 : 22, 29-30 ; 막 9 : 43-47 ; 눅 12 : 5).

민수기 16 : 30에는 고라와 그의 무리의 반역 사건에 관한 구약성경 자체의 평가가 반영되어 있다. 모세는 땅이 입을 열어 반역한 이들과 그들의 모든 소유를 삼키면, 그것은 '이 사람들이 여호와를 멸시한 것' 을 증명하는 일이 될 것이라고 해석하였다. 30절의 모세의 말은 31~33절에 그대로 실현된 것으로 묘사되어 있다. 30절과 31~33절의 내용은 서로 일치하는 부분과 확장되거나 첨가된 부분을 통해 두 본문 사이의 밀접한 연관성을 보여 주고 있다.

① 30절

ⓐ 땅이 입을 열어,

ⓑ 이 사람들과 그들의 모든 소유물을 삼켜,

ⓒ 산 채로 스올에 빠지게 하시면

② 31~33절

ⓐ 땅이 그 입을 열어,

ⓑ 그들과 그들의 집과 고라에게 속한 모든 사람과 그들의 모든 재물이,

ⓒ 산 채로 스올에 빠지며, 땅이 그 위에 덮임. 그들이 회중 가운데서 망함.

4) 향로로 만든 기념물(16 : 36 - 40)

36여호와께서 모세에게 말씀하여 이르시되 37너는 제사장 아론의 아들 엘르아
살에게 명령하여 붙는 불 가운데에서 향로를 가져다가 그 불을 다른 곳에 쏟
으라 그 향로는 거룩함이니라 38사람들은 범죄하여 그들의 생명을 스스로 해
하였거니와 그들이 향로를 여호와 앞에 드렸으므로 그 향로가 거룩하게 되었
나니 그 향로를 쳐서 제단을 싸는 철판을 만들라 이스라엘 자손에게 표가 되

리라 하신지라 [39]제사장 엘르아살이 불탄 자들이 드렸던 놋 향로를 가져다가
쳐서 제단을 싸서 [40]이스라엘 자손의 기념물이 되게 하였으니 이는 아론 자손
이 아닌 다른 사람은 여호와 앞에 분향하러 가까이 오지 못하게 함이며 또 고
라와 그의 무리와 같이 되지 않게 하기 위함이라 여호와께서 모세를 시켜 그
에게 명령하신 대로 하였더라

[16 : 36-40] 이 부분은 히브리어로 기록된 맛소라 본문(MT)의 17 : 1~5에 해당한다. 여호와께서는 모세를 통하여 아론의 아들 엘르아살이 향로를 쳐서 제단을 싸는 철판을 만들게 하셨다. 이는 이스라엘 자손의 기념물로서 두 가지를 경고하기 위한 표가 되었다.

① 아론 자손이 아닌 다른 사람은 여호와 앞에 분향하러 가까이 오지 못하게 함.
② 고라와 그의 무리와 같이 되지 않게 하기 위함.

제단을 싸는 철판은 하나님의 경고가 말씀으로만 선포된 것이 아니라, 보이는 형태로도 나타났음을 알려 준다. 출애굽기 27 : 2과 38 : 2의 말씀들을 통하여 이미 제단을 놋으로 싸도록 제작하였음을 확인할 수 있으며, 민수기 16장의 사건을 통하여 제단이 두 번째 놋으로 덮여졌음을 알 수 있다.

5) 이스라엘 자손 온 회중의 원망(16 : 41-50)

[41]이튿날 이스라엘 자손의 온 회중이 모세와 아론을 원망하여 이르되 너희가
여호와의 백성을 죽였도다 하고 [42]회중이 모여 모세와 아론을 칠 때에 회막을
바라본즉 구름이 회막을 덮었고 여호와의 영광이 나타났더라 [43]모세와 아론이

회막 앞에 이르매 [44]여호와께서 모세에게 말씀하여 이르시되 [45]너희는 이 회중
에게서 떠나라 내가 순식간에 그들을 멸하려 하노라 하시매 그 두 사람이 엎
드리니라 [46]이에 모세가 아론에게 이르되 너는 향로를 가져다가 제단의 불을
그것에 담고 그 위에 향을 피워 가지고 급히 회중에게로 가서 그들을 위하여
속죄하라 여호와께서 진노하셨으므로 염병이 시작되었음이니라 [47]아론이 모
세의 명령을 따라 향로를 가지고 회중에게로 달려간즉 백성 중에 염병이 시작
되었는지라 이에 백성을 위하여 속죄하고 [48]죽은 자와 산 자 사이에 섰을 때에
염병이 그치니라 [49]고라의 일로 죽은 자 외에 염병에 죽은 자가 만 사천칠백
명이었더라 [50]염병이 그치매 아론이 회막 문 모세에게로 돌아오니라

[16 : 41-50] 다음 날 이스라엘 자손의 온 회중이 모세와 아론을 원망하고, 그들이 '여호와의 백성'을 죽였다고 주장하였다(16 : 41). 그러나 이미 16 : 28~30의 본문에서 모세는 고라와 그에게 속한 사람들에게 일어나는 재앙은 자신의 임의로 하는 일이 아니라, 하나님께서 하시는 '새 일'이라고 분명하게 밝혔다. 하지만 이스라엘 사람들은 또 모세와 아론을 원망하였으며, 이 역시 결국은 이 일들을 행하신 하나님을 원망하는 것과 마찬가지였다고 볼 수 있다.

회중이 모세와 아론을 공격할 때에 구름이 회막을 덮었고, 여호와의 영광이 나타났다. 모세와 아론이 회막 앞에 이르러 하나님께서 백성을 멸하시겠다는 말씀을 듣자, 두 사람은 또다시 엎드렸다(16 : 45). 이스라엘 자손의 회중 가운데서 염병이 번져 갈 때 모세는 아론에게 향로를 가지고 속죄하도록 하였고, 아론이 회중에게 달려가 속죄하고 죽은 자와 산 자 사이에 섰을 때에 염병도 그쳤다. 14,700명이 이 일로 인하여 사망하였고, 염병이 그치자 아론은 회막 문의 모세에게로 돌아왔다. 16장의 내용은 사건의 시간적 순서에 따라 서술하는 방식으로 전개되었다.

설교를 위한 묵상

레위 자손의 고라와 르우벤 자손의 다단과 아비람과 온으로 언급된 지도층의 불평과 원망은 그 도를 넘어서 반역의 수준에까지 이르렀다. 당을 지은 이들과 함께 모세와 아론을 대적하는 일에 참여한 모든 이들이 250명의 지휘관들과 함께 일어나 온갖 미사여구를 가지고 자신들의 주장을 전개했지만(3절), 모세는 이들의 불평과 원망의 핵심에 스스로 제사장직까지 요구하는 레위인의 주장이 있음을 간파하고, 이 주장의 부당함을 지적하였다(10절).

이 반역 사건의 규모는 이스라엘 자손의 지휘관 250명이 참여했다는 사실에서 볼 수 있듯이 한두 지파의 문제가 아니라 백성 전체가 동참한 심각한 문제였다. 이러한 반역의 규모와 범위는 지도층에 대한 1차 심판 이후에 나타났던 이스라엘 자손 전체의 반응에서도 확인할 수 있다(41-42절). 지도층과 백성 모두가 모세와 아론에게 반기를 들고 일어나 이들을 제거하려 한 급박한 위기 상황에서 하나님의 직접 개입이 나타났으며, 진노하신 하나님께서는 이번에도 이스라엘 자손 전체를 멸하시겠다는 말씀을 하셨다(45절). 그러나 모세는 아론과 함께 곧바로 백성을 위한 속죄를 시작함으로써 이 심판의 위기를 또 한 번 지나갈 수 있었다.

여기서 지도자 모세의 지혜와 넓은 마음과 백성에 대한 사랑을 알 수 있다. 이스라엘 자손의 지도자들과 백성 전체가 자신을 대적한 이 상황에서 심판의 위기가 급속하게 임했음을 판단한 모세는 아무 말 없이 신속하게 백성을 위한 속죄를 시작하였다. 모세의 지시를 받은 아론이 산 자와 죽은 자 사이에 섰을 때에 비로소 하나님의 심판이 멈추었으며, 아론이 섰던 그 자리는 바로 모세와 아론 자신들에게도 삶과 죽음의 경계선일 수 있었다. 백성을 대신하여 속죄하다 죽을 수 있는 그 자리에게까지 나아갔던 모세와 아론 두 사람의 결단과 모습 속에서 지도자의 지혜와 넓은 마음의 의미를 발견할 수 있다.

한 민족의 어른으로서 성직자의 자리와 역할은 결코 쉬운 것이 아니며, 명예와 이익만을 누릴 수 있는 자리가 아니기에, 그만큼 함부로 높아지려고 욕심을 부려서도 안 되는 것이다. 위기의 순간이 찾아왔을 때, 자기 자신을 잊어버리고 하나님의 백성 전체를 위해 기꺼이 삶과 죽음의 경계선에 설 수 있는 지도자들이 바로 모세와 아론이었다.

'어쩌면 이런 지도자 모세와 아론이 하나님과 이스라엘 자손 사이에서 중재하는 역할을 하는 자들로 있었기에 하나님께서 마음 놓고 진노하심의 감정까지도 표출하실 수 있었던 것은 아닐까?' 라는 상상을 해 본다. 이사야 59 : 16에서는 세상의 불의를 감찰하시던 하나님께서 중재자 없음을 이상히 여기시며 스스로 구원을 베푸시는 모습을 묘사하였다. 하나님과 사람 사이에 관영한 죄악으로 인하여 사람 스스로 더 이상 중보자의 역할을 할 수 없음을 보신 하나님께서는 마침내 그 아들 예수 그리스도를 이 땅에 보내심으로 영원한 대제사장과 중보자가 되게 하신 은혜를 주셨던 것이다(히 8 : 1-6).

민수기 16장에 기록된 고라와 다단과 아비람의 반역 사건은 26장에서 출애굽 제2세대의 인구조사에 관한 내용 가운데서 다시 언급되고 있으며(26 : 9), 여기서는 모세와 아론을 거스른 일이 하나님께 반역한 일이었다는 표현을 통해 이 사건의 성격을 간략하게 평가하였다. 신약에서는 고라의 사건에 관하여 유다서 1 : 11에서 초대교회 시대의 거짓 교사들에 관한 경계의 말씀 가운데, 가인과 발람과 함께 언급한 내용을 확인해 볼 수 있다. 여기에서는 고라에게 '반역' 을 뜻하는 '안티로기아' (ἀντιλογία)라는 단어를 적용함으로써, 고라가 모세를 대적한 사건(민 16장)의 의미를 유다서에서 어떻게 해석하였는지를 보여 준다. 유다서에서는 가인과 발람과 고라의 길은 '멸망' 이라는 결론에서 동일하다는 점을 지적한다.

구약과 신약의 전체 맥락에서 볼 때 민수기 16장에 기록된 고라의 반역 사건은 지도자 '모세와 아론' 에게 반역한 사건의 의미만이 아니라, '하나님께 반역' 한 사건이었음을 다시금 확인할 수 있다. 그렇기에 멸망할 수밖에 없는 길임을 더욱 선명하게 보여 준다. 구약과 신약의 전체 맥락 속에서 민수기 본문의 의미를 재해석하는 일은 고라 이야기의 '정경적 전개' 를 살펴보는 과정에 해당한다('정경적 전개' 에 관하여는, 김진명, "레 19장의 정경적 전개에 관한 주석적 연구," 「구약논단」 제13권, 24집, 2007, pp. 74-91 ; Jin-Myung Kim, *Holiness & Perfection : A Canonical Unfolding of Leviticus 19*, 2011. 참조).

3. 아론의 지팡이 사건(17 : 1-13)

1) 아론의 지팡이 사건(17 : 1-11)

[1]여호와께서 모세에게 말씀하여 이르시되 [2]너는 이스라엘 자손에게 말하여
그들 중에서 각 조상의 가문을 따라 지팡이 하나씩을 취하되 곧 그들의 조상
의 가문대로 그 모든 지휘관에게서 지팡이 열둘을 취하고 그 사람들의 이름
을 각각 그 지팡이에 쓰되 [3]레위의 지팡이에는 아론의 이름을 쓰라 이는 그들
의 조상의 가문의 각 수령이 지팡이 하나씩 있어야 할 것임이니라 [4]그 지팡이
를 회막 안에서 내가 너희와 만나는 곳인 증거궤 앞에 두라 [5]내가 택한 자의
지팡이에는 싹이 나리니 이것으로 이스라엘 자손이 너희에게 대하여 원망하
는 말을 내 앞에서 그치게 하리라 [6]모세가 이스라엘 자손에게 말하매 그들의
지휘관들이 각 지파대로 지팡이 하나씩을 그에게 주었으니 그 지팡이가 모두
열둘이라 그중에 아론의 지팡이가 있었더라 [7]모세가 그 지팡이들을 증거의
장막 안 여호와 앞에 두었더라 [8]이튿날 모세가 증거의 장막에 들어가 본즉 레
위 집을 위하여 낸 아론의 지팡이에 움이 돋고 순이 나고 꽃이 피어서 살구
열매가 열렸더라 [9]모세가 그 지팡이 전부를 여호와 앞에서 이스라엘 모든 자
손에게로 가져오매 그들이 보고 각각 자기 지팡이를 집어들었더라 [10]여호와
께서 또 모세에게 이르시되 아론의 지팡이는 증거궤 앞으로 도로 가져다가
거기 간직하여 반역한 자에 대한 표징이 되게 하여 그들로 내게 대한 원망을
그치고 죽지 않게 할지니라 [11]모세가 곧 그같이 하되 여호와께서 자기에게 명
령하신 대로 하였더라

[17 : 1-11] 16~17장의 원망과 심판의 사건들은 특별히 아론과 그의 제사장직 문제에 집중되었다. 염병 발생 시에 아론이 중재의 역할을 했으며(16 : 47-50), 싹 난 지팡이의 기적은 아론과 그의 자손들의 제사장직이 적법한

것임을 드러내 주었다(David H. Aaron, *Etched in Stone*, 2006, pp. 214-215). 여호와께서 모세에게 명하신 대로 모세는 모든 지휘관들로부터 각 조상의 가문을 따라 지팡이를 취하고 그 위에 그 사람들의 이름을 기록하였다. 레위의 지팡이에는 아론의 이름을 썼으며, 지팡이들은 증거궤 앞에 놓여졌다. 하나님께서 택한 자의 지팡이에는 싹이 날 것이라는 주님의 말씀을 따라 모든 절차들이 진행되었다. 이 일을 통하여 하나님께서 뜻하신 바는 "이것으로 이스라엘 자손이 너희에게 대하여 원망하는 말을 내 앞에서 그치게 하리라"라는 5절 후반부의 말씀에 잘 나타나 있다.

이튿날 증거의 장막에 들어가 아론의 지팡이에 움이 돋고, 순이 나고, 꽃이 피어서, 살구 열매가 열린 것을 발견한 모세는 이스라엘 모든 자손에게 가져가 보여 주었으며, 지휘관들은 각각 자기의 지팡이를 취하였다. 여호와께서는 아론의 지팡이를 증거궤에 보관하여 반역한 자에 대한 표징이 되게 하셨으며, "그들로 내게 대한 원망을 그치고 죽지 않게 할지니라"라는 10절 후반부의 말씀으로 이 일을 위한 하나님의 모든 명령이 마무리되었다.

1~5절과 6~10절은 각각 아론의 지팡이에 살구 열매가 열린 사건 이전과 이후의 본문에 해당한다. 두 단락을 엄밀하게 구분해 본다면 1~5절 부분은 아론의 지팡이에 싹이 날 것과 그 의미에 관한 말씀이라고 할 수 있으며, 6~10절 부분은 아론의 싹 난 지팡이를 언약궤에 보관하는 일과 그 의미에 관한 말씀이라고 요약할 수 있다. 그럼에도 불구하고 5절과 10절은 결국 '아론의 싹 난 지팡이'에 관련된 하나님의 말씀이라는 공통분모를 가지고 있으며, 두 구절은 동일한 용어를 사용하면서 이 사건의 의미를 반복적으로 드러내 주고 있다. 여기서 주목해 보아야 할 부분은 반복적인 내용의 두 본문 사이에서 나타난 차이점의 문제이다.

17 : 5b 이것으로 <u>이스라엘 자손</u>이 **너희에게** 대하여 <u>원망</u>하는 말을 내 앞에서 <u>그치게</u> 하리라.

17 : 10b　　그들로　　내게 대한　　원망을
그치고　죽지 않게 할지니라.

5절과 10절은 백성의 원망을 그치게 하기 위한 동일한 주제를 담고 있지만, 그 대상을 달리 표현하였다. 5절은 모세와 아론을 남성 복수 2인칭 인칭대명사인 '너희에게'로 표현하였고, 10절은 남성 단수 1인칭 인칭대명사 '내게'를 사용하여 하나님을 표현하였다. 이러한 차이를 통하여 민수기 17장이 보여 주는 사실은 '하나님'께서 자신을 '모세와 아론'과 동일시하고 계신다는 점이다. 부활하신 예수께서 그리스도인을 박해하기 위해 길을 가던 사울을 다메섹 도상에서 만나셨을 때, 자신과 그리스도인을 동일시하시고 "네가 어찌하여 나를 박해하느냐"(행 9 : 4)라고 물으셨던 것처럼, 이스라엘 자손들이 모세와 아론을 원망하는 사건은 바로 하나님을 원망하는 일이라는 이 표현을 통하여, 하나님께서는 하나님의 종들과 자신을 동일시하셨다.

2) 성막에 가까이 가는 자들의 죽음(17 : 12 – 13)

> [12]이스라엘 자손이 모세에게 말하여 이르되 보소서 우리는 죽게 되었나이다 망하게 되었나이다 다 망하게 되었나이다 [13]가까이 나아가는 자 곧 여호와의 성막에 가까이 나아가는 자마다 다 죽사오니 우리가 다 망하여야 하리이까

[17 : 12 – 13] 17 : 12~13은 성막에 가까이 나아가는 자마다 죽는 일이 발생함으로 인해 이스라엘 자손이 모세에게 하소연하게 된 사건을 기록하고 있다. 성막으로 사람이 가까이 나아갈 때 죽지 않게 하는 일에 관한 책임은 레위인들에게 맡겨진 중요한 일들 가운데 하나였다(8 : 19). 레위인은 하나님과 이스라엘 자손 사이의 중재 역할을 하는 사명을 맡은 사람들이었으나, 그들이

모세와 아론을 대적하였고, 결국 백성들에게 하나님의 심판이 임했던 사건이 16장에 기록되어 있다.

레위인이었던 고라의 반역으로 인하여 레위인들이 자신의 본래적인 책임과 역할을 제대로 할 수 없게 되었음은 당연한 결과라고 할 수 있다. 그리고 레위인들에게 임한 심판의 결과는 그들에게서만 끝난 것이 아니라 고스란히 이스라엘 자손들에게 이어졌다. 이스라엘 자손이 성소에 가까이 갈 때 그들에게 재앙이 임하지 않도록 해야 할 책임이 있는 사람들이 죄를 범하여 그 직무를 제대로 감당하지 못하자, 마치 하나님과 사람 사이의 완충지대가 허물어진 것처럼 성소에 가까이 가는 이스라엘 자손들이 죽는 재앙이 발생하였다.

설교를 위한 묵상

레위인들과 이스라엘 자손의 지도자들이 모세와 아론의 권위에 도전했던 일이 발생했을 때, 하나님께서 친히 개입하셔서 모세와 아론의 대적자들을 심판하심으로 이 사건은 일단락되었다. 민수기 16~17장의 말씀과 사건들은 하나님께서 세우신 모세와 아론을 대적하는 일은 곧 그들을 세우신 하나님을 대적하는 일과 다를 바 없다는 교훈을 주었다. 17장에 기록된 아론의 싹 난 지팡이는 그러한 교훈을 확증하는 표징이었음을 이야기하고 있다.

레위인과 백성의 지도자들이 범죄하였고, 그 영향은 백성 전체에 대한 하나님의 심판으로 이어졌으며, 모세와 아론이 하나님과 사람 사이에서 중보의 역할을 함으로써 하나님의 심판은 중지되었다. 하지만 여전히 남아 있는 문제가 있었다. 백성들이 성막에 가까이 가다가 죽음을 당하는 일들이 발생하였으며, 17장 마지막 부분에서는 이 문제에 대한 백성들의 호소를 기록하고 있다. 이 사건들의 과정을 보면서 한 공동체의 지도자들이 범죄하는 일은 개인적인 차원으로 끝나는 문제가 아니라 공동체 전체에 영향을 끼칠 수 있다는 구약의 죄에 대한 이해를 다시금 확인해 볼 수 있다. 죄는 개인의 문제가 아닌, 가족 공동체와 더 나아가 민족 공동체 전체에 영향을 끼치는 일이 될 수 있는 것이다.

또한 "죄란 무엇인가?"라는 물음을 가지고 민수기 17장의 마지막 부분에 기록된 사건을 바라보았을 때, 죄는 하나님과 사람 사이의 관계를 단절시키는 일임을 깨달을 수 있다. 그리고 이스라엘 백성과 하나님 사이에서 성막의 봉사를 하며, 제사를 돕는 역할을 했던 레위인의 범죄는 레위인으로 하여금 하나님과 사람 사이에 서서 성직의 일을 감당하며, 백성들이 성막에 접근하여 생명을 잃는 일을 막는 근본적인 책임을 더 이상 수행할 수 없게 만들었다는 사실도 발견할 수 있다. 민수기 17장을 통하여 죄란 어떤 사람이 지금까지 수행해 왔던 제 역할을 더 이상 감당하지 못하게 하는 것이라는 생각을 해 볼 수 있겠다.

그러므로 성직에 참여하는 모든 이들은 스스로를 삼가고, 절제하며, 죄의 유혹과 시험으로부터 자신을 지켜 가는, 깨어 있는 신앙의 삶을 살아가야 하겠다. 왜냐하면 진정한 권위는 하나님 앞에서 떳떳한 양심을 가지고 살아갈 때 나올 수 있기 때문이다. 그리고 교회의 다양한 직분들을 포함하여 모든 성직에 참여한 이들이 죄를 범하는 것은, 그 사람이 감당해야 할 영적인 책임과 임무를 제대로 감당할 수 없게 만드는 일이기에, 죄를 지은 그 사람들로 인하여 하나님과 그 공동체 전체의 관계가 손상을 입을 수도 있기 때문이다.

4. 제사장과 레위인의 관계와 직무(18 : 1-32)

1) 제사장과 레위인의 직무 회복과 관계 정립(18 : 1-7)

1여호와께서 아론에게 이르시되 너와 네 아들들과 네 조상의 가문은 성소에
대한 죄를 함께 담당할 것이요 너와 네 아들들은 너희의 제사장 직분에 대한
죄를 함께 담당할 것이니라 2너는 네 형제 레위 지파 곧 네 조상의 지파를 데
려다가 너와 함께 있게 하여 너와 네 아들들이 증거의 장막 앞에 있을 때 그

들이 너를 돕게 하라 [3]레위인은 네 직무와 장막의 모든 직무를 지키려니와 성
소의 기구와 제단에는 가까이 하지 못하리니 두렵건대 그들과 너희가 죽을까
하노라 [4]레위인은 너와 합동하여 장막의 모든 일과 회막의 직무를 다할 것이
요 다른 사람은 너희에게 가까이 하지 못할 것이니라 [5]이와 같이 너희는 성소
의 직무와 제단의 직무를 다하라 그리하면 여호와의 진노가 다시는 이스라엘
자손에게 미치지 아니하리라 [6]보라 내가 이스라엘 자손 중에서 너희의 형제
레위인을 택하여 내게 돌리고 너희에게 선물로 주어 회막의 일을 하게 하였
나니 [7]너와 네 아들들은 제단과 휘장 안의 모든 일에 대하여 제사장의 직분을
지켜 섬기라 내가 제사장의 직분을 너희에게 선물로 주었은즉 거기 가까이
하는 외인은 죽임을 당할지니라

[18 : 1-7] 16~17장은 레위인들이 반역하여 제사장의 직무까지 넘보던 일, 그에 대한 심판의 사건, 아론의 지팡이 사건, 반역한 레위인들에 대한 심판 이후에 성소에 가까이 하는 사람들이 죽는 일이 발생한 사건을 연속적으로 기록하였다. 이어지는 18 : 1~7은 성소와 제사장 직분에 관한 죄를 정리하고, 다시 하나님의 명령에 따라 제사장과 레위인의 관계가 재정립되는 내용으로 구성되어 있다.

① 죄의 문제에 관한 하나님의 명령
  ⓐ 성소에 대한 죄 – 제사장과 레위인이 함께 담당함. (아론과 그의 아들들과 그의 조상의 가문)
  ⓑ 제사장 직분에 대한 죄 – 제사장이 담당함. (아론과 그의 아들들)
② 직무와 관계 정립에 관한 하나님의 말씀
  ⓐ 제사장들이 증거의 장막 앞에 있을 때에, 레위인들이 함께 있어 제사장을 도움.
  ⓑ 레위인은 장막의 직무를 맡지만, 성소의 기구와 제단에는 가까이 하

지 못하며, 제사장과 합동하여 장막의 모든 일과 회막의 직무를 행함.

ⓒ 제사장과 레위인은 성소의 직무와 제단의 직무를 행함.

하나님께서는 레위인에게 제사장을 돕는 역할을 하도록 명령하셨고, 그에 관한 직무를 바르게 수행하지 못할 때에는 레위인뿐만 아니라 제사장까지도 죽을 수 있다는 경고를 하셨다(3절). 이 내용은 16장에서 레위인들이 반역하다가 심판을 받은 사건을 반영하는 내용에 해당한다. 그리고 레위인들만이 제사장들과 함께 있으면서 일을 도울 수 있고, 다른 사람은 가까이 올 수 없다는 말씀과(4절), 그들이 성소와 제단의 직무를 바르게 감당할 때에 여호와의 진노가 다시는 이스라엘 자손에게 내리지 아니할 것이라는 말씀은(5절), 17장 마지막 부분에 기록된 것처럼 성소에 가까이 가는 사람들이 죽었던 재앙의 사건을 반영하는 내용에 해당한다.

하나님께서는 레위인을 제사장들에게 선물로 주어 회막의 일을 하게 하셨으며, 제단과 휘장 안의 일을 하는 제사장들에게 제사장의 직분은 하나님의 선물(7절)이라는 말씀으로 레위인과 제사장의 직무와 관계에 관한 분명한 구분을 명시하셨다. 이로써 고라와 그의 무리가 반역한 사건으로 시작되었던 일련의 문제들이 일단락되었다.

신약에서는 "하나님은 무질서의 하나님이 아니시요 오직 화평의 하나님이시니라"(고전 14 : 33a)라는 말씀과 "모든 것을 품위 있게 하고 질서 있게 하라"(고전 14 : 40)라는 말씀으로 성령의 은사를 교회 안에서 행하는 일에 있어서도 질서가 중요함을 교훈하였다. 구약에서는 민수기 18 : 1~7의 본문이 성소의 직분과 질서와 권위의 문제를 교훈하고, 직분의 관계를 재정립한 말씀으로서 의의를 갖는다고 평가할 수 있다. 이러한 구약과 신약의 말씀들을 통해 하나님은 구약시대에도, 신약시대에도 공동체 내의 질서를 존중하시며, 사역자들 상호 간에 바른 관계를 원하시는 동일한 분임을 알 수 있다.

2) 제사장의 몫(18 : 8-20)

[8]여호와께서 또 아론에게 이르시되 보라 내가 내 거제물 곧 이스라엘 자손이
거룩하게 한 모든 헌물을 네가 주관하게 하고 네가 기름 부음을 받았음으로
말미암아 그것을 너와 네 아들들에게 영구한 몫의 음식으로 주노라 [9]지성물
중에 불사르지 아니한 것은 네 것이라 그들이 내게 드리는 모든 헌물의 모든
소제와 속죄제와 속건제물은 다 지극히 거룩한즉 너와 네 아들들에게 돌리리
니 [10]지극히 거룩하게 여김으로 먹으라 이는 네게 성물인즉 남자들이 다 먹을
지니라 [11]네게 돌릴 것은 이것이니 곧 이스라엘 자손이 드리는 거제물과 모든
요제물이라 내가 그것을 너와 네 자녀에게 영구한 몫의 음식으로 주었은즉
네 집의 정결한 자마다 먹을 것이니라 [12]그들이 여호와께 드리는 첫 소산 곧
제일 좋은 기름과 제일 좋은 포도주와 곡식을 네게 주었은즉 [13]그들이 여호와
께 드리는 그 땅의 처음 익은 모든 열매는 네 것이니 네 집에서 정결한 자마
다 먹을 것이라 [14]이스라엘 중에서 특별히 드린 모든 것은 네 것이 되리라 [15]여
호와께 드리는 모든 생물의 처음 나는 것은 사람이나 짐승이나 다 네 것이로
되 처음 태어난 사람은 반드시 대속할 것이요 처음 태어난 부정한 짐승도 대
속할 것이며 [16]그 사람을 대속할 때에는 난 지 한 달 이후에 네가 정한 대로 성
소의 세겔을 따라 은 다섯 세겔로 대속하라 한 세겔은 이십 게라이니라 [17]오직
처음 태어난 소나 처음 태어난 양이나 처음 태어난 염소는 대속하지 말지니
그것들은 거룩한즉 그 피는 제단에 뿌리고 그 기름은 불살라 여호와께 향기
로운 화제로 드릴 것이며 [18]그 고기는 네게 돌릴지니 흔든 가슴과 오른쪽 넓
적다리같이 네게 돌릴 것이니라 [19]이스라엘 자손이 여호와께 거제로 드리는
모든 성물은 내가 영구한 몫의 음식으로 너와 네 자녀에게 주노니 이는 여호
와 앞에 너와 네 후손에게 영원한 소금 언약이니라 [20]여호와께서 또 아론에게
이르시되 너는 이스라엘 자손의 땅에 기업도 없겠고 그들 중에 아무 분깃도
없을 것이나 내가 이스라엘 자손 중에 네 분깃이요 네 기업이니라

[18 : 8-20] 제사장은 이스라엘 자손의 땅을 기업으로 얻지 못한다. 그러나 하나님께서 그들의 분깃과 기업이시다(20절). 그러나 하나님께 드리는 모든 헌물은 제사장의 몫으로 돌아간다. 여기서 중요한 것은 제사장의 기업이 다른 지파 사람들로부터 제사장에게 직접 전달되는 급료의 형태가 아니라 하나님께 드려진 제물과 헌물로부터 받는 것이라는 점이다. 이는 제사장의 기업이 사람의 것이 아니라 하나님의 것이며, 제사장은 다른 사람들에게 고용된 것이 아니라 하나님께 속한 사람들임을 의미하는 것이다. 기름 부음 받은 제사장들에게 이스라엘 자손의 모든 헌물을 영구한 몫의 음식으로 준다는 말씀은 19절에서 '소금 언약'으로 표현되었다.

소금은 고대시대에 식품 방부제의 기능을 했다. 레위기 2 : 13에서는 소제물에 넣는 소금을 '언약의 소금'으로 표현하였고, 에스겔 43 : 24에서는 번제에 첨가하는 소금에 관하여 언급하였다. 소금은 영구불변성의 상징으로서 '소금 언약'이라는 말은 깨트릴 수 없는 계약을 의미하는 것이다(J. Milgrom, *Numbers*, 1990, p. 154). 제사장의 몫으로 돌아가는 제물에 관하여 기록한 8~19절 가운데 8절과 19절에서는 각각 거제를 제사장의 몫으로 언급하고, 영구한 몫이라는 동일한 표현을 사용하면서 이 규정의 시작과 끝을 상응하는 형태로 구성하였다. 20절은 전체 내용의 결론에 해당한다.

① 18 : 8 거제물, 이스라엘 자손이 거룩하게 한 모든 헌물, 영구한 몫

ⓐ 지성물 가운데 불사르지 아니한 것은 제사장의 것임.

ⓑ 소제, 속죄제, 속건제물 - 제사장과 그 아들들(남자들)

ⓒ 거제물, 요제물 - 제사장 집안의 정결한 자

ⓓ 첫 소산의 제일 좋은 기름과 포도주와 곡식 - 제사장 집안의 정결한 자

ⓔ 여호와께 드리는 모든 생물의 처음 난 것

- 처음 태어난 부정한 짐승도 대속함.
- 처음 태어난 사람은 1개월 이후에 정한 대로 성소의 세겔을 따라 은

5세겔로 대속함.

- 처음 태어난 소, 양, 염소는 대속하지 않음 : 피는 제단에 뿌리고, 기름은 화제로 드리고, 고기는 제사장이 취함.

② 18 : 19 거제, 이스라엘 자손이 여호와께 드리는 모든 성물, 영구한 몫 (영원한 소금 언약)

3) 레위인의 몫과 십일조(18 : 21-32)

(1) 레위인의 몫(18 : 21-24)

[21]내가 이스라엘의 십일조를 레위 자손에게 기업으로 다 주어서 그들이 하는
일 곧 회막에서 하는 일을 갚나니 [22]이후로는 이스라엘 자손이 회막에 가까이
하지 말 것이라 죄값으로 죽을까 하노라 [23]그러나 레위인은 회막에서 봉사하
며 자기들의 죄를 담당할 것이요 이스라엘 자손 중에는 기업이 없을 것이니
이는 너희 대대에 영원한 율례라 [24]이스라엘 자손이 여호와께 거제로 드리는
십일조를 레위인에게 기업으로 주었으므로 내가 그들에 대하여 말하기를 이
스라엘 자손 중에 기업이 없을 것이라 하였노라

[18 : 21-24] 레위인도 제사장처럼 이스라엘 자손 중에 기업이 없다. 하지만 레위인에게는 이스라엘 자손의 십일조를 기업으로 준다. 이스라엘 자손은 회막에 가까이 갈 수 없고, 레위인만이 회막에서 봉사할 수 있다. 이것은 이스라엘 자손이 자신의 죄 값으로 죽는 것을 방지하기 위한 것이다.

(2) 레위인의 십일조와 헌물(18 : 25-32)

[25]여호와께서 모세에게 말씀하여 이르시되 [26]너는 레위인에게 말하여 그에게
이르라 내가 이스라엘 자손에게 받아 너희에게 기업으로 준 십일조를 너희
가 그들에게서 받을 때에 그 십일조의 십일조를 거제로 여호와께 드릴 것이

라 27내가 너희의 거제물을 타작 마당에서 드리는 곡물과 포도즙 틀에서 드리
는 즙같이 여기리니 28너희는 이스라엘 자손에게서 받는 모든 것의 십일조
중에서 여호와께 거제로 드리고 여호와께 드린 그 거제물은 제사장 아론에
게로 돌리되 29너희가 받은 모든 헌물 중에서 너희는 그 아름다운 것 곧 거룩
하게 한 부분을 가져다가 여호와께 거제로 드릴지니라 30이러므로 너는 그들
에게 이르라 너희가 그중에서 아름다운 것을 가져다가 드리고 남은 것은 너
희 레위인에게는 타작 마당의 소출과 포도즙 틀의 소출같이 되리니 31너희와
너희의 권속이 어디서든지 이것을 먹을 수 있음은 이는 회막에서 일한 너희
의 보수임이니라 32너희가 그중 아름다운 것을 받들어 드린즉 이로 말미암아
죄를 담당하지 아니할 것이라 너희는 이스라엘 자손의 성물을 더럽히지 말
라 그리하여야 죽지 아니하리라

[18 : 25-32] 레위인은 이스라엘 자손의 십일조를 몫으로 받지만, 그 가운데 십일조는 거제로 여호와께 드리도록 규정한다. 레위인도 제사장들처럼 성물을 먹을 수 있는 구별된 사람이었다. 그러나 이스라엘 자손의 성물을 더럽혀서는 안 된다는 책임도 함께 주어졌다(32절).

① 거제로 드린 십일조는 다시 아론의 몫으로 돌림.
② 레위인이 받은 모든 헌물의 아름다운 것, 곧 거룩하게 한 부분을 여호와께 거제로 드림.

레위인은 회막의 일을 하고, 다른 생산 활동을 하지 않는다. 하지만 하나님께서는 레위인의 거제물을 타작 마당에서 드리는 곡물과 포도즙 틀에서 드리는 즙같이 여길 것이라고 말씀해 주셨다(27절). 또한 레위인들이 회막에서 일한 정당한 보수로 받는 헌물은 다른 지파 사람들에게 있어서 '타작 마당의 소출'과 '포도즙 틀의 소출'에 해당하는 것이기도 하다(30절).

민수기 17장 마지막 부분에서는 성막에 가까이 접근하는 사람들이 연속적으로 죽는 문제가 발생하였고, 이에 대하여 백성들이 고통을 호소하였다는 내용으로 끝을 맺었다. 18장은 16~17장과 이어지는 본문으로서 제사장과 레위인의 올바른 관계와 직무에 관한 율법들을 기록하고 있다. 제사장과 레위인들의 관계가 바르게 설정되고, 그들의 직무에 따른 책임이 바르게 이행될 때, 하나님의 진노가 그 공동체에 임하지 않을 것이라는 내용을 기록하고 있다.

이들은 오늘날로 말하면 성직자와 교회의 직분자들에 해당하는 사람들이라고 할 수 있다. 교회의 목사, 부목사, 전도사(교역자)와 장로, 권사, 집사(직분자)의 관계, 직무의 원리, 정신에 관한 가르침을 이 말씀들 가운데서 찾을 수 있다. 교회의 직분과 그 직분에 따른 권위는 자연스러운 결과일 수 있다. 그러나 권위가 권력으로 변질되고, 직분이 직위와 계급으로 변하게 될 때 교회는 건강한 모습을 잃어버릴 수 있다. 민수기 18 : 6~7에서 레위인은 여호와께서 제사장에게 주는 선물이며, 제사장의 직분 역시 하나님께서 주신 선물이라는 표현을 사용하여 제사장과 레위인의 관계와 성막과 제단의 봉사를 하는 성직의 정체성을 밝혀 주고 있다.

하나님의 일을 할 수 있는 모든 직분이 사람의 능력과 필요에 의해 만들어지거나 시작된 것이 아니라 하나님께로 말미암는 하나님의 선물이라면, 이 성직에 포함된 교회의 모든 직분은 사람의 권력으로 남용될 수 없는 것이다. 교회 안에서 직분을 맡은 사람은 그 직분이 그에게 주어진 선물임을 깨닫고, 자신의 유익을 구하는 데에 사용하는 것이 아니라 다른 사람의 유익을 위하여 그 직분을 감당하여야 한다. 직분자의 책임과 직무를 올바르게 잘 감당할 때, 그 사람은 한 걸음 더 나아가 그 교회 공동체와 성도들에게 하나님께서 주신 '선물'과 같은 사람으로 살아갈 수 있다.

직분자들은 하나님의 '선물'로서 정체성을 회복하고, 그러한 정체성에 걸맞은 삶을 살아가야 하겠다. 서로 협력하여 선행을 격려하고, 하나님을 사랑하며, 이웃을 사랑하는 성도의 삶 속에서 하나님의 선물 된 직분자들의 정체성이 가장 잘 드러날 수 있을 것이다.

5. 부정을 씻는 물과 시체를 만진 사람을 위한 정결법(19 : 1-22)

1) 부정을 씻는 물(19 : 1-10)

[1]여호와께서 모세와 아론에게 말씀하여 이르시되 [2]여호와께서 명령하시는 법
의 율례를 이제 이르노니 이스라엘 자손에게 일러서 온전하여 흠이 없고 아
직 멍에 메지 아니한 붉은 암송아지를 네게로 끌어오게 하고 [3]너는 그것을 제
사장 엘르아살에게 줄 것이요 그는 그것을 진영 밖으로 끌어내어서 자기 목
전에서 잡게 할 것이며 [4]제사장 엘르아살은 손가락에 그 피를 찍고 그 피를
회막 앞을 향하여 일곱 번 뿌리고 [5]그 암소를 자기 목전에서 불사르게 하되
그 가죽과 고기와 피와 똥을 불사르게 하고 [6]동시에 제사장은 백향목과 우슬
초와 홍색 실을 가져다가 암송아지를 사르는 불 가운데에 던질 것이며 [7]제사
장은 자기의 옷을 빨고 물로 몸을 씻은 후에 진영에 들어갈 것이라 그는 저녁
까지 부정하리라 [8]송아지를 불사른 자도 자기의 옷을 물로 빨고 물로 그 몸을
씻을 것이라 그도 저녁까지 부정하리라 [9]이에 정결한 자가 암송아지의 재를
거두어 진영 밖 정한 곳에 둘지니 이것은 이스라엘 자손 회중을 위하여 간직
하였다가 부정을 씻는 물을 위해 간직할지니 그것은 속죄제니라 [10]암송아지
의 재를 거둔 자도 자기의 옷을 빨 것이며 저녁까지 부정하리라 이는 이스라
엘 자손과 그중에 거류하는 외인에게 영원한 율례니라

[19 : 1-10] 민수기 19장은 속죄를 위한 정결예식에서 사용하는 재를 만드는 규정과 시체를 접촉한 사람을 정결하게 하는 규정에 관한 것이다. 그 내용은 각각 1~10절과 11~22절의 두 부분에 수록되어 있다. 하나님의 속성 가운데 하나는 거룩함이다. 레위기 19 : 2에서는 하나님이 거룩하신 분이기 때문에 하나님의 백성인 이스라엘도 거룩해야 한다고 교훈하고 있다. 물로 씻는 의식은 사람들을 정결하게 하고 거룩하게 구별하는 절차 가운데 하나였다. 민

수기 19 : 1~10의 본문은 사람들의 부정을 씻기 위한 물을 준비하는 상세한 규정들을 기록하였다.

① 온전하여 흠이 없고 아직 멍에 메지 아니한 붉은 암송아지를 끌어옴.
② 제사장 엘르아살이 붉은 암송아지를 진영 밖으로 끌고 가서 잡음.
③ 제사장 엘르아살이 그 피를 손가락에 찍어 회막 앞을 향해 7번 뿌림.
④ 암소를 불사름 : 가죽, 고기, 피, 똥을 불사르면서 백향목, 우슬초, 홍색 실을 던져 넣음.
⑤ 제사장과 송아지를 불사른 자도 자기 옷을 빨고 물로 몸을 씻음 : 저녁까지 부정함.
⑥ 정결한 자가 암송아지의 재를 거두어 진영 밖 정한 곳에 보관함(속죄제).
⑦ 재를 거둔 자도 자기 옷을 빨아야 함 : 저녁까지 부정함.

이러한 절차를 거쳐 만들어진 암송아지의 재는 회중의 죄를 속죄하기 위하여 보관하였다가, 부정함을 씻는 물을 만드는 데 사용하려고 준비하는 것이다(9절). 이 규정도 이스라엘 자손과 그들 가운데 거류하는 타국인에게도 동일하게 적용되는 영원한 율례이다. 〈개역개정〉 성경은 9절의 히브리어 '하타아트'를 '속죄제'로 번역하였으나, 〈표준새번역〉에서는 '죄를 속하려 할 때에'라는 말로 번역하여 직접적인 용어를 사용하기보다는 그 의미를 드러내 주었다. 한편 이 용어를 부정을 벗기는 제사라는 의미로 '정결제'라고 번역할 것을 주장하는 이들도 있다(J. Milgrom, *Numbers*, 1990, p. 160 ; 왕대일, 「민수기」, 2007, p. 439. 참조).

하지만 이 제사는 피를 뿌려 정결하게 하는 의식과 피를 사용하지 않는 의식을 포함하는 포괄적인 제의로서 단순한 정화의 의미만이 아니라 사람의 죄 문제를 해결하기 위한 분명한 목적을 가지고 있었다(레 4장). 그러므로 사람의 죄 문제와 관련된 경우에 히브리어 '하타아트'를 '정결제'보다는 '속죄제'로 번역하는 것이 더 적절하다고 본다(김진명, "레 16장 : 속죄일의 속죄와 성결 의식," 목회와신학 편집부, 「레위기 : 어떻게 설교할 것인가」 두란노 HOW주석, 2009, pp. 299-301).

2) 시체를 만진 사람을 위한 정결법(19 : 11-22)

11사람의 시체를 만진 자는 이레 동안 부정하리니 12그는 셋째 날과 일곱째 날에 잿물로 자신을 정결하게 할 것이라 그리하면 정하려니와 셋째 날과 일곱째 날에 자신을 정결하게 하지 아니하면 그냥 부정하니 13누구든지 죽은 사람의 시체를 만지고 자신을 정결하게 하지 아니하는 자는 여호와의 성막을 더럽힘이라 그가 이스라엘에서 끊어질 것은 정결하게 하는 물을 그에게 뿌리지 아니하므로 깨끗하게 되지 못하고 그 부정함이 그대로 있음이니라 14장막에서 사람이 죽을 때의 법은 이러하니 누구든지 그 장막에 들어가는 자와 그 장막에 있는 자가 이레 동안 부정할 것이며 15뚜껑을 열어 놓고 덮지 아니한 그릇은 모두 부정하니라 16누구든지 들에서 칼에 죽은 자나 시체나 사람의 뼈나 무덤을 만졌으면 이레 동안 부정하리니 17그 부정한 자를 위하여 죄를 깨끗하게 하려고 불사른 재를 가져다가 흐르는 물과 함께 그릇에 담고 18정결한 자가 우슬초를 가져다가 그 물을 찍어 장막과 그 모든 기구와 거기 있는 사람들에게 뿌리고 또 뼈나 죽임을 당한 자나 시체나 무덤을 만진 자에게 뿌리되 19그 정결한 자가 셋째 날과 일곱째 날에 그 부정한 자에게 뿌려서 일곱째 날에 그를 정결하게 할 것이며 그는 자기 옷을 빨고 물로 몸을 씻을 것이라 저녁이면 정결하리라 20사람이 부정하고도 자신을 정결하게 하지 아니하면 여호와의 성소를 더럽힘이니 그러므로 회중 가운데에서 끊어질 것이니라 그는 정결하게 하는 물로 뿌림을 받지 아니하였은즉 부정하니라 21이는 그들의 영구한 율례니라 정결하게 하는 물을 뿌린 자는 자기의 옷을 빨 것이며 정결하게 하는 물을 만지는 자는 저녁까지 부정할 것이며 22부정한 자가 만진 것은 무엇이든

지 부정할 것이며 그것을 만지는 자도 저녁까지 부정하리라

[19 : 11-22] 구약에서 죽음은 창조의 질서에 반대되는 세력이나 생명에 반대되는 것 혹은 생물학적인 정지로 이해되기도 하였다. 죽음은 하나님의 질서에 속한 자연스러운 일부분으로서 이해되고 용납되었으나 생물학적인 정지보다는 훨씬 더 파급력이 있는 것으로 사람들에게 경험되었다(Kent H. Richards, "Death," *The Anchor Bible Dictionary〈ABD〉*, vol. 2, 1992, pp. 108-110). 민수기 19장에서는 시체를 만진 사람이 7일간 부정하며, 셋째 날과 일곱째 날에 잿물로 자신을 정결하게 해야 한다고 규정하였다. 그렇지 않으면 그 사람은 부정하여 여호와의 성막을 더럽히게 되기 때문이다. 13절에서는 자신의 부정함을 정결하게 하지 않는 사람은 이스라엘에서 끊어지게 된다는 징벌의 내용을 명시하고 있다.

장막에서 사람이 죽을 경우에 장막에 들어가는 사람과 그 장막에 있던 사람이 함께 7일간 부정하며, 뚜껑을 열어 놓고 덮지 아니한 모든 그릇도 부정하다. 또한 들에서 칼에 죽은 사람, 시체, 사람의 뼈, 무덤을 만졌을 경우에도 그 사람은 7일간 부정하다.

13절의 부정한 사람에 관한 경고 내용은 20절에서 다시 한 번 반복되었다. 정결하게 하는 물로 뿌림을 받지 않은 사람은 부정하며, 그 사람이 만진 것은 무엇이든지 부정하고, 그렇게 부정해진 것을 만진 자도 저녁까지 부정하다. 정결하게 하는 물을 뿌린 자는 자기 옷을 빨아야 하고, 정결하게 하는 물을 만지는 자도 저녁까지 부정하다.

이러한 규정들은 부정함이 마치 전염병처럼 전염성이 있는 것으로 규정하는 특징을 볼 수 있다. 이것은 달리 표현하면 죄와 부정함의 문제가 개개인의 개별적인 문제가 아니라, 공동체 전체의 차원과 연결된 것임을 말한다고 해석할 수 있다. 이는 죄와 부정함의 문제가 구약에서 그만큼 신중하게 다루어졌음을 보여 주는 것이다.

설교를 위한 묵상

사람이 거룩하신 하나님 앞에서 어떻게 깨끗하고 정결한 모습으로 설 수 있을까? 레위기는 제사에 관한 규정들 외에도 정결예식에 관련된 많은 율법들을 설명하고 있다. 레위기 제사 규정들 가운데 속죄제에 관한 율법은 사람의 죄를 속하기 위한 제사에 관한 것이며, 레위기 16장에서는 대속죄일 규정을 통하여 이스라엘 자손들의 죄를 염소에 전가시켜 사람들의 죄 문제를 해결하는 방법을 보여 주었다. 레위기 17 : 11에서는 피에 생명이 있으므로 피로 죄를 속할 수 있다고 설명하였다. 민수기 19장에서는 속죄를 위하여 정결하게 하는 물을 만드는 규정을 기록하였으며, 이어지는 시체 만진 자를 정결하게 하는 예식의 규정에서도 주로 물을 사용한다고 기록하였다.

민수기 19장의 규정들에서 주목할 만한 내용은 '물'로 사람과 기구와 의복을 정결하게 한다는 규정과, 그 규정에서 저녁까지와 3일과 7일이라는 시간적인 요건도 함께 준수해야 한다는 점이다. 그러므로 민수기에서 '정결하게 한다'는 것은 단순히 물리적인 깨끗함의 차원이 아니라, 율법으로 정한 하나님의 말씀을 지킴으로써 이루어지는 영적이고 종교적인 차원의 깨끗함이라는 사실을 확인할 수 있다.

민수기 19장이 제의적이며 종교적인 정결함과 깨끗함에 관하여 이야기하고 있다면, 시편 24 : 3 이하의 본문에서는 이와는 조금 다르게 깨끗함의 주제를 언급한다. "여호와의 산에 오를 자가 누구며, 그의 거룩한 곳에 설 자가 누구인가?" 이 물음에 대한 응답은 4절에 이어지고 있다. "곧 손이 깨끗하며, 마음이 청결하며, 뜻을 허탄한 데에 두지 아니하며, 거짓 맹세하지 아니하는 자로다." 시편 24편의 본문에서는 제의적인 차원보다는 일상의 삶에 관련된 마음과 행실의 문제로 깨끗함의 주제를 다루고 있다고 볼 수 있다.

이사야 1 : 10~17에서는 제의적인 정결함이 사회적인 정의의 문제와 분리된 것이 아님을 선포하는 예언자의 목소리를 들을 수 있다. 구약 전체의 맥락에서 다시 이 정결함의 주제를 살펴본다면, 레위기의 피를 통한 속죄와 민수기의 속죄를 위한 물, 물로 정결하게 하는 의식, 일상의 행실과 사회적 정의를 통한 정결함의 주제들은 모두 하나님께 속한 백성들을 하나님 앞에 올바르게 설 수 있도록 하기 위한 내용들임을 이해할 수 있다.

세례 요한이 요단강에서 죄 사함을 받게 하는 회개의 세례를 전파하고 물로 세례를 주었다는 사건도(막 1 : 4, 8), 예수님께서 사람이 물과 성령으로 거듭나야 하나님 나라에 들어갈 수 있다고 해 주셨던 말씀도(요 3 : 5) 민수기 19장의 정결 규정을 비롯한 구약의 말씀들을 통하여 이해에 도움을 얻을 수 있는 부분들이 있다. 물이 사람을 정결하게 하고, 속죄하는 예식에 사용되었던 전통은 구약에 뿌리를 두고 있는 의식들이었다. 이처럼 구약과 신약의 규정들과 풍습들은 그 전체적인 맥락 속에서 파악할 때에 보다 명확하고 풍성한 이해를 얻을 수 있는 경우들이 있다.

이 내용들을 통하여 하나님은 일관되고 지속적으로 하나님 앞에 나아오는 사람이 정결하고, 깨끗하고, 거룩해야 할 것을 요구하고 계신다는 사실을 알 수 있다. 이는 영적이고, 윤리적이며, 사회적인 차원을 모두 포함하는 정결함에 대한 요구이고, 성경의 책과 그 시대에 따라 강조점이 달라지는 경우를 발견할 수 있지만, 이 말씀을 명하시는 하나님은 구약과 신약의 시대를 거쳐 영원히 동일하신 분임을 깨닫는다.

6. 광야 여정, 그 이후 – 미리암의 죽음, 모세의 범죄, 아론의 죽음 (20 : 1–29)

1) 미리암의 죽음(20 : 1)

[1]첫째 달에 이스라엘 자손 곧 온 회중이 신 광야에 이르러 백성이 가데스에 이르더니 미리암이 거기서 죽으매 거기에 장사되니라

[20 : 1] 출애굽 40년 1월에 이스라엘 자손은 신 광야에 이르러, 가데스에 거하였다. 19장과 20장 사이에는 성경에 기록되지 않은 시간상의 간격이 존재한다. 따라서 지난 수십 년의 역사를 성경의 독자들은 알 수 없다. 1절의 이어지는 본문은 미리암의 죽음과 장사 지냄에 관하여 매우 단순하게 기록하

고 있다. 그러나 미리암은 출애굽과 광야 시대의 중요한 지도자였으며, 그의 죽음 역시 중요한 의미를 갖고 있다. 미리암은 모세와 아론의 누이였으며, 최초로 선지자의 칭호를 받은 여성으로 구약에 기록된 인물이었다(출 15 : 20). 출애굽 당시 홍해를 건넌 직후에 미리암이 불렀던 노래가 출애굽기 15 : 21에 기록되어 있다.

미리암은 하나님의 백성 가운데 세워진 지도자들의 위치에 여성이 부름 받았음을 보여 주는 본보기가 되었다. 하지만 동시에 그러한 지도자들도 실패할 수 있음을 보여 주는 본보기이기도 했다(민 12 : 1 – 16). 미리암의 죽음은 광야 시대의 여정과 역사의 과정에서 죄로 인한 출애굽 제1세대의 '죽음'이 포함되어 있음을 다시금 확인시켜 주는 사건이기도 했다(14 : 35 ; David L. Stubbs, *Numbers*, 2009, pp. 157 – 158).

2) 반석의 물과 모세의 범죄(20 : 2 – 13)

2회중이 물이 없으므로 모세와 아론에게로 모여드니라 3백성이 모세와 다투어
말하여 이르되 우리 형제들이 여호와 앞에서 죽을 때에 우리도 죽었더라면 좋
을 뻔하였도다 4너희가 어찌하여 여호와의 회중을 이 광야로 인도하여 우리와
우리 짐승이 다 여기서 죽게 하느냐 5너희가 어찌하여 우리를 애굽에서 나오
게 하여 이 나쁜 곳으로 인도하였느냐 이곳에는 파종할 곳이 없고 무화과도
없고 포도도 없고 석류도 없고 마실 물도 없도다 6모세와 아론이 회중 앞을 떠
나 회막 문에 이르러 엎드리매 여호와의 영광이 그들에게 나타나며 7여호와께
서 모세에게 말씀하여 이르시되 8지팡이를 가지고 네 형 아론과 함께 회중을
모으고 그들의 목전에서 너희는 반석에게 명령하여 물을 내라 하라 네가 그
반석이 물을 내게 하여 회중과 그들의 짐승에게 마시게 할지니라 9모세가 그
명령대로 여호와 앞에서 지팡이를 잡으니라 10모세와 아론이 회중을 그 반석
앞에 모으고 모세가 그들에게 이르되 반역한 너희여 들으라 우리가 너희를 위

하여 이 반석에서 물을 내라 하고 [11]모세가 그의 손을 들어 그의 지팡이로 반석을 두 번 치니 물이 많이 솟아나오므로 회중과 그들의 짐승이 마시니라 [12]여호와께서 모세와 아론에게 이르시되 너희가 나를 믿지 아니하고 이스라엘 자손의 목전에서 내 거룩함을 나타내지 아니한 고로 너희는 이 회중을 내가 그들에게 준 땅으로 인도하여 들이지 못하리라 하시니라 [13]이스라엘 자손이 여호와와 다투었으므로 이를 므리바 물이라 하니라 여호와께서 그들 중에서 그 거룩함을 나타내셨더라

[20 : 2-13] 이스라엘 자손의 회중은 물이 없음을 인하여 또다시 모세와 아론에게 불평하며 원망하였다. 그들이 했던 원망의 내용을 살펴보면, 단순히 목마름으로 인한 생리적인 고통의 호소가 아니었음을 알 수 있다. 먼저 이스라엘 자손들은 모세와 아론이 '여호와의 회중'을 애굽에서 나오게 한 것과 광야로 인도한 것을 불평한다(4－5절). 그들은 광야를 '나쁜 곳'이라고 칭하였으며, 그 이유를 다음과 같이 열거하였다(5절).

① 파종할 곳이 없음.
② 무화과도 없음.
③ 포도도 없음.
④ 석류도 없음.
⑤ 마실 물도 없음.

무화과와 포도는 하박국 선지자의 기도에서 언급된 농산물들이기도 하다. 하박국 선지자는 전쟁의 소식을 들으면서 하나님께 기도를 드렸고, "비록 무화과나무가 무성하지 못하며 포도나무에 열매가 없으며 감람나무에 소출이 없으며…… 나는 여호와로 말미암아 즐거워하며 나의 구원의 하나님으로 말미암아 기뻐하리로다"(합 3 : 17－18)라고 고백하였다. 그러나 광야에

서의 40여 년 세월이 흘러도, 출애굽했던 이스라엘 자손들에게서는 오직 구원의 하나님으로 말미암아 기뻐할 수 있는 신앙의 성숙함이 여전히 나타나지 않았다. 그들은 그들에게 있는 것보다 없는 것을 요구하였고, 아직도 출애굽 사건을 원망하고 있었다. 이것은 단순한 고통의 호소와 불평이 아니라, 하나님의 구원사역 자체를 부정하는 패역과 반역의 죄였다.

하지만 하나님께서는 그들을 꾸짖으신 것이 아니라, 모세로 하여금 반석에게 명하여 물을 내게 하라고 말씀하셨다(7-8절). 모세는 회중을 모으고, 그의 지팡이로 반석을 두 번 쳐서 물을 내어 회중과 짐승들이 마시게 하였다. 그런데 이 일은 단순하게 마무리되지 않았다. 하나님께서는 모세와 아론에게 진노하셨으며, 그들이 하나님을 믿지 아니하였고 하나님의 거룩함을 이스라엘 자손들 앞에서 나타내지 아니하였기 때문에 가나안 땅에 들어갈 수 없다는 말씀으로 심판에 해당하는 선언을 하셨다. 이 이야기는 백성의 갈증 해소라는 '문제 해결'과 모세와 아론의 심판이라는 '계시'의 두 가지 성격을 동시에 가지고 있다(Daniel Marguerat and Yvan Bourquin, *How to Read Bible Stories*, 1999, p. 161).

민수기와 신명기의 본문들(민 27 : 12-14 ; 신 32 : 48-52)에서는 하나님께서 모세로 하여금 가나안 땅에 들어갈 수 없다고 말씀하신 이유를 모세가 범죄하였기 때문이라고 밝히고 있지만(신 32 : 51), 신명기에서 모세는 이 사건을 다시 언급하면서 "여호와께서 너희 때문에 내게도 진노하사 이르시되 너도 그리로 들어가지 못하리라"(신 1 : 37 ; 3 : 26)라고 말하였고, 여기서 모세는 자신의 죄를 고백하기보다는 백성의 죄에 대한 연대책임이라는 관점에서 자신이 가나안 땅에 들어가지 못하게 되었던 이유를 설명하고자 시도하였다.

이 문제에 여러 가지 해석들이 제시되어 왔다. 모세의 불같은 성질 때문이라는 설명과 모세가 백성들이 원했던 바위와는 다른 바위를 쳤기 때문이라는 해석도 있었으며(J. Milgrom, *Numbers*, 1990, p. 448), 모세가 바위를 칠 때에 한 번이 아니라 두 번 쳤음에 잘못이 있다고 해석했던 이도 있었고, 이 본문은 지도자 모세의 죄를 잘 드러나지 않도록 하기 위하여 애매하게 설명하였기 때문에 민수기 20장에서는 모세의 죄를 구체적으로 찾아내기가 어렵다고 해석한 이도 있었다. 혹은 '우리' 라는 표현에서 볼 수 있듯이 모세가 기적적인 사건의 능력을 자기 자신과 아론에게 돌린 것으로 볼 수 있다는 해석도 있다(John A. Beck, "Why did Moses strike out? The Narrative-Geographical shaping of Moses' disqualification in Numbers 20 : 1-13," *The Westminster Theological Journal〈WTJ〉*, vol. 65, 2003, pp. 136-137). 따라서 이 일에 대해 "토라 가운데 가장 난해한 사건"이라는 평가가 나오는 것도 무리는 아니라는 평가를 할 수 있다(Eugene J. Arden, "How Moses Failed God," *JBL* 76, 1957, p. 50. 참조).

벡(John A. Beck)은 민수기 20 : 8에서 '반석' 을 표현하는 데 사용된 히브리어 '셀라' 가 출애굽기 17 : 6의 '쭈르' (반석)처럼 단단한 암석을 나타내거나, 혹은 일반적인 바위를 뜻하는 '에벤' 과는 다른 용어라는 사실에 주목하였다. 그는 신 광야의 지리적인 특성상, 석회암 지층에 흐르던 지하수는 모세가 지팡이로 쳤을 경우에 석회암이 깨어지면서 물이 나올 수 있었던 상황이었음을 지적하였다. 하나님의 명령대로 모세가 '반석에게 명령하여' (8절) 물이 나오도록 하는 것은 하나님의 영광을 드러내는 기적일 수 있지만, 그 지역에서 지팡이로 반석을 쳐서 물을 내는 일은 자연적인 현상일 수 있다는 설명이다.

즉, 출애굽기 17 : 6의 호렙산 반석('쭈르')에서 "너는 그 반석을 치라"라는 하나님의 명령에 순종하여 모세가 반석을 쳐서 물을 낸 것은 하나님의 영광을 나타내는 기적일 수 있지만, 민수기 20장의 반석('셀라')은 호렙산의 반석과는 전혀 다른 종류였기 때문에, 여기서는 반석에게 명령하여 물을 냄으로써 하나님의 영광을 나타낼 수 있었다는 것이다. 따라서 민수기 20장에서 모세가 지팡이로 반석을 친 행위는 분명히 반석에게 명령하여 물을 내게 하라고 하셨던 하나님의 말씀을 어긴 것이었으며, 결국은 모세의 불신앙적인 면을 드러낸 행위였다고 해석하였다(John A. Beck, "Why did Moses strike out? The Narrative-Geographical shaping of Moses' disqualification in Numbers 20 : 1-13," *WTJ*, vol. 65, 2003, pp. 138-141).

분명한 사실은 이 사건으로 인하여 결국 출애굽 제1세대에 속한 모든 이들과 함께 모세도 가나안 땅에 들어갈 수 없게 되었다는 것이다. 이 단락의 이야기는 그 장소의 이름을 '다툼'이라는 뜻의 '므리바' 물이라고 부르게 되었으며, 그 이유는 이스라엘 자손이 여호와와 다투었기 때문이라는 설명으로 마무리되었다.

3) 에돔 지역 우회(20 : 14-21)

14모세가 가데스에서 에돔 왕에게 사신을 보내며 이르되 당신의 형제 이스라
엘의 말에 우리가 당한 모든 고난을 당신도 아시거니와 15우리 조상들이 애굽
으로 내려갔으므로 우리가 애굽에 오래 거주하였더니 애굽인이 우리 조상들
과 우리를 학대하였으므로 16우리가 여호와께 부르짖었더니 우리 소리를 들으
시고 천사를 보내사 우리를 애굽에서 인도하여 내셨나이다 이제 우리가 당신
의 변방 모퉁이 한 성읍 가데스에 있사오니 17청하건대 우리에게 당신의 땅을
지나가게 하소서 우리가 밭으로나 포도원으로 지나가지 아니하고 우물물도
마시지 아니하고 왕의 큰길로만 지나가고 당신의 지경에서 나가기까지 왼쪽
으로나 오른쪽으로나 치우치지 아니하리이다 한다고 하라 하였더니 18에돔 왕
이 대답하되 너는 우리 가운데로 지나가지 못하리라 내가 칼을 들고 나아가
너를 대적할까 하노라 19이스라엘 자손이 이르되 우리가 큰길로만 지나가겠고
우리나 우리 짐승이 당신의 물을 마시면 그 값을 낼 것이라 우리가 도보로 지
나갈 뿐인즉 아무 일도 없으리이다 하나 20그는 이르되 너는 지나가지 못하리

라 하고 에돔 왕이 많은 백성을 거느리고 나와서 강한 손으로 막으니 [21]에돔 왕이 이같이 이스라엘이 그의 영토로 지나감을 용납하지 아니하므로 이스라엘이 그들에게서 돌이키니라

[20 : 14–21] ※ 316쪽 자료 참고 모세는 가데스에서 에돔 왕에게 기별을 하여 이스라엘 자손이 에돔 땅을 통과하는 것을 허락해 달라는 요청을 하였다. 14절에서 모세가 에돔 왕에게 사신을 보내면서 이스라엘 자손을 '당신의 형제' 라고 표현한 것을 보면, 출애굽 당시만 해도 이스라엘 자손들이 야곱의 후손으로서 에서의 후손인 에돔 사람들에게 혈연적인 유대감을 가지고 있었음을 알 수 있다. 그러나 에돔 왕은 거절의 의사를 분명히 밝혔고, 많은 백성을 데리고 나와 이스라엘 자손들이 가야 할 길을 막았기 때문에, 모세와 이스라엘 자손은 우회하여 길을 진행하였다.

17절에 언급된 '왕의 큰길' 은 해안도로(사 9 : 1), 수르 광야 길(창 16 : 7), 중앙산간도로, 아모리 산지 길(신 1 : 19), 요단 계곡의 평야 길(삼하 18 : 23) 등과 함께 가나안 지역의 남북을 연결하는 도로들 가운데 하나이다. '왕의 큰길' 은 민수기 21 : 22에서도 언급되고 있으며, 아라비아로부터 향료가 들어오는 국제교역로였다. 이 길은 요단 동편의 길로서 홍해의 엘랏–에돔–모압의 길하레셋–디본–헤스본–랍바 암몬–아스다롯–다메섹으로 이어지며, 가나안 지역을 메소포타미아에서 이집트까지 연결해 주는 고대 중동 세계의 중요한 도로였다(강사문 외 3인 공저, 「구약성서개론」, 2002, pp. 99–108).

결국 에돔 사람들에 의해 길이 막힌 이스라엘 백성은 왕의 큰길을 통과하지 못하고, 모압 광야 길로 갈 수밖에 없었다(신 2 : 8). 이런 일을 경험하게 되었을 때, 광야의 메마름과 더위와 물 부족의 모든 물리적인 환경의 어려움보다도, 형제처럼 여겼던 사람들에게 거절당한 그 심리적인 상실감이 이스라엘 사람들의 발걸음을 더 무겁게 만들었을 것이다.

4) 아론의 죽음(20 : 22 - 29)

[22]이스라엘 자손 곧 온 회중이 가데스를 떠나 호르 산에 이르렀더니 [23]여호와
께서 에돔 땅 변경 호르 산에서 모세와 아론에게 말씀하시니라 이르시되 [24]아
론은 그 조상들에게로 돌아가고 내가 이스라엘 자손에게 준 땅에는 들어가지
못하리니 이는 너희가 므리바 물에서 내 말을 거역한 까닭이니라 [25]너는 아론
과 그의 아들 엘르아살을 데리고 호르 산에 올라 [26]아론의 옷을 벗겨 그의 아
들 엘르아살에게 입히라 아론은 거기서 죽어 그 조상에게로 돌아가리라 [27]모
세가 여호와의 명령을 따라 그들과 함께 회중의 목전에서 호르 산에 오르니라
[28]모세가 아론의 옷을 벗겨 그의 아들 엘르아살에게 입히매 아론이 그 산 꼭대
기에서 죽으니라 모세와 엘르아살이 산에서 내려오니 [29]온 회중 곧 이스라엘
온 족속이 아론이 죽은 것을 보고 그를 위하여 삼십 일 동안 애곡하였더라

[20 : 22-29] 이스라엘 자손이 가데스에서 출발하여 에돔 땅 변경에 위치한 호르산에 이르렀다. 하나님께서는 아론을 대신하여 그의 아들 엘르아살을 제사장으로 세우도록 하셨다. 모세는 아론의 옷을 엘르아살에게 입혔고, 아론은 호르산 꼭대기에서 죽음을 맞이하였다. 이스라엘 자손은 30일 동안 아론을 위하여 애곡하였다. 24절에서도 아론이 가나안 땅에 들어가지 못하고 죽음을 맞이하게 된 것은 므리바 물에서 하나님의 말씀을 거역하였기 때문이라고 언급하고 있다.

아론의 죽음은 거룩한 직분을 맡은 제사장일지라도 죄에 대한 책임에서 자유로울 수 없음을 보여 준다. 동시에 그의 아들 엘르아살이 제사장직을 승계하였다는 점은 아론과 이스라엘 자손들의 범죄와 하나님의 심판에도 불구하고 하나님과 이스라엘 자손의 관계는 폐기되지 않았으며, 여전히 다음 세대로 지속되고 있음을 알려 준다. 민수기 20장에 기록된 미리암과 아론의 죽음의 순서와 신명기 34장의 모세의 죽음에 관한 기록 순서는 '미리암-아

론 – 모세'로 이어진, 그들의 탄생순서를 반영한 것으로 보는 해석도 있다(J. Milgrom, *Numbers*, 1990, p. 171. 참조). 여기서 중요한 것은 아론과 모세가 가나안 땅에 들어갈 수 없었음에도 불구하고 그들은 이스라엘 민족을 광야에서 인도하는 책임을 소홀히 하지 않았으며, 하나님께서 그들을 부르시는 날까지 최선을 다했다는 사실이다.

설교를 위한 묵상

모세가 반석을 쳐서 이스라엘 자손들에게 물을 마시게 했던 사건과 그에 관한 하나님의 심판의 말씀은 단순하게 이해하기에는 어려운 점들이 있다. 표면적으로는 모세가 하나님의 말씀에 순종하여 백성들에게 물을 마시게 하였지만, 하나님께서 진노하셔서 모세와 아론이 가나안 땅으로 들어가는 것을 금지해 버리신 것으로 보이기 때문이다. 모세오경의 다른 본문들에서 이 사건의 내용과 주제를 다시 언급하고 있는 기록들을 찾아볼 수 있으며, 이러한 본문들을 확인해 보는 일은 민수기 20장의 말씀을 이해하는 데 도움이 될 수 있다.

우선 민수기 27 : 14과 신명기 32 : 51에는 이 사건에 관한 하나님의 말씀이 기록되어 있다. 이 본문들은 모세와 아론이 여호와께 죄를 범하여 회중 앞에서 하나님의 거룩함을 나타내지 않았기 때문이라고 반복해서 말하고 있다. 이는 이 사건에 관한 하나님의 시각이 반영된 말씀이라고 할 수 있다. 이에 비해 신명기 1 : 37에서는 모세의 시각에서 본 이 사건의 의미를 보여 준다. 모세는 자신이 가나안 땅에 들어갈 수 없게 된 일에 관하여 가나안 땅에 들어가지 못하는 심판을 받은 이스라엘 자손들 때문에 자신도 들어갈 수 없게 된 것이라고 말하였다. 모세는 자신과 함께 출애굽하였던 이스라엘 자손들의 지도자였기 때문에 자신도 결국은 심판받은 출애굽 제1세대와 함께 가나안 땅에 들어갈 수 없는 것으로 받아들인 것으로 보인다.

이 사건에 관한 모세오경의 본문들에는 무엇인가 선명하게 드러나지 않는 부분이 여전히 남아 있다. 하지만 만약 침몰하는 배에서 함께했던 선원들은 모두 죽었는데, 선장만 혼자 살아서 유유히 뭍으로 걸어 나온다면 그 모습은 과연 모든 이들에게 덕이 되는 모습일까? 그런 경우에 혼자 살아남은 선장에게는 그 삶 자체가 불명예가 될 수 있는 것처럼, 만약 출애굽 제1세대의 지도자 모세가 자신이 이끌었던 백성은 모두 죽고 자신만 살아서 가나안 땅에 들어갔다면, 그 모습이 진정 아름답게만 보이지는 않았을 것이다. 그러한 점을 생각해 보면 모세가 자신과 함께 출애굽했던 이스라엘 자손들이 모두 전멸한 상황에서 그들의 지도자로서 그들과 함께 광야에서 자신의 생을 마감하게 된 것은, 그를 위한 하나님의 배려와 깊은 뜻이 담겨 있는 하나님의 결단이 반영된 일이었을 수 있다.

잠언 16 : 9에서는 "사람이 마음으로 자기의 길을 계획할지라도 그의 걸음을 인도하시는 이는 여호와시니라"라고 말씀하였으며, 16 : 25에서는 "어떤 길은 사람이 보기에 바르나 필경은 사망의 길이니라"라고 말씀하였다. 고린도전서 10 : 23~24에서는 "모든 것이 가하나 모든 것이 유익한 것은 아니요 모든 것이 가하나 모든 것이 덕을 세우는 것은 아니니 누구든지 자기의 유익을 구하지 말고 남의 유익을 구하라"라는 말씀으로 사람의 선택과 결단의 문제에 관하여 교훈하고 있다.

그러므로 선택과 결단의 문제를 피할 수 없는 우리의 삶과 인생의 여정 가운데서, 먼저 하나님의 나라와 의를 구하는 것이 무엇보다 우선된 일임을 깨달아야 하겠다. 분명한 것은 모세의 생각과 하나님의 생각이 달랐다는 점과 하나님께서는 모세의 반복된 간구에도 불구하고 모세가 가나안 땅에 들어가는 것을 허락하지 않으심으로 그의 기도에 응답하셨다는 사실이다(신 3 : 23 - 26).

B. 호르마에서 모압 평지까지(21 : 1 - 25 : 18)

1. 가나안 주변지역 정복(21 : 1 - 35)

1) 호르마 정복(21 : 1 - 3)

2) 놋뱀 이야기(21 : 4 - 9)

3) 비스가산까지의 여정(21 : 10 - 20)

4) 아모리 왕 시혼의 땅과 야셀 정복(21 : 21 - 32)

5) 바산 왕 옥의 땅 정복(21 : 33 – 35)

2. 모압 왕 발락과 브올의 아들 발람 이야기(22 : 1 – 24 : 25)

1) 모압 왕 발락과 브올의 아들 발람(22 : 1 – 6)

2) 강가 브돌의 주술사 발람 초청(22 : 7 – 35)

3) 발람의 주술 시도와 예언(22 : 36 – 24 : 25)

3. 싯딤에서의 음행 사건과 비느하스(25 : 1 – 18)

B. 호르마에서 모압 평지까지(21 : 1 – 25 : 18)

1. 가나안 주변지역 정복(21 : 1 – 35)

1) 호르마 정복(21 : 1 – 3)

> [1]네겝에 거주하는 가나안 사람 곧 아랏의 왕이 이스라엘이 아다림 길로 온다
> 함을 듣고 이스라엘을 쳐서 그중 몇 사람을 사로잡은지라 [2]이스라엘이 여호
> 와께 서원하여 이르되 주께서 만일 이 백성을 내 손에 넘기시면 내가 그들의
> 성읍을 다 멸하리이다 [3]여호와께서 이스라엘의 목소리를 들으시고 가나안 사
> 람을 그들의 손에 넘기시매 그들과 그들의 성읍을 다 멸하니라 그러므로 그
> 곳 이름을 호르마라 하였더라

[21 : 1–3] 21장에서 한 가지 눈에 띄는 표현은 이스라엘 회중 혹은 이스라엘 자손이라는 표현이 아니라 단순히 '이스라엘'로 백성들을 언급하고 있다는 점이다. 네겝은 가나안 땅의 남쪽 사막 지역에 속한다. 이 지방에 살던 가나안 사람인 아랏의 왕은 이스라엘이 아다림 길로 온다는 소식을 듣고, 선제공

격을 하여 이스라엘 중 몇 사람을 포로로 잡아갔다. 이에 이스라엘은 주님께 서원을 하고, 가나안 사람과 그들의 성읍을 멸하였다. 그리하여 그곳의 이름을 '완전히 멸함' 을 뜻하는 '호르마' 로 부르게 되었다.

호르마라는 이름은 민수기 14 : 45에서 이미 언급되었던 지명이다. 40여 년 전 가나안 정탐 사건 이후에 백성들의 원망과 반역으로 인하여 하나님의 심판이 이스라엘 민족 전체에 임하였다. 이때 이스라엘 백성들은 하나님의 뜻을 묻지 않고, 모세의 만류에도 불구하고 가나안 땅으로의 진입을 시도하다가 아말렉인과 가나안인들에게 쫓겨서 호르마까지 이르게 되었던 일이 있었다. 호르마는 출애굽한 이스라엘 민족의 역사 속에서 수치와 치욕의 장소이기도 했다.

그러나 이제 21 : 1~3의 본문에 기록된 호르마는 정반대의 의미를 갖게 되었다. 2절에서처럼 백성들은 하나님의 뜻을 확인하고 전투에 임하였으며, 승리를 거두었다. 2절의 호르마에 관한 서원은 14장에 기록되었던 장소에서의 패배에 관한 기억과 연관된 언급일 가능성이 있다. 이제 하나님께서 다시 승리를 허락하신다면 그 성읍을 멸하겠다고 서원한 이스라엘 자손들은 그 서원을 지킬 수 있었다(M. Noth, *Numeri*, 이경숙 역, 「민수기」, 1986, p. 170. 참조 ; 왕대일, 「민수기」, 2007, p. 474. 참조). 이로 인해 호르마는 더 이상 패배와 하나님의 거절과 치욕의 이름이 아니라, 승리와 하나님의 허락하심과 영광의 회복을 경험한 장소의 이름이 되었다.

이 사건은 가나안 사람들을 상대로 한 전투에서의 첫 번째 승리라는 의미도 갖는다. 네겝 지역 가나안 사람들에 대한 승리는 하나님께 서원하고 그 약속을 지킨 전투였다는 점에서도 의의를 가지며, 이스라엘 자손들에게는 앞으로 이어지게 될 가나안 정복전쟁을 위해서도 큰 교훈과 용기를 얻을 수 있는 계기가 되었을 수 있다. 이스라엘 사람들에게 이 사건은 전쟁이 하나님께 속한 것이며, 어렵고 길게만 보일 수 있는 가나안 정복전쟁도 인간적인 계산과 인간적인 수를 쓰는 일이 아니라 진정한 지휘관이신 하나님을 의지하고, 하나님의 뜻대로 행할 때에 온전한 승리를 이어 갈 수 있다는 경험의 기회가 되었을 것이다(John D. Currid, *A Study Commentary on Numbers*, 2009, pp. 293–294).

2) 놋뱀 이야기(21 : 4–9)

4백성이 호르 산에서 출발하여 홍해 길을 따라 에돔 땅을 우회하려 하였다가
길로 말미암아 백성의 마음이 상하니라 5백성이 하나님과 모세를 향하여 원망
하되 어찌하여 우리를 애굽에서 인도해 내어 이 광야에서 죽게 하는가 이곳에
는 먹을 것도 없고 물도 없도다 우리 마음이 이 하찮은 음식을 싫어하노라 하
매 6여호와께서 불뱀들을 백성 중에 보내어 백성을 물게 하시므로 이스라엘
백성 중에 죽은 자가 많은지라 7백성이 모세에게 이르러 말하되 우리가 여호
와와 당신을 향하여 원망함으로 범죄하였사오니 여호와께 기도하여 이 뱀들
을 우리에게서 떠나게 하소서 모세가 백성을 위하여 기도하매 8여호와께서 모
세에게 이르시되 불뱀을 만들어 장대 위에 매달아라 물린 자마다 그것을 보면
살리라 9모세가 놋뱀을 만들어 장대 위에 다니 뱀에게 물린 자가 놋뱀을 쳐다
본즉 모두 살더라

[21 : 4–9] 여기에서는 광야 여정의 기록에서 반복적으로 나타나는 문학적인 틀을 발견할 수 있다. 이 틀은 원망과 심판과 구원의 과정으로 이루어져 있으며, 이 주제들은 민수기의 광야 시대뿐만 아니라 사사기에 기록된 사사 시대의 반복적인 역사 유형에도 나타나고 있다. 여기서 모세는 전형적인 예언자의 기능을 하는 것으로 요약해 볼 수 있는데, 그가 하나님과 죄를 범한 사람 사이에서 중재하는 역할을 하고 있는 점에서 그러하다.

본문		불평의 내용	모세의 반응	하나님의 응답
A	11 : 1-3	고생스러움.	중재	불을 보내심.
B	11 : 4-34	음식		음식을 주심.
C	12 : 1-16	지도력의 문제	중재	나병
D	13 : 1-14 : 45	약속의 땅	중재	40년의 연장
C'	16 : 1-17 : 11	지도력의 문제(+아론)	중재(+아론)	염병
B'	20 : 2-13	물		물을 주심.
A'	21 : 4-9	고생스러움.	중재	불뱀을 보내심.

민수기의 광야 시대 역사 가운데 11~21장까지의 내용에는 모두 일곱 개의 '원망과 불평'에 관한 사건들이 포함되어 있다. 여기에는 다양한 유형의 불평과 그에 따른 응답과 심판의 내용이 함께 묘사되어 있으며, 약속의 땅에 대한 불평과 원망 사건을 정점으로 교차대구법적으로 사건들이 배열되어 있음을 확인해 볼 수 있다(David L. Stubbs, *Numbers*, 2009, p. 113. 참조).

민수기 21 : 4-9	사사기 2 : 11-19
1. 이스라엘 백성의 원망	1. 이스라엘의 범죄 (여호와를 버리고 이방신을 섬김.)
2. 하나님의 심판	2. 하나님의 심판 (여호와께서 진노하셔서 적의 손에 넘기심.)
3. 이스라엘 백성의 고난과 회개	3. 이스라엘의 고난과 회개 (대적으로 인한 괴로움으로 부르짖음.)
4. 모세의 중보적 기도	4. 사사를 세워 구원하심.
5. 하나님의 구원	5. 사사가 죽으면 이스라엘이 다시 범죄함.

이스라엘 백성들은 호르산에서 출발하여 홍해 길을 따라 에돔 땅을 돌아서 진행하다가, 그 길로 인하여 마음이 상하였다. 그러자 백성들은 하나님과 모세를 원망하였고, 물과 음식에 관하여 또다시 불평하였다. 그 원망의 내용은 다음과 같다.

① 어찌하여 우리를 애굽에서 인도해 내어 이 광야에서 죽게 하는가?
② 이곳에는 먹을 것도 없고, 물도 없도다.
③ 우리 마음이 이 하찮은 음식을 싫어하노라.

하나님께서 이스라엘 백성을 애굽에서 인도하여 내신 것은 그들이 애굽의 종으로 사는 것이 아니라, 자유민으로서 하나님을 섬기고 예배하는 거룩한 백성이 되는 것과 제사장 나라의 소명을 위한 일이었다. 그러나 그들은 자신들의 원망과 불평으로 인하여 가나안 땅에 들어갈 수 없는 심판을 받았고, 40여 년의 세월이 지났지만 이스라엘 백성들에게는 여전히 회개의 마음이 나타나지 않았다. 오히려 한 걸음 더 나아가 이제는 노골적으로 모세뿐만 아니라 하나님까지 원망하는 일도 서슴지 않았으며(5절), 그들에게 하나님께서 그 오랜 기간 하늘에서 내리는 양식인 '만나'를 먹이셨으나, 그들에게 남아 있는 것은 감사가 아니라 불평이었다.

그들의 속마음은 "이것이 무엇인가?"라는 뜻의 놀라움의 감정이 담겨 있던 음식의 이름인 '만나'를 '이 하찮은 음식'으로 부르고 있는 표현에 잘 나타나 있다. 이에 하나님께서는 백성들에게 불뱀의 재앙을 내리셨고, 백성들은 죄를 고백하고 모세에게 중보적 기도를 요청하였다. 모세가 하나님께 간구하자, 하나님께서는 장대 위에 놋뱀을 만들어 달게 하셨고, 그것을 바라보는 자는 모두 살게 하셨다. 모세 시대에 만들어졌던 이 놋뱀은 히스기야 왕의 통치 시대까지 보존되었으나, 열왕기하 18 : 4의 기록에 따르면 이스라엘 자손들이 이 놋뱀을 향하여 분향하였기 때문에 이를 부수고 '느후스단'이라고 일컬었다.

3) 비스가산까지의 여정(21 : 10－20)

[10]이스라엘 자손이 그곳을 떠나 오봇에 진을 쳤고 [11]오봇을 떠나 모압 앞쪽 해

돋는 쪽 광야 이예아바림에 진을 쳤고 [12]거기를 떠나 세렛 골짜기에 진을 쳤고
[13]거기를 떠나 아모리인의 영토에서 흘러나와서 광야에 이른 아르논 강 건너
편에 진을 쳤으니 아르논은 모압과 아모리 사이에서 모압의 경계가 된 곳이라
[14]이러므로 여호와의 전쟁기에 일렀으되 수바의 와헙과 아르논 골짜기와 [15]모
든 골짜기의 비탈은 아르 고을을 향하여 기울어지고 모압의 경계에 닿았도다
하였더라 [16]거기서 브엘에 이르니 브엘은 여호와께서 모세에게 명령하시기를
백성을 모으라 내가 그들에게 물을 주리라 하시던 우물이라 [17]그때에 이스라
엘이 노래하여 이르되 우물물아 솟아나라 너희는 그것을 노래하라 [18]이 우물
은 지휘관들이 팠고 백성의 귀인들이 규와 지팡이로 판 것이로다 하였더라 그
들은 광야에서 맛다나에 이르렀고 [19]맛다나에서 나할리엘에 이르렀고 나할리
엘에서 바못에 이르렀고 [20]바못에서 모압 들에 있는 골짜기에 이르러 광야가
내려다보이는 비스가 산 꼭대기에 이르렀더라

[21 : 10-20] 21 : 10~20에서는 비스가산까지의 여정을 자세하게 소개하고 있다. 오봇, 이예아바림 광야, 세렛 골짜기, 아르논 강 건너편까지는 이스라엘 자손이 진행하면서 진을 쳤다고 기록하였고, 브엘, 맛다나, 나할리엘, 바못, 비스가산 꼭대기는 그들이 이르렀다는 표현을 사용하고 있다. 이 단락에서는 특별히 아르논을 모압과 아모리 사이에서 모압의 경계로서, '여호와의 전쟁기' 에 이 장소에 관한 설명이 기록된 부분을 인용하여 기록하였다. 또한 '우물' 이라는 뜻의 브엘과 관련하여서는 이스라엘이 노래했던 노랫말도 기록하였다.

"우물물아 솟아나라. 너희는 그것을 노래하라.
이 우물은 지휘관들이 팠고, 백성의 귀인들이 규와 지팡이로 판 것이로다."

4) 아모리 왕 시혼의 땅과 야셀 정복(21 : 21－32)

21이스라엘이 아모리 왕 시혼에게 사신을 보내어 이르되 22우리에게 당신의 땅
을 지나가게 하소서 우리가 밭에든지 포도원에든지 들어가지 아니하며 우물
물도 마시지 아니하고 당신의 지경에서 다 나가기까지 왕의 큰길로만 지나가
리이다 하나 23시혼이 이스라엘이 자기 영토로 지나감을 용납하지 아니하고
그의 백성을 다 모아 이스라엘을 치러 광야로 나와서 야하스에 이르러 이스라
엘을 치므로 24이스라엘이 칼날로 그들을 쳐서 무찌르고 그 땅을 아르논에서
부터 얍복까지 점령하여 암몬 자손에게까지 미치니 암몬 자손의 경계는 견고
하더라 25이스라엘이 이같이 그 모든 성읍을 빼앗고 그 아모리인의 모든 성읍
헤스본과 그 모든 촌락에 거주하였으니 26헤스본은 아모리인의 왕 시혼의 도
성이라 시혼이 그 전 모압 왕을 치고 그의 모든 땅을 아르논까지 그의 손에서
빼앗았더라 27그러므로 시인이 읊어 이르되 너희는 헤스본으로 올지어다 시혼
의 성을 세워 견고히 할지어다 28헤스본에서 불이 나오며 시혼의 성에서 화염
이 나와서 모압의 아르를 삼키며 아르논 높은 곳의 주인을 멸하였도다 29모압
아 네가 화를 당하였도다 그모스의 백성아 네가 멸망하였도다 그가 그의 아들
들을 도망하게 하였고 그의 딸들을 아모리인의 왕 시혼의 포로가 되게 하였도
다 30우리가 그들을 쏘아서 헤스본을 디본까지 멸하였고 메드바에 가까운 노
바까지 황폐하게 하였도다 하였더라 31이스라엘이 아모리인의 땅에 거주하였
더니 32모세가 또 사람을 보내어 야셀을 정탐하게 하고 그 촌락들을 빼앗고 그
곳에 있던 아모리인을 몰아내었더라

[21 : 21－32] 이스라엘은 아모리 왕 시혼에게 사신을 보내어, 왕의 큰길을 따라 그들의 땅을 통과하게 해 달라고 청원하였다. 그러나 시혼은 이를 용납하지 않고, 오히려 이스라엘을 공격하였다. 야하스에서 공격을 받은 이스라엘은 그들을 무찌르고 아르논에서 얍복까지 점령하였다. 이전에 모압 왕에게

서 시혼 왕이 빼앗았던 헤스본 성과 모든 땅을 이번에는 이스라엘 자손이 빼앗아 점령하고 거주하였다(25－26절). 27~30절은 시혼이 모압으로부터 빼앗은 헤스본 성에 관한 시인의 노랫말을 기록한 것이다. 모세는 이어서 야셀을 정복하고 그곳에서 아모리인을 추방하였다. 29절에서 모압을 '그모스의 백성'으로 언급한 표현이 인상적이며, 이는 사사기 5：11에서 이스라엘 자손을 '여호와의 백성'으로 부르는 것과 비교해 볼 수 있다.

출애굽기 15：16에서는 '여호와여 주의 백성'으로 언급하였고, 예레미야 48：46에서는 '그모스의 백성'이라는 표현을 다시 볼 수 있다. 그모스에 관한 고대 기록은 구약(왕상 11：7, 33； 왕하 23：13； 렘 48：7, 13, 46)과 모압 왕 메사 비문(Mesha Inscription)을 통하여 확인할 수 있다. 구약에서는 그모스의 명칭이 여덟 번 언급되었다. 모압 민족의 신으로 알려진 그모스는 전쟁을 좋아하는 성격을 가진 '전쟁의 신'으로 파악되기도 하는데, 사사기 11：24에서는 사사 입다가 그모스를 언급하면서 암몬 사람에게 땅을 준 신으로 언급한 점이 특이하다.

구약에서 암몬 사람들의 신을 '몰록' 혹은 '밀곰'으로 언급하고 있는 점과 비교해 볼 때(왕상 11：7, 33), 모압의 그모스와 암몬의 밀곰이라는 신명이 밀접한 연관성을 가지고 있는 것으로 보는 견해와 단순한 기록상의 오류로 보는 입장도 있다(Gerald L. Mattingly, "Chemosh," *ABD* vol. 1, 1992, pp. 895－897. 참조).

5) 바산 왕 옥의 땅 정복(21：33－35)

33그들이 돌이켜 바산 길로 올라가매 바산 왕 옥이 그의 백성을 다 거느리고
나와서 그들을 맞아 에드레이에서 싸우려 하는지라 34여호와께서 모세에게
이르시되 그를 두려워하지 말라 내가 그와 그의 백성과 그의 땅을 네 손에 넘
겼나니 너는 헤스본에 거주하던 아모리인의 왕 시혼에게 행한 것같이 그에게

도 행할지니라 [35]이에 그와 그의 아들들과 그의 백성을 다 쳐서 한 사람도 남기지 아니하고 그의 땅을 점령하였더라

[21 : 33-35] 이스라엘이 바산 길을 향하자, 바산 왕 옥이 백성을 거느리고 에드레이에서 이스라엘과 싸우려고 나아왔다. 바산 길은 '왕의 큰길' 의 마지막 부분에 해당한다. '왕의 큰길' 은 광야와 평행으로 뻗어 있는 길이었기 때문에 토착민보다는 이동하는 유목민들을 위한 길이었다(강사문 외 3인 공저, 「구약성서개론」, 2002, p. 107). 따라서 이 길을 통과하는 이스라엘 백성과 싸우러 바산 왕 옥이 나온 일은 억지를 부리는 것과 다를 바 없는 일이었다. 결국 모세는 하나님의 명령에 따라 헤스본의 아모리 왕 시혼에게 행한 것처럼, 바산 왕 옥의 백성을 전멸시키고 그들의 땅을 점령하였다.

민수기 21 : 21~35의 본문에 기록된 전투는 아모리 왕 시혼과 야셀 성읍과 바산 왕 옥의 지역을 정복한 이야기까지 모두 세 개이지만, 하나님의 개입하심에 관한 구체적인 언급이 없는 앞의 두 이야기에 비해 33~35절에 기록된 바산 왕 옥과의 전투에 관한 기록에서는 '하나님의 개입' 을 언급한 차이점을 보여 준다. 34절에서 하나님의 개입하심을 표현하기 위하여 사용한 '손에 넘기다' 라는 말은 고대 근동 문학에서도 일반적인 표현이었다. 바산 왕 옥에 관한 기록은 신명기 3 : 1~11의 본문에서도 찾아볼 수 있다(Sa-Moon Kang, *Divine War in the Old Testament and in the Ancient Near East*, 1989, pp. 130-136).

설교를 위한 묵상

가나안 사람 곧 아랏의 왕과 아모리 왕 시혼과 바산 왕 옥은 광야를 유랑하는 이스라엘 백성들이 길을 통과해 갈 때 공격하다가 패망한 땅의 왕들이라는 공통점을 가

지고 있다. 그중 아모리 왕 시혼은 강대한 모압의 영토를 빼앗고, 그의 업적이 노래로 전해질 정도로 유명하고 강한 지도자였음에도 불구하고, 아직 미약하게만 보이는 떠돌이 백성 이스라엘 자손들에게 은혜를 베풀 수 있는 관용의 힘은 가지지 못한 인물이었다. 이스라엘 자손들은 평화를 기대하고 그들의 길을 가기 위하여 아모리인의 땅을 통과할 수 있도록 허락해 달라고 요청하였으나, 아모리 왕 시혼으로부터 돌아온 것은 분명한 거절이었다. 그리고 이것으로 끝난 것이 아니라 그 거절과 더불어 군사적인 공격을 감행하였다.

어려운 이들의 처지와 형편을 보면 마음이 동하여 함께 아파하고, 이웃의 기쁨을 보면 함께 기뻐할 줄 아는 것이 사람의 바른 심성일 텐데, 힘과 권력과 능력을 가진 이들 가운데는 약한 이를 더 얕잡아 보아 함부로 대하고, 강한 이들 앞에서만 겸손한 태도를 갖는 이들도 많이 있다. 만약 이스라엘 자손들의 처지를 보고 불쌍히 여기며, 그들이 가진 것으로 조금이라도 은혜를 베풀고 함께 나눌 수 있었다면, 역사는 그 땅 거주민들의 반복되는 패망으로 점철되지 않았을지도 모른다는 생각이 든다. 적어도 함께 공존하는 길을 여러 민족들이 걸어갈 수 있는 기회가 있었지만, 아랏의 왕과 아모리 왕 시혼과 바산 왕 옥은 다른 길을 선택하였다.

공감과 대화와 소통보다는 거절과 전쟁의 길을 선택하였고, 민수기 21장은 그들의 역사가 똑같이 반복적으로 '패망' 으로 끝나고 말았다고 전하고 있다. 이 대화와 소통의 문제는 이방민족과의 관계에서만 일어나는 문제가 아니었다. "역사는 반복된다."는 말처럼 출애굽 이후 광야 행군을 시작할 때부터 나왔던 불평과 원망의 의사 표현 방식은 수많은 오류와 하나님의 심판 사건이 반복적으로 일어났음에도 불구하고 여전히 고쳐지지 않았다. 백성들이 표면적으로는 광야의 환경과 의식주의 문제들에 관하여 불평하고 원망하였지만, 본문을 자세히 들여다보면 이것은 단순한 생계형 불평도 아니었음을 알 수 있다.

"사람이 떡으로만 사는 것이 아니요 여호와의 입에서 나오는 모든 말씀으로 사는 줄을 네가 알게 하려 하심이니라"(신 8 : 3b)라는 말씀처럼 하늘로부터 내려서 하나님의 은혜의 상징이며, 생존의 기본 음식이었던 만나에 대한 원망은 먹을 것이 없음에 대한 것이 아니라, 만나에 대한 싫증에서 비롯되었음을 민수기 21 : 5에서 확인할 수 있다.

'불평과 원망' 과 '진노와 심판' 의 같은 사건이 반복적으로 일어났음에도 불구하고,

여전히 그러한 식의 의사소통 방법이 개선되지 않고, 결국 또다시 심판에 이르게 되었다. 이는 그 근본적인 문제가 단순히 의사소통 방식에 있는 것이 아니라, 하나님에 대한 불신앙과 하나님을 진정으로 경외할 줄 모르는 영적인 교만의 문제이며, 마음과 성품의 근원에 있는 문제라는 것을 나타낸다. 이로 인하여 하나님의 심판이 공동체 전체에 임했고, 그 심판받은 세대 속에 살아가고 있으면서도 죄악은 여전히 반복되고 지속되었다.

그러나 여기서 주목해 보아야 할 부분은 심판 받은 세대와 그들의 반역적인 불평과 원망과 불신앙의 모습에도 불구하고, 하나님은 심판은 하시되 목마른 이들을 위하여 물을 내시고, 전쟁의 위기 가운데서도 승리를 거두게 하심으로 하나님의 은혜를 거두거나 막지 않으셨다는 점이다. 결국 심판의 시대에도 하나님의 구원의 은혜가 지속되었기에 역사는 끊어지지 않고, 다음 세대로 이어져 갈 수 있었던 것이다. 하나님의 일관된 신실하심은 그분의 진노와 심판 가운데서도 끊어지거나, 무너지거나, 포기되는 차원의 문제가 아니었다.

오히려 이스라엘 자손들의 불평과 원망과 몰이해와 불신앙 속에서도 그것을 뛰어넘어 심판의 시대를 관통하며, 그 속에서 은혜와 구원의 역사를 이끌어 가고 계신 하나님을 만날 수 있다.

2. 모압 왕 발락과 브올의 아들 발람 이야기(22 : 1 - 24 : 25)

1) 모압 왕 발락과 브올의 아들 발람(22 : 1 - 6)

1이스라엘 자손이 또 길을 떠나 모압 평지에 진을 쳤으니 요단 건너편 곧 여
리고 맞은편이더라 2십볼의 아들 발락이 이스라엘이 아모리인에게 행한 모든
일을 보았으므로 3모압이 심히 두려워하였으니 이스라엘 백성이 많음으로 말
미암아 모압이 이스라엘 자손 때문에 번민하더라 4미디안 장로들에게 이르되
이제 이 무리가 소가 밭의 풀을 뜯어먹음같이 우리 사방에 있는 것을 다 뜯어

먹으리로다 하니 그때에 십볼의 아들 발락이 모압 왕이었더라 [5]그가 사신을 브올의 아들 발람의 고향인 강가 브돌에 보내어 발람을 부르게 하여 이르되 보라 한 민족이 애굽에서 나왔는데 그들이 지면에 덮여서 우리 맞은편에 거주하였고 [6]우리보다 강하니 청하건대 와서 나를 위하여 이 백성을 저주하라 내가 혹 그들을 쳐서 이겨 이 땅에서 몰아내리라 그대가 복을 비는 자는 복을 받고 저주하는 자는 저주를 받을 줄을 내가 앎이니라

[22 : 1-6] 이스라엘 자손이 요단 건너편, 곧 여리고 맞은편의 모압 평지에 도착하여 진을 쳤을 때, 모압의 왕은 십볼의 아들 발락이었다. 발락은 이스라엘 민족이 출애굽한 사실과 그들이 아모리를 정복한 일을 알고 있었다. 발락과 모압의 장로들과 모압 사람들은 이스라엘에 관하여 다음과 같이 평가하였다.

① 이스라엘 백성의 수효가 많음(3절).
② 소가 밭의 풀을 뜯어먹음같이 이스라엘이 사방에 있는 것을 다 뜯어먹을 것임(4절).
③ 애굽에서 나온 한 민족이 지면에 덮여 있음(5절).
④ 모압보다 이스라엘이 강함(6절).

이스라엘 백성의 규모에 관하여 묘사한 표현들에 한번 주목해 볼 만하다. 백성의 수효가 많고, 그 모습은 마치 소가 밭의 풀을 뜯어 먹음과 같고, 이 백성들이 지면에 덮여 있으며, 모압보다 강하다는 표현은 소수의 이주 집단에게 적용될 수 있는 말들이 아니다. 민수기에 따르면 출애굽한 이스라엘 민족의 수효가 약 60만 명이었다고 헤아리고 있다. 이에 관하여 여러 가지 이유를 들어 실제 숫자를 줄여서 해석하고자 하는 시도들이 있어 왔다. 이러한 해석들은 민수기 1장과 26장의 인구조사 기록에 대한 문제를 단순하게

해결한 것처럼 보일 수 있으나, 또 다른 본문들과의 충돌을 피할 수 없으며, 22 : 3~6의 설명들과 상응할 수가 없다. 그러나 출애굽한 이스라엘 인구에 관한 민수기의 증언들은 일관성을 가지고 이루어지고 있음을 알 수 있다.

모압 왕 발락은 강가 브돌까지 사신을 보내어 브올의 아들 발람을 초청하였으며, 그에게 이스라엘을 저주해 줄 것을 요청하였다. 발락은 주술의 힘을 빌려 이스라엘을 저주함으로써 그들을 몰아낼 수 있기를 기대하였던 것이다(5 - 6절). 신명기 23 : 4에서는 발람이 메소포타미아 사람이라고 밝히고 있으며, 그러므로 민수기 22 : 5에서 언급한 강은 유브라데강임을 알 수 있다. 발람은 모압 왕 발락에게 초청을 받을 정도로 유명했던 메소포타미아 지역의 주술사로 보인다.

고대 이집트와 메소포타미아 지역에서는 주술과 종교가 구별되지 않을 정도로 종교와 일상의 삶에서 주술이 차지하는 중요성은 매우 컸다. 당시 사회에서 사람들은 주술사가 주문과 주술행위 등의 수단을 통하여 초월적 세계를 조정할 수 있다고 믿고 있었으며, 주술사 역시 초월적 존재에 의해 주술행위를 하도록 선택받았다는 일종의 소명의식을 갖는 경우도 있었다. 주술의식은 기도 혹은 종교의식을 포함하며, 고대인들은 그 영향력이 단순한 심리적인 차원을 뛰어넘는 실제적이고 강력한 것이라는 신앙을 가지고 있었다(노세영 · 박종수, 「고대근동의 역사와 종교」, 2002, pp. 175 - 186).

그러나 이후의 과정들은 복과 저주의 문제가 발락의 말처럼 사람에 의해 좌우되는 것이 아니라 하나님의 능력과 주권에 속한 것임을 보여 준다. 그 결정권은 다른 어떤 피조물에게 속한 것이 아니라 하나님께 속한 것임을 말씀해 주고 있다.

2) 강가 브돌의 주술사 발람 초청(22 : 7 - 35)

7모압 장로들과 미디안 장로들이 손에 복채를 가지고 떠나 발람에게 이르러

발락의 말을 그에게 전하매 8발람이 그들에게 이르되 이 밤에 여기서 유숙하
라 여호와께서 내게 이르시는 대로 너희에게 대답하리라 모압 귀족들이 발람
에게서 유숙하니라 9하나님이 발람에게 임하여 말씀하시되 너와 함께 있는
이 사람들이 누구냐 10발람이 하나님께 아뢰되 모압 왕 십볼의 아들 발락이
내게 보낸 자들이니이다 이르기를 11보라 애굽에서 나온 민족이 지면에 덮였
으니 이제 와서 나를 위하여 그들을 저주하라 내가 혹 그들을 쳐서 몰아낼 수
있으리라 하나이다 12하나님이 발람에게 이르시되 너는 그들과 함께 가지도
말고 그 백성을 저주하지도 말라 그들은 복을 받은 자들이니라 13발람이 아침
에 일어나서 발락의 귀족들에게 이르되 너희는 너희의 땅으로 돌아가라 여호
와께서 내가 너희와 함께 가기를 허락하지 아니하시느니라 14모압 귀족들이
일어나 발락에게로 가서 전하되 발람이 우리와 함께 오기를 거절하더이다 15발
락이 다시 그들보다 더 높은 고관들을 더 많이 보내매 16그들이 발람에게로 나
아가서 그에게 이르되 십볼의 아들 발락의 말씀에 청하건대 아무것에도 거리
끼지 말고 내게로 오라 17내가 그대를 높여 크게 존귀하게 하고 그대가 내게
말하는 것은 무엇이든지 시행하리니 청하건대 와서 나를 위하여 이 백성을
저주하라 하시더이다 18발람이 발락의 신하들에게 대답하여 이르되 발락이
그 집에 가득한 은금을 내게 줄지라도 내가 능히 여호와 내 하나님의 말씀
을 어겨 덜하거나 더하지 못하겠노라 19그런즉 이제 너희도 이 밤에 여기서
유숙하라 여호와께서 내게 무슨 말씀을 더하실는지 알아보리라 20밤에 하나
님이 발람에게 임하여 이르시되 그 사람들이 너를 부르러 왔거든 일어나 함
께 가라 그러나 내가 네게 이르는 말만 준행할지니라 21발람이 아침에 일어나
서 자기 나귀에 안장을 지우고 모압 고관들과 함께 가니 22그가 감으로 말미
암아 하나님이 진노하시므로 여호와의 사자가 그를 막으려고 길에 서니라
발람은 자기 나귀를 탔고 그의 두 종은 그와 함께 있더니 23나귀가 여호와의
사자가 칼을 빼어 손에 들고 길에 선 것을 보고 길에서 벗어나 밭으로 들어간
지라 발람이 나귀를 길로 돌이키려고 채찍질하니 24여호와의 사자는 포도원

사이 좁은 길에 섰고 좌우에는 담이 있더라 25나귀가 여호와의 사자를 보고
몸을 담에 대고 발람의 발을 그 담에 짓누르매 발람이 다시 채찍질하니 26여
호와의 사자가 더 나아가서 좌우로 피할 데 없는 좁은 곳에 선지라 27나귀가
여호와의 사자를 보고 발람 밑에 엎드리니 발람이 노하여 자기 지팡이로 나
귀를 때리는지라 28여호와께서 나귀 입을 여시니 발람에게 이르되 내가 당신
에게 무엇을 하였기에 나를 이같이 세 번을 때리느냐 29발람이 나귀에게 말하
되 네가 나를 거역하기 때문이니 내 손에 칼이 있었더면 곧 너를 죽였으리라
30나귀가 발람에게 이르되 나는 당신이 오늘까지 당신의 일생 동안 탄 나귀가
아니냐 내가 언제 당신에게 이같이 하는 버릇이 있었더냐 그가 말하되 없었
느니라 31그때에 여호와께서 발람의 눈을 밝히시매 여호와의 사자가 손에 칼
을 빼들고 길에 선 것을 그가 보고 머리를 숙이고 엎드리니 32여호와의 사자
가 그에게 이르되 너는 어찌하여 네 나귀를 이같이 세 번 때렸느냐 보라 내
앞에서 네 길이 사악하므로 내가 너를 막으려고 나왔더니 33나귀가 나를 보고
이같이 세 번을 돌이켜 내 앞에서 피하였느니라 나귀가 만일 돌이켜 나를 피
하지 아니하였더면 내가 벌써 너를 죽이고 나귀는 살렸으리라 34발람이 여호
와의 사자에게 말하되 내가 범죄하였나이다 당신이 나를 막으려고 길에 서신
줄을 내가 알지 못하였나이다 당신이 이를 기뻐하지 아니하시면 나는 돌아가
겠나이다 35여호와의 사자가 발람에게 이르되 그 사람들과 함께 가라 내가 네
게 이르는 말만 말할지니라 발람이 발락의 고관들과 함께 가니라

[22 : 7-35] 발람의 초청은 세 차례에 걸쳐 이루어졌다. 첫 번째로 모압 장로들과 미디안 장로들이 복채를 가지고 발람을 방문하였으나, 발람은 하나님께로부터 그들과의 동행과 저주를 금한다는 말씀을 듣고 그들의 초청을 거절하였다(7-14절). 두 번째로 발락은 더 높은 고관들을 더 많이 보내어 발람을 초청하였다. 이에 하나님의 말씀을 기다리던 발람은 밤에 하나님께서 그들과 함께 가는 것은 허락하시지만, 하나님께서 말씀하시는 말만 준행하라

는 명령을 들을 수 있었다(15-20절). 21~35절까지 이어지는 발람의 나귀 이야기 구조는 다음과 같다.

① 나귀가 여호와의 사자를 봄(21-27절).
　ⓐ 첫 번째 만남(21-23절)
　ⓑ 두 번째 만남(24-25절)
　ⓒ 세 번째 만남(26-27절)
② 여호와께서 나귀의 입을 여심. - 나귀가 말함(28-30절).
③ 발람이 여호와의 사자를 보고 말함(31-35절).

이 이야기는 예언자로서의 발람과 짐승인 나귀의 역할이 뒤바뀐 듯한 이야기 구조와 다시 원상복구된 과정을 보여 준다. 아침에 모압 고관들과 함께 나귀를 타고 출발한 발람은 도중에 여호와의 사자를 만나게 되었다. 하나님께서 그가 가는 것에 대하여 진노하셨고, 칼을 빼 들고 길에 선 여호와의 사자를 본 나귀는 길에서 벗어나 밭으로 들어갔다(21-23절). 발람은 여호와의 사자를 여전히 보지 못하고 나귀를 채찍질하여 길로 돌이키려 애쓰다가(24-25절), 포도원 사이의 좁은 길에서 다시 여호와의 사자를 보고 발람 밑에 엎드린 나귀를 이번에는 지팡이로 세 차례 때렸다(26-27절).

이때 놀라운 일이 벌어졌다. 여호와께서 나귀의 입을 열어 말하게 하셨고(28-30절), 나귀와 논쟁하던 발람의 눈이 비로소 밝아져서 여호와의 사자를 발견할 수 있었다(31절). 여호와의 사자가 발람의 길이 사악하므로 막으려 하였음을 말하자(32절), 발람은 가던 길을 돌이키겠다고 대답하였다(34절). 그러나 여호와의 사자는 전날 밤에 말씀하셨던 하나님의 말씀과 동일한 내용의 지시를 전달하였고, 발람은 발락의 고관들과 함께 갔다(35절).

고대 근동 문학에서는 나귀들이 점술이나 예지와 관련되는 경우들이 있었다. 여기서 특이한 점들 가운데 하나는 나귀가 말하는 초자연적인 현상을 겪고 있는 발람이 전혀 놀라는 반응을 보이지 않았던 점이라고 지적할 수 있다. 나귀 이야기에서 여호와의 사자를 보았음을 묘사할 때 주어는 '나귀' 이지만, 발람과 대화하게 된 두 번째 단계에서 나귀의 입을 여신 분이 '여호와' 라는 표현을 통해, 보는 것과 말하는 것의 차이를 분명히 했다.

35절에 기록된 명령에서도 '여호와의 말씀' 만 전할 것을 강조한 것처럼, 이 이야기의 핵심적인 주제는 바로 '여호와의 말씀' 이었다. 나귀는 이 주제를 강조하기 위하여 사용된 하나님의 도구였으며, 이 사건은 나귀가 '하나님의 사자' 의 역할을 한 특이한 경우로 평가할 수 있다(Kenneth C. Way, "Animals in the Prophetic World : Literary Reflections on Numbers 22 and 1 Kings 13," *JSOT* vol. 34, 2009, pp. 47–62). 누가복음에서는 예수님께서 예루살렘에 나귀를 타고 입성하셨을 때 제자들이 기뻐하고 찬양하며, "찬송하리로다. 주의 이름으로 오시는 왕이여, 하늘에는 평화요, 가장 높은 곳에는 영광이로다."라고 외치는 큰 소리를 들은 바리새인들이 이를 꾸짖어 달라고 예수님께 요구하자, 예수님께서 "만일 이 사람들이 침묵하면, 돌들이 소리 지르리라"(눅 19 : 38–40)라고 말씀하신 사건을 기록하였다.

그 당시에 제자들이 외쳤던 말들은 예수님께서 탄생하셨을 때, 천사들이 목자들에게 나타나 전해 주었던 소식의 메아리처럼 들린다 ; "지극히 높은 곳에서는 하나님께 영광이요 땅에서는 하나님이 기뻐하신 사람들 중에 평화로다"(눅 2 : 14). 하나님의 말씀은 누구도 막을 수 없으며, 하나님께서는 참으로 다양한 방법을 통하여 하나님의 말씀을 세상과 사람들에게 전하셨다. 히브리서 1 : 1~2에서는 "옛적에 선지자들을 통하여 여러 부분과 여러 모양으로 우리 조상들에게 말씀하신 하나님이 이 모든 날 마지막에는 아들을 통하여 우리에게 말씀하셨으니……"라고 증언하였다.

민수기의 발람과 말하는 나귀 이야기에서도 사람들에게 하나님의 뜻을 알리시는 하나님의 다양한 방법과 하나님의 열심을 느끼고 깨달을 수 있다.

하나님의 말씀을 받는 이들과 하나님의 말씀을 전하는 이들 모두가 '하나님의 말씀'이 얼마나 귀중한 것인지, 그리고 이를 위한 '하나님의 열심'이 얼마나 큰 것인지를 인식하면서 하나님의 말씀과 만나야 하겠다.

3) 발람의 주술 시도와 예언(22 : 36 – 24 : 25) ※ 317쪽 자료 참고

(1) 발락과 발람의 만남(22 : 36 – 40)

[36]발락은 발람이 온다 함을 듣고 모압 변경의 끝 아르논 가에 있는 성읍까지
가서 그를 영접하고 [37]발락은 발람에게 이르되 내가 특별히 사람을 보내어 그
대를 부르지 아니하였느냐 그대가 어찌 내게 오지 아니하였느냐 내가 어찌 그
대를 높여 존귀하게 하지 못하겠느냐 [38]발람이 발락에게 이르되 내가 오기는
하였으나 무엇을 말할 능력이 있으리이까 하나님이 내 입에 주시는 말씀 그것
을 말할 뿐이니이다 [39]발람이 발락과 동행하여 기럇후솟에 이르러서는 [40]발락
이 소와 양을 잡아 발람과 그와 함께 한 고관들을 대접하였더라

[22 : 36–40] 발락 왕은 모압 변경의 끝 아르논까지 나가서 발람을 영접하였다(22 : 36). 그 당시 상황에서 사람들은 한 군대와 그 군대에 능력을 줄 수 있는 초자연적인 힘들을 분리해서 생각하기 어려웠다. 발락의 입장에서 볼 때 주술사 발람을 초청한 것은 두 가지 목적을 위한 일일 수 있었다. 첫째는 이스라엘 군대의 출현으로 인한 군사적 위기 상황에서 자기 나라의 미래에 관한 신들의 의지를 알기 위한 것, 둘째는 자기 나라를 위협하는 이방의 군대와 그들의 신(들)을 적절한 축귀 의식들을 통하여 쫓아내기 위한 것이었다(22 : 6 참조). 이러한 중대한 목적들을 위해 발락은 발람을 초청하고 환대하였고, 그와 함께하며 발람을 인도하였다(Michael S. Moore, *The Balaam Traditions*, 1990, pp. 97–98).

발람은 발락의 인도를 따라 세 곳을 이동하면서 크게 세 번에 걸쳐 예언

하였는데, 이어지는 발락의 인도와 발람의 예언은 내용상의 차이가 있지만 문학적으로는 정형화된 틀에 맞추어 기록되어 있다. 그리고 그 공통된 결론은 이스라엘에 대한 축복이었으며, 발람은 여호와께서 해 주신 말씀만을 말할 수 있다는 것이었다(23 : 12, 26 ; 24 : 13). 이 사건과 이야기들을 통하여 민수기는 하나님의 뜻과 말씀 앞에서 효력을 가질 수 있는 어떠한 주술도 존재하지 않음을 분명하게 선포하고 있다.

① 장소 이동
② 제단 7 / 수송아지 7, 숫양 7(번제물)
③ 발람의 예언 – 이스라엘 축복
④ 발락의 불평
⑤ 발람의 대답 – 하나님께서 주신 말씀만을 말할 수 있음.

(2) 주술의 1차 시도(22 : 41 – 23 : 12)

41아침에 발락이 발람과 함께 하고 그를 인도하여 바알의 산당에 오르매 발람
이 거기서 이스라엘 백성의 진 끝까지 보니라 23:1발람이 발락에게 이르되 나
를 위하여 여기 제단 일곱을 쌓고 거기 수송아지 일곱 마리와 숫양 일곱 마리
를 준비하소서 하매 2발락이 발람의 말대로 준비한 후에 발락과 발람이 제단
에 수송아지와 숫양을 드리니라 3발람이 발락에게 이르되 당신의 번제물 곁
에 서소서 나는 저리로 가리이다 여호와께서 혹시 오셔서 나를 만나시리니
그가 내게 지시하시는 것은 다 당신에게 알리리이다 하고 언덕길로 가니 4하
나님이 발람에게 임하시는지라 발람이 아뢰되 내가 일곱 제단을 쌓고 각 제
단에 수송아지와 숫양을 드렸나이다 5여호와께서 발람의 입에 말씀을 주시며
이르시되 발락에게 돌아가서 이렇게 말할지니라 6그가 발락에게로 돌아간즉
발락과 모압의 모든 고관이 번제물 곁에 함께 섰더라 7발람이 예언을 전하여
말하되 발락이 나를 아람에서, 모압 왕이 동쪽 산에서 데려다가 이르기를 와

서 나를 위하여 야곱을 저주하라, 와서 이스라엘을 꾸짖으라 하도다 [8]하나님
이 저주하지 않으신 자를 내가 어찌 저주하며 여호와께서 꾸짖지 않으신 자
를 내가 어찌 꾸짖으랴 [9]내가 바위 위에서 그들을 보며 작은 산에서 그들을
바라보니 이 백성은 홀로 살 것이라 그를 여러 민족 중의 하나로 여기지 않으
리로다 [10]야곱의 티끌을 누가 능히 세며 이스라엘 사분의 일을 누가 능히 셀
고 나는 의인의 죽음을 죽기 원하며 나의 종말이 그와 같기를 바라노라 하매
[11]발락이 발람에게 이르되 그대가 어찌 내게 이같이 행하느냐 나의 원수를 저
주하라고 그대를 데려왔거늘 그대가 오히려 축복하였도다 [12]발람이 대답하여
이르되 여호와께서 내 입에 주신 말씀을 내가 어찌 말하지 아니할 수 있으리
이까

[22 : 41–23 : 12] 첫 번째로 바알 산당에 올라 이스라엘 백성의 진 끝까지 보면서, 발람은 발락에게 7개의 제단을 쌓고 수송아지 7마리와 숫양 7마리의 번제를 드리게 하였다. 10절의 히브리어 '에트–로바'는 '사분의 일'을 뜻하며, "이스라엘의 조그마한 부분일지라도 누가 헤아릴 수 있겠는가?"라는 수사적인 표현이다. 칠십인경에서는 '부분'으로 번역하였으나(A. Pietersma and B. G. Wright, *A New Translation of the Septuagint〈NETS〉*, 2007, p. 130), 밀그롬(J. Milgrom)은 히브리어의 목적격 불변사 '에트'가 고대 시문에서 나타나지 않는 점을 들어, '먼지 구름'이라는 뜻의 '투르바아트'로 읽을 것을 제안하였다. 이 경우에 '먼지 구름'은 이스라엘 자손들의 광야 행군 시에 발생한 먼지의 모습을 묘사한 것일 수 있다는 것이다(J. Milgrom, *Numbers, The JPS Torah Commentary*, 1990, p. 197). 이러한 설명은 일리 있는 부분이 있지만, 기존 본문의 단어까지 변형시켜서 새로운 본문을 제안하는 것은 무리라고 본다. 따라서 '사분의 일'이라는 번역이 더 적절하다고 평가할 수 있다. 칠십인경의 '부분'이라는 번역도 참고할 만하다.

하나님께서는 발람의 입에 '여호와의 말씀'을 주셨고, 발람은 발락에게

그 내용을 전달하였다. 예언의 내용은 하나님께서 저주하지 않으신 자를 저주할 수 없으며, 여호와께서 꾸짖지 않으신 자를 꾸짖을 수 없다는 것이었다. 이에 발락은 이스라엘에게 저주할 것을 요청하였는데 오히려 축복하였다고 발람에게 불만을 토로한다(23 : 11 - 12).

(3) 주술의 2차 시도(23 : 13 - 26)

13발락이 말하되 나와 함께 그들을 달리 볼 곳으로 가자 거기서는 그들을 다
보지 못하고 그들의 끝만 보리니 거기서 나를 위하여 그들을 저주하라 하고
14소빔 들로 인도하여 비스가 꼭대기에 이르러 일곱 제단을 쌓고 각 제단에
수송아지와 숫양을 드리니 15발람이 발락에게 이르되 내가 저기서 여호와를
만나 뵐 동안에 여기 당신의 번제물 곁에 서소서 하니라 16여호와께서 발람에
게 임하사 그의 입에 말씀을 주시며 이르시되 발락에게로 돌아가서 이렇게
말할지니라 17발람이 가서 본즉 발락이 번제물 곁에 섰고 모압 고관들이 함께
있더라 발락이 발람에게 이르되 여호와께서 무슨 말씀을 하시더냐 18발람이
예언하여 이르기를 발락이여 일어나 들을지어다 십볼의 아들이여 내게 자세
히 들으라 19하나님은 사람이 아니시니 거짓말을 하지 않으시고 인생이 아니
시니 후회가 없으시도다 어찌 그 말씀하신 바를 행하지 않으시며 하신 말씀
을 실행하지 않으시랴 20내가 축복할 것을 받았으니 그가 주신 복을 내가 돌
이키지 않으리라 21야곱의 허물을 보지 아니하시며 이스라엘의 반역을 보지
아니하시는도다 여호와 그들의 하나님이 그들과 함께 계시니 왕을 부르는
소리가 그중에 있도다 22하나님이 그들을 애굽에서 인도하여 내셨으니 그의
힘이 들소와 같도다 23야곱을 해할 점술이 없고 이스라엘을 해할 복술이 없
도다 이때에 야곱과 이스라엘에 대하여 논할진대 하나님께서 행하신 일이 어
찌 그리 크냐 하리로다 24이 백성이 암사자같이 일어나고 수사자같이 일어나
서 움킨 것을 먹으며 죽인 피를 마시기 전에는 눕지 아니하리로다 하매 25발
락이 발람에게 이르되 그들을 저주하지도 말고 축복하지도 말라 26발람이 발

락에게 대답하여 이르되 내가 당신에게 말하여 이르기를 여호와께서 말씀하 신 것은 내가 그대로 하지 않을 수 없다고 하지 아니하더이까

[23 : 13-26] 두 번째로 발락은 발람을 비스가산 꼭대기로 데리고 가서 진의 끝만 보게 하고 예언하도록 하였다. 19절에서 하나님께서 '후회가 없으시도다' 라는 표현은 "하나님의 뜻이 사람의 경우처럼 그렇게 변덕스럽게 변하는 것이 아니다."라는 말로 풀이할 수 있다(삼상 15 : 29). 하나님의 기준들은 사람의 경우처럼 그렇게 변덕스럽지는 않지만, 그렇다고 해서 하나님께서 그 마음을 바꿀 능력이 없으신 것은 아니다. 하나님께서는 예언자의 중재나 사람들의 회개로 사람을 벌하시려는 뜻을 바꾸기도 하신다고 성경은 기록하고 있다(출 32 : 9-14 ; 욘 3 : 10 ; J. Milgrom, *Numbers, The JPS Torah Commentary*, 1990, p. 199).

22절의 히브리어 '토아포트' 는 '힘' 으로 번역되었지만, '뿔들' 로도 번역할 수 있는 단어이다. 칠십인경에서는 이 말을 '영광' 이라는 뜻의 헬라어 '독사' 로 번역하였다. 고대 근동에서는 '왕' 과 '신들' 을 묘사할 때, 뿔과 들소와 같은 용어들이 사용되었다. 본문에 사용된 '들소' 와 '뿔' 이라는 표현은 하나님께 적용될 수도 있고, 이스라엘 자손들에게 적용될 수도 있지만, 밀그롬은 이 용어가 사용된 본문이 전체적으로 축복의 문맥에 포함되어 있다는 점을 고려할 때, 이스라엘 자손들에게 적용되는 것이 더 적절하다고 해석하였다(J. Milgrom, *Numbers, The JPS Torah Commentary*, 1990, p. 200). 24절의 '사자' 라는 표현도 창세기 49 : 9과 신명기 33 : 20과 미가 5 : 8 등에서 이스라엘을 지칭하기 위해 사용되었다. 이처럼 발람의 예언은 이스라엘 자손들을 여러 가지 비유적인 표현으로 묘사한 시문으로 구성되어 있다.

야곱을 해할 점술이 없고, 이스라엘을 해할 복술이 없다는 발람의 말에 발락은 이제 저주하지도 말고, 축복하지도 말라고 명하였다(23 : 23-25).

(4) 주술의 3차 시도(23 : 27 – 24 : 13)

27발락이 발람에게 또 이르되 오라 내가 너를 다른 곳으로 인도하리니 네가 거
기서 나를 위하여 그들을 저주하기를 하나님이 혹시 기뻐하시리라 하고 28발
락이 발람을 인도하여 광야가 내려다보이는 브올 산 꼭대기에 이르니 29발람
이 발락에게 이르되 나를 위하여 여기 일곱 제단을 쌓고 거기 수송아지 일곱
마리와 숫양 일곱 마리를 준비하소서 30발락이 발람의 말대로 행하여 각 제단
에 수송아지와 숫양을 드리니라 24:1발람이 자기가 이스라엘을 축복하는 것을
여호와께서 선히 여기심을 보고 전과 같이 점술을 쓰지 아니하고 그의 낯을
광야로 향하여 2눈을 들어 이스라엘이 그 지파대로 천막 친 것을 보는데 그때
에 하나님의 영이 그 위에 임하신지라 3그가 예언을 전하여 말하되 브올의 아
들 발람이 말하며 눈을 감았던 자가 말하며 4하나님의 말씀을 듣는 자, 전능자
의 환상을 보는 자, 엎드려서 눈을 뜬 자가 말하기를 5야곱이여 네 장막들이,
이스라엘이여 네 거처들이 어찌 그리 아름다운고 6그 벌어짐이 골짜기 같고
강가의 동산 같으며 여호와께서 심으신 침향목들 같고 물가의 백향목들 같도
다 7그 물통에서는 물이 넘치겠고 그 씨는 많은 물가에 있으리로다 그의 왕이
아각보다 높으니 그의 나라가 흥왕하리로다 8하나님이 그를 애굽에서 인도하
여 내셨으니 그 힘이 들소와 같도다 그의 적국을 삼키고 그들의 뼈를 꺾으며
화살로 쏘아 꿰뚫으리로다 9꿇어 앉고 누움이 수사자와 같고 암사자와도 같으
니 일으킬 자 누구이랴 너를 축복하는 자마다 복을 받을 것이요 너를 저주하
는 자마다 저주를 받을지로다 10발락이 발람에게 노하여 손뼉을 치며 말하되
내가 그대를 부른 것은 내 원수를 저주하라는 것이어늘 그대가 이같이 세 번
그들을 축복하였도다 11그러므로 그대는 이제 그대의 곳으로 달아나라 내가 그
대를 높여 심히 존귀하게 하기로 뜻하였더니 여호와께서 그대를 막아 존귀하
지 못하게 하셨도다 12발람이 발락에게 이르되 당신이 내게 보낸 사신들에게
내가 말하여 이르지 아니하였나이까 13가령 발락이 그 집에 가득한 은금을 내
게 줄지라도 나는 여호와의 말씀을 어기고 선악간에 내 마음대로 행하지 못하

고 여호와께서 말씀하신 대로 말하리라 하지 아니하였나이까

[23 : 27-24 : 13] 세 번째로 발락은 발람을 광야가 내려다보이는 브올산 꼭대기로 데리고 가서 이스라엘을 저주하도록 하였으나, 이번에도 발람은 이스라엘을 축복하는 자는 복을 받고, 저주하는 자는 저주를 받을 것이라는 예언을 전하였다. 이 내용은 창세기 12 : 3에서 아브람에게 복이 될 것이라고 약속하셨던 하나님의 말씀의 메아리처럼 들린다. 이에 발락은 노하여 세 번이나 발람이 이스라엘을 축복하였음을 지적하였다(24 : 10). 발락이 진노한 모습을 표현한 본문의 묘사들은 매우 생생하여 마치 그 장면을 옆에서 보고 있는 듯한 느낌이 들기도 한다. 발락은 손뼉까지 쳐 가며 자신의 감정을 표출하였고, 화가 나서 발람을 꾸짖었다. 결국 발락과 발람이 이스라엘 민족을 저지하기 위하여 시도했던 종교적이며 주술적인 노력들은 철저하게 실패하였다.

모압 왕 발락이 보여 준 이러한 모든 노력들은 그의 마음이 하나님의 백성 이스라엘 앞에서 얼마나 위축되고, 약해졌는지를 반증해 주는 것이다. 하나님의 자녀들을 박해하려는 세상의 억지스러운 노력들은 그 깊은 내면에 이와 같은 공통적인 속성들을 가지고 있다. 세상에 속한 사람들은 마치 모압 왕이 그랬던 것처럼, 자신의 두려움을 극복하기 위해 온갖 부정한 방법과 억지스러운 궤변과 거짓을 동원하여 하나님의 자녀들을 공격하기도 한다. 그러나 모압 왕 발락과 발람의 눈물겨운 모든 시도는 실패하고 말았다. 이로써 당시 이방인들의 종교관과 세계관에서 '주술적인 힘' 에 대한 왜곡된 믿음과 가치관이 강력했음에도 불구하고, '하나님의 말씀과 뜻' 은 어느 누구도 무너트릴 수 없고, 무엇을 가지고도 왜곡시킬 수 없다는 사실이 분명하게 드러날 수 있었다.

(5) 추가적인 예언(24 : 14-25)

[14]이제 나는 내 백성에게로 돌아가거니와 들으소서 내가 이 백성이 후일에 당

신의 백성에게 어떻게 할지를 당신에게 말하리이다 하고 [15]예언하여 이르기
를 브올의 아들 발람이 말하며 눈을 감았던 자가 말하며 [16]하나님의 말씀을
듣는 자가 말하며 지극히 높으신 자의 지식을 아는 자, 전능자의 환상을 보는
자, 엎드려서 눈을 뜬 자가 말하기를 [17]내가 그를 보아도 이때의 일이 아니며
내가 그를 바라보아도 가까운 일이 아니로다 한 별이 야곱에게서 나오며 한
규가 이스라엘에게서 일어나서 모압을 이쪽에서 저쪽까지 쳐서 무찌르고 또
셋의 자식들을 다 멸하리로다 [18]그의 원수 에돔은 그들의 유산이 되며 그의
원수 세일도 그들의 유산이 되고 그와 동시에 이스라엘은 용감히 행동하리로
다 [19]주권자가 야곱에게서 나서 남은 자들을 그 성읍에서 멸절하리로다 하고
[20]또 아말렉을 바라보며 예언하여 이르기를 아말렉은 민족들의 으뜸이나 그
의 종말은 멸망에 이르리로다 하고 [21]또 겐 족속을 바라보며 예언하여 이르기
를 네 거처가 견고하고 네 보금자리는 바위에 있도다 [22]그러나 가인이 쇠약하
리니 나중에는 앗수르의 포로가 되리로다 하고 [23]또 예언하여 이르기를 슬프
다 하나님이 이 일을 행하시리니 그때에 살 자가 누구이랴 [24]깃딤 해변에서
배들이 와서 앗수르를 학대하며 에벨을 괴롭힐 것이나 그도 멸망하리로다 하
고 [25]발람이 일어나 자기 곳으로 돌아가고 발락도 자기 길로 갔더라

[24 : 14-25] 세 차례의 예언이 끝난 후에 발람은 다시 추가적인 예언을 하였다(14절). 이 예언은 네 가지 내용으로 구성되어 있다(24 : 15-25).

① 15~19절　모압, 에돔 : 이스라엘의 승리
② 20절　아말렉 : 멸망
③ 21~22절　가인 : 앗수르의 포로가 됨.
④ 23~24절　앗수르, 에벨 : 깃딤에서 온 자들의 학대와 멸망

15~16절은 브올의 아들 발람 자신의 소개이다. 17절의 ‘별’과 ‘규’라는

표현은 이스라엘의 지도자를 상징한다. '별' 은 이사야 14 : 12에서 바벨론 왕을 '새벽별' (계명성)로 언급하였을 때 사용된 용례에서도 찾아볼 수 있으며, 한 왕의 상징 혹은 이미지로 해석할 수 있다. 이 경우에 다윗 왕에 대한 예언으로 본문을 이해할 수 있다. 어떤 이들은 이 용어를 '메시야적 왕' 으로 이해하였으며, 또 '주인' 으로 그 뜻을 파악할 수 있다고 보았던 견해도 있다. '규' 도 창세기 49 : 10과 이사야 14 : 5에서 왕의 상징으로 묘사되었다(J. Milgrom, *Numbers, The JPS Torah Commentary*, 1990, pp. 207-208). 17~18절에서는 이스라엘의 통치자와 이스라엘 자손들이 모압과 에돔에 승리를 거둘 것이라고 말하고 있다.

20절 이하의 본문은 아말렉과 가인과 앗수르와 에벨에 관한 간략한 심판 예언들을 기록하였다. 이스라엘에 관한 발람의 모든 예언이 끝난 후에 발람과 발락은 각각 자기 곳과 자기 길로 갔다(25절). 하지만 민수기 31 : 8에서는 발람이 결국 자신의 고향으로 돌아가지 않고 가나안 지역에 여전히 머물러 있었음을 보여 주며, 이스라엘과 미디안 전쟁에서 이스라엘 자손들이 미디안의 다섯 왕들과 함께 처형하였음을 알려 준다. 이러한 행적들을 종합적으로 살펴볼 때, 발람이라는 인물은 하나님의 역사 속에서 사용된 이방인이었지만, 하나님의 뜻을 온전히 분별하고 순종하였던 신실한 사람으로 평가할 수는 없다.

설교를 위한 묵상

(1) 23장의 메시지

모압 왕 발락은 메소포타미아 지역의 유명한 주술사 발람을 초청하였다. 그 목적은 이스라엘 백성을 저주하기 위한 것이었다. 그러나 발람은 저주가 아니라 축복을 할 수밖에 없었다. 세 차례에 걸친 간절하고 교묘한 방법들과 바람에도 불구하고 주술사 발람은 모압 왕 발락의 기대를 저버리고 말았으며, 그들을 축복하는 자가 복을 받고 그들을 저주하는 자가 저주를 받을 것이라는 하나님의 말씀, 즉 하나님께서 이스라엘 자손들의 조상인 아브라함을 부르실 때에 그에게 하셨던 약속의 말씀을 되뇔 수밖에 없었다.

저주에 관하여 잠언 26 : 2에서는 다음과 같이 말씀하고 있다. “까닭 없는 저주는 참새가 떠도는 것과 제비가 날아가는 것같이 이루어지지 아니하느니라”. 온갖 미신적인 주술과 저주의식이 난무하던 시대에 이러한 잘못된 사고와 관념과 왜곡된 신앙심을 깨트리고, 사람의 마음과 정신과 영혼을 해방시키는 말씀은 당시로서는 파격적일 수 있었을 것이다.

민수기 23장에서는 이 저주의식과 주술에 관한 또 다른 차원의 메시지를 선포하고 있다. 하나님은 사람의 주술로 조종될 수 있는 존재가 아님을 보여 주고 있으며, 하나님의 결심과 결정은 세상의 어떤 것으로도 바꿀 수 없는 것임을 발락과 발람의 이야기를 통하여 깨달을 수 있다. 이러한 교훈은 신약의 말씀 가운데에서 발견할 수 있다. 로마서 8 : 33~34에서는 “누가 능히 하나님께서 택하신 자들을 고발하리요 의롭다 하신 이는 하나님이시니 누가 정죄하리요 죽으실 뿐 아니라 다시 살아나신 이는 그리스도 예수시니 그는 하나님 우편에 계신 자요 우리를 위하여 간구하시는 자시니라”라는 말씀을 통하여 그리스도인들이 가질 수 있는 죄의 속박과 저주로부터의 해방과 자유는 예수 그리스도로 말미암는 것이라는 기독론적 해석을 제시하고 있다.

민수기 23장에 기록된 발람의 저주의식의 실패 이야기는 하나님께서 이스라엘의 편이 되실 때 이스라엘 백성은 어떠한 저주에서도 자유로울 수 있음을 보여 주며, 예수 그리스도께서 우리를 정죄하지 않으시고 대속의 은혜를 주실 때에, 모든 죄의 저주와 속박으로부터 자유로울 수 있다는 신약의 가르침을 실증하여 주는 말씀으로 해석할 수 있다. 예수님께서는 요한복음 8 : 32에서 “진리를 알지니 진리가 너희를 자유롭게 하리라”라고 말씀해 주셨다.

(2) 24장의 메시지

민수기 24 : 25에서는 이스라엘을 저주하려는 의식이 실패한 후에 발락은 ‘자기 길’로 갔고, 발람은 ‘자기 곳’으로 갔다고 설명하였다. 그러나 31 : 8에서는 발람이 미디안과 이스라엘 자손들 간에 벌어진 전투에서 처형당했다고 기록하였다. 발람이 왜 가나안 땅에 계속 머물렀는지에 관한 이유를 구약은 더 이상 설명하지 않는다. 따라서 발람이 가나안 땅을 떠나지 않은 것이 그의 우유부단함 때문인지, 혹은 재물의 유혹 때문에 다시 이스라엘을 저주하기 위한 기회를 찾고 있었던 것인지 알 길이 없다. 이러한 본문의 문제는 발람 이야기의 '정경적 전개' 과정을 살펴봄으로써 다루어 볼 수 있다.

민수기 이후의 구약 책들 가운데에서는 여호수아 13 : 22과 24 : 9~10에서 발람에 관하여 언급하였다. 여호수아 13장에서는 르우벤 자손이 아모리 족속의 땅을 점령할 때 브올의 아들 발람을 죽였다고 기록하였으며, 24장에서는 하나님께서 발람의 저주를 듣지 않으시고 오히려 이스라엘을 축복하게 하셨다는 사실을 말하였다.

신약에서는 초대교회 시대의 이단적인 거짓 교사들에 관한 문제를 기록한 베드로후서 2 : 15~16에서 브올의 아들 발람의 길을 언급하였다. 유다서 1 : 11도 거짓 교사들의 문제에 관한 동일한 주제를 다루면서 발람의 길을 언급하였다. 발람에 관한 신약의 이러한 해석들은 민수기 24장과 31장에 기록된 발람이라는 인물을 평가하는 성경의 시각을 이해하는 데 큰 도움이 될 수 있다. 24 : 25의 발람이 돌아갔던 '자기 곳'(히브리어 '마코모'의 문자적인 의미는 '그의 장소'이다.)은 결국 하나님께서 명하신 '하나님의 길'이 아니었음이 분명하게 드러날 수 있다.

신약의 본문들은 발람이 돌아간 장소를 '발람의 길'이라고 해석하였으며, 하나님의 지시하심을 받은 길이 아닌 '자기의 길'이었기에 그 길은 죽음의 길이며, 멸망의 길이 되었음을 보여 준다. 마치 사사기 17 : 6과 21 : 25에서 '자기 소견'에 옳은 대로 행한 길들이 하나님의 뜻에서 벗어난 길이었음을 알려 주듯이, 발람의 이야기를 언급한 신약의 본문들도 발람의 길은 하나님의 뜻과 관계없는 멸망의 길이었음을 보여 준다. 발람은 비록 한때 하나님의 말씀을 사람들에게 전달하는 역할을 하기도 했으나, 결국은 하나님의 뜻에서 벗어나 어그러지고 거짓된 길을 걷다가 멸망한 인물의 표상이 되었다.

3. 싯딤에서의 음행 사건과 비느하스(25 : 1-18)

1이스라엘이 싯딤에 머물러 있더니 그 백성이 모압 여자들과 음행하기를 시

작하니라 2그 여자들이 자기 신들에게 제사할 때에 이스라엘 백성을 청하매
백성이 먹고 그들의 신들에게 절하므로 3이스라엘이 바알브올에게 가담한지
라 여호와께서 이스라엘에게 진노하시니라 4여호와께서 모세에게 이르시되
백성의 수령들을 잡아 태양을 향하여 여호와 앞에 목매어 달라 그리하면 여
호와의 진노가 이스라엘에게서 떠나리라 5모세가 이스라엘 재판관들에게 이
르되 너희는 각각 바알브올에게 가담한 사람들을 죽이라 하니라 6이스라엘
자손의 온 회중이 회막 문에서 울 때에 이스라엘 자손 한 사람이 모세와 온
회중의 눈앞에 미디안의 한 여인을 데리고 그의 형제에게로 온지라 7제사장
아론의 손자 엘르아살의 아들 비느하스가 보고 회중 가운데에서 일어나 손에
창을 들고 8그 이스라엘 남자를 따라 그의 막사에 들어가 이스라엘 남자와 그
여인의 배를 꿰뚫어서 두 사람을 죽이니 염병이 이스라엘 자손에게서 그쳤더
라 9그 염병으로 죽은 자가 이만 사천 명이었더라 10여호와께서 모세에게 말
씀하여 이르시되 11제사장 아론의 손자 엘르아살의 아들 비느하스가 내 질투
심으로 질투하여 이스라엘 자손 중에서 내 노를 돌이켜서 내 질투심으로 그
들을 소멸하지 않게 하였도다 12그러므로 말하라 내가 그에게 내 평화의 언약
을 주리니 13그와 그의 후손에게 영원한 제사장 직분의 언약이라 그가 그의
하나님을 위하여 질투하여 이스라엘 자손을 속죄하였음이니라 14죽임을 당한
이스라엘 남자 곧 미디안 여인과 함께 죽임을 당한 자의 이름은 시므리니 살
루의 아들이요 시므온인의 조상의 가문 중 한 지도자이며 15죽임을 당한 미디
안 여인의 이름은 고스비이니 수르의 딸이라 수르는 미디안 백성의 한 조상
의 가문의 수령이었더라 16여호와께서 모세에게 말씀하여 이르시되 17미디안
인들을 대적하여 그들을 치라 18이는 그들이 속임수로 너희를 대적하되 브올
의 일과 미디안 지휘관의 딸 곧 브올의 일로 염병이 일어난 날에 죽임을 당한
그들의 자매 고스비의 사건으로 너희를 유혹하였음이니라

[25 : 1-18] 이스라엘 사람들이 싯딤에서 체류할 때에 모압 여자들과 음행하

는 일이 발생했다. 모압 여자들은 이스라엘 백성을 자신들의 제사에 초청하였고, 이스라엘 백성들은 그들의 신들에게 절함으로써 우상에게 절하지 말라는 십계명의 두 번째 계명의 내용을 어겼다. 25 : 3을 〈개역개정〉 성경에서는 "이스라엘이 바알브올에게 가담한지라"라고 번역하였고, 〈표준새번역〉 성경에서는 "그래서 이스라엘은 바알브올과 결합하였다"라고 번역하였다. 이러한 내용들은 고대 근동의 풍요다산 제의와 연관성이 있다. 고대 근동의 신화들은 남신과 여신들의 이른바 '거룩한 결혼'이 지상의 풍요와 밀접하게 연결되어 있다고 보았다.

가나안 지역에서도 풍요의 신인 바알과 아낫 혹은 아세라가 배우자의 관계를 가지며, 신들의 성적인 결합이 지상에 풍요와 번영을 가져다준다고 믿고 있었다. 우가릿의 문헌에 따르면 신년축제 때에 신전에서 왕과 왕비가 신들의 역할을 극화한 의식을 행했으며, 신전의 창기 제도를 통하여 일반인들도 이러한 성적인 제의에 참여할 수 있었다고 한다. 바알 신전에는 일종의 성직 계급으로서 남성과 여성의 신전 창기가 있었고, 이들은 일반 예배자들을 대상으로 남신이나 여신의 역할을 하면서, 풍요를 위한 제의의 일부로서 성관계 의식을 갖기도 하였다(강성렬, 「고대 근동의 신화와 종교」, 2006, pp. 65-68).

구약성경의 여러 본문들에서 우상숭배를 음행으로 단죄하였던 것은 단순히 영적인 의미만이 아니라, 이러한 가나안 종교의 실제적인 음행과 성적으로 문란한 종교풍습과 연관된 내용이었다. 호세아 4 : 13~14과 예레미야 2 : 20 등에서도 이러한 종교적인 음행이 사회 풍습과 문화를 이루게 된 죄악상을 고발하였다(강성렬, "고대 근동 종교의 풍요 제의 이해," 「신학이해」 〈1994. 4〉, pp. 28-29). 민수기 25장에 기록된 싯딤에서의 사건은 이러한 가나안 종교의 풍요 제의와 관련된 특징들을 보여 주고 있다. 이스라엘 자손들이 모압 여인들과 음행하고, 우상에게 절함으로써 모압인들의 신인 바알브올과 관계하게 되었다.

하나님께서는 이에 진노하셨고, 백성의 수령들을 교수형에 처할 것과 재판관들에게 바알브올에게 가담한 자를 사형시킬 것을 명하셨다. 그때에 공공연하게 음행에 가담하였던 시므온 가문의 지도자 시므리와 미디안 여인 고스비가 제사장 아론의 손자 엘르아살의 아들 비느하스에 의해 함께 처형 당하였다. 이 일로 인하여 이스라엘 백성 가운데 발생했던 염병이 그쳤지만, 이미 이스라엘 자손 가운데 24,000명이 염병으로 사망하였다.

하나님께서는 비느하스가 하나님의 질투심으로 질투하였고, 이스라엘 자손 중에서 하나님의 진노를 돌이켜서 그들을 멸하지 않게 하였음을 말씀하시면서, 그에게 '영원한 제사장 직분의 언약'을 약속해 주셨다. 이는 그가 하나님을 위하여 질투하여 이스라엘 자손을 속죄하였기 때문이다(13절). 하나님께서는 모세에게 속임수와 고스비의 사건으로 이스라엘을 유혹한 미디안인들을 벌하라고 명령하셨다.

설교를 위한 묵상

모압 민족을 통한 시험과 유혹은 참으로 집요하였다. 모압 왕 발락은 메소포타미아의 주술사 발람을 초청하여 이스라엘 민족을 저주하려고 시도하였다. 그러나 모든 것이 여의치 않았고, 이제 모압 사람들은 새로운 방법으로 이스라엘을 공격해 들어왔다. 하지만 이 공격은 물리적이거나 폭력적인 모습을 띤 도전이 아니었다. 모압 사람들은 자신들의 종교와 여인들을 이용하여 이스라엘 사람들을 유혹하였으며, 많은 지도자들과 백성들이 이 공격에 넘어지고 말았다.

광야 40년의 노정은 긴장과 피로감의 연속이었을 수 있다. 늘 전투의 위험에 노출되어 있고, 자연 환경의 척박함 속에서 생존을 위한 행군을 40년간 지속했던 이스라엘 남성들에게, 모든 역경을 함께 건너오면서 광야의 뜨거운 모래 바람 속에서 거칠어지고 투박스러워진 이스라엘 여인들은 어떤 면에서 그들의 전우이며, 동역자와 같은 사람들일 수 있었을 것이다. 그러던 어느 날 이스라엘의 군대로 부름 받았던 남자들 앞에 나타난 모압 여인들의 모습은 문화충격에 가까운 영향을 주었을 수 있다.

정착생활과 도시 문명생활을 하면서 자기 몸을 가꾸고 치장할 수 있었던 모압 여인들의 화려한 모습은 자신들과 함께 40년을 살아온 이스라엘 여인들의 모습과 너무도 대조적으로 보였을 것이라는 판단은 상식적인 생각으로도 가능하다. 결국 이 여인들과 만남을 가졌던 이스라엘 사람들은 그들과의 교제에 중독되듯이 빠져들었고, 결국 그들의 신들을 섬기는 일에도 함께 동참하는 일까지 벌어지게 되었다.

죄와 악은 참으로 다양한 얼굴을 가지고 있다. 때로는 폭력적이며, 무도하고, 잔악한 얼굴로 덮쳐 오기도 하지만, 때로는 가녀리고, 애틋하고, 사랑스러운 얼굴로 스며들 듯이 우리 곁에 다가와 성도들을 삼켜 버릴 수 있는 것이 죄와 악이 가진 속성들 가운데 하나이다. 창세기 3 : 6의 선악을 알게 하는 나무의 열매에 관한 묘사는 다양한 형태의 '죄악' 이 품고 있는 속성을 생각해 볼 수 있게 한다. "여자가 그 나무를 본즉 먹음직도 하고, 보암직도 하고, 지혜롭게 할 만큼 탐스럽기도 한……."

성도들의 신앙과 삶을 무너뜨리기 위해 도전해 오는 많은 시험들은 다양한 얼굴을 가질 수 있으며, 때로는 물리적으로, 때로는 정신적으로, 때로는 영적으로 자신의 모습을 드러내기도 하고, 숨기기도 하며 다가올 수 있다. 성령 안에서 쉬지 않고 기도하며, 말씀과 찬양과 신앙생활 가운데 깨어 있는 영성을 가진 성도들만이 비느하스처럼 일어나 하나님의 뜻을 세상 속에 세워 갈 수 있을 것이다. 사람의 의지와 이성과 능력으로가 아니라 주님의 은혜와 능력으로 이 모든 일을 감당하고, 주님 앞에 능히 설 수 있는 것이다.

고린도전서 10장은 사도 바울이 출애굽과 광야 시대 이스라엘 공동체와 고린도 교회의 상황을 동일시하여, 출애굽기와 민수기의 이야기들을 집중적으로 적용한 부분이다(G. J. Wenham, *Story as Torah*, 2000, pp. 132 – 133). 이러한 내용은 '정경적 전개' 의 개념을 적용하여 파악해 볼 수 있다. 싯딤에서 일어났던 음행의 사건은 고린도전서 10 : 8에서 '음행' 에 대한 경고의 말씀으로 언급되었다. 고린도전서 10 : 9~10은 민수기 21장의 놋뱀 사건을 언급하면서 하나님을 시험하지 말라는 경고의 메시지를 전달하는 내용이다. 고린도전서 10 : 5~6은 이 모든 일들이 '광야' 에서 이스라엘 자손들이 멸망한 이유였으며, 이러한 일들은 고린도 교회 성도들과 그리스도인들에게 '거울' 이 된다고 해석하였다.

민수기에 기록된 '광야 시대' 의 패역함과 멸망의 역사는 시편 106 : 24 이하의 본문에서도 집중적으로 언급되었으며, 가나안 땅에 대한 원망, 바알브올의 음행과 비느하스의 처벌, 므리바에서의 반석에서 물을 낸 사건을 구체적으로 제시하였다.

이러한 본문들을 정경 전체의 맥락에서 살펴본 후에 다시 민수기의 본문들을 살펴보면 구약과 신약의 각 책과 저자들의 기억 속에 각인되었던 인상적인 사건들이 무엇이었으며, 어떤 차이가 나타나는가를 확인할 수 있다. 민수기의 다양한 사건들은 민수기 본문 자체에서는 광야 시대 역사 기록으로서 의미를 갖지만, 정경 전체의 맥락에서는 마치 컴퓨터의 메모리의 역할과 정보의 창고나 사례집과 같은 기능을 하며, 신약에서는 이 기능을 '거울' 로 해석하였음을 알 수 있다. '정경적 전개' 의 개념을 가지고 민수기를 보았을 때, 이 책의 의미를 새롭게 재해석해 볼 수 있다.

제 Ⅲ 부

출애굽 제2세대와 새로운 역사

민수기 26 : 1-36 : 13

A. 출애굽 제2세대 인구조사와 새로운 역사(26 : 1-32 : 42)

1. 모압 광야에서의 출애굽 제2세대 인구조사(26 : 1-65)
2. 슬로브핫의 딸들의 재산 상속 요구와 모세의 후계자 여호수아 임명(27 : 1-23)
3. 하나님께 드리는 제물과 절기(28 : 1-29 : 40)
4. 서원에 관한 규정(30 : 1-16)
5. 미디안 전쟁-모세의 마지막 과업(31 : 1-54)
6. 요단 동편에 정착한 지파들(32 : 1-42)

B. 광야 시대 역사의 회고와 전망(33 : 1-36 : 13)

1. 모압 평지까지의 여정과 명령(33 : 1-56)
2. 땅 분배의 계획(34 : 1-29)
3. 레위인의 기업과 도피성과 여성의 상속권에 관한 율법(35 : 1-36 : 13)

| 민수기 26 : 1-36 : 13 |

출애굽 제2세대와 새로운 역사

민수기의 마지막 부분은 모압 광야를 배경으로 하고 있으며, 출애굽 제2세대의 인구조사, 모세의 죽음 예고와 마지막 준비, 광야 시대 여정, 가나안 땅의 분배 계획과 다양한 율법 등의 내용을 기록하고 있다. 이 모든 내용은 광야 시대의 모든 고난과 역경을 뚫고 자라난 새로운 세대의 역사 기록에 해당한다. 그런 의미에서 민수기는 이스라엘 민족의 과거 역사가 종결되는 동시에 새로운 역사가 새로운 세대와 함께 시작되었음을 알리는 '두 얼굴의 책' 이라고 할 수 있다.

과거의 얼굴은 원망과 심판과 범죄로 얼룩진 실패의 역사를 보여 준다. 그러나 새로운 얼굴은 하나님과 모세와 새로운 세대 간의 대화와 소통 가운데 가능성과 희망의 역사를 보여 주고 있다. 그럼에도 불구하고 이 두 가지 얼굴은 모두 하나님 백성의 얼굴이며, 이스라엘 자손들의 얼굴이었다. 새로운 희망의 역사는 광야 시대, 약 40년에 걸친 유랑의 역사 속에서 탄생하였기에 출애굽 제1세대의 광야 시대 역사와 '연속성'을 갖지만, 동시에 여호수아와 갈렙을 제외한 모든 사람이 심판 가운데 죽어갔던 이전 세대의 역사와는 분명한 '불연속성'을 갖는다.

하나님의 약속은 출애굽 제1세대의 실패에도 불구하고 폐기된 것이 아니었으며, 광야의 험난한 시련 속에서도 살아남아서, 마침내 약속의 땅 가나안의 언저리에 도착한 다음 세대에게로 이어졌다. 세대를 건너 이어지는 이 약속의 주제 가운데서 우리는 하나님의 신실하심과 은혜를 만날 수 있다.

A. 출애굽 제2세대 인구조사와 새로운 역사(26 : 1－32 : 42)
 1. 모압 광야에서의 출애굽 제2세대 인구조사(26 : 1－65)
 2. 슬로브핫의 딸들의 재산 상속 요구와 모세의 후계자 여호수아 임명(27 : 1－23)
  1) 슬로브핫의 딸들의 재산 상속(27 : 1－11)
  2) 모세의 후계자 여호수아 임명(27 : 12－23)
 3. 하나님께 드리는 제물과 절기(28 : 1－29 : 40)
  1) 화제(28 : 1－8)
  2) 안식일, 초하루, 유월절, 칠칠절과 제물(28 : 9－31)
  3) 나팔절, 속죄일, 초막절과 제물(29 : 1－40)
 4. 서원에 관한 규정(30 : 1－16)
 5. 미디안 전쟁－모세의 마지막 과업(31 : 1－54)
  1) 미디안 전쟁 승리와 귀환(31 : 1－20)
  2) 제사장 엘르아살이 참전했던 군인들에게 전한 율법(31 : 21－47)
  3) 참전했던 이스라엘 자손들의 감사예물(31 : 48－54)
 6. 요단 동편에 정착한 지파들(32 : 1－42)
  1) 르우벤, 갓 지파의 요단 동편 정착 계획(32 : 1－5)
  2) 모세의 반대(32 : 6－15)

3) 두 지파와 모세가 도달한 합의점과 결론(32 : 16 - 42)

A. 출애굽 제2세대 인구조사와 새로운 역사(26 : 1-32 : 42)

1. 모압 광야에서의 출애굽 제2세대 인구조사(26 : 1-65)

1염병 후에 여호와께서 모세와 제사장 아론의 아들 엘르아살에게 말씀하여
이르시되 2이스라엘 자손의 온 회중의 총수를 그들의 조상의 가문을 따라 조
사하되 이스라엘 중에 이십 세 이상으로 능히 전쟁에 나갈 만한 모든 자를 계
수하라 하시니 3모세와 제사장 엘르아살이 여리고 맞은편 요단 가 모압 평지
에서 그들에게 전하여 이르되 4여호와께서 애굽 땅에서 나온 모세와 이스라
엘 자손에게 명령하신 대로 너희는 이십 세 이상 된 자를 계수하라 하니라 5이
스라엘의 장자는 르우벤이라 르우벤 자손은 하녹에게서 난 하녹 종족과 발루
에게서 난 발루 종족과 6헤스론에게서 난 헤스론 종족과 갈미에게서 난 갈미
종족이니 7이는 르우벤 종족들이라 계수된 자가 사만 삼천칠백삼십 명이었더
라 8발루의 아들은 엘리압이요 9엘리압의 아들은 느무엘과 다단과 아비람이
라 이 다단과 아비람은 회중 가운데서 부름을 받은 자들이니 고라의 무리에
들어가서 모세와 아론을 거슬러 여호와께 반역할 때에 10땅이 그 입을 벌려서
그 무리와 고라를 삼키매 그들이 죽었고 당시에 불이 이백오십 명을 삼켜 징
표가 되게 하였으나 11고라의 아들들은 죽지 아니하였더라 12시므온 자손의 종
족들은 이러하니 느무엘에게서 난 느무엘 종족과 야민에게서 난 야민 종족과
야긴에게서 난 야긴 종족과 13세라에게서 난 세라 종족과 사울에게서 난 사울
종족이라 14이는 시므온의 종족들이니 계수된 자가 이만 이천이백 명이었더
라 15갓 자손의 종족들은 이러하니 스본에게서 난 스본 종족과 학기에게서 난

학기 종족과 수니에게서 난 수니 종족과 16오스니에게서 난 오스니 종족과 에
리에게서 난 에리 종족과 17아롯에게서 난 아롯 종족과 아렐리에게서 난 아렐
리 종족이라 18이는 갓 자손의 종족들이니 계수된 자가 사만 오백 명이었더라
19유다의 아들들은 에르와 오난이라 이 에르와 오난은 가나안 땅에서 죽었고
20유다 자손의 종족들은 이러하니 셀라에게서 난 셀라 종족과 베레스에게서
난 베레스 종족과 세라에게서 난 세라 종족이며 21또 베레스 자손은 이러하니
헤스론에게서 난 헤스론 종족과 하물에게서 난 하물 종족이라 22이는 유다 종
족들이니 계수된 자가 칠만 육천오백 명이었더라 23잇사갈 자손의 종족들은
이러하니 돌라에게서 난 돌라 종족과 부와에게서 난 부니 종족과 24야숩에게
서 난 야숩 종족과 시므론에게서 난 시므론 종족이라 25이는 잇사갈 종족들이
니 계수된 자가 육만 사천삼백 명이었더라 26스불론 자손의 종족들은 이러하
니 세렛에게서 난 세렛 종족과 엘론에게서 난 엘론 종족과 얄르엘에게서 난
얄르엘 종족이라 27이는 스불론 종족들이니 계수된 자가 육만 오백 명이었더
라 28요셉의 아들들의 종족들은 므낫세와 에브라임이요 29므낫세의 자손 중
마길에게서 난 자손은 마길 종족이라 마길이 길르앗을 낳았고 길르앗에게서
난 자손은 길르앗 종족이라 30길르앗 자손은 이러하니 이에셀에게서 난 이에
셀 종족과 헬렉에게서 난 헬렉 종족과 31아스리엘에게서 난 아스리엘 종족과
세겜에게서 난 세겜 종족과 32스미다에게서 난 스미다 종족과 헤벨에게서 난
헤벨 종족이며 33헤벨의 아들 슬로브핫은 아들이 없고 딸뿐이라 그 딸의 이름
은 말라와 노아와 호글라와 밀가와 디르사니 34이는 므낫세의 종족들이라 계
수된 자가 오만 이천칠백 명이었더라 35에브라임 자손의 종족들은 이러하니
수델라에게서 난 수델라 종족과 베겔에게서 난 베겔 종족과 다한에게서 난
다한 종족이며 36수델라 자손은 이러하니 에란에게서 난 에란 종족이라 37이
는 에브라임 자손의 종족들이니 계수된 자가 삼만 이천오백 명이라 이상은
그 종족을 따른 요셉 자손이었더라 38베냐민 자손의 종족들은 이러하니 벨라
에게서 난 벨라 종족과 아스벨에게서 난 아스벨 종족과 아히람에게서 난 아

히람 종족과 [39]스부밤에게서 난 스부밤 종족과 후밤에게서 난 후밤 종족이며
[40]벨라의 아들들은 아릇과 나아만이라 아릇에게서 아릇 종족과 나아만에게서
나아만 종족이 났으니 [41]이는 그들의 종족을 따른 베냐민 자손이라 계수된 자
가 사만 오천육백 명이었더라 [42]단 자손의 종족들은 이러하니라 수함에게서
수함 종족이 났으니 이는 그들의 종족을 따른 단 종족들이라 [43]수함 모든 종
족의 계수된 자가 육만 사천사백 명이었더라 [44]아셀 자손의 종족들은 이러하
니 임나에게서 난 임나 종족과 이스위에게서 난 이스위 종족과 브리아에게서
난 브리아 종족이며 [45]브리아의 자손 중 헤벨에게서 난 헤벨 종족과 말기엘에
게서 난 말기엘 종족이며 [46]아셀의 딸의 이름은 세라라 [47]이는 아셀 자손의 종
족들이니 계수된 자가 오만 삼천사백 명이었더라 [48]납달리 자손은 그들의 종
족대로 이러하니 야셀에게서 난 야셀 종족과 구니에게서 난 구니 종족과 [49]예
셀에게서 난 예셀 종족과 실렘에게서 난 실렘 종족이라 [50]이는 그들의 종족을
따른 납달리 종족들이니 계수된 자가 사만 오천사백 명이었더라 [51]이스라엘
자손의 계수된 자가 육십만 천칠백삼십 명이었더라 [52]여호와께서 모세에게
말씀하여 이르시되 [53]이 명수대로 땅을 나눠 주어 기업을 삼게 하라 [54]수가 많
은 자에게는 기업을 많이 줄 것이요 수가 적은 자에게는 기업을 적게 줄 것이
니 그들이 계수된 수대로 각기 기업을 주되 [55]오직 그 땅을 제비 뽑아 나누어
그들의 조상 지파의 이름을 따라 얻게 할지니라 [56]그 다소를 막론하고 그들의
기업을 제비 뽑아 나눌지니라 [57]레위인으로 계수된 자들의 종족들은 이러하
니 게르손에게서 난 게르손 종족과 고핫에게서 난 고핫 종족과 므라리에게서
난 므라리 종족이며 [58]레위 종족들은 이러하니 립니 종족과 헤브론 종족과 말
리 종족과 무시 종족과 고라 종족이라 고핫은 아므람을 낳았으며 [59]아므람의
처의 이름은 요게벳이니 레위의 딸이요 애굽에서 레위에게서 난 자라 그가
아므람에게서 아론과 모세와 그의 누이 미리암을 낳았고 [60]아론에게서는 나
답과 아비후와 엘르아살과 이다말이 났더니 [61]나답과 아비후는 다른 불을 여
호와 앞에 드리다가 죽었더라 [62]일 개월 이상으로 계수된 레위인의 모든 남자

는 이만 삼천 명이었더라 그들은 이스라엘 자손 중 계수에 들지 아니하였으
니 이는 이스라엘 자손 중에서 그들에게 준 기업이 없음이었더라 63이는 모세
와 제사장 엘르아살이 계수한 자라 그들이 여리고 맞은편 요단 가 모압 평지
에서 이스라엘 자손을 계수한 중에는 64모세와 제사장 아론이 시내 광야에서
계수한 이스라엘 자손은 한 사람도 들지 못하였으니 65이는 여호와께서 그들
에게 대하여 말씀하시기를 그들이 반드시 광야에서 죽으리라 하셨음이라 이
러므로 여분네의 아들 갈렙과 눈의 아들 여호수아 외에는 한 사람도 남지 아
니하였더라

[26 : 1-65] 여리고 맞은편 모압 평지에서 출애굽 제2세대의 인구조사가 이루어졌다. 이스라엘 중에서 20세 이상으로 전쟁에 나갈 만한 모든 사람을 계수하라는 하나님의 명령이 모세와 제사장 아론의 아들 엘르아살에게 임하였고, 그들은 이스라엘 자손들에게 이 말씀을 전하였다. 1절의 '염병 후에' 라는 말은 출애굽 제1세대에 속했던 마지막 사람들이 이 사건 속에서 죽음을 맞이하였음을 간접적으로 보여 준다. 새로운 세대의 인구조사는 1장과 매우 유사한 형식으로 이루어졌으며, 모세와 엘르아살이 명령을 전달하고 열두 지파의 인구조사(5 - 51절)가 진행된 후에 레위 지파의 인구조사(57 - 62절)가 이루어진 과정은 1~4장의 과정들과 동일하다.

이 가운데 특이사항은 민수기 26장에서 각 지파별 종족들의 이름이 함께 기록되었다는 점이다. 좀 더 세부적인 사항에서는 르우벤 지파가 하녹, 발루, 헤스론, 갈미의 종족으로 구성되었고, 발루의 손자이자 엘리압의 아들인 다단과 아비람이 고라와 함께 반역하였으며, 그들이 심판받아 죽을 때에 고라의 아들들은 죽지 않았다는 내용이 르우벤 지파의 인구조사 부분에 수록되어 있다. 시므온 지파의 경우는 인구가 59,300명에서(1 : 23) 22,200명으로 급격한 감소의 결과를 보여 주고 있으며(26 : 14), 이에 관하여 웬함(G. Wenham)은 브올의 배교 사건을(25 : 14) 시므온 지파가 주도했기 때문일 것

으로 해석하였다(G. Wenham, *The Pentateuch*, 박대영 옮김, 「모세오경」, 2007, p. 182).

지파별 순서 (1 : 17-46)	인원수	지파별 순서 (26 : 1-65)	인원수	증감
1. 르우벤	46,500	1. 르우벤	43,730	-2,770
2. 시므온	59,300	2. 시므온	22,200	-37,100
3. 갓	45,650	3. 갓	40,500	-5,150
4. 유다	74,600	4. 유다	76,500	+1,900
5. 잇사갈	54,400	5. 잇사갈	64,300	+9,900
6. 스불론	57,400	6. 스불론	60,500	+3,100
7. 에브라임	40,500	7. 므낫세	52,700	+20,500
8. 므낫세	32,200	8. 에브라임	32,500	-8,000
9. 베냐민	35,400	9. 베냐민	45,600	+10,200
10. 단	62,700	10. 단	64,400	+1,700
11. 아셀	41,500	11. 아셀	53,400	+11,900
12. 납달리	53,400	12. 납달리	45,400	-8,000
총인구 : 603,550		총인구 : 601,730		-1,820

26장에서는 므낫세와 에브라임의 순서로 배열하여 요셉의 아들들의 순서가 1장과 다르게 배치되어 있음을 확인할 수 있다. 므낫세 지파에 관한 내용에서는 헤벨의 아들 슬로브핫에게 아들이 없었고, 말라, 노아, 호글라, 밀가, 디르사라는 이름의 딸들만 있었음을 언급하고 있다(33절). 26 : 52~56까지의 본문에서는 하나님께서 지파별 인구비율에 따라 땅을 분배하고, 제비 뽑아 나누게 할 것을 명령하신 일을 기록하였다. 한편 출애굽 당시에 시내 광야의 인구조사에서 계수되었던 사람들 가운데 여호수아와 갈렙 외에는 한 사람도 남지 않았다는 65절의 말씀은 하나님의 심판과 예언의 말씀이 참으로 준엄한 것임을 다시금 깨닫게 해 준다.

26 : 57 이하의 본문은 레위인에 관한 기록으로 이루어져 있다. 아므람과

요게벳 사이에서 아론, 모세, 미리암이 태어났고, 아론에게서 나답과 아비후와 엘르아살과 이다말이 태어났으며, 그들 가운데 나답과 아비후가 다른 불을 여호와 앞에 드리다가 죽은 사건도 언급하고 있다(61절). 레위인은 1개월 이상으로 계수된 자가 23,000명이었다. 26장의 인구조사는 1장과 유사한 형식으로 이루어졌고, 세부적인 부분들에서 사소한 차이를 보여 주고 있지만, 한 가지 주목하여 볼 만한 주제는 인구조사의 목적에 관한 것이다.

1장의 인구조사에서 '전쟁'(싸움)을 위한 군사적 목적이 14회 반복적으로 언급되지만, 26장에서는 2절에서 한 번 나타난 차이점을 보여 준다. 이에 관하여 올슨(D. T. Olson)은 두 번째 인구조사의 목적이 군인의 숫자 파악보다는 지파별 인구규모에 따른 땅 분배를 위한 것이었으며, 이것은 1장과 26장의 인구조사 사이에 나타난 목적의 전환을 말해 주는 것이라고 해석하였다. 그는 옛 세대의 죽음과 새로운 세대의 일어남을 말하고 있는 26 : 63~65의 구절들이 민수기 전체의 주제에 해당하며, 인구조사의 결론으로서 이 본문은 14 : 26~35의 말씀을 상기시켜 준다고 보았다(D. T. Olson, 「민수기」 현대성서주석, 2000, pp. 250 – 251).

하지만 이원우는 올슨의 해석에 문제를 제기하고, 26 : 63~65 본문이 옛 세대가 새로운 인구조사에 포함되지 않았음을 말해 주는 인구조사 보고서의 결론으로서만 의미를 갖는 것이지 땅 분배의 목적과는 무관하다고 주장한다(이원우, "민수기의 거시 구조 : 구세대에서 신세대로의 전환," 「민수기 : 어떻게 설교할 것인가」 두란노 HOW주석, 2009, pp. 127 – 128). 이원우는 52~56절에 기록된 땅 분배에 관한 명령이 모세에게만 주어진 것이라는 점에서 여호와께서 모세와 엘르아살에게 명령하신 1절의 인구조사 명령과는 구별되는 것이고, 출애굽 제2세대에 관하여 말하는 63~65절까지의 내용과도 다르며, 다른 단락들과 동일한 비중의 본문이 아닌 종속적인 단락이라고 설명하였다(Won W. Lee, *Punishment and Forgiveness in Israel's Migratory Campaign*, 2003, pp. 175 – 177).

그러나 26장의 두 번째 인구조사의 목적에 관하여 본문의 내용들을 지나치게 구별하는 것 자체가 무리한 해석의 결과를 가져올 수 있다. 상식적으로 시간과 공간상의 변화를 고려해 볼 때, 두 번째 인구조사에서 강조된 사안들이 1장과 동일할 수는 없다. 하지만 본문에서 말하고 있는 인구조사의 목적은 2절에서 언급한 바와 같이 가나안 정복전쟁을 위한 목표를 포함하며, 52~56절의 말씀대로 땅 분배의 목적도 포함하고 있는 것으로 파악하는 것이 더 적절하다고 본다.

그러므로 26장의 인구조사는 가나안 정복전쟁과 땅 분배의 두 가지 목적을 포함하고 있으며, 그 신학적인 의미는 옛 세대가 새로운 세대의 인구조사 명단에 포함되지 못하였음을 보여 주는 것이라는 본문 자체의 설명을 그대로 수용하는 것이 오히려 26장의 결론을 이해하는 데 더 도움이 될 수 있을 것이다.

설교를 위한 묵상

시내 광야에서 행해졌던 첫 번째 인구조사는 40여 년의 세월이 지난 후 가나안 땅(여리고) 맞은편의 요단 가 모압 평지에서 다시 이루어졌다. 이스라엘 자손들의 불평과 원망 속에서 무너져 내렸던 가나안 땅 정복의 꿈은 수십 년의 세월이 지나도 색이 바래질 수 없었다. 왜냐하면 그 뜻은 하나님께서 세우셨고, 하나님께서 인도하셨으며, 하나님께서 이루어 가시는 일이기 때문이다. 그 뜻을 감당할 자격을 상실한 출애굽 제1세대 인구는 603,550명이었고, 이에 속한 한 세대는 역사의 뒤안길로 사라졌다. 이제 그 바통을 이어받게 된 출애굽 제2세대의 인구는 601,730명으로 파악되었다. 두 차례의 인구조사에서 전체 숫자를 비교해 보았을 때, 40여 년의 세월이 지나고서도 물리적인 크기에서는 그렇게 큰 차이가 나지 않음을 확인할 수 있다.

모압 평지에서 행해진 이 두 번째 인구조사의 의미는 과연 무엇일까? 출애굽 제1세대를 향하여 하나님께서 품으셨던 꿈과 비전이 분명히 있었다. 하나님의 소유와 거룩한 백성과 제사장 나라라는 출애굽기 19 : 5~6의 개념들 속에 그 내용들이 아주 집약된 형태로 나타나 있다. 그러나 출애굽 제1세대의 원망과 타락과 불순종의 역사 속에서 하나님께서 세우셨던 그 뜻의 불꽃이 사그라지는 듯하였다. 하지만 민수기 26장의 출애굽 제2세대 인구조사 명령은 하나님의 뜻이 결코 역사 가운데서 포기될 수 없고, 사라질 수 없으며, 공허하게 끝날 수 없는 것임을 보여 준다(D. T. Olson, 「민수기」, 2000, p. 251).

"역사는 반복된다."는 옛 사람들의 표현처럼 민수기에 기록된 두 번의 인구조사는 출애굽 제1세대와 제2세대에서 반복되는 사건의 기록처럼 보인다. 역사는 이러한 반복 가운데서 지나간 사건과 새로운 사건 사이의 연속성을 찾을 수 있도록 해 준다. 그러나 이러한 말로 민수기 26장에 기록된 '두번째 인구조사'의 의미를 설명하기에는 불충분하다. 출애굽 제2세대에 속한 이스라엘 자손들이 지켜 왔던 하나님의 뜻은 그 전 세대와 동일한 것이었음에도 불구하고, 이 세대에 속한 사람들이 품고 있는 새로운 가능성으로 인해 이 두 번째 인구조사는 첫 번째 인구조사의 단순한 반복일 수가 없다. 이 일은 하나님의 용서하심과 은혜의 회복이고, 희망의 증거이며, 하나님의 백성을 향하신 '하나님의 사랑'을 확증한 사건이다.

민수기 1장과 26장의 인구조사에 나타난 60만여 명의 물리적 숫자의 유사성은 험난했던 광야 시대 역사 속에서도 이스라엘 민족 전체를 보호하시고, 보존하셨던 하나님의 사랑과 은혜를 구체적으로 보여 주는 결과로 해석할 수 있다. 그리고 두 번째 인구조사는 광야 시대의 고난의 역사를 통과한 사람들이 누구인가를 보여 주는 사건이며, 이제 하나님의 인도하심 속에서 자라난 새로운 세대에 속한 사람들의 시대가 새롭게 열리게 되었음을 선포하는 사건으로서의 의미를 갖는다.

출애굽 제2세대의 인구조사에 관한 26장의 본문은 민수기의 역사가 실패와 절망의 역사로 끝날 수 없음을 구체적으로 보여 주며, 이를 통해 하나님의 구속사 가운데 공식적으로 등장한 새로운 세대의 존재는 하나님의 뜻을 이루어 가는 새로운 역사의 가능성으로 독자들의 눈을 열어 준다.

2. 슬로브핫의 딸들의 재산 상속 요구와 모세의 후계자 여호수아 임명 (27 : 1-23)

1) 슬로브핫의 딸들의 재산 상속(27 : 1-11)

1요셉의 아들 므낫세 종족들에게 므낫세의 현손 마길의 증손 길르앗의 손자
헤벨의 아들 슬로브핫의 딸들이 찾아왔으니 그의 딸들의 이름은 말라와 노
아와 호글라와 밀가와 디르사라 2그들이 회막 문에서 모세와 제사장 엘르아
살과 지휘관들과 온 회중 앞에 서서 이르되 3우리 아버지가 광야에서 죽었으
나 여호와를 거슬러 모인 고라의 무리에 들지 아니하고 자기 죄로 죽었고 아
들이 없나이다 4어찌하여 아들이 없다고 우리 아버지의 이름이 그의 종족 중
에서 삭제되리이까 우리 아버지의 형제 중에서 우리에게 기업을 주소서 하
매 5모세가 그 사연을 여호와께 아뢰니라 6여호와께서 모세에게 말씀하여 이
르시되 7슬로브핫 딸들의 말이 옳으니 너는 반드시 그들의 아버지의 형제 중
에서 그들에게 기업을 주어 받게 하되 그들의 아버지의 기업을 그들에게 돌
릴지니라 8너는 이스라엘 자손에게 말하여 이르기를 사람이 죽고 아들이 없
으면 그의 기업을 그의 딸에게 돌릴 것이요 9딸도 없으면 그의 기업을 그의
형제에게 줄 것이요 10형제도 없으면 그의 기업을 그의 아버지의 형제에게 줄
것이요 11그의 아버지의 형제도 없으면 그의 기업을 가장 가까운 친족에게 주
어 받게 할지니라 하고 나 여호와가 너 모세에게 명령한 대로 이스라엘 자손
에게 판결의 규례가 되게 할지니라

[27 : 1-11] 26 : 33에서 언급했던 슬로브핫의 딸들에 관한 이야기가 27장에 자세하게 기록되어 있다. 슬로브핫의 딸들은 회막 문으로 나아와 아들이 없이 죽은 자신들의 아버지 대신에 자신들에게도 기업을 줄 것을 공개적으로 모세와 제사장 엘르아살과 지휘관들과 온 회중 앞에서 요구하였다. 모세는 그

사정을 여호와께 말씀드렸다(1-5절). 이에 관하여 하나님께서는 그 요구의 정당성을 인정하시고, 기업 상속에 관한 순차적인 규정을 말씀해 주셨다.

① 아들이 없을 경우 - 딸에게 상속
② 딸도 없을 경우 - 그 형제에게 상속
③ 형제도 없을 경우 - 그의 아버지의 형제에게 상속
④ 그의 아버지의 형제도 없을 경우 - 가장 가까운 친족에게 상속

2) 모세의 후계자 여호수아 임명(27 : 12-23)

[12]여호와께서 모세에게 이르시되 너는 이 아바림 산에 올라가서 내가 이스라엘
자손에게 준 땅을 바라보라 [13]본 후에는 네 형 아론이 돌아간 것같이 너도 조상
에게로 돌아가리니 [14]이는 신 광야에서 회중이 분쟁할 때에 너희가 내 명령을
거역하고 그 물가에서 내 거룩함을 그들의 목전에 나타내지 아니하였음이니
라 이 물은 신 광야 가데스의 므리바 물이니라 [15]모세가 여호와께 여짜와 이르
되 [16]여호와, 모든 육체의 생명의 하나님이시여 원하건대 한 사람을 이 회중 위
에 세워서 [17]그로 그들 앞에 출입하며 그들을 인도하여 출입하게 하사 여호와의
회중이 목자 없는 양과 같이 되지 않게 하옵소서 [18]여호와께서 모세에게 이르시
되 눈의 아들 여호수아는 그 안에 영이 머무는 자니 너는 데려다가 그에게 안수
하고 [19]그를 제사장 엘르아살과 온 회중 앞에 세우고 그들의 목전에서 그에게
위탁하여 [20]네 존귀를 그에게 돌려 이스라엘 자손의 온 회중을 그에게 복종하게
하라 [21]그는 제사장 엘르아살 앞에 설 것이요 엘르아살은 그를 위하여 우림의
판결로써 여호와 앞에 물을 것이며 그와 온 이스라엘 자손 곧 온 회중은 엘르
아살의 말을 따라 나가며 들어올 것이니라 [22]모세가 여호와께서 자기에게 명령
하신 대로 하여 여호수아를 데려다가 제사장 엘르아살과 온 회중 앞에 세우고
[23]그에게 안수하여 위탁하되 여호와께서 모세에게 명령하신 대로 하였더라

[27 : 12-23] 여호와께서 모세에게 아바림 산에 올라가 이스라엘 자손에게 준 땅을 바라보라고 명하셨다. 그리고 모세가 죽음을 맞이할 것이라고 말씀해 주셨다. 이는 모세가 신 광야 므리바 물가에서 여호와의 거룩함을 나타내지 않고 죄를 범하였기 때문이었다(14절). 그러자 모세는 '여호와의 회중'을 위하여 이들이 목자 없는 양처럼 되지 않도록 한 사람을 대신 지도자로 세워 주실 것을 하나님께 간구하였다. 이에 하나님께서는 여호수아에게 안수하고, 제사장 엘르아살과 온 회중 앞에 세워 지도자로 임명하라는 말씀으로 대답해 주셨다. 그리고 제사장 엘르아살이 우림의 판결로 하나님께 묻고, 여호수아와 온 회중은 엘르아살의 말을 따라 출입하라고 말씀해 주셨다.

이 말씀 가운데서 전체 지도자 여호수아와 종교적인 지도자 엘르아살의 역할이 구분됨을 파악할 수 있다. 모세는 여호와께서 명하신 대로 행하였다. 이러한 일련의 과정들은 새로운 출애굽 제2세대의 역사를 위하여 지도자의 세대교체가 이루어지게 되었음을 보여 준다. 예수님께서는 "새 포도주는 새 부대에 넣어야 할 것이니라."라는 말씀을 해 주셨다(마 9 : 17 ; 막 2 : 22 ; 눅 5 : 37-38). 출애굽 제2세대의 인구조사와 함께 열린 새로운 시대는 이제 광야 시대의 역사와 연속성을 가지는 동시에 단절을 이루는 새로운 역사에 속한다. 하나님께서는 마치 새 포도주를 새 부대에 넣듯이 가나안 정복의 새로운 역사를 이루어 가시기 위하여 새로운 세대의 인구조사를 마치신 후에 지도층을 새롭게 구성하도록 모세에게 명하셨다. 27장은 이러한 변화와 새 시대를 위한 준비의 과정을 보여 주고 있다.

설교를 위한 묵상

내가 당장 내일 죽음을 맞이한다는 소식을 듣게 된다면, 나에게는 무엇이 가장 먼저 생각날까? 톨스토이의 단편 가운데 「사람은 무엇으로 사는가?」에 나오는 한 여인이 바로 그러한 상황에 처하게 되었다. 그녀는 아직 어린 두 딸의 앞날을 걱정하며, 자신을 하늘나라로 데려가려고 찾아온 천사에게 사정한다. 결국 하나님의 명령을 어기고, 그 여인을 데려가지 않은 천사는 벌을 받아 인간세상에 내려와 살게 되고, 여인의 생명도 연장 받지 못하였다. 하나님은 천사에게 세 가지 질문을 주면서 인간세상에서 그 답들을 모두 알게 되면 다시 하늘나라로 돌아오는 것을 허락하겠다고 하신다. 여러 가지 우여곡절 끝에 그 천사는 사람이 하나님의 사랑으로 살아가고 있음을 깨달아 마지막 답을 얻고, 다시 하늘나라로 돌아가는 장면으로 그 이야기는 끝을 맺는다.

모세도 자신이 사랑했던 이스라엘 자손들을 남겨 놓고 이 세상을 떠나야 하는 상황을 맞이하였다. 모세의 마음은 과연 어떠했을까? 출애굽한 이스라엘 민족의 지도자 모세는 자신의 죽음에 대한 하나님의 말씀을 듣고 만감이 교차하는 순간을 맞이하였을 것이다. 그러나 모세 자신의 걱정이나 염려 혹은 개인적인 소망과는 다른 결론을 내리신 하나님은 그 뜻을 돌이키지 않으셨고, 결국 모세는 죽게 되었다.

이 상황에서 모세는 자신의 뒤를 이어 백성들을 이끌어 갈 지도자를 세워 주실 것을 간구하였고, 하나님께서는 여호수아와 제사장 엘르아살을 세우게 하셨다. 모세는 이렇게 자신의 생애를 마무리할 준비와 이스라엘 민족의 새로운 세대가 시작해야 할 새로운 역사의 시작을 위한 준비를 해 갈 수 있었다.

그러나 다른 한편으로는 이러한 생각을 해 본다. "만약 지도자 모세가 그의 개인적인 소망과 간구처럼 출애굽 제1세대에 속했던 약 60만 명의 이스라엘 자손들이 모두 죽었음에도 불구하고, 살아서 가나안 땅에 들어갔다면 그 모습이 과연 명예롭게 보였을까? 오히려 자신의 소명을 마무리하고, 광야에서 죽음을 맞이한 모세의 모습이 지도자로서 아름다운 마지막이 될 수 있었던 것은 아닐까?"라는 물음을 던져 본다.

"시작이 반이다."라는 옛 어른들의 말처럼 모든 일은 첫 출발과 그 일을 시작하는 동기가 중요하다. 하지만 그 일이 진행되는 과정에서 순간순간 결단의 상황마다 어떻게 고민하고 결정하며 살아왔는가의 문제는 하나님 앞에서의 삶이라는 신학적 주제와 연결되어 있다. '어떻게'라는 과정을 무시하고, 수단과 방법을 가리지 않고 밟아 온 삶의 여정은 그 결과가 아무리 성공적인 그 '무엇'이 되었다고 할지라도, 그것은 세상 앞의 성공일 수는 있어도 결코 하나님 앞에서의 성공은 될 수 없다.

모세의 생애는 그 시작과 과정과 끝이 인간적인 계산과 억지로 점철된 것이 아니라 온전히 하나님께 속한 삶이었고, 자신과 가족만을 위해 이기적으로 결단한 것이 아니라 끝까지 이스라엘 공동체 전체를 위해 간구하였으며, 그 온전한 순종으로 마무리될 수 있었기에 우리 가슴 속에 남아 있는 모든 아쉬움에도 불구하고, 그의 삶은 시작만큼 아름다운 마지막으로 남을 수 있었을 것이다.

3. 하나님께 드리는 제물과 절기(28 : 1-29 : 40)

1) 화제(28 : 1-8)

> 1여호와께서 모세에게 말씀하여 이르시되 2이스라엘 자손에게 명령하여 그들
> 에게 이르라 내 헌물, 내 음식인 화제물 내 향기로운 것은 너희가 그 정한 시
> 기에 삼가 내게 바칠지니라 3또 그들에게 이르라 너희가 여호와께 드릴 화제
> 는 이러하니 일 년 되고 흠 없는 숫양을 매일 두 마리씩 상번제로 드리되 4어
> 린 양 한 마리는 아침에 드리고 어린 양 한 마리는 해 질 때에 드릴 것이요 5또
> 고운 가루 십분의 일 에바에 빻아 낸 기름 사분의 일 힌을 섞어서 소제로 드
> 릴 것이니 6이는 시내 산에서 정한 상번제로서 여호와께 드리는 향기로운 화
> 제며 7또 그 전제는 어린 양 한 마리에 사분의 일 힌을 드리되 거룩한 곳에서
> 여호와께 독주의 전제를 부어 드릴 것이며 8해 질 때에는 두 번째 어린 양을
> 드리되 아침에 드린 소제와 전제와 같이 여호와께 향기로운 화제로 드릴 것
> 이니라

[28 : 1-8] 28 : 1~2은 29 : 39~40과 연결되어 있다. 여호와께서 모세에게 명하셨고, 모세는 그 명령하신 것을 그대로 이스라엘 자손들에게 말하였다는

기록이 마치 괄호와 같은 기능을 하며, 28장과 29장을 한 단락의 구조로 볼 수 있게 한다. 28 : 2의 '내 헌물', '내 음식인 화제물', '내 향기로운 것' 이라는 표현들은 '화제' 와 연관되어 있다. 화제물과 연관된 표현들은 사람에게 속한 것이 아니라 하나님을 위한 것이라는 점을 강조하기 위해 세 차례에 걸쳐 1인칭 인칭대명사를 결합한 형태로 묘사되었다. 3절부터는 화제의 방법과 구체적인 내용을 설명한다. 2절의 '그 정한 시기' 는 개별 제물을 바치는 시간보다는 안식일과 초하루와 유월절 등의 '절기' 를 뜻하는 것이다(레 1-7장 ; 23장 참조).

화제물은 상번제로서 매일 아침과 저녁에 1년 되고 흠 없는 숫양을 각각 하나씩 드려야 한다. 이는 아침 예배를 통하여 하나님께 자신의 하루 전체를 드리는 마음으로 하루를 시작하고, 저녁 예배를 통하여 하루를 허락하신 하나님께 감사드림으로써 한 날을 마감하는 의미를 가질 수 있으며, 이러한 예배를 통하여 성도들은 하나님께서 자신과 한 날을 사용하실 수 있도록 내어드리는 온전한 헌신의 의미를 되새길 수 있다. 고운 가루 1/10 에바와 빻아낸 기름 1/4 힌을 섞어서 소제를 드리고, 1/4 힌의 독주로 전제를 함께 드릴 것을 규정하고 있다. 참고로 힌은 3.67ℓ에 해당하는 양의 계량단위이며, 에바는 22ℓ에 해당한다.

민수기 28장에서는 '제물을 드린다' 는 표현을 히브리어 동사 '카라브' 의 히필형(가져오다)을 사용하였다(2절). 5 : 26에서는 소제에 관한 규정에서 '불사르다' 로 번역된 '카타르' 동사의 히필형을 사용하였는데, 이 단어는 단순히 '불로 태우다' 라는 뜻이 아니라 '연기가 되게 하다' 라는 의미를 갖는다. 레위기의 제사법(1-7장)에서도 제물과 관련하여 '카타르' 동사를 사용하였으며, 밀그롬(J. Milgrom)과 더글라스(M. Douglas)는 하나님께 바치는 희생 제물에 있어서 초점은 동물의 '죽음' 이 아니라 '생명' 에 맞추어져 있다고 보았다. 그들은 연기로 '변화' 된다는 뜻의 '카타르' 동사를 사용함으로써, 하나님께 드리는 제물은 동물의 생명이 상실되고 소멸된다는 의미보다는 그 동물의 생명이 새로운 존재의 차원으로 승화된다는 의미를 갖는다고 해석하였다(J. Milgrom, *Leviticus 1–16*, The Anchor Bible, 1991, p. 160 ; M. Douglas, *In the Wilderness*, 2001, pp. 68–69).

민수기의 제물에 관한 다양한 율법들은 레위기의 제사 제도를 배경으로 하고 있으며, 그 의미들도 레위기와의 연속선상에서 파악할 수 있다.

2) 안식일, 초하루, 유월절, 칠칠절과 제물(28 : 9–31)

9안식일에는 일 년 되고 흠 없는 숫양 두 마리와 고운 가루 십분의 이에 기름
섞은 소제와 그 전제를 드릴 것이니 10이는 상번제와 그 전제 외에 매 안식일
의 번제니라 11초하루에는 수송아지 두 마리와 숫양 한 마리와 일 년 되고 흠
없는 숫양 일곱 마리로 여호와께 번제를 드리되 12매 수송아지에는 고운 가루
십분의 삼에 기름 섞은 소제와 숫양 한 마리에는 고운 가루 십분의 이에 기름
섞은 소제와 13매 어린 양에는 고운 가루 십분의 일에 기름 섞은 소제를 향기
로운 번제로 여호와께 화제를 드릴 것이며 14그 전제는 수송아지 한 마리에
포도주 반 힌이요 숫양 한 마리에 삼분의 일 힌이요 어린 양 한 마리에 사분
의 일 힌이니 이는 일 년 중 매월 초하루의 번제며 15또 상번제와 그 전제 외에
숫염소 한 마리를 속죄제로 여호와께 드릴 것이니라 16첫째 달 열넷째 날은
여호와를 위하여 지킬 유월절이며 17또 그 달 열다섯째 날부터는 명절이니 이
레 동안 무교병을 먹을 것이며 18그 첫날에는 성회로 모일 것이요 아무 일도
하지 말 것이며 19수송아지 두 마리와 숫양 한 마리와 일 년 된 숫양 일곱 마리
를 다 흠 없는 것으로 여호와께 화제를 드려 번제가 되게 할 것이며 20그 소제
로는 고운 가루에 기름을 섞어서 쓰되 수송아지 한 마리에는 십분의 삼이요
숫양 한 마리에는 십분의 이를 드리고 21어린 양 일곱에는 어린 양 한 마리마
다 십분의 일을 드릴 것이며 22또 너희를 속죄하기 위하여 숫염소 한 마리로
속죄제를 드리되 23아침의 번제 곧 상번제 외에 그것들을 드릴 것이니라 24너

희는 이 순서대로 이레 동안 매일 여호와께 향기로운 화제의 음식을 드리되
상번제와 그 전제 외에 드릴 것이며 [25]일곱째 날에는 성회로 모일 것이요 아
무 일도 하지 말 것이니라 [26]칠칠절 처음 익은 열매를 드리는 날에 너희가 여
호와께 새 소제를 드릴 때에도 성회로 모일 것이요 아무 일도 하지 말 것이며
[27]수송아지 두 마리와 숫양 한 마리와 일 년 된 숫양 일곱 마리로 여호와께 향
기로운 번제를 드릴 것이며 [28]그 소제로는 고운 가루에 기름을 섞어서 쓰되
수송아지 한 마리마다 십분의 삼이요 숫양 한 마리에는 십분의 이요 [29]어린
양 일곱 마리에는 어린 양 한 마리마다 십분의 일을 드릴 것이며 [30]또 너희를
속죄하기 위하여 숫염소 한 마리를 드리되 [31]너희는 다 흠 없는 것으로 상번
제와 그 소제와 전제 외에 그것들을 드릴 것이니라

[28 : 9-31] 절기에 드리는 제물들은 흠 없는 것으로 상번제와 소제와 전제와 함께 드려야 한다(28 : 31). 안식일의 내용은 창세기 2 : 1~3의 본문에서 처음 언급되었다. 출애굽기 20 : 8~11 본문에서는 천지창조의 주제를 배경으로 안식일 준수를 명하였다. 이에 비해 신명기 5 : 12~15에서는 출애굽 주제를 배경으로 안식일 계명을 기술하였다. 민수기 28장에 기록된 안식일 관련 본문에서는 제사와 제물에 관한 자세한 내용을 담고 있다는 점에서 모세오경의 다른 본문들과 차이를 보여 준다. 민수기 본문의 이러한 특징은 이 절기들이 단순한 휴식이 아니라 하나님 앞에 성회로 모이는 절기이고, 하나님께 예배하는 날이라는 종교적이며 신앙적인 의미를 강조한 내용으로 해석할 수 있다.

신약에서는 예수님의 말씀을 통하여 안식일이 사람을 위해 세워진 날이며, 안식일의 주인은 예수 그리스도이심을 선언하였다(막 2 : 27-28 ; 마 12 : 8 ; 눅 6 : 5). 따라서 이 안식일의 의미를 그리스도인들은 '주의 날'(주일)의 전통 안에 포함하여 지키게 되었다(요 20 : 1, 19 ; 행 20 : 7 ; 고전 16 : 2 ; 계 1 : 10 ; 김중은, 「거룩한 길 다니리 : 설교를 위한 레위기 연구」,

2001, p. 181. 참조). 신약과 구약 전체의 맥락에서 볼 때, 안식일의 의미는 사회적인 차원과 종교적인 차원 모두에서 사람을 위한 하나님의 배려하심을 담고 있으며, 그 의미는 신약 이후 시대의 주일성수의 의미 속에서 이어지고 있음을 확인할 수 있다.

〈개역한글〉 성경에서 사용했던 '월삭' 은 매월 초하루를 뜻하며, 안식일이 7일마다 돌아오는 절기라고 한다면 초하루는 한 달을 간격으로 돌아오는 절기라고 할 수 있다. 첫날을 하나님께 구별하여 드리는 것은 그날 하루만이 아니라 나머지 모든 날도 하나님께 속한 날로 인정함을 전제해야 한다. 절기마다 하나님 앞에 성회로 모이는 의미는 하나님께서 이스라엘의 하나님이 되심을 기억하고, 이스라엘은 하나님의 백성 됨을 기억한다는 의미에서 결국 하나님과 이스라엘 백성 사이의 관계를 기념하는 날의 뜻을 갖는다고 볼 수 있다(김중은, 「거룩한 길 다니리 : 설교를 위한 레위기 연구」, 2001, p. 185. 참조).

하나님과 이스라엘 백성들 사이의 관계는 이렇듯 하나의 방법으로만 확인되는 것이 아니라, 마치 여러 겹으로 겹쳐진 줄로 묶듯이 다양한 절기들과 성회를 통하여 이중, 삼중으로 그 관계를 기억하고, 기념하고, 확인하면서 살아갈 수 있도록 준비되었다. 유월절의 재정은 출애굽기 12 : 1~14에 기록된 출애굽 사건을 배경으로 이루어졌다. 유월절에 관련된 율법은 레위기 23 : 4~5에서도 찾아볼 수 있으며, 1월 15일부터 7일간 무교병을 먹는다는 규정은 '무교절' 에 해당하는 내용을 함께 포함한 것이다(출 12 : 15-20 ; 레 23 : 6-8).

이스라엘 왕국 역사 가운데 유월절에 관한 기록은 열왕기하 23 : 21~23과 역대하 35 : 1~6에서 찾아볼 수 있으며, 요시야 왕 때에 이런 일이 있었다는 사실을 확인할 수 있다. 신약의 복음서에서는 예수님께서 십자가 고난을 받으신 사건이 유월절 시기에 일어났던 일들이라고 기록하였고(마 26 : 2 ; 막 14 : 1-2 ; 눅 22 : 1-2), 고린도전서 5 : 7에서는 예수 그리스도를 유월절 어린양으로 해석하였다. 구약과 신약의 전체 맥락 가운데서 유월절은 하나님의 변함없는 인류 구원 의지를 구체적으로 보여 주시고 말씀해 주신 사건으로서 의미를 갖는다.

레위기 23장에서는 첫 곡식을 거두어 하나님께 드리는 초실절을 언급하였지만, 민수기 본문에서는 이 절기를 생략하고 칠칠절을 곧바로 기술하였다. 칠칠절은 초실절로부터 7주간이 지난 50일째 되는 날이며, 보리와 밀 추수를 마치는 날이다. 오순절 혹은 맥추절이라고도 하는 이 절기도 처음 익은 열매를 하나님께 감사의 예물로 드린다는 점에서 초실절과 유사한 의미를 갖는 절기로 이해할 수 있다. 신약의 사도행전 2 : 1 이하 본문에서는 이 절기 때에 초대교회가 경험하게 되었던 성령강림 사건을 최초로 기록하였다. 이러한 절기들은 일상의 평범한 날들 가운데 특별히 구별된 날들이며, 이 특별한 시간들 속에서 하나님과 하나님의 백성들 사이의 특별한 관계들이 구체적으로 확인되는 사건들이 발생했음을 확인할 수 있다.

절 기	제 물
안식일	1년 된 흠 없는 숫양 2, 고운 가루 2/10 에바에 기름 섞은 소제, 전제
초하루	수송아지 2, 숫양 1, 1년 된 흠 없는 숫양 7의 번제 (1) 수송아지-고운 가루 3/10 에바에 기름 섞은 소제, 포도주 1/2 힌의 전제 (2) 숫양-고운 가루 2/10 에바에 기름 섞은 소제, 포도주 1/3 힌의 전제 (3) 어린 양-고운 가루 1/10 에바에 기름 섞은 소제, 포도주 1/4 힌의 전제 속죄제-숫염소 하나
유월절	1월 14일, 15일부터 7일간 무교병을 먹음, 첫째 날과 일곱째 날은 성회로 모이고 노동을 금지함. 수송아지 2, 숫양 1, 1년 된 숫양 7을 화제로 드려 번제가 되게 함. (1) 수송아지-3/10 에바 고운 가루에 기름 섞은 소제 (2) 숫양 1-2/10 에바 고운 가루에 기름 섞은 소제 (3) 어린 양 7-한 마리마다 1/10 에바 고운 가루에 기름 섞은 소제 속죄제-숫염소 1

칠칠절	처음 익은 열매를 드리는 날. 새 소제를 드릴 때에 성회로 모이고, 노동을 금지함. 수송아지 2, 숫양 1, 1년 된 숫양 7의 번제 (1) 수송아지－한 마리마다 3/10 에바 고운 가루에 기름 섞은 소제 (2) 숫양 1－2/10 에바 고운 가루에 기름 섞은 소제 (3) 어린 양 7－한 마리마다 1/10 에바 고운 가루에 기름 섞은 소제 속죄제－숫염소 1

3) 나팔절, 속죄일, 초막절과 제물(29 : 1－40)

1일곱째 달에 이르러는 그 달 초하루에 성회로 모이고 아무 노동도 하지 말라
이는 너희가 나팔을 불 날이니라 2너희는 수송아지 한 마리와 숫양 한 마리와
일 년 되고 흠 없는 숫양 일곱 마리를 여호와께 향기로운 번제로 드릴 것이며
3그 소제로는 고운 가루에 기름을 섞어서 쓰되 수송아지에는 십분의 삼이요
숫양에는 십분의 이요 4어린 양 일곱 마리에는 어린 양 한 마리마다 십분의
일을 드릴 것이며 5또 너희를 속죄하기 위하여 숫염소 한 마리로 속죄제를 드
리되 6그 달의 번제와 그 소제와 상번제와 그 소제와 그 전제 외에 그 규례를
따라 향기로운 냄새로 화제를 여호와께 드릴 것이니라 7일곱째 달 열흘 날에
는 너희가 성회로 모일 것이요 너희의 심령을 괴롭게 하며 아무 일도 하지 말
것이니라 8너희는 수송아지 한 마리와 숫양 한 마리와 일 년 된 숫양 일곱 마
리를 다 흠 없는 것으로 여호와께 향기로운 번제를 드릴 것이며 9그 소제로는
고운 가루에 기름을 섞어서 쓰되 수송아지 한 마리에는 십분의 삼이요 숫양
한 마리에는 십분의 이요 10어린 양 일곱 마리에는 어린 양 한 마리마다 십분
의 일을 드릴 것이며 11속죄제와 상번제와 그 소제와 그 전제 외에 숫염소 한
마리를 속죄제로 드릴 것이니라 12일곱째 달 열다섯째 날에는 너희가 성회로
모일 것이요 아무 일도 하지 말 것이며 이레 동안 여호와 앞에 절기를 지킬
것이라 13너희 번제로 여호와께 향기로운 화제를 드리되 수송아지 열세 마리
와 숫양 두 마리와 일 년 된 숫양 열네 마리를 다 흠 없는 것으로 드릴 것이며
14그 소제로는 고운 가루에 기름을 섞어서 수송아지 열세 마리에는 각기 십분

의 삼이요 숫양 두 마리에는 각기 십분의 이요 15어린 양 열네 마리에는 각기
십분의 일을 드릴 것이며 16상번제와 그 소제와 그 전제 외에 숫염소 한 마리
를 속죄제로 드릴 것이니라 17둘째 날에는 수송아지 열두 마리와 숫양 두 마리
와 일 년 되고 흠 없는 숫양 열네 마리를 드릴 것이며 18그 소제와 전제는 수
송아지와 숫양과 어린 양의 수효를 따라서 규례대로 할 것이며 19상번제와 그
소제와 그 전제 외에 숫염소 한 마리를 속죄제로 드릴 것이니라 20셋째 날에
는 수송아지 열한 마리와 숫양 두 마리와 일 년 되고 흠 없는 숫양 열네 마리
를 드릴 것이며 21그 소제와 전제는 수송아지와 숫양과 어린 양의 수효를 따라
서 규례대로 할 것이며 22상번제와 그 소제와 그 전제 외에 숫염소 한 마리를
속죄제로 드릴 것이니라 23넷째 날에는 수송아지 열 마리와 숫양 두 마리와
일 년 되고 흠 없는 숫양 열네 마리를 드릴 것이며 24그 소제와 전제는 수송아
지와 숫양과 어린 양의 수효를 따라 규례대로 할 것이며 25상번제와 그 소제
와 그 전제 외에 숫염소 한 마리를 속죄제로 드릴 것이니라 26다섯째 날에는
수송아지 아홉 마리와 숫양 두 마리와 일 년 되고 흠 없는 숫양 열네 마리를
드릴 것이며 27그 소제와 전제는 수송아지와 숫양과 어린 양의 수효를 따라서
규례대로 할 것이며 28상번제와 그 소제와 그 전제 외에 숫염소 한 마리를 속
죄제로 드릴 것이니라 29여섯째 날에는 수송아지 여덟 마리와 숫양 두 마리와
일 년 되고 흠 없는 숫양 열네 마리를 드릴 것이며 30그 소제와 전제는 수송아
지와 숫양과 어린 양의 수효를 따라서 규례대로 할 것이며 31상번제와 그 소
제와 그 전제 외에 숫염소 한 마리를 속죄제로 드릴 것이니라 32일곱째 날에
는 수송아지 일곱 마리와 숫양 두 마리와 일 년 되고 흠 없는 숫양 열네 마리
를 드릴 것이며 33그 소제와 전제는 수송아지와 숫양과 어린 양의 수효를 따
라 규례대로 할 것이며 34상번제와 그 소제와 그 전제 외에 숫염소 한 마리를
속죄제로 드릴 것이니라 35여덟째 날에는 장엄한 대회로 모일 것이요 아무 일
도 하지 말 것이며 36번제로 여호와께 향기로운 화제를 드리되 수송아지 한
마리와 숫양 한 마리와 일 년 되고 흠 없는 숫양 일곱 마리를 드릴 것이며 37그
소제와 전제는 수송아지와 숫양과 어린 양의 수효를 따라 규례대로 할 것이

며 [38]상번제와 그 소제와 그 전제 외에 숫염소 한 마리를 속죄제로 드릴 것이
니라 [39]너희가 이 절기를 당하거든 여호와께 이같이 드릴지니 이는 너희의 서
원제나 낙헌제로 드리는 번제, 소제, 전제, 화목제 외에 드릴 것이니라 [40]모세
가 여호와께서 모세에게 명령하신 모든 일을 이스라엘 자손에게 말하니라

[29 : 1-40] 나팔절과 속죄일과 초막절의 순서는 레위기 23장의 경우와 동일하며, 이 세 절기는 모두 종교 달력의 7월에 포함되었다. 나팔절은 7월 1일에 지키는 절기이며(레 23 : 24-25), 이스라엘의 민간 달력에서 '로쉬 하샤나' 라고 불리는 새해 첫날에 해당하는 날이다. 이날은 나팔을 불어 알렸기 때문에 나팔절이라는 이름을 얻게 되었고, 나팔절은 신년 제사에 해당한다. 속죄일은 7월 10일에 지키며, 이에 관한 자세한 규정은 레위기 16장과 23 : 26~32에서도 확인할 수 있다. '욤 키푸르' 라고 부르는 이 절기는 이스라엘 백성의 모든 죄를 속하는 날로서 매우 중요한 의미를 갖는다. 대속죄일에 대제사장은 지성소에 들어가 이스라엘이 범한 모든 부정함과 죄를 속죄하고, 아사셀 염소 의식을 통하여 이스라엘 백성들의 죄를 제물에 전가시키는 의식도 함께 진행하였다.

절 기	제 물
나팔절	7월 1일, 성회로 모이고 노동을 금지함. 수송아지 1, 숫양 1, 1년 되고 흠 없는 숫양 7 (1) 수송아지 1-3/10 에바 고운 가루에 기름 섞은 소제 (2) 숫양 1-2/10 에바 고운 가루에 기름 섞은 소제 (3) 어린 양 7-한 마리마다 1/10 에바 고운 가루에 기름 섞은 소제 속죄제-숫염소 1(향기로운 화제로 여호와께 드림.)
속죄일	7월 10일, 성회로 모이고, 심령을 괴롭게 하며, 노동을 금지함. 수송아지 1, 숫양 1, 1년 된 숫양 7 (1) 수송아지 1-3/10 에바 고운 가루에 기름 섞은 소제 (2) 숫양 1-2/10 에바 고운 가루에 기름 섞은 소제 (3) 어린 양 7-한 마리마다 1/10 에바 고운 가루에 기름 섞은 소제 속죄제-숫염소 1

초막절	7월 15일, 성회로 모이고 노동을 금지함. 7일간 절기를 지킴.
	1. 첫째 날－흠 없는 수송아지 13, 숫양 2, 1년 된 숫양 14(화제로 드리는 번제) (1) 수송아지 13－각기 3/10 에바 고운 가루에 기름 섞은 소제 (2) 숫양 2－각기 2/10 에바 고운 가루에 기름 섞은 소제 (3) 어린 양 14－각기 1/10 에바 고운 가루에 기름 섞은 소제 속죄제－숫염소 1
	2. 둘째 날－수송아지 12, 숫양 2, 1년 되고 흠 없는 숫양 14 전제와 소제－제물의 수효를 따라 규례대로 드림. 속죄제－숫염소 1
	3. 셋째 날－수송아지 11, 숫양 2, 1년 되고 흠 없는 숫양 14 전제와 소제－제물의 수효를 따라 규례대로 드림. 속죄제－숫염소 1
	4. 넷째 날－수송아지 10, 숫양 2, 1년 되고 흠 없는 숫양 14 전제와 소제－제물의 수효를 따라 규례대로 드림. 속죄제－숫염소 1
	5. 다섯째 날－수송아지 9, 숫양 2, 1년 되고 흠 없는 숫양 14 전제와 소제－제물의 수효를 따라 규례대로 드림. 속죄제－숫염소 1
	6. 여섯째 날－수송아지 8, 숫양 2, 1년 되고 흠 없는 숫양 14 전제와 소제－제물의 수효를 따라 규례대로 드림. 속죄제－숫염소 1
	7. 일곱째 날－수송아지 7, 숫양 2, 1년 되고 흠 없는 숫양 14 전제와 소제－제물의 수효를 따라 규례대로 드림. 속죄제－숫염소 1
	8. 여덟째 날－장엄한 대회로 모이고 노동을 금지함. (1) 번제－수송아지 1, 숫양 1, 1년 되고 흠 없는 숫양 7 (2) 전제와 소제－제물의 수효를 따라 규례대로 드림. (3) 속죄제－숫염소 1

7월 15일의 초막절은 7일간에 걸쳐 지키는 절기였다. 초막절은 유월절과 칠칠절과 함께 구약의 3대 순례절기(출 34 : 23 ; 신 16 : 16) 가운데 하나이며, 출애굽 이후 광야 시대를 기념하기 위하여 초막을 짓고 지내는 이 절기

에는 율법을 낭독하여 온 백성이 듣고, 배우게 하였던 전통이 있었다(신 31 : 9 - 13). 현대 유대인들은 절기가 끝날 때에 '심하트 토라' 라고 하여, 하나님께서 이스라엘에게 주신 율법을 기뻐하고 기념하는 절기 행사로서, 토라 두루마리를 회당의 보관 상자에서 꺼내어 행진하는 순서 등을 진행하기도 한다(목회와 신학 편집부, 「민수기 : 어떻게 설교할 것인가」, 2009, p. 388).

28~29장의 절기와 관련된 많은 제물의 양은 이스라엘 자손들이 가나안 땅에 들어가 하나님께 순종하며, 농사를 지을 때 그 땅에서 풍성하게 수확할 것을 암시하는 내용으로 해석할 수 있다. 절기와 제물의 목록은 이스라엘 자손들이 누리게 될 부유함에 대한 기대와 절기의 중요성을 인식할 수 있게 해준다. 이스라엘 사회에서 명절은 단순히 사람들만의 잔치와 친목을 위한 시간이 아니었다. 명절은 성회로 모이는 날이며, 노동을 금하고 하나님 앞에 제사드림으로 하나님과의 관계를 확인하고, 하나님의 백성으로서 하나님과 만나는 시간이었으며, 종교적이고 신앙적인 의미를 갖는 날이었다.

하나님께서는 이스라엘 자손들에게 가나안 땅에 들어가 살 것을 명하심으로써 그들에게 공간상의 새로운 삶을 허락하실 뿐만 아니라, 달력의 체계와 절기에 관한 명령들을 통하여 시간상에서도 새로운 삶의 기회와 의미를 부여해 주셨다.

설교를 위한 묵상

절기는 생활의 리듬과 연관되어 있다. 특정한 시간에 부여된 의미를 확인하고, 일상의 반복적인 시간과 삶을 일단락 지으며, 새로운 마음으로 다시 반복되는 일상을 맞이할 수 있는 준비를 하도록 하는 것이 절기의 기능들 가운데 하나라고 할 수 있다. 민수기 28~29장에서 소개한 절기들 가운데 첫 절기는 안식일이다. 출애굽기 20장에서는 천지창조의 맥락 속에서 안식일 계명을 제시하였고, 신명기 5장에서는 출애굽 구속사의 맥락 가운데서 안식일 계명을 규정하였으며, 레위기 23장의 절기 규정에서도 안식일은 첫 번째 절기로 언급하고 있다. 안식일을 비롯한 모든 절기는 하나님께 드리는 제사와 함께 지켜야 하며, 성회로 모이고, 노동을 금하는 공통적인 규정을 갖는다.

십계명의 규정들이 '하나님'과 관련된 계명과 '사람'과 관련된 계명의 이중구조를 이루고 있는 것처럼, 이 절기들에 관한 민수기의 규정에서도 하나님께 드리는 제사와 사람의 휴식을 위한 노동 금지의 명령을 통하여 하나님을 위하고, 동시에 사람을 위하는 율법정신의 특징을 확인할 수 있다. 절기에 관한 모든 율법들은 또 다른 차원에서 이중구조를 보여 주고 있다. 번제, 전제, 소제, 속죄제를 함께 드리는 절기의 제물들은 이스라엘 자손들로 하여금 하나님을 섬기며 살아가는 '제사장' 같은 민족으로서의 정체성과 함께, 하나님 앞에서 죄를 인식하고 '죄인'으로서 설 수밖에 없는 '연약한 사람'의 정체성을 동시에 깨닫게 하였을 수 있다.

일상의 동일하고 반복적인 삶을 살아가던 이스라엘 자손들은 절기를 통하여 하나님과 사람, 거룩함과 죄인 됨의 인식 사이에서 '하나님의 백성'으로서 위치와 정체성을 확인하고, 새로운 마음가짐으로 삶을 살아갈 수 있었을 것이다. 또한 민수기의 절기에 관한 목록은 일종의 시간표와 같다고 말할 수 있다. 이 시간표는 하나님의 백성을 위해 하나님께서 친히 마련하시고 명하신 것이었다. 하나님의 백성으로 살아간다는 것은 하나님의 명령과 말씀을 따라, 하나님께로부터 의미를 부여받은 새로운 시간과 공간 속에서 하나님과 동행하며 살아가는 삶을 뜻하는 것이다. 세상 사람들과 동일하게 주어진 하루 24시간과 1년 365일이지만 하나님께서는 하나님의 자녀 된 백성들에게 구별된 시간의 순서와 의미 가운데서 구별된 삶을 살아가기 원하셨음을 민수기에 기록된 절기 목록을 통하여 깨달을 수 있다.

오늘날 기독교인들이 지키는 교회력에 따른 절기들에서도 우리는 그와 같은 의미를 찾을 수 있다.

4. 서원에 관한 규정(30 : 1-16)

1모세가 이스라엘 자손 지파의 수령들에게 말하여 이르되 여호와의 명령이
이러하니라 2사람이 여호와께 서원하였거나 결심하고 서약하였으면 깨뜨리
지 말고 그가 입으로 말한 대로 다 이행할 것이니라 3또 여자가 만일 어려서
그 아버지 집에 있을 때에 여호와께 서원한 일이나 스스로 결심하려고 한 일
이 있다고 하자 4그의 아버지가 그의 서원이나 그가 결심한 서약을 듣고도 그
에게 아무 말이 없으면 그의 모든 서원을 행할 것이요 그가 결심한 서약을 지
킬 것이니라 5그러나 그의 아버지가 그것을 듣는 날에 허락하지 아니하면 그
의 서원과 결심한 서약을 이루지 못할 것이니 그의 아버지가 허락하지 아니
하였은즉 여호와께서 사하시리라 6또 혹시 남편을 맞을 때에 서원이나 결심
한 서약을 경솔하게 그의 입술로 말하였으면 7그의 남편이 그것을 듣고 그 듣
는 날에 그에게 아무 말이 없으면 그 서원을 이행할 것이요 그가 결심한 서약
을 지킬 것이니라 8그러나 그의 남편이 그것을 듣는 날에 허락하지 아니하면
그 서원과 결심하려고 경솔하게 입술로 말한 서약은 무효가 될 것이니 여호
와께서 그 여자를 사하시리라 9과부나 이혼 당한 여자의 서원이나 그가 결심
한 모든 서약은 지킬 것이니라 10부녀가 혹시 그의 남편의 집에서 서원을 하
였다든지 결심하고 서약을 하였다 하자 11그의 남편이 그것을 듣고도 아무 말
이 없고 금하지 않으면 그 서원은 다 이행할 것이요 그가 결심한 서약은 다
지킬 것이니라 12그러나 그의 남편이 그것을 듣는 날에 무효하게 하면 그 서원
과 결심한 일에 대하여 입술로 말한 것을 아무것도 이루지 못하나니 그의 남
편이 그것을 무효하게 하였은즉 여호와께서 그 부녀를 사하시느니라 13모든
서원과 마음을 자제하기로 한 모든 서약은 그의 남편이 그것을 지키게도 할
수 있고 무효하게도 할 수 있으니 14그의 남편이 여러 날이 지나도록 말이 없
으면 아내의 서원과 스스로 결심한 일을 지키게 하는 것이니 이는 그가 그것
을 들을 때에 그의 아내에게 아무 말도 아니하였으므로 지키게 됨이니라 15그

러나 그의 남편이 들은 지 얼마 후에 그것을 무효하게 하면 그가 아내의 죄를 담당할 것이니라 [16]이는 여호와께서 모세에게 명령하신 규례니 남편이 아내에게, 아버지가 자기 집에 있는 어린 딸에 대한 것이니라

[30 : 1-16] 민수기 29 : 39에서는 '서원제'에 관한 언급을 통하여 절기와 관련된 서원의 주제를 다루어 주었다. 30 : 2 이하에서는 개인적인 차원과 가정 공동체 차원에서 다루어져야 하는 '서원'의 문제를 언급하고 있다. 30 : 1은 모세가 이스라엘 지파의 수령들에게 여호와의 명령을 전달하였다고 밝혀 주고 있다. 26 : 1은 여호와께서 모세와 아론의 아들 엘르아살에게 말씀하셨다고 기록하였으며, 28 : 1~2은 모세가 여호와께 받은 말씀을 이스라엘 자손에게 전달하라는 내용을 소개하였다. 각 단락의 서문에 해당하는 본문들에서는 정형적인 형태로 말씀의 주체자와 전달자와 청취자를 알려 준다.

2절은 여호와께 서원을 하거나 서약한 사람은 그것을 깨뜨리지 말고 행하라는 원칙적인 명령에 해당한다. 하지만 레위기 27 : 8에서는 하나님께 서원한 사람이 가난하여 그 약속을 이행하지 못할 때, 제사장으로 하여금 그 사람이 감당할 수 있을 정도로 형편에 따라서 다시 정해 주도록 한 규정을 제시해 주었다. 3절 이후의 내용은 특별히 여성의 서원에 관한 규정들로서 남편이 아내에게, 아버지가 자기 집에 살고 있는 딸에게 서원과 서약을 지키게 하거나, 무효하게 하는 것에 관하여 설명하고 있다. 이는 가정 공동체 내에서 이루어지는 서원에 관한 규정으로 정의할 수 있다. 여성의 서원 문제에 있어서는 개인만이 아니라 가정 공동체 차원의 책임을 규정함으로써 서원의 책임성에 대하여 강조한다.

① 3~5절 : 어린 여자의 서원과 서약 – 아버지가 허락하지 아니하면 무효가 됨.

② 6~8절 : 남편을 맞을 때에 여자의 서원과 서약－남편이 허락하지 아니하면 무효가 됨.
③ 9절 : 과부와 이혼한 여자의 서원과 서약－지켜야 함.
④ 10~12절 : 부녀의 서원과 서약－남편이 허락하지 아니하면 무효가 됨.

이어지는 13~15절은 아내의 서원과 서약에 관한 남편의 책임을 보충적으로 설명한 내용이다. 아내의 서원과 서약은 남편이 지키게도 할 수 있고, 무효가 되게 할 수도 있다. 하지만 남편이 아내의 말을 들었을 때에 아무 말도 하지 않으면 아내는 그의 서원과 서약을 지켜야 하며, 만일 시간이 지난 뒤에 남편이 무효하게 하면 그 책임은 남편이 져야 한다(15절). 이스라엘 민족의 역사를 돌이켜 볼 때, 아브라함을 선택하여 부르시고 복을 약속하셨던 하나님의 약속을 먼저 생각해 볼 수 있으며, 구약에서 이스라엘 민족의 조상들이 경험한 하나님은 약속하시고 그 약속을 지키시는 신실하신 하나님으로 나타나고 있다.

민수기 30장의 본문은 하나님의 백성이 반드시 지켜야 할 서원의 주제를 강조함으로써, 이스라엘 자손을 선택하시고 부르신 하나님이 바로 약속을 소중하게 여기시는 분임을 뚜렷하게 부각시켜 주고 있다. 신명기 7 : 7~8은 하나님께서 이스라엘 민족을 이 세상 여러 민족들 가운데 택하신 것은 그들의 능력이나 수효 때문이 아니라 그들을 사랑하셨기 때문이며, 그들의 조상들에게 주셨던 약속 때문이었다는 말씀을 통하여 다시 한 번 하나님의 약속과 그 약속을 지키시는 신실하심에 관하여 이야기한다.

신약에서는 우리 그리스도인들이 세상의 성인과 군자를 본받는 차원을 뛰어넘는 삶의 기준을 가지고 살아야 한다고 가르치고 있다. 이러한 가르침의 구체적인 표현을 에베소서 5 : 1의 '하나님을 본받으라'는 권면의 말씀 가운데서 확인할 수 있다. 그렇다면 하나님의 백성으로서 살아가는 하나님의 사람들은 약속을 지키는 일에 있어서도 하나님을 닮아 가는 모습이 나타나야 할 것이다. 그러므로 하나님과 하나님의 백성들 사이에 세운 약속인 서원은 하나님 앞에서 살아가는 구약과 신약과 그 이후 시대의 성도들에게 있어서 동일한 중요성과 의미를 갖는 일이며, 그것을 지키는 것은 성도들의 당연한 본분인 것이다.

설교를 위한 묵상

서원에 관한 기본원칙은 하나님께 약속한 것을 반드시 지켜야 한다는 것이다. 서원의 이행을 강조한 민수기 30 : 2과 유사한 말씀을 시편 15 : 4과 전도서 5 : 4~6의 본문들에서도 찾아볼 수 있다. 레위기 7 : 16에서는 화목제 가운데 서원의 제물에 관하여 언급하고 있고, 민수기 6장에서는 나실인의 서원에 관한 규정을 설명하고 있다. 서원은 그 내용에 따라 다양한 주제와 연결될 수 있으나, 하나님과의 관계에서 하는 약속이라는 점에서 사람들끼리의 일상적인 약속과는 구분되는 성격을 갖는다.

서원과 관련된 실제 사례는 사사기 11장의 입다 이야기 가운데서 찾아볼 수 있다. 11 : 35~36에서 입다가 자신이 암몬과의 전투에서 승전하고 귀환할 때에 처음 맞이하는 사람을 번제로 바치겠다고 했던 그 서원을(11 : 30－31) 돌이킬 수 없다고 이야기하는 내용과 이에 대하여 아버지의 서원을 그대로 시행하라고 권면하는 입다의 딸 이야기에서 서원과 실행의 예를 확인할 수 있다. 하지만 서원이 지체함 없이 지켜져야 하는 것으로 인식되었던 것에 비해, 사사기 11장에서는 입다의 딸이 두 달간의 유예기간을 요구하였던 것은 이 서원 규정에 있어서 변화를 보여 주는 예외적인 경우로 평가되기도 한다(Jione Havea, *Elusion of Control : Biblical Law on the Words of Women*, 2003, pp. 124－127). 그럼에도 불구하고 사사기 11장에서는 아버지의 서원을 딸이 무효하게 할 수 없었음을 알 수 있다. 이에 비해 민수기 30장에서는 아버지가 딸의 서원을 무효하게 할 수 있음을 보여 주는 내용 등 보다 세분화된 경우들을 찾아볼 수 있다.

민수기 30장은 서원 이행의 원칙에서 벗어난 예외적인 경우들이 있음을 보여 준다.

엄밀히 말하면 30장의 내용은 여성의 서원에 관한 규정이다. 남편 혹은 부친이 서원의 무효를 선언하면 그 여성의 서원은 무효가 될 수 있다. 서원에 관한 율법의 엄중성에도 불구하고 그에 관한 예외 규정의 존재는 마치 동양화의 여백의 미처럼, 율법의 엄격함 속에서도 그 율법 준수의 융통성을 보여 주고 있다는 점이 특이하고 흥미롭다.

이러한 규정은 사람이 하나님과의 관계에서 범할 수 있는 실수의 가능성을 인정하고, 그러한 실수를 막을 수 있도록 하는 예방적인 차원을 포함하고 있다고 해석할 수 있다. 그리고 서원을 무효하게 하는 규정의 책임 소재를 아버지 혹은 남편에게 둠으로써 가정 내에서 종교와 신앙적인 전통을 지켜 가는 일에 있어서의 권위를 남자에게 귀속시키고 있는 특징도 함께 생각해 볼 수 있다.

민수기 30장의 서원에 관한 규정은 가부장적인 권위와 질서를 반영하는 성격을 갖지만, 서원은 남성과 여성의 차원을 넘어서 손해가 되어도 지키라고 교훈하는 구약 전체의 원칙과 맥락 가운데서 이해할 수 있다. 그러한 점에서 하나님과의 약속을 잘 지키도록 하고, 헛된 약속을 함부로 하는 어리석음을 예방하기 위한 합리적이고 세부적인 규정들로서 민수기 30장의 율법의 의의를 파악할 수 있다.

5. 미디안 전쟁 – 모세의 마지막 과업(31 : 1–54)

1) 미디안 전쟁 승리와 귀환(31 : 1–20)

1여호와께서 모세에게 말씀하여 이르시되 2이스라엘 자손의 원수를 미디안에
게 갚으라 그 후에 네가 네 조상에게로 돌아가리라 3모세가 백성에게 말하여
이르되 너와 함께 있는 사람들 가운데서 전쟁에 나갈 사람들을 무장시키고
미디안을 치러 보내어 여호와의 원수를 갚되 4이스라엘 모든 지파에게 각 지
파에서 천 명씩을 전쟁에 보낼지니라 하매 5각 지파에서 천 명씩 이스라엘 백

만 명 중에서 만 이천 명을 택하여 무장을 시킨지라 6모세가 각 지파에 천 명
씩 싸움에 보내되 제사장 엘르아살의 아들 비느하스에게 성소의 기구와 신호
나팔을 들려서 그들과 함께 전쟁에 보내매 7그들이 여호와께서 모세에게 명
령하신 대로 미디안을 쳐서 남자를 다 죽였고 8그 죽인 자 외에 미디안의 다
섯 왕을 죽였으니 미디안의 왕들은 에위와 레겜과 수르와 후르와 레바이며
또 브올의 아들 발람을 칼로 죽였더라 9이스라엘 자손이 미디안의 부녀들과
그들의 아이들을 사로잡고 그들의 가축과 양 떼와 재물을 다 탈취하고 10그들
이 거처하는 성읍들과 촌락을 다 불사르고 11탈취한 것, 노략한 것, 사람과 짐
승을 다 빼앗으니라 12그들이 사로잡은 자와 노략한 것과 탈취한 것을 가지고
여리고 맞은편 요단 강가 모압 평지의 진영에 이르러 모세와 제사장 엘르아
살과 이스라엘 자손의 회중에게로 나아오니라 13모세와 제사장 엘르아살과
회중의 지도자들이 다 진영 밖에 나가서 영접하다가 14모세가 군대의 지휘관
곧 싸움에서 돌아온 천부장들과 백부장들에게 노하니라 15모세가 그들에게
이르되 너희가 여자들을 다 살려 두었느냐 16보라 이들이 발람의 꾀를 따라
이스라엘 자손을 브올의 사건에서 여호와 앞에 범죄하게 하여 여호와의 회중
가운데에 염병이 일어나게 하였느니라 17그러므로 아이들 중에서 남자는 다
죽이고 남자와 동침하여 사내를 아는 여자도 다 죽이고 18남자와 동침하지 아
니하여 사내를 알지 못하는 여자들은 다 너희를 위하여 살려 둘 것이니라 19너
희는 이레 동안 진영 밖에 주둔하라 누구든지 살인자나 죽임을 당한 사체를
만진 자는 셋째 날과 일곱째 날에 몸을 깨끗하게 하고 너희의 포로도 깨끗하
게 할 것이며 20모든 의복과 가죽으로 만든 모든 것과 염소털로 만든 모든 것
과 나무로 만든 모든 것을 다 깨끗하게 할지니라

[31 : 1-20] 민수기 31장은 여호와의 전쟁 명령(1-2절), 모세의 명령 전달(3-4절), 이스라엘 백성의 실행과 승리(5-8절), 전리품의 문제 처리 과정(9-20절), 정결의식(21-24절), 백성들의 헌물과 기념(25-54절)으로 이루어

진 일련의 과정들을 통하여 '거룩한 전쟁'의 전형을 보여 주고 있다. 이러한 전쟁 이야기는 현실성이 거의 없는 미드라쉬(유대인들의 본문 해석 전통)적인 것으로서, '여호와의 전쟁'이라는 개념이 무엇인가를 설명하려 한 이상적인 '이야기'로 파악할 것을 제안하는 이도 있다(P. J. Budd, *Numbers*, 박신배 옮김, 「민수기」 WBC 성경주석, vol. 5, 2006, p. 541). 그러나 본문 말씀의 배경 역사를 거슬러 올라가 보면, 오히려 미디안 전쟁과 관련된 구체적이며 역사적인 증거 자료를 확인할 수 있는 내용들을 볼 수 있다.

'미디안'에 관한 구약의 언급은 창세기 25 : 1~2에서 아브라함의 후처 그두라가 낳은 자손 가운데서 찾아볼 수 있다. 모세가 애굽인을 살해하고 바로의 낯을 피해 피신했던 곳이 미디안 땅이었으며(출 2 : 15), 후에 모세와 이스라엘 자손들이 40여 년의 광야 여정을 거쳐 모압 지경에 이르렀을 때에, 미디안인들은 모압 왕 발락과 함께 이스라엘을 저주하는 일에 동참했다(민 22 : 4, 7). 출애굽 사건과 관련된 역사 자료들이 미디안에 관하여 다루는 내용들을 정리해 보면, 이들은 작은 세력이 아니었음을 짐작해 볼 수 있다.

모세가 애굽에서 피신했을 때에 미디안 땅으로 들어갔던 것은 그곳이 일종의 망명지로서 애굽의 영향력으로부터 모세 자신을 보호할 만한 힘을 가졌다고 판단했기 때문일 수 있다. 또한 이스라엘 자손들이 가나안 땅을 향해 가는 여정에서 미디안 사람 호밥에게 광야 길을 인도해 달라고 부탁했던 모세의 요청(10 : 29－32)과 민수기 31장의 전쟁 상황에 관한 기록들은 미디안 사람들의 활동 범위와 세력권이 작은 규모가 아니었다는 사실을 반증해 준다(왕대일, 「민수기」, 2007, pp. 642－643). 그러므로 모세의 생애 마지막 사역 가운데 하나로 손꼽을 수 있는 미디안 전쟁은 결코 작은 일이 아니었으며, 민수기 31장 전체를 할애할 만큼 실제적이며 구체적인 중요성을 갖는 역사적 사건이었다고 평가할 수 있다.

하나님께서는 모세를 세상에서 데려가시기 전에 미디안을 향한 보복전쟁을 명하셨다. 민수기 31 : 16에서 모세는 브올에서 이스라엘 사람들이 범죄함으로 재앙이 일어났던 일을 언급하였으며, 이 일은 미디안 사람들로 인하여 일어났던 것으로 지적하였다. 16절은 2절에서 모세를 통하여 미디안에게 원수를 갚으라고 명하신 하나님의 명령에 대한 배경을 명확하게 밝혀 주는 기능을 하고 있다. 2절에서는 '이스라엘 자손의 원수'라는 표현을 사용했으나, 3절은 '여호와의 원수'라는 용어를 사용하였다. 모세는 각 지파별로 1,000명씩 택하여 12,000명을 무장시키고, 제사장 엘르아살의 아들 비느하스가 성소의 기구와 신호 나팔을 가지고 그들과 함께 전쟁에 참여하도록 지시하였다.

이스라엘 자손은 미디안 남자들을 전멸시켰으며, 미디안의 다섯 왕인 에위, 레겜, 수르, 후르, 레바와 브올의 아들 발람이 이 전쟁에서 함께 죽임을 당하였다. 이스라엘 자손은 미디안의 부녀와 아이들과 노략물을 가지고 이스라엘 회중에게로 돌아왔다. 그러나 진영 밖으로 마중 나갔던 모세와 제사장 엘르아살과 족장들 앞에서 모세는 남자와 동침하지 아니한 여자들을 제외한 모든 사람을 처형할 것을 명하였다. 그 이유는 16절에 기록되어 있는 바와 같이, 이들이 발람의 꾀를 따라 브올에서 이스라엘 자손을 범죄하게 하여 여호와의 회중 가운데 염병이 일어나게 하였기 때문이다. 또한 참전하였던 이스라엘 자손들과 잡혀 온 포로들은 7일간 진영 밖에 주둔하면서 셋째 날과 일곱째 날에 몸을 깨끗하게 할 것을 명하였다.

이 기간에 깨끗하게 해야 할 대상들은 아래와 같다.

① 살인자
② 죽임을 당한 사체를 만진 자
③ 의복
④ 가죽으로 만든 것
⑤ 염소털로 만든 것
⑥ 나무로 만든 것

미디안과의 전쟁은 하나님의 명령에 의해 이루어진 '성전'(聖戰)이었으며, 사람의 의지와 탐욕을 위해 이루어진 사람의 전쟁이 아니라, 하나님께서 함께하신 하나님의 전쟁이었다. 민수기 10 : 8에서는 전쟁을 위한 소집 나팔을 제사장이 불도록 하였으며, 신명기 20 : 2~4 본문에서는 참전하는 백성들에게 제사장이 선포해야 하다는 규정과 말씀의 내용을 소개하였다. 출전하는 이스라엘의 진영을 거룩하게 해야 하는 이유는 하나님께서 친히 이스라엘 군대와 함께 진영 중에 행하시기 때문이다(신 23 : 14).

따라서 민수기 31장의 미디안 전쟁에서 이루어진 정결의식은 '거룩한 전쟁'을 수행하는 이스라엘 자손들의 의무였으며, 이러한 의식을 통하여 백성들은 전쟁이 사람에게 속한 것이 아니라 하나님께 속한 것이라는 진리를 다시금 확인할 수 있었을 것이다(삼상 17 : 47 참조).

2) 제사장 엘르아살이 참전했던 군인들에게 전한 율법(31 : 21 - 47)

[21]제사장 엘르아살이 싸움에 나갔던 군인들에게 이르되 이는 여호와께서 모세
에게 명령하신 율법이니라 [22]금, 은, 동, 철과 주석과 납 등의 [23]불에 견딜 만한
모든 물건은 불을 지나게 하라 그리하면 깨끗하려니와 다만 정결하게 하는 물
로 그것을 깨끗하게 할 것이며 불에 견디지 못할 모든 것은 물을 지나게 할 것
이니라 [24]너희는 일곱째 날에 옷을 빨아서 깨끗하게 한 후에 진영에 들어올지
니라 [25]여호와께서 모세에게 말씀하여 이르시되 [26]너는 제사장 엘르아살과 회
중의 수령들과 더불어 이 사로잡은 사람들과 짐승들을 계수하고 [27]그 얻은 물
건을 반분하여 그 절반은 전쟁에 나갔던 군인들에게 주고 절반은 회중에게 주
고 [28]전쟁에 나갔던 군인들은 사람이나 소나 나귀나 양 떼의 오백분의 일을 여
호와께 드릴지니라 [29]곧 이를 그들의 절반에서 가져다가 여호와의 거제로 제
사장 엘르아살에게 주고 [30]또 이스라엘 자손이 받은 절반에서는 사람이나 소
나 나귀나 양 떼나 각종 짐승 오십분의 일을 가져다가 여호와의 성막을 맡은

레위인에게 주라 31모세와 제사장 엘르아살이 여호와께서 모세에게 명령하신
대로 하니라 32그 탈취물 곧 군인들의 다른 탈취물 외에 양이 육십칠만 오천
마리요 33소가 칠만 이천 마리요 34나귀가 육만 천 마리요 35사람은 남자와 동
침하지 아니하여서 사내를 알지 못하는 여자가 도합 삼만 이천 명이니 36그 절
반 곧 전쟁에 나갔던 자들의 소유가 양이 삼십삼만 칠천오백 마리라 37여호와
께 공물로 드린 양이 육백칠십오요 38소가 삼만 육천 마리라 그중에서 여호와
께 공물로 드린 것이 칠십이 마리요 39나귀가 삼만 오백 마리라 그중에서 여호
와께 공물로 드린 것이 육십일 마리요 40사람이 만 육천 명이라 그중에서 여호
와께 공물로 드린 자가 삼십이 명이니 41여호와께 거제의 공물로 드린 것을 모
세가 제사장 엘르아살에게 주었으니 여호와께서 모세에게 명령하심과 같았더
라 42모세가 전쟁에 나갔던 자에게서 나누어 이스라엘 자손에게 준 절반 43곧
회중이 받은 절반은 양이 삼십삼만 칠천오백 마리요 44소가 삼만 육천 마리요
45나귀가 삼만 오백 마리요 46사람이 만 육천 명이라 47이스라엘 자손의 그 절반
에서 모세가 사람이나 짐승의 오십분의 일을 취하여 여호와의 장막을 맡은 레
위인에게 주었으니 여호와께서 모세에게 명령하심과 같았더라

[31 : 21-47] 전쟁의 시작이 여호와의 명령으로 시작되었던 것처럼, 전쟁의 모든 마무리도 여호와의 명령에 따라 이루어졌다. 전쟁에 참전했던 이스라엘 자손들에게 내리신 여호와의 명령을 모세가 받았고, 전달은 제사장 엘르아살을 통하여 이루어졌다. 이 전쟁은 사람을 위한 전쟁이 아니라 여호와의 명령에 따라 수행된 전쟁이었으며, 그런 의미에서 이 전쟁은 '여호와의 전쟁' 으로 그 성격을 규정할 수 있다.

본문은 참전했던 자들과 전리품의 정결의식, '제사장과 레위인' 에게 분배해 주어야 할 거제와 전리품에 관한 규정으로 구성되어 있다. 32~47절의 본문에는 군인들에게 속한 것과 회중에 속한 것 가운데 제사장 엘르아살과 레위인에게 나누어 준 전리품에 관한 내용이 구체적으로 기록되어 있으며,

모든 것은 여호와께서 모세에게 명하심과 같았다는 말씀이 결론으로 기록되어 있다. 정결의식과 전리품 분배에 관한 율법은 다음과 같다.

① 불에 견딜 만한 물건은 불을 지나게 하고, 그 외에는 정결하게 하는 물로 깨끗하게 해야 한다.
② 전쟁에 참여했던 이스라엘 자손들은 일곱째 날에 옷을 빨아 깨끗하게 한 후에 진영에 들어올 수 있다.
③ 사로잡은 자와 노략물의 1/2은 군인들에게 주고, 1/2은 회중에게 주어야 한다.
④ 군인들에게 속한 포로와 노략물 가운데 1/500은 그들의 절반에서 가져다가 여호와의 거제로 제사장 엘르아살에게 주고, 회중에게 속한 포로와 노략물 가운데 1/50은 여호와의 성막을 맡은 레위인에게 주어야 한다.

3) 참전했던 이스라엘 자손들의 감사예물(31 : 48 - 54)

48군대의 지휘관들 곧 천부장과 백부장들이 모세에게 나아와서 49모세에게
말하되 당신의 종들이 이끈 군인을 계수한즉 우리 중 한 사람도 축나지 아니
하였기로 50우리 각 사람이 받은 바 금 패물 곧 발목 고리, 손목 고리, 인장
반지, 귀 고리, 목걸이들을 여호와께 헌금으로 우리의 생명을 위하여 여호와
앞에 속죄하려고 가져왔나이다 51모세와 제사장 엘르아살이 그들에게서 그
금으로 만든 모든 패물을 취한즉 52천부장과 백부장들이 여호와께 드린 거제
의 금의 도합이 만 육천칠백오십 세겔이니 53군인들이 각기 자기를 위하여
탈취한 것이니라 54모세와 제사장 엘르아살이 천부장과 백부장들에게서 금
을 취하여 회막에 드려 여호와 앞에서 이스라엘 자손의 기념을 삼았더라

[31 : 48-54] 하나님께서 이스라엘 자손들에게 약속해 주셨던 가나안 땅이 아니라 그 바깥에 속한 땅에서의 전쟁과 승리는 출애굽 제2세대에 속한 이스라엘 자손들에게 큰 자신감을 안겨 준 경험이 되었을 것이다. 이러한 전쟁은 가나안 정복전쟁의 전초전으로서 의미를 가질 수 있다. 하나님께서 이스라엘 민족에게 주겠다고 약속하셨던 가나안 땅을 정복해 가는 과정으로서 민수기의 내용들은 하나님의 약속과 성취가 우연이나 마술적인 결과가 아니라, 하나님의 세밀하고 철저하신 준비와 훈련과 연단의 과정을 통해 이루어지는 현실의 사건들임을 보여 준다.

한 사람의 생명도 잃지 않았던 미디안 전쟁에서의 완벽한 승리를 통하여 이스라엘 자손들은 하나님의 명령과 뜻대로 행하는 일은 사람의 힘과 능력이 아니라 하나님께서 친히 하시는 일이라는 교훈을 현실로 체험할 수 있었으며, 이는 앞으로의 가나안 정복전쟁 역시 자신들의 힘과 지혜와 능력이 아닌 하나님의 계획과 순서와 섭리 가운데 진행해 가야 할 전쟁이라는 교훈을 주었을 것이다.

이스라엘 자손 군대의 지휘관들인 천부장과 백부장들은 미디안 전쟁에서 한 사람도 전사하지 않은 것을 확인하고서, 여호와께 예물을 가져왔다. 이에 관하여 50절에서는 "……여호와께 헌금으로 우리의 생명을 위하여 여호와 앞에 속죄하려고 가져왔나이다"라고 기록하고 있다. 모세와 제사장 엘르아살은 이들이 가져온 금을 취하여 회막에 드리고, 여호와 앞에서 이스라엘 자손의 기념을 삼았다.

민수기의 마지막 부분들에 기록된 일련의 사건들은 이처럼 하나님께 대한 전적인 순종으로 말미암는 실제 삶에서의 승리와 하나님의 은총이 얼마나 구체적인 것인가를 보여 주는 교훈들을 내포하고 있다.

구약의 예언서에서 자주 등장하는 하나님의 호칭 가운데 '만군의 주 여호와' 라는 칭호가 있다. 이 이름은 279회나 사용되었으며, 여호와가 '전쟁의 주' 라는 의미와 함께 '역사의 주' 라는 뜻과도 일맥상통한다. 하나님이 역사를 주관하시듯이 전쟁을 주관하신다는 이해가 '만군의 주 여호와' 라는 호칭에 반영되어 있는 것이다(강사문, "전쟁에 대한 성서적 이해," 「구약의 하나님」, 1999, p. 235. 참조).

전쟁과 신들의 관계에 관한 이해는 고대 중동 지역의 문헌들에서도 나타난다. 그 당시 사람들은 전쟁의 승리가 자신들의 신에 의해 주어진 것으로 생각하였으며, 바알신과 마르둑 신과 앗수르 신과 같은 각 민족의 '주신' 들은 전쟁의 신으로 묘사되었다. 전쟁을 시작하기 전에 신의 뜻을 파악하고, 전쟁의 시작과 과정과 전리품의 처리까지 신의 개입이 분명하게 드러나는 전쟁은 인간의 전쟁과는 다른 것이며, 구약에서는 특별히 이러한 전쟁을 '여호와의 전쟁' 이라고 부른다(강사문, "전쟁에 대한 성서적 이해," 「구약의 하나님」, 1999, p. 236. 참조).

출애굽 제2세대에 속한 이스라엘 자손들은 아마도 그 부모들의 세대와 함께 지금까지 많은 전쟁에 참전하며 성장해 왔을 것이다. 광야 여정 가운데 치르게 되었던 그 전쟁들의 규모는 그리 크지 않았으며, 국지전의 성격을 띤 전투들이 많았다. 전투에 임할 때마다 겪었을 긴장과 스트레스는 이스라엘 자손들의 발걸음을 더욱 힘겹게 했을 수도 있다. 그러나 그 과정을 통하여 하나님께서는 마치 새끼에게 사냥을 가르치는 어미 사자처럼 이스라엘 자손들이 강해지도록 훈련시키셨으며, 이는 장차 있게 될 '가나안 전쟁' 의 대규모 전쟁을 수행할 수 있는 담력과 지혜를 광야에서 자라난 이 새로운 세대가 얻을 수 있도록 하셨던 연단의 과정으로 보인다.

부모 세대와 함께 한 전투 과정을 거쳐 이제는 출애굽 제2세대에 속한 이스라엘 자손들의 독자적인 전투가 미디안과의 전쟁에서 진행되었다. 민수기 31장에 기록된 전쟁은 하나님의 명령에 의해 준비와 진행이 이루어졌고, 그 전리품의 분배 문제도 여호와의 명령에 의해 이루어졌음을 볼 때, 이는 '여호와의 전쟁' 이며 '성전' 으로 해석할 수 있는 전쟁이었다. 중간에 승전하고 돌아온 이스라엘 군인들이 포로들을 끌고 온 문제를 지적받고 조치를 취하였던 일이 있었지만, 여호와의 명령에 따라 전리품의 분배까지 마친 상황에서 이제 그들 각자의 무용담과 승리의 감격과 기쁨을 만끽하는 일만 남았다고 생각할 수도 있었을 것이다.

그러나 출애굽 제2세대의 군대 지휘관들에게서는 이전 세대와는 다른 한 면을 발견할 수 있다. 그들은 모든 것을 다시 돌아보고, 점검하며, 그 결과를 확인한 후에 하나님께 나아와 예물을 드렸다. 그럼으로써 이스라엘 군대의 지휘관들은 그들의 승리가 자신들만의 것이 아니라 하나님께 속한 것임을 다시 한 번 고백하고, 하나님 앞에서 모든 일을 완전하게 마무리하는 남다른 모습을 보여 주었다. 그 점이야말로 이스라엘 자손 모두의 기념이 될 만한 일이었으리라고 본다.

하나님께 감사할 줄 알고, 예물을 하나님 앞에 나아와 드린 이스라엘 자손들의 새로운 면모는 이 전쟁을 '인간의 전쟁'이 아닌 '여호와의 전쟁' 다운 모습으로 마무리할 줄 아는 신앙적인 지혜를 드러내 주었다. 이러한 결정과 행동들은 그 모습을 지켜보는 사람들에게 감동을 줄 뿐만 아니라, 더 나아가서 하나님께서 기뻐 받으실 만한 일이 되었을 것이다. 하나님께로부터 마지막 과업을 위한 임무를 부여받았던 모세 역시 하나님 앞에서 모든 일을 이렇게 온전하게 마무리할 줄 아는 새로운 세대의 지도자들을 보며 참으로 마음 든든하지 않았을까?

6. 요단 동편에 정착한 지파들(32 : 1-42)

1) 르우벤, 갓 지파의 요단 동편 정착 계획(32 : 1-5)

1르우벤 자손과 갓 자손은 심히 많은 가축 떼를 가졌더라 그들이 야셀 땅과
길르앗 땅을 본즉 그곳은 목축할 만한 장소인지라 2갓 자손과 르우벤 자손이
와서 모세와 제사장 엘르아살과 회중 지휘관들에게 말하여 이르되 3아다롯과
디본과 야셀과 니므라와 헤스본과 엘르알레와 스밤과 느보와 브온 4곧 여호
와께서 이스라엘 회중 앞에서 쳐서 멸하신 땅은 목축할 만한 장소요 당신의

종들에게는 가축이 있나이다 5또 이르되 우리가 만일 당신에게 은혜를 입었
으면 이 땅을 당신의 종들에게 그들의 소유로 주시고 우리에게 요단 강을 건
너지 않게 하소서

[32 : 1-5] 르우벤 지파와 갓 지파에 속한 사람들이 요단 동편에 정착하려는 마음을 먹게 된 것은 그들에게 가축이 많았기 때문이다(1절). 그들은 야셀 땅과 길르앗 땅이 목축업에 적절한 장소라고 판단하고, 그 땅을 자신들에게 소유로 줄 것을 모세에게 요청하였다.

2) 모세의 반대(32 : 6-15)

6모세가 갓 자손과 르우벤 자손에게 이르되 너희 형제들은 싸우러 가거늘 너
희는 여기 앉아 있고자 하느냐 7너희가 어찌하여 이스라엘 자손에게 낙심하게
하여서 여호와께서 그들에게 주신 땅으로 건너갈 수 없게 하려 하느냐 8너희
조상들도 내가 가데스바네아에서 그 땅을 보라고 보냈을 때에 그리하였었나
니 9그들이 에스골 골짜기에 올라가서 그 땅을 보고 이스라엘 자손을 낙심하
게 하여서 여호와께서 그들에게 주신 땅으로 갈 수 없게 하였었느니라 10그때
에 여호와께서 진노하사 맹세하여 이르시되 11애굽에서 나온 자들이 이십 세
이상으로는 한 사람도 내가 아브라함과 이삭과 야곱에게 맹세한 땅을 결코 보
지 못하리니 이는 그들이 나를 온전히 따르지 아니하였음이니라 12그러나 그
나스 사람 여분네의 아들 갈렙과 눈의 아들 여호수아는 여호와를 온전히 따랐
느니라 하시고 13여호와께서 이스라엘에게 진노하사 그들에게 사십 년 동안
광야에 방황하게 하셨으므로 여호와의 목전에 악을 행한 그 세대가 마침내는
다 끊어졌느니라 14보라 너희는 너희의 조상의 대를 이어 일어난 죄인의 무리
로서 이스라엘을 향하신 여호와의 노를 더욱 심하게 하는도다 15너희가 만일
돌이켜 여호와를 떠나면 여호와께서 다시 이 백성을 광야에 버리시리니 그리

하면 너희가 이 모든 백성을 멸망시키리라

[32 : 6-15] 모세는 이스라엘 자손의 가나안 진입을 목전에 둔 상황에서 르우벤과 갓 지파가 요단 동편에 정착하겠다고 요구한 말을 두 지파가 가나안 정복전쟁에 불참하겠다는 결정으로 오해하였다. 모세는 이 일을 '이스라엘 자손에게 낙심하게 하는 일' 로 판단하였으며(7절), 그들의 부모 세대가 가나안 땅을 정탐하고 돌아온 후에, 가나안 땅에 관하여 부정적인 보고를 함으로써 이스라엘 회중 모두를 낙심하게 한 일과 같다고 평가하였다(9절). 정탐꾼들의 보고와 부모 세대의 전멸과 광야 40년 유랑의 역사를 회고하면서 이러한 말을 하는 모세의 이야기를 통하여, 이스라엘 자손의 공동체성을 깨뜨리는 문제를 모세가 얼마나 심각하게 인식하였는지 엿볼 수 있다.

지도자 모세에게 있어서 역사는 단순히 '죽은 과거' 만이 아니었다. 역사에 대한 회고는 그 일이 가슴 아픈 기억이라고 할지라도, 그것을 기억하고 그 경험으로부터 새로운 교훈을 발견할 수 있을 때 의미를 갖는다. 약 40여 년 전에 이스라엘 지파의 지도자들이 무책임한 말과 행동으로 공동체 전체의 희망을 꺾어 버리고, 마침내 민족 전체가 원망과 불평 속에서 심판을 받고 멸망했던, 불행하고 가슴 아픈 역사를 모세는 기억하였다. 그리고 그 부끄러운 역사를 반복하지 않기 위해 모세가 지도자로서 끝까지 애썼다는 사실을 본문의 내용과 대화의 과정 속에서 발견할 수 있다.

3) 두 지파와 모세가 도달한 합의점과 결론(32 : 16-42)

16그들이 모세에게 가까이 나아와 이르되 우리가 이곳에 우리 가축을 위하여
우리를 짓고 우리 어린아이들을 위하여 성읍을 건축하고 17이 땅의 원주민이
있으므로 우리 어린아이들을 그 견고한 성읍에 거주하게 한 후에 우리는 무장
하고 이스라엘 자손을 그곳으로 인도하기까지 그들의 앞에서 가고 18이스라엘

자손이 각기 기업을 받기까지 우리 집으로 돌아오지 아니하겠사오며 [19]우리는
요단 이쪽 곧 동쪽에서 기업을 받았사오니 그들과 함께 요단 저쪽에서는 기업
을 받지 아니하겠나이다 [20]모세가 그들에게 이르되 너희가 만일 이 일을 행하
여 무장하고 여호와 앞에서 가서 싸우되 [21]너희가 다 무장하고 여호와 앞에서
요단을 건너가서 여호와께서 그의 원수를 자기 앞에서 쫓아내시고 [22]그 땅이
여호와 앞에 복종하게 하시기까지 싸우면 여호와 앞에서나 이스라엘 앞에서나
무죄하여 돌아오겠고 이 땅은 여호와 앞에서 너희의 소유가 되리라마는 [23]너희
가 만일 그같이 아니하면 여호와께 범죄함이니 너희 죄가 반드시 너희를 찾아
낼 줄 알라 [24]너희는 어린아이들을 위하여 성읍을 건축하고 양을 위하여 우리
를 지으라 그리하고 너희의 입이 말한 대로 행하라 [25]갓 자손과 르우벤 자손이
모세에게 대답하여 이르되 주의 종들인 우리는 우리 주의 명령대로 행할 것이
라 [26]우리의 어린아이들과 아내와 양 떼와 모든 가축은 이곳 길르앗 성읍들에
두고 [27]종들은 우리 주의 말씀대로 무장하고 여호와 앞에서 다 건너가서 싸우
리이다 [28]이에 모세가 그들에 대하여 제사장 엘르아살과 눈의 아들 여호수아와
이스라엘 자손 지파의 수령들에게 명령하니라 [29]모세가 그들에게 이르되 갓 자
손과 르우벤 자손이 만일 각각 무장하고 너희와 함께 요단을 건너가서 여호와
앞에서 싸워서 그 땅이 너희 앞에 항복하기에 이르면 길르앗 땅을 그들의 소유
로 줄 것이니라 [30]그러나 만일 그들이 너희와 함께 무장하고 건너지 아니하면
그들은 가나안 땅에서 너희와 함께 땅을 소유할 것이니라 [31]갓 자손과 르우벤
자손이 대답하여 이르되 여호와께서 당신의 종들에게 명령하신 대로 우리가
행할 것이라 [32]우리가 무장하고 여호와 앞에서 가나안 땅에 건너가서 요단 이
쪽을 우리가 소유할 기업이 되게 하리이다 [33]모세가 갓 자손과 르우벤 자손과
요셉의 아들 므낫세 반 지파에게 아모리인의 왕 시혼의 나라와 바산 왕 옥의
나라를 주되 곧 그 땅과 그 경내의 성읍들과 그 성읍들의 사방 땅을 그들에게
주매 [34]갓 자손은 디본과 아다롯과 아로엘과 [35]아다롯소반과 야셀과 욕브하와
[36]벧니므라와 벧하란들의 견고한 성읍을 건축하였고 또 양을 위하여 우리를 지

었으며 37르우벤 자손은 헤스본과 엘르알레와 기랴다임과 38느보와 바알므온들
을 건축하고 그 이름을 바꾸었고 또 십마를 건축하고 건축한 성읍들에 새 이름
을 주었고 39므낫세의 아들 마길의 자손은 가서 길르앗을 쳐서 빼앗고 거기 있
는 아모리인을 쫓아내매 40모세가 길르앗을 므낫세의 아들 마길에게 주매 그가
거기 거주하였고 41므낫세의 아들 야일은 가서 그 촌락들을 빼앗고 하봇야일이
라 불렀으며 42노바는 가서 그낫과 그 마을들을 빼앗고 자기 이름을 따라서 노
바라 불렀더라

[32 : 16-42] 두 지파와 모세 사이의 긴장감은 대화를 통하여 합의점에 이를 수 있었다. 모세의 이야기를 들은 두 지파는 요단 동편에서 성읍을 건축하여 가축과 자녀들을 머물게 한 후에 선봉부대가 되어 가나안 전쟁에 동참할 것을 약속하였고, 모세는 이를 수락하였다(16-27절). 모세는 이 약속을 확인하고 다짐한 후에 갓 자손과 르우벤 자손에게 요단 동편의 땅을 분배해 주었다. 이 사건은 결과적으로 약속의 땅에 대한 분배와 책임에 있어서 르우벤과 갓과 므낫세 반 지파가 그들의 한 형제 됨을 보여 준 것으로 평가할 수 있다.

더글라스는 이 사건에 관하여 창세기 49 : 3 이하의 르우벤에 대한 야곱의 비난과 일종의 저주에 해당하는 내용을 상기시켜 볼 때, 모세는 이 첫 지파의 과오가 다시 반복되지 않도록 함으로써, 야곱의 꾸짖음과 저주가 르우벤 지파에게 반복적으로 적용되는 것을 허용하지 않은 것이라고 설명하였다(Mary Douglas, *In the Wilderness : The Doctrine of Defilement in the Book of Numbers*, 2001, pp. 182-183). 지도자로서 모세의 역할은 다른 지도자들과 사람들이 그릇된 판단을 하고 그릇된 길을 가려고 할 때 그 길을 돌이킬 수 있도록 지도하고, 가르치고, 권면하는 것이었음을 알 수 있다.

민수기 32장에서 한 가지 흥미로운 점은 22, 29절에서 '땅'에 대한 말씀에 사용된 표현이다. 이 본문들에 나타난 히브리어 동사 '카바쉬'(כבשׁ)는 '복종하다'라는 뜻을 가지고 있으며, 창세기 1 : 28에서도 사용된 동일한 용

어이다. 민수기 32장에서는 땅이 하나님 앞에서 복종하기까지 싸우라는 22절의 표현과 땅이 이스라엘 자손들 앞에 항복하기에 이를 때에 대한 표현을 통하여, 이스라엘 자손들이 정복할 가나안 땅의 성격을 규정해 주고 있는 것으로 해석할 수 있다. 즉, 이 땅의 진정한 주인은 하나님이시며(레 25 : 23), 이스라엘 자손들은 하나님께 순종하며 하나님을 예배하는 민족으로서 살아갈 때에만 그 땅의 소유권을 유지해 갈 수 있는 것이다(Ellen F. Davis, *Scripture, Culture, and Agriculture*, 2009, pp. 59－60).

이러한 용어를 사용한 문장은 이스라엘 자손들에게 가나안 땅을 '정복하라' 는 명령과 함께, 이스라엘 민족과 그들이 살아갈 땅의 정체성을 동시에 보여 주고 있다. 20~24절에서도 '여호와 앞에서' 라는 반복된 어구를 통해 이 모든 전쟁은 하나님의 역사에 속한 것이며, 하나님과의 올바른 관계 가운데서 수행되어야 할 일이라는 사실을 강조해 주었다(변순복, 「토라」〈하〉, 2010, p. 250).

① 여호와 앞에서 무장하고 가서 싸움(20절).
② 여호와 앞에서 요단강을 건넘(21절).
③ 여호와 앞에서 정복함(22절).
④ 여호와 앞에서 소유가 됨(22절).

32장은 이스라엘 자손들이 요단강 동편의 땅을 정복하고 정착한 사건의 과정을 서술하여 주고 있다. 이 내용은 앞으로 전개될 이스라엘 자손들의 가나안 땅 정복과 정착에 대한 확실한 예시와 본보기로서의 의미를 갖는 사건들이었다. 본격적인 가나안 땅 정복에 앞서 벌어진 전초전과 같은 사건들 가운데서 발생하는 문제들과 그러한 세부적인 문제들을 지혜롭게 잘 극복한 이스라엘 자손들은 하나님께서 세워 주신 지도자와 백성들이 어떻게 서로 협력하고, 대화와 소통 가운데서 문제를 풀어 갈 것인지에 관한 실제 경험과 해결 능력을 얻는 훈련의 기회를 가질 수 있었을 것이며, 이후에 발생하는 일들 속에서도 당황하지 않고 하나님께서 맡겨 주시는 사명을 감당할 수 있는 힘을 기를 수 있었을 것이다.

설교를 위한 묵상

모세와 두 지파의 대화 과정 가운데서 사람들은 말로 서로의 생각을 나누고 의사소통을 하지만, 그 말이 사람의 마음을 오해 없이 전달하는 데 얼마나 부족한지 알 수 있었다. 이처럼 '소통'이 막힌 상황 속에서 모세와 두 지파의 지도자들은 지속적인 대화를 통하여 자신의 생각과 뜻을 전달하고, 양보를 통하여 서로의 오해를 풀며 상대방을 설득해 나아갔다. 그리고 마침내 서로가 서로를 이해하고, 이스라엘 자손 모두가 납득할 수 있는 해결점을 찾아내는 데 성공하였다. 이 갈등의 기회를 통하여 모세는 이스라엘의 하나 됨과 공동체 정신을 공고히 하는 일에서 지도력을 발휘할 수 있었으며, 르우벤과 갓 지파는 가나안 전쟁의 선봉부대가 되겠다는 약속을 통하여 미래의 후손들을 위한 삶의 터전과 뜻을 얻을 수 있었다.

이 협의에서 누구도 실패한 사람은 없었다. 오늘날 우리의 삶에서 '의사소통'의 문제도 이와 같은 원리가 적용될 수 있을 것이다. 자신의 주장만 하고, 자신의 이익만을 고집할 때 대화의 진행도, 타협도 불가능하고, 결국은 모두 실패하는 협상만 남게 된다. 가정에서도, 학교와 직장에서도, 교회 안에서도 함께 승리하고 결과적으로 함께 유익을 얻을 수 있는 길이 무엇인가를 서로 찾고, 알아볼 수 있는 지혜가 필요하다. 특히 이 시대를 살아가는 지도자들과 그리스도인들에게는 그러한 '혜안'(慧眼)이 절실하게 요구된다. 성령으로 말미암는 지혜를 얻어 하나님과 소통하고, 사람과 소통하며, 교회 안에서와 교회 밖에서 덕을 세워 갈 수 있는 은혜를 주님께 간구해야 하겠다.

B. 광야 시대 역사의 회고와 전망(33 : 1 - 36 : 13)
  1. 모압 평지까지의 여정과 명령(33 : 1 - 56)
    1) 출애굽과 모압 평지까지의 여정(33 : 1 - 49)
    2) 모압 평지에서의 명령(33 : 50 - 56)
  2. 땅 분배의 계획(34 : 1 - 29)
    1) 가나안 사방의 경계(34 : 1 - 15)
    2) 각 지파의 기업을 나눌 지휘관들(34 : 16 - 29)
  3. 레위인의 기업과 도피성과 여성의 상속권에 관한 율법(35 : 1 - 36 : 13)
    1) 레위인의 기업(35 : 1 - 8)
    2) 도피성(35 : 9 - 34)
    3) 여성의 상속권(36 : 1 - 13)

B. 광야 시대 역사의 회고와 전망(33 : 1 - 36 : 13)

※ 316쪽 자료 참고

1. 모압 평지까지의 여정과 명령(33 : 1 - 56)

1) 출애굽과 모압 평지까지의 여정(33 : 1 - 49)

1모세와 아론의 인도로 대오를 갖추어 애굽을 떠난 이스라엘 자손들의 노정
은 이러하니라 2모세가 여호와의 명령대로 그 노정을 따라 그들이 행진한 것
을 기록하였으니 그들이 행진한 대로의 노정은 이러하니라 3그들이 첫째 달
열다섯째 날에 라암셋을 떠났으니 곧 유월절 다음 날이라 이스라엘 자손이
애굽 모든 사람의 목전에서 큰 권능으로 나왔으니 4애굽인은 여호와께서 그
들 중에 치신 그 모든 장자를 장사하는 때라 여호와께서 그들의 신들에게도
벌을 주셨더라 5이스라엘 자손이 라암셋을 떠나 숙곳에 진을 치고 6숙곳을 떠

나 광야 끝 에담에 진을 치고 7에담을 떠나 바알스본 앞 비하히롯으로 돌아가
서 믹돌 앞에 진을 치고 8하히롯 앞을 떠나 광야를 바라보고 바다 가운데를
지나 에담 광야로 사흘 길을 가서 마라에 진을 치고 9마라를 떠나 엘림에 이르
니 엘림에는 샘물 열둘과 종려 칠십 그루가 있으므로 거기에 진을 치고 10엘림
을 떠나 홍해 가에 진을 치고 11홍해 가를 떠나 신 광야에 진을 치고 12신 광야
를 떠나 13돕가에 진을 치고 돕가를 떠나 알루스에 진을 치고 14알루스를 떠나
르비딤에 진을 쳤는데 거기는 백성이 마실 물이 없었더라 15르비딤을 떠나 시
내 광야에 진을 치고 16시내 광야를 떠나 기브롯핫다아와에 진을 치고 17기브롯
핫다아와를 떠나 하세롯에 진을 치고 18하세롯을 떠나 릿마에 진을 치고 19릿마
를 떠나 림몬베레스에 진을 치고 20림몬베레스를 떠나 립나에 진을 치고 21립
나를 떠나 릿사에 진을 치고 22릿사를 떠나 그헬라다에 진을 치고 23그헬라다
를 떠나 세벨 산에 진을 치고 24세벨 산을 떠나 하라다에 진을 치고 25하라다
를 떠나 막헬롯에 진을 치고 26막헬롯을 떠나 다핫에 진을 치고 27다핫을 떠나
데라에 진을 치고 28데라를 떠나 밋가에 진을 치고 29밋가를 떠나 하스모나에
진을 치고 30하스모나를 떠나 모세롯에 진을 치고 31모세롯을 떠나 브네야아
간에 진을 치고 32브네야아간을 떠나 홀하깃갓에 진을 치고 33홀하깃갓을 떠
나 욧바다에 진을 치고 34욧바다를 떠나 아브로나에 진을 치고 35아브로나를
떠나 에시온게벨에 진을 치고 36에시온게벨을 떠나 신 광야 곧 가데스에 진을
치고 37가데스를 떠나 에돔 땅 변경의 호르 산에 진을 쳤더라 38이스라엘 자손
이 애굽 땅에서 나온 지 사십 년째 오월 초하루에 제사장 아론이 여호와의 명
령으로 호르 산에 올라가 거기서 죽었으니 39아론이 호르 산에서 죽던 때의
나이는 백이십삼 세였더라 40가나안 땅 남방에 살고 있는 가나안 사람 아랏
왕은 이스라엘 자손이 온다는 소식을 들었더라 41그들이 호르 산을 떠나 살모
나에 진을 치고 42살모나를 떠나 부논에 진을 치고 43부논을 떠나 오봇에 진을
치고 44오봇을 떠나 모압 변경 이예아바림에 진을 치고 45이임을 떠나 디본갓
에 진을 치고 46디본갓을 떠나 알몬디블라다임에 진을 치고 47알몬디블라다임
을 떠나 느보 앞 아바림 산에 진을 치고 48아바림 산을 떠나 여리고 맞은편 요

단 강가 모압 평지에 진을 쳤으니 [49]요단 강가 모압 평지의 진영이 벧여시못
에서부터 아벨싯딤에 이르렀더라

[33 : 1-49] 33장은 크게 두 부분으로 구성되어 있다. 33 : 1~49은 광야 시대 여정의 기록이며, 50~56절은 명령에 해당한다. 33장의 첫 부분(1-49절)은 모세와 아론의 인도로 대오를 갖추어 출애굽했던 이스라엘 자손들의 여정을 기록한 본문이다. 이 여정은 여호와의 명령을 따라 모세가 기록한 것임을 2절에서 밝혀 주고 있다. 1절과 2절은 각각 조금 다른 형식으로 광야 시대 여정의 기록임을 언급하였다. 3~4절의 내용은 애굽에 내렸던 10가지 재앙과 유월절 이후의 애굽 탈출 내용과 연관되어 있다. 자세한 내용은 출애굽기 7~12장과 비교해 볼 수 있으며, 민수기 33 : 4과 출애굽기 12 : 12을 비교해 보면 두 본문 사이의 밀접한 연관성을 확인할 수 있다.

출 12 : 12 "내가 그 밤에 애굽 땅에 두루 다니며 사람이나 짐승을 막론하고 애굽 땅에 있는 모든 처음 난 것을 다 치고 애굽의 모든 신을 내가 심판하리라 나는 여호와라"

민 33 : 4 "애굽인은 여호와께서 그들 중에 치신 그 모든 장자를 장사하는 때라 여호와께서 그들의 신들에게도 벌을 주셨더라"

민수기와 출애굽기의 여정에 관한 본문들에서는 평행 자료들과 사용된 동사들에서 일치하는 경우들을 보여 주고 있다. 짧은 여정의 기록은 민수기 21 : 10~20과 신명기 10 : 6~7에서도 찾아볼 수 있다. 지리학의 발전으로 이 여정들에 나타난 지명들을 단순히 영적으로 해석하기보다 실제적인 위치를 찾으려는 노력들이 이루어져 왔지만, 여전히 어려움들은 남아 있다. 왜냐하면 오랜 시간이 지나는 동안 지명과 여정에 관한 유대인들과 기독교인들과 아랍인들의 전승이 달라지거나, 순례자들의 구전이나 기록들 속에서 여러 가지 변형의 과정이 발생했을 가능성이 있기 때문이다. 따라서 민수기

33장에 기록된 지명들과 실제 장소를 완벽하게 확인하는 것은 쉽지 않은 일이다(G. I. Davies, *The Way of the Wilderness*, 2009, pp. 79-80).

절수	지명	민 33장의 내용	관련 본문의 내용과 지리학적인 정보
3-4	(1) 라암셋	1월 15일 출발 (유월절 다음 날) (1) 이스라엘 자손이 애굽인 앞에서 큰 권능으로 나옴. (2) 여호와께서 애굽인의 장자를 치심. (3) 애굽의 신들에게 벌을 주심.	출 1 : 11에서는 국고성 비돔과 라암셋을 이스라엘 자손들이 고역 가운데 건축하였다.
5	(2) 숙곳		미드라쉬에서는 '숙곳'을 야곱이 방문했던 요단 동편의 장소로(출 12 : 37) 보고, 라암셋으로부터 숙곳까지를 하룻길로 묘사했다. 그리고 이 내용을 출 19 : 4의 "……독수리 날개로 너희를 업어 내게로 인도하였음을……"이라는 표현의 주석으로 제시하였다(G. I. Davies, *The Way of the Wilderness*, 2009, pp. 28-29).
6	(3) 에담	광야 끝	에담은 '요새'를 뜻하는 이집트어의 히브리식 표현으로 추정되어 왔으며, 순수한 히브리어 이름은 '수르'로 여겨지고 있다(출 15 : 22 ; G. I. Davies, *The Way of the Wilderness*, 2009, pp. 79-80).
7	(4) 비하히롯	바알스본 앞	출 14 : 2에서는 비하히롯이 바다와 믹돌 사이에 위치한 것으로 언급하였다.

7	(5) 믹돌		
8	(6) 하히롯		
8	(7) 바다 가운데		'바다'는 홍해를 지칭하며, 홍해의 히브리어 이름 '얌수프'를 '갈대바다'로 번역하기도 한다. 그러나 욘 2 : 5(MT 2 : 6)에 사용된 동일한 용어상의 용례를 보면, 히브리어 '수프'를 갈대로 번역할 수 없으며, 오히려 바다식물로 보는 것이 타당하다. 그러므로 '얌수프'는 '갈대바다'라는 번역보다는 '홍해'로 번역하는 것이 더 적절하다(G. I. Davies, *The Way of the Wilderness*, 2009, pp. 70–74).
8	(8) 에담 광야		
8	(9) 마라		
9	(10) 엘림	샘물 12, 종려 70그루	엘림(출 15 : 27)을 수에즈만에 위치한 것으로 볼 경우에, '비터호수'(Bitter Lake)로부터 120km 떨어진 '와디 가란델'(Wadi Garandel)의 오아시스로 추정하기도 한다(G. I. Davies, *The Way of the Wilderness*, 2009, p. 83).
10	(11) 홍해 가		
11	(12) 신 광야		출 16 : 1에서는 신 광야가 엘림과 시내산 사이에 위치한 것으로 기술하였다.
13	(13) 돕가		
13	(14) 알루스		
14	(15) 르비딤	마실 물이 없었음.	출 17 : 1–7에 언급되었으며, '맛사' 또는 '므리바'라고도 불렸다(7절).
15	(16) 시내 광야		
16	(17) 기브롯핫다아와		민 11 : 34에서 언급되었던 바와

			같이 메추라기와 관련된 사건이 일어났던 곳이며, '탐욕'으로 인한 큰 재앙이 있었다(11 : 31-35). '기브롯핫다아와'의 뜻은 '탐욕의 무덤들'이다.
17	(18) 하세롯		민 11 : 35에 언급되었고, 신 1 : 1에서도 모세가 말씀을 선포했던 아라바 광야의 지명 가운데 하나로 언급되었다. 제벨 무사에서 북동쪽 35km 정도 거리의 '엘-쿠드라'와 동일시된 적이 있다(Anson F. Rainey·R. Steven Notley, *Carta's Atlas of the Biblical World*, 강성열 옮김, 「성경역사, 지리학, 고고학 아틀라스」 〈서울 : 이레서원, 2010〉, p. 158).
18	(19) 릿마		
19	(20) 림몬베레스		
20	(21) 립나		
21	(22) 릿사		
22	(23) 그헬라다		
23	(24) 세벨산		
24	(25) 하라다		
25	(26) 막헬롯		
26	(27) 다핫		
27	(28) 데라		
28	(29) 밋가		
29	(30) 하스모나		유다 최남단의 도시들 가운데 '헤스몬'(수 15 : 27)과 동일한 장소였을 가능성이 지적되기도 하였다(G. I. Davies, *The Way of the Wilderness*, 2009, p. 87).
30	(31) 모세롯		
31	(32) 브네야아간		신 10 : 6에서는 브에롯 브네야아

			간으로 언급하였고, 그 다음 장소인 모세라에서 아론이 죽어 그 아들 엘르아살이 제사장 직임을 행하였다고 기록하였다.
32	(33) 홀하깃갓		
33	(34) 욧바다		신 10 : 7에서는 그 땅에 시내가 많았다고 기록하였다.
34	(35) 아브로나		
35	(36) 에시온게벨		왕상 9 : 26에서는 홍해와 에시온게벨과 엘롯을 에돔 땅으로 언급하였다(왕상 22 : 48 참고). 이 경우에 아카바만 쪽에 에시온게벨이 위치한 것으로 볼 수 있지만, 지리적인 실제 위치는 파악하기 어렵다(G. I. Davies, *The Way of the Wilderness*, 2009, pp. 86-87 참조).
36	(37) 신 광야	가데스	민 20 : 1에서는 이곳에서 미리암이 죽어 장사되었다고 기록하였다.
37 - 40	(38) 호르산	에돔 땅 변경, 출애굽 40년 5월 1일 아론(123세) 죽음, 아랏 왕이 이스라엘 자손이 온다는 소식을 들음.	민 21 : 1-3은 네겝의 가나안 사람 아랏의 왕이 이스라엘을 공격하였고, 이에 이스라엘 자손들이 그의 성읍을 멸하고, 그곳 이름을 '호르마'로 불렀다고 기록하고 있다.
41	(39) 살모나		
42	(40) 부논		부논은 '와디 페이난'과 동일한 곳으로 볼 수 있으며, 민 21 : 6-9의 놋뱀과 관련된 사건이 일어났던 곳으로 추정된다. 부논은 로마 시대까지도 구리 채굴 중심지였으며, 키르벳 엔-나하스라는 유적지는 히브리어로 '뱀'을 뜻하는 '나하쉬'와 연관성이 있는 것

			으로 볼 수 있다(Anson F. Rainey · R. Steven Notley, *Carta's Atlas of the Biblical World*, 강성열 옮김, 「성경역사, 지리학, 고고학 아틀라스」〈서울 : 이레서원, 2010〉, p. 158).
43	(41) 오봇		
44	(42) 이예아바림	(이임) : 모압 변경	'이예아바림'은 '개울의 폐허들' 혹은 '하천 기슭의 폐허들'을 뜻하며, 그 줄임말인 '이임'은 '폐허들'을 뜻한다. 민 21 : 12과 신 2 : 13-14의 기록에 따르면 그 다음 장소는 '세렛' 골짜기(시내)였으나, 민 33장에서는 이 지명이 생략되었다(Anson F. Rainey · R. Steven Notley, *Carta's Atlas of the Biblical World*, 강성열 옮김, 「성경역사, 지리학, 고고학 아틀라스」〈서울 : 이레서원, 2010〉, p. 158).
45	(43) 디본갓		민 21 : 30에서는 이스라엘이 아모리인의 헤스본과 디본까지 멸하였다고 언급하였다. 디본은 갓 자손의 땅으로 분배되었고(32 : 34), 렘 48 : 22에서는 모압의 땅으로 언급되었다.
46	(44) 알몬디블라다임		렘 48 : 22에서는 '벧디불라다임'으로 기록하였으며, 모압 심판 예언에서 언급되었다.
47	(45) 아바림산	느보 앞	신 32 : 49에서는 모세가 죽음을 맞이한 산으로 아바림산과 느보산을 함께 언급하였다.
48 - 49	(46) 모압 평지	여리고 맞은 편, 요단 강가-진영이 벧여시못에서 아벨싯딤에 이름.	48-49절에 기록된 대로 펼쳐진 진의 규모를 계산해 보면, 벧여시못에서 아벨싯딤까지 약 8km의 직선거리를 고려하여 64km²의 정

			사각형을 추정해 볼 수 있다. 서울의 면적을 약 605km^2로 보았을 때, 이스라엘 진의 넓이는 서울 면적의 약 10분의 1에 해당하는 넓은 지역을 차지하는 크기가 된다(노재명, 「성경 배경을 통한 성경읽기」, 2009, p. 132).

2) 모압 평지에서의 명령(33 : 50 - 56)

50여리고 맞은편 요단 강가 모압 평지에서 여호와께서 모세에게 말씀하여
이르시되 51이스라엘 자손에게 말하여 그들에게 이르라 너희가 요단 강을
건너 가나안 땅에 들어가거든 52그 땅의 원주민을 너희 앞에서 다 몰아내고
그 새긴 석상과 부어 만든 우상을 다 깨뜨리며 산당을 다 헐고 53그 땅을 점
령하여 거기 거주하라 내가 그 땅을 너희 소유로 너희에게 주었음이라 54너
희의 종족을 따라 그 땅을 제비 뽑아 나눌 것이니 수가 많으면 많은 기업
을 주고 적으면 적은 기업을 주되 각기 제비 뽑은 대로 그 소유가 될 것인
즉 너희 조상의 지파를 따라 기업을 받을 것이니라 55너희가 만일 그 땅의
원주민을 너희 앞에서 몰아내지 아니하면 너희가 남겨 둔 자들이 너희의
눈에 가시와 너희의 옆구리에 찌르는 것이 되어 너희가 거주하는 땅에서
너희를 괴롭게 할 것이요 56나는 그들에게 행하기로 생각한 것을 너희에게
행하리라

[33 : 50 - 56] 33 : 50~56은 33장의 둘째 부분으로서, 모압 평지에서 모세가 여호와께 받은 명령을 기록한 내용이다. 그 내용은 가나안 땅에서 행할 일과 땅 분배의 원칙과 경고로 구성되어 있다.

① 이스라엘 자손이 가나안 땅에서 행할 일

이스라엘 자손은 가나안 땅에 들어가 그 땅의 원주민을 추방하고, 새긴 석상과 부어 만든 우상을 깨트리고, 산당을 헐어야 한다(52절).

② 땅 분배의 원칙

이스라엘 자손이 그 땅을 점령하고 거주해야 하는 이유는 그 땅을 여호와께서 이스라엘 자손에게 주셨기 때문이다(53절). 땅을 분배할 때에는 제비를 뽑아 나누고, 사람 수가 많고 적음에 비례하여 땅을 분배할 것을 원칙으로 명하셨다(54절).

③ 경고

그러나 만일 원주민을 몰아내지 않고 남겨 두면, 그들이 이스라엘 자손들에게 눈에 가시와 옆구리에 찌르는 것이 되어 괴롭게 할 것이고, 여호와께서 그들에게 행하려고 계획하셨던 바를 이스라엘 자손에게 행하실 것이다(55－56절).

가나안 땅의 정복전쟁은 하나님께서 약속하신 땅을 이스라엘 자손들이 기업으로 얻게 됨으로써 하나님의 약속 성취의 의미를 갖는다. 이 일은 동시에 그 거주민의 죄악이 그 땅에 가득함에 대한 심판의 의미를 가지고 있다(창 15：16). 가나안 땅에 거하는 민족들의 죄악과 타락상은 레위기 18장과 20장에 구체적으로 기록되어 있으며, 성적인 문란함, 영적인 혼란상, 사람을 제물로 바치는 우상숭배 등의 내용을 확인할 수 있다. 그 땅이 사람의 죄악으로 가득 차게 되면, 하나님의 심판으로 인하여 그 땅의 거주민은 그 땅으로부터 쫓겨나게 된다는 것이 구약의 땅과 사람에 대한 이해이다. 레위기 18장과 20장에서는 땅이 그 역겨움을 견디지 못하여 토해 낸다는 표현을 사용하였다(레 18：28； 20：22).

설교를 위한 묵상

민수기 33장은 출애굽기와 레위기와 민수기까지의 전체 역사를 요약한 축소판에 해당한다. 이 여정의 기록은 무슨 의미가 있는 것일까? 하나님께서는 광야 시대 역사가 이어진 장소들을 모세로 하여금 기록하도록 하셨다. 이 여정과 장소를 기록한 모세에게는 자신의 일생을 돌아볼 기회가 되었고, 40여 년의 광야 유랑의 세월 동안 이스라엘 자손은 하나님의 심판 아래 살았지만, 그들이 어디를 가든지 하나님과 함께 가지 않은 곳이 없었음을 볼 수 있었을 것이다. 이 광야 시대는 불순종한 출애굽 제1세대가 받은 심판을 생생하게 경험하고 목격하였던 증거의 시대이며, 출애굽 제2세대가 이 역사를 기억하며 새롭게 가나안 정복과 정착의 시대를 열어 갈 것을 다짐하고 또 다짐하는 준비의 시대였다.

광야 시대 역사를 정리하는 이도, 정리된 역사를 바라보는 이도 함께 깨닫는 공통된 사실 한 가지는 어느 한 순간, 한 장소도 하나님의 섭리와 인도하심이 없던 곳은 없었다는 사실이다. 민수기 33장의 광야 시대 여정을 한 순간, 한 순간 그리고 한 장소, 한 장소 기록해 가면서 목도하고 깨달았을 하나님의 인도하심과 함께하심과 섭리하심은 너무도 분명한 현실이었고, 역사적인 진실이었다.

우리 그리스도인들이 각자의 인생을 돌아보며 그 중요한 삶의 여정을 하나씩 기록해 보았을 때, 하나님께서 한 순간이라도 나와 함께하시지 않으셨다고 감히 말할 수 있을까? 내가 가난할 때에도, 부요할 때에도, 슬플 때에도, 기쁠 때에도, 의미를 찾을 수 있을 때에도, 의미를 찾을 수 없었을 때에도 하나님께서는 그 순간, 그 장소에서 이미 나와 함께하셨음을 고백할 수 있을 때, 비로소 지나온 모든 삶이 하나님 앞에서 의미를 가질 수 있는 것이다.

그 삶의 회고와 과거에 대한 신앙고백은 새 시대를 맞이하기 위한 결단을 준비하는 필수적인 과정이다. 모세는 민수기 33장에서 광야 여정을 기록하고, 이스라엘 자손들이 가나안 땅에 들어갔을 때 지켜야 할 하나님의 명령을 제시하였다. 동시에 그 불순종의 결과도 함께 제시하였다. 이제 광야 여정과 역사를 되돌아본 출애굽 제2세대에게는 새로운 결단의 과제가 몫으로 남았다.

2. 땅 분배의 계획(34 : 1 - 29)

1) 가나안 사방의 경계(34 : 1 - 15)

1여호와께서 모세에게 말씀하여 이르시되 2너는 이스라엘 자손에게 명령하
여 그들에게 이르라 너희가 가나안 땅에 들어가는 때에 그 땅은 너희의 기
업이 되리니 곧 가나안 사방 지경이라 3너희 남쪽은 에돔 곁에 접근한 신 광
야니 너희의 남쪽 경계는 동쪽으로 염해 끝에서 시작하여 4돌아서 아그랍빔
언덕 남쪽에 이르고 신을 지나 가데스바네아 남쪽에 이르고 또 하살아달을
지나 아스몬에 이르고 5아스몬에서 돌아서 애굽 시내를 지나 바다까지 이르
느니라 6서쪽 경계는 대해가 경계가 되나니 이는 너희의 서쪽 경계니라 7북
쪽 경계는 이러하니 대해에서부터 호르 산까지 그어라 8호르 산에서 그어
하맛 어귀에 이르러 스닷에 이르고 9그 경계가 또 시브론을 지나 하살에난
에 이르나니 이는 너희의 북쪽 경계니라 10너희의 동쪽 경계는 하살에난에서
그어 스밤에 이르고 11그 경계가 또 스밤에서 리블라로 내려가서 아인 동쪽
에 이르고 또 내려가서 긴네렛 동쪽 해변에 이르고 12그 경계가 또 요단으로
내려가서 염해에 이르나니 너희 땅의 사방 경계가 이러하니라 13모세가 이스
라엘 자손에게 명령하여 이르되 이는 너희가 제비 뽑아 받을 땅이라 여호와
께서 이것을 아홉 지파 반 쪽에게 주라고 명령하셨나니 14이는 르우벤 자손
의 지파와 갓 자손의 지파가 함께 그들의 조상의 가문에 따라 그들의 기업
을 받을 것이며 므낫세의 반쪽도 기업을 받았음이니라 15이 두 지파와 그 반
지파는 여리고 맞은편 요단 건너편 곧 해 돋는 쪽에서 그들의 기업을 받으
리라

[34 : 1 - 15] 여호와께서는 이스라엘 자손이 가나안 땅에 들어가는 때에, 그들의 기업이 될 가나안 사방의 지경에 관하여 말씀하셨다(1 - 2절). 염해는

현재의 '사해' 이며, 긴네렛은 현재의 '갈릴리' 바다를 뜻한다. 바다 혹은 대해는 오늘날의 '지중해' 를 지칭하는 것이며, 애굽 시내는 나일강이 아닌 시내 반도의 지류를 가리킨다. 이 땅은 제비 뽑아 분배할 것이며, 아홉 지파 반에게 돌아가도록 분배해야 한다. 왜냐하면 르우벤, 갓 지파와 므낫세 지파의 반은 여리고 맞은편의 요단 건너편을 기업으로 받을 것이기 때문이다.

민수기 34장에서 이스라엘 자손의 기업으로 말씀해 주신 땅은 하나님께서 아브람에게 말씀하셨던 애굽강에서부터 유브라데강까지의 '약속의 땅' (창 15 : 18)에 비해 작은 크기이다. 창세기에서 언급된 약속의 땅의 경계는 역대하 9 : 26에 기록된 다윗과 솔로몬 시대의 경계와 같다. 민수기는 이에 비해 작은 범위에 해당하며, 시대적으로 땅에 관한 약속이 완전히 성취되기까지의 그 중간과정에 해당하는 범위를 보여 준다. 민수기 26 : 52~56에 간략한 땅 분배의 원칙과 명령이 하나님께로부터 모세에게 이미 주어졌음을 확인할 수 있으며, 34장은 그와 관련하여 보다 상세한 땅 분배 명령에 관한 내용으로 구성되어 있다.

① 남쪽 – 에돔 곁에 가까운 신 광야 : 염해 – 아그랍빔 언덕 남쪽 – 가데스 바네아 남쪽 – 하살아달 – 아스몬 – 애굽 시내 – 바다
② 서쪽 – 대해(지중해)
③ 북쪽 – 대해에서 호르산까지 : 호르산 – 하맛 어귀 – 스닷 – 시브론 – 하살에난
④ 동쪽 – 하살에난 – 스밤 – 리블라 – 아인 동쪽 – 긴네렛 동쪽 해변 – 요단 – 염해

2) 각 지파의 기업을 나눌 지휘관들(34 : 16 – 29)

[16]여호와께서 또 모세에게 말씀하여 이르시되 [17]너희에게 땅을 기업으로 나눌
자의 이름은 이러하니 제사장 엘르아살과 눈의 아들 여호수아니라 [18]너희는
또 기업의 땅을 나누기 위하여 각 지파에 한 지휘관씩 택하라 [19]그 사람들의
이름은 이러하니 유다 지파에서는 여분네의 아들 갈렙이요 [20]시므온 지파에
서는 암미훗의 아들 스므엘이요 [21]베냐민 지파에서는 기슬론의 아들 엘리닷
이요 [22]단 자손 지파에서는 지휘관 요글리의 아들 북기요 [23]요셉 자손 중 므낫
세 자손 지파에서는 지휘관 에봇의 아들 한니엘이요 [24]에브라임 자손 지파에
서는 지휘관 십단의 아들 그므엘이요 [25]스불론 자손 지파에서는 지휘관 바르
낙의 아들 엘리사반이요 [26]잇사갈 자손 지파에서는 지휘관 앗산의 아들 발디
엘이요 [27]아셀 자손 지파에서는 지휘관 슬로미의 아들 아히훗이요 [28]납달리 자
손 지파에서는 지휘관 암미훗의 아들 브다헬이니라 하셨느니라 [29]이들이 여
호와께서 명령하사 가나안 땅에서 이스라엘 자손에게 기업을 받게 하신 자들
이니라

[34 : 16-29] 비록 모세는 가나안 땅에 들어가지 못했지만, 이스라엘 자손들을 위한 기업으로서 땅을 구분하고 분배하는 기초작업까지 마무리해 주었다. 이는 솔로몬이 예루살렘 성전을 건축했지만, 이미 하나님께서 다윗에게 성전의 양식과 형태까지 지시해 주셨던 과정과도 유사하다. 땅 분배에 관한 하나님의 말씀을 먼저 모세가 받았고, 여호수아 때에 이르러 이 말씀이 성취되었다(수 13-19장 ; P. J. Budd, *Numbers*, 박신배 옮김, 「민수기」 WBC 성경주석 vol. 5, 2006, p. 594. 참조). 땅 분배의 책임은 제사장 엘르아살과 눈의 아들 여호수아에게 맡겨졌으며, 그 일을 감당할 각 지파의 지휘관들의 이름이 열거되어 있다. 지파별 지휘관들의 순서는 완전히 일치하지는 않지만, 여호수아 13장 이하에 기록된 지파별 가나안 땅 분배 순서와 유사하며, 대체로 남쪽에서 북쪽으로 올라가는 순서를 따르고 있다.

민수기 34장	여호수아 13-19장
(1) 유다-여분네의 아들 갈렙	(1) 유다
(2) 시므온-암미훗의 아들 스므엘	(2) 에브라임
(3) 베냐민-기슬론의 아들 엘리닷	(3) 므낫세(반)
(4) 단-요글리의 아들 북기	(4) 베냐민
(5) 므낫세-에봇의 아들 한니엘	(5) 시므온
(6) 에브라임-십단의 아들 그므엘	(6) 스불론
(7) 스불론-바르낙의 아들 엘리사반	(7) 잇사갈
(8) 잇사갈-앗산의 아들 발디엘	(8) 아셀
(9) 아셀-슬로미의 아들 아히훗	(9) 납달리
(10) 납달리-암미훗의 아들 브다헬	(10) 단

르우벤, 갓, 므낫세 지파의 절반은 이미 요단 동편에서 땅을 차지하는 것으로 결정되었기 때문에 열 지파만 언급되었다. 레위기 25 : 23에서는 토지가 모두 하나님의 것임을 말씀하고 있으며, 레위기 25 : 38에서는 가나안 땅을 이스라엘 자손들에게 주신 분이 하나님이심을 분명하게 밝혀 주었다. 민수기 34장에서도 가나안 땅을 이스라엘 자손들에게 분배할 책임과 계획을 세워 가는 과정에서 하나님의 명령에 순종하여 모든 일이 준비된 것임을 분명히 밝혀 줌으로써 하나님께서 땅과 모든 것의 주인 되심을 선포하고 있다.

설교를 위한 묵상

조선 시대에는 부유한 양반의 집이 아무리 커도, 아흔아홉 칸의 규모를 넘지 못하도록 했다. 과거에도 계급과 빈부의 차이에 따라 집의 규모가 달라졌으며, 이러한 현상은 현대사회에서도 크게 다르지 않게 주거지 형태와 경제력이 대부분의 경우에 밀접하게 연결되어 나타나고 있다. 이는 개인 차원뿐만 아니라, 크고 작은 공동체와 나라의 영토 문제에서도 유사하게 나타나는 현상이기도 하다. 고대로부터 현대에 이르기까지 한 민족과 나라의 힘은 그 나라가 차지하는 영토의 크기와 비례하여 성장하는 경우가 많았다.

이를 위해 민족과 나라들은 전쟁을 일으키고, 다른 민족을 침략하는 일들도 있어 왔다. 오늘날 많은 민족과 국가들이 여전히 애매한 국경선의 문제로 분쟁을 일으키는 일들이 종종 일어나기도 한다. 가나안 땅은 하나님께서 이스라엘 자손들에게 친히 약속하신 땅이라고 민수기 34장에서는 증언하고 있다. 하지만 이 땅의 크기는 창세기 15장과 역대하 9장에서 언급한 다윗과 솔로몬 시대의 영토 크기와 일치하지는 않는다. 가나안 땅의 경계선에 관하여 기계적인 일치를 보여 주지 않는 이 본문은 하나님께서 이스라엘 자손에게 주시는 땅은 그 땅의 크기가 문제가 아니라 하나님의 말씀에 근거한 '약속의 땅' 이라는 데 의미가 있음을 보여 주는 예문으로 해석할 수 있다.

오늘날 현대 이스라엘이 만약 아브라함과 다윗과 솔로몬 시대의 국경선을 구약성경의 문자 그대로 회복하고자 한다면, 아랍 사람들과 전쟁을 치를 수밖에 없을 것이다. 대신 국토의 80% 이상을 차지하는 사막을 개발한다면, 모두가 함께 평화롭게 공존할 수 있는 길을 모색해 갈 수 있을 것이라는 희망이 이스라엘의 초대 총리 벤구리온의 생각이었다고 한다. 그는 정계에서 은퇴한 후에 자신의 뜻과 생각을 실천하기 위해 네게브 사막의 키부츠 '스데 보케르' (Sede-Boker)에서 생활하면서, 사막 연구에 여생을 바쳤다.

민수기 34장에서는 하나님께서 약속하신 말씀에 근거하여 가나안 땅을 이미 정복한 사실을 전제하고, 땅 분배를 위한 규정까지 마련하였다. 이는 하나님의 말씀 위에 국가의 미래를 세우고, 그 말씀으로 민족의 미래를 이끌어 갔던 구약 광야 시대의 역사를 보여 준다. 그렇다면 우리 그리스도인들에게 이 가나안 땅과 같은 약속의 땅은 과연 무엇일까? 우리 민족에게 있어서 적어도 조상들의 땅은 한반도와 만주지역을 아우르는 넓은 경계선이 될 수 있다. 그러나 이 세상 현실 속에서 영토의 크기는 언제나 상대적인 것일 수밖에 없다. 역사의 흐름 속에서 국가와 민족마다 소유한 영토의 크기가 영원히 동일할 수는 없다.

지상의 모든 것은 유한하며, 변화한다. 나라의 크기도 마찬가지이다. 그러나 그리스도인들이 꿈꾸는 나라와 땅은 이 세상에 속한 것들과 질적으로 다르며, 다른 차원에 속한 것이다. 성경에서는 이를 '새 하늘과 새 땅' 이라고 표현하기도 했다. 하나님께서 우리 그리스도인들에게 약속해 주신 진정한 약속의 땅은 '하나님 나라' 이며, 그리스도인들의 중요한 사명들 가운데 하나는 이 세상의 모든 것을 초월하는 하나님 나라를 이 삶의 현장들 가운데서 확장해 가는 일이다. 구약시대에 약속의 땅을 차지하기 위한 공격과 정복이 있었던 것처럼, 오늘날 기독교의 선교와 전도는 보이지 않는 '하나님 나라' 의 영토 확장을 위한 노력에 해당한다. 이 일은 물리적 전쟁을 통한 방법이 아니라 영적인 싸움을 통해 성령의 능력과 은혜로 이루어 갈 수 있는 일이다(엡 6 : 10－17).

3. 레위인의 기업과 도피성과 여성의 상속권에 관한 율법(35 : 1－36 : 13)

1) 레위인의 기업(35 : 1－8)

1여호와께서 여리고 맞은편 요단 강가 모압 평지에서 모세에게 말씀하여 이
르시되 2이스라엘 자손에게 명령하여 그들이 받은 기업에서 레위인에게 거주
할 성읍들을 주게 하고 너희는 또 그 성읍들을 두르고 있는 초장을 레위인에
게 주어서 3성읍은 그들의 거처가 되게 하고 초장은 그들의 재산인 가축과 짐
승들을 둘 곳이 되게 할 것이라 4너희가 레위인에게 줄 성읍들의 들은 성벽에
서부터 밖으로 사방 천 규빗이라 5성을 중앙에 두고 성 밖 동쪽으로 이천 규
빗, 남쪽으로 이천 규빗, 서쪽으로 이천 규빗, 북쪽으로 이천 규빗을 측량할
지니 이는 그들의 성읍의 들이며 6너희가 레위인에게 줄 성읍은 살인자들이
피하게 할 도피성으로 여섯 성읍이요 그 외에 사십이 성읍이라 7너희가 레위
인에게 모두 사십팔 성읍을 주고 그 초장도 함께 주되 8너희가 이스라엘 자손

의 소유에서 레위인에게 너희가 성읍을 줄 때에 많이 받은 자에게서는 많이 떼어서 주고 적게 받은 자에게서는 적게 떼어 줄 것이라 각기 받은 기업을 따라서 그 성읍들을 레위인에게 줄지니라

[35 : 1-8] 35 : 1과 36 : 13은 민수기의 마지막 단락에 해당하는 본문의 시작과 끝 문장이다. '여호와께서 여리고 맞은편 요단 강가의 모압 평지에서 모세에게 명하신 말씀' 이라는 내용이 일치하며, 각각의 문장에 사용된 용어들도 거의 동일하다. 이러한 문장들은 '수미상응 구조' 를 이루고 있으며 35~36장의 내용이 각 장별로 차이를 보여 주고 있음에도 불구하고, 하나의 단락에 속하여 있음을 분명하게 보여 준다.

35장에서는 레위인의 기업이 될 성읍들과 도피성에 관한 율법과 함께 땅을 더럽히는 문제에 대한 매우 강력한 메시지를 선포하고 있다. 여호와께서는 레위인들에게 성읍과 그 주변의 초장을 기업으로 주도록 명하셨다. 성을 중심으로 사방으로 2천 규빗에 해당하는 지역을 그 성읍의 들로 정하였고, 6도피성과 그 외에 42성읍인 총 48성읍을 각 지파의 분배받은 기업에 비례하게 나누어 주도록 하였다. 민수기 18장에서는 제사장과 레위인의 기업이 되는 헌물에 관한 규정을 기술한 것에 비해 35장에서는 레위인의 거주지 문제에 관한 규정들을 이야기하고 있다.

본래 열두 지파에 속해 있던 레위인은 땅 분배의 과정에서 제외되었다. 왜냐하면 여호와께서 친히 그 기업이 되시고, 성물과 십일조가 그들의 몫으로 돌아가기 때문이다(민 18 : 20-21 ; 신 18 : 1-2). 출애굽 당시에 하나님께서는 애굽의 처음 난 모든 생명체를 죽이셨기 때문에, 이스라엘 자손들은 초태생의 수컷과 이스라엘 자손의 장자는 대속해야 하며, 모든 처음 난 자 대신에 레위인을 취하셨다(출 13 : 2, 12-13, 15 ; 민 3 : 12-13). 레위인은 하나님의 소유된 사람들이었으며(민 3 : 45), 가나안 땅 모든 토지의 주인도 하나님이셨다(레 25 : 23).

엄밀하게 말하면 레위인의 몫이 되어야 할 땅은 다른 지파들에게로 돌아갔으며, 레위인이 하나님께 성별된 것은 이스라엘 모든 자손의 장자를 대신하기 위한 것이었다. 레위인이 받는 기업은 다른 이스라엘 지파에 속한 사람들로부터 직접 받는 급료가 아니라, 하나님께 드려진 헌물과 식물과 땅을 하나님께로부터 받는 것이다(민 18장 해설 참조). 레위인과 다른 지파 백성들의 관계는 고용인과 피고용인의 관계가 아니며, 이스라엘의 나머지 백성이 레위인을 먹여 살리는 것이 아니라 하나님께서 친히 그들의 기업이 되시고, 하나님께서 친히 그들에게 하나님의 것을 주신 것이다. 레위인은 이스라엘 모든 지파들을 위해서 존재하는 사람들이고, 하나님을 섬기며 사는 사람들이었다.

2) 도피성(35 : 9 – 34)

9여호와께서 또 모세에게 말씀하여 이르시되 10이스라엘 자손에게 말하여 그
들에게 이르라 너희가 요단 강을 건너 가나안 땅에 들어가거든 11너희를 위하
여 성읍을 도피성으로 정하여 부지중에 살인한 자가 그리로 피하게 하라 12이
는 너희가 복수할 자에게서 도피하는 성을 삼아 살인자가 회중 앞에 서서 판
결을 받기까지 죽지 않게 하기 위함이니라 13너희가 줄 성읍 중에 여섯을 도
피성이 되게 하되 14세 성읍은 요단 이쪽에 두고 세 성읍은 가나안 땅에 두어
도피성이 되게 하라 15이 여섯 성읍은 이스라엘 자손과 타국인과 이스라엘 중
에 거류하는 자의 도피성이 되리니 부지중에 살인한 모든 자가 그리로 도피
할 수 있으리라 16만일 철 연장으로 사람을 쳐 죽이면 그는 살인자니 그 살인
자를 반드시 죽일 것이요 17만일 사람을 죽일 만한 돌을 손에 들고 사람을 쳐
죽이면 이는 살인한 자니 그 살인자는 반드시 죽일 것이요 18만일 사람을 죽
일 만한 나무 연장을 손에 들고 사람을 쳐 죽이면 그는 살인한 자니 그 살인
자는 반드시 죽일 것이니라 19피를 보복하는 자는 그 살인한 자를 자신이 죽

일 것이니 그를 만나면 죽일 것이요 20만일 미워하는 까닭에 밀쳐 죽이거나
기회를 엿보아 무엇을 던져 죽이거나 21악의를 가지고 손으로 쳐 죽이면 그 친
자는 반드시 죽일 것이니 이는 살인하였음이라 피를 보복하는 자는 살인자를
만나면 죽일 것이니라 22악의가 없이 우연히 사람을 밀치거나 기회를 엿봄이
없이 무엇을 던지거나 23보지 못하고 사람을 죽일 만한 돌을 던져서 죽였을
때에 이는 악의도 없고 해하려 한 것도 아닌즉 24회중이 친 자와 피를 보복하
는 자 간에 이 규례대로 판결하여 25피를 보복하는 자의 손에서 살인자를 건
져 내어 그가 피하였던 도피성으로 돌려보낼 것이요 그는 거룩한 기름 부음
을 받은 대제사장이 죽기까지 거기 거주할 것이니라 26그러나 살인자가 어느
때든지 그 피하였던 도피성 지경 밖에 나가면 27피를 보복하는 자가 도피성
지경 밖에서 그 살인자를 만나 죽일지라도 피 흘린 죄가 없나니 28이는 살인
자가 대제사장이 죽기까지 그 도피성에 머물러야 할 것임이라 대제사장이 죽
은 후에는 그 살인자가 자기 소유의 땅으로 돌아갈 수 있느니라 29이는 너희의
대대로 거주하는 곳에서 판결하는 규례라 30사람을 죽인 모든 자 곧 살인한 자
는 증인들의 말을 따라서 죽일 것이나 한 증인의 증거만 따라서 죽이지 말 것
이요 31고의로 살인죄를 범한 살인자는 생명의 속전을 받지 말고 반드시 죽일
것이며 32또 도피성에 피한 자는 대제사장이 죽기 전에는 속전을 받고 그의 땅
으로 돌아가 거주하게 하지 말 것이니라 33너희는 너희가 거주하는 땅을 더럽
히지 말라 피는 땅을 더럽히나니 피 흘림을 받은 땅은 그 피를 흘리게 한 자의
피가 아니면 속함을 받을 수 없느니라 34너희는 너희가 거주하는 땅 곧 내가 거
주하는 땅을 더럽히지 말라 나 여호와는 이스라엘 자손 중에 있음이니라

[35 : 9-34] 레위인들의 거주지가 성막(성전)이 위치한 한 장소(예루살렘)에 집중적으로 배치된 것은 아니었으며, 도피성은 요단 건너편과 가나안 땅에 두어서 부지중에 살인한 이스라엘 자손과 타국인과 거류민이 도피할 수 있는 곳이 되도록 했다.

그러나 철 연장이나 돌 혹은 나무 연장으로 살인한 자는 반드시 사형시켜야 하며, 미움 때문에 밀쳐 죽이거나, 기회를 엿보아 무엇을 던져 죽이거나, 악의를 가지고 손으로 때려 살인한 자도 마찬가지이다.

살인과 그 처벌에 관한 율법은 '동기' 와 '마음' 의 문제를 함께 지적하고 있으며, 도구를 사용하거나, 적의를 가지거나, 계획적인 준비에 의해 사람을 죽인 경우를 살인죄로 규정한다. 그러한 경우에는 '피를 보복하는 자' 가 그 살인자들을 죽일 수 있도록 규정하였다. '피를 보복하는 자' 는 히브리어로 '고엘 핫담' 이며, 〈표준새번역〉 성경에서는 '피해자의 피를 보복할 친족' 으로 번역하였다. 고의로 살인한 자에게서는 생명의 속전을 받을 수 없으며 반드시 사형시켜야 한다(31절). 12절에서는 '고엘' 을 '복수할 자' 로 번역하였으며, 룻기에서는 '기업 무를 자' 로 번역하였다(룻 3 : 13).

'고엘' 의 의무는 형제 혹은 친족의 사망 시에 그의 아내를 가까운 친족이나 형제가 다시 아내로 맞이함으로써 죽은 형제의 대를 이어 주고(신 25 : 5-6), 여성의 생존권을 보장하거나(룻 4 : 4-6 ; 창 38장 참고), 친족의 경제적인 어려움을 돕는 의무(레 25 : 48)와 연관되기도 하였다. 민수기에 언급된 '고엘' 은 사형집행과 관련된 법적인 의무에 해당하는 내용이다. 12절에서 판결을 언급한 것으로 보아 살인죄에 대한 공동체의 법적인 판결이 있지만, 사형을 피해자의 친족에게 명령하는 내용으로 볼 때, 사형집행이 제도화되기 이전 단계의 고대 이스라엘 사회의 관습법을 보여 주는 것으로 해석할 수 있다.

하지만 악의가 없이 우연히 사람을 죽였을 때에는 규례대로 판결하여 피를 보복하는 자의 손에서 살인자를 구제하여 도피성으로 돌려보내야 하고, 도피성에 피한 사람은 속전을 주고 자기 땅으로 돌아갈 수 없다. 그 사람은 대제사장이 사망할 때까지 도피성에 거주해야 한다. 만일 도피성 밖에서 피를 보복하는 자가 살인자를 만나면 죽일 수 있으며, 대제사장 사후에는 그 살인자가 자신의 땅으로 돌아갈 수 있다. 여호수아 20 : 7~8에서는 총 여섯 지파에 속한 성읍들을 하나씩 도피성으로 정하였는데, 가나안 땅에는 게데스(납달리), 세겜(에브라임), 헤브론(유다)을 지정하였고, 요단강 동편 땅에는 베셀(르우벤), 길르앗 라못(갓), 바산 골란(므낫세)을 택한 것으로 기록하고 있다.

33~34절에서는 피는 땅을 더럽힐 수 있고, 더럽혀진 땅은 피 흘린 자의 피가 아니면 속함을 받을 수 없다고 규정하였다. 또한 이스라엘 자손이 거주하는 땅은 곧 하나님께서 거주하시는 땅이기 때문에 그 땅을 더럽혀서는 안 된다고 선포하고 있다. '너희가 거주하는 땅' 이 곧 '내가 거주하는 땅' 이라는 평행법을 사용한 표현은 무고한 자의 피를 흘려서는 안 된다는 명령의 분명한 근거와 정당성을 잘 드러내 준다(34절). '땅을 더럽힘' 의 주제는 이미 레위기 18장과 20장에서 언급되었던 바가 있다. 레위기에서는 동일한 주제가 가나안 땅의 종교적인 관습과 성적인 관계의 부정함의 문제와 연결되어 있다.

이에 비해 민수기 35장은 '땅의 오염' 의 주제를 '피 흘림' 으로 표현된 살인의 문제와 연결시켜 내용을 전개하고 있다. 그러므로 레위기와 민수기의 전체적인 맥락에서 다시 한 번 '땅의 오염' 의 주제를 정리해 볼 필요가 있다. 두 책들에서는 사람들이 땅을 더럽히게 되는 원인을 구체적으로 '사람을 제물로 바치는 종교적 풍습' 과 '성적인 관계의 부정함' 과 '살인' 으로 규정하고 있으며, 레위기가 땅의 오염의 주제를 '거주민의 추방' 이라는 심판과 경고의 내용으로 연결시킴으로써 '결과' 를 부각시켰다고 한다면, 민수기는 땅의 오염을 금지하는 율법이 '그 땅에 하나님께서 함께 계심' 에 있다고 설명함으로써 그 율법의 '근거' 를 강조하는 형태로 제시한 점에서 차이를 보여 준다.

설교를 위한 묵상

도피성의 설치는 실수로 살인한 자를 구제하기 위한 방도였다. 하지만 도피성은 비록 고의는 아니었다 할지라도 사람의 생명을 해치게 된 책임을 지도록 하는 기능을 했다고 볼 수 있다. 살해당한 사람의 친족에 의한 보복을 피하도록 마련된 도피성은 살인을 저질렀던 사람이 어떤 속전으로도 그 도피성에서 자유롭게 떠나 자신의 집으로 돌아갈 수 없도록 함으로써 그의 자유를 제한하였다. 그 사람은 대제사장의 사후에만 자유롭게 되어 자신의 기업으로 돌아갈 수 있도록 정한 것이 도피성에 관한 율법이었다.

도피성 제도와 유사한 제도는 우리나라 삼한 시대의 '별읍' 의 개념에서도 찾아볼 수 있다. 별읍은 '소도' 라고 불리기도 했는데, 이 지역은 하늘에 제사를 지내던 장소였으며, 그곳으로 도망 온 사람은 돌려보내지 않았다고 한다. 실수로 살인을 저지른 사람의 생명을 보호하는 것이 도피성의 기능이지만, 동시에 이 제도는 대제사장의 죽음으로 그가 흘린 피를 속전하고 죄의 부정함이 제거될 때까지 그 사람을 그 땅으로부터 격리시키는 의미도 갖는다(이미숙, "도피성," 「위대하신 하나님과 그의 백성들」 구약 1-1, 2004, pp. 182-186).

고의로 살인한 자 역시 어떠한 속전으로도 구제받을 수 없으며, 사형을 피할 수 없는 이유는 그만큼 사람의 생명이 귀하기 때문이다. 사람의 생명을 고의로 해하고 피를 흘리는 일을 구약은 땅을 더럽히는 일로 보았다. 그 이유를 민수기 35장에서는 이스라엘 자손 가운데 함께 계시는 하나님께서 그 땅에 거하시기 때문이라고 설명한다. 사람의 생명은 하나님과 관계된 것이며, 하나님께 속한 것이다. 창세기 1 : 27과 9 : 6은 사람이 하나님의 형상대로 지어졌다고 말하고 있으며, 사람이 그 조건과 배경과 소유의 문제를 넘어서 그 존재 자체로서 존엄한 이유가 여기에 있다.

3) 여성의 상속권(36 : 1-13)

[1]요셉 자손의 종족 중 므낫세의 손자 마길의 아들 길르앗 자손 종족들의 수령
들이 나아와 모세와 이스라엘 자손의 수령 된 지휘관들 앞에 말하여 [2]이르되

여호와께서 우리 주에게 명령하사 이스라엘 자손에게 제비 뽑아 그 기업의
땅을 주게 하셨고 여호와께서 또 우리 주에게 명령하사 우리 형제 슬로브핫
의 기업을 그의 딸들에게 주게 하셨은즉 3그들이 만일 이스라엘 자손의 다른
지파들의 남자들의 아내가 되면 그들의 기업은 우리 조상의 기업에서 떨어져
나가고 그들이 속할 그 지파의 기업에 첨가되리니 그러면 우리가 제비 뽑은
기업에서 떨어져 나갈 것이요 4이스라엘 자손의 희년을 당하여 그 기업이 그
가 속한 지파에 첨가될 것이라 그런즉 그들의 기업은 우리 조상 지파의 기업
에서 아주 삭감되리이다 5모세가 여호와의 말씀으로 이스라엘 자손에게 명령
하여 이르되 요셉 자손 지파의 말이 옳도다 6슬로브핫의 딸들에게 대한 여호
와의 명령이 이러하니라 이르시되 슬로브핫의 딸들은 마음대로 시집가려니
와 오직 그 조상 지파의 종족에게로만 시집갈지니 7그리하면 이스라엘 자손
의 기업이 이 지파에서 저 지파로 옮기지 않고 이스라엘 자손이 다 각기 조상
지파의 기업을 지킬 것이니라 하셨나니 8이스라엘 자손의 지파 중 그 기업을
이은 딸들은 모두 자기 조상 지파의 종족되는 사람의 아내가 될 것이라 그리
하면 이스라엘 자손이 각기 조상의 기업을 보전하게 되어 9그 기업이 이 지파
에서 저 지파로 옮기게 하지 아니하고 이스라엘 자손 지파가 각각 자기 기업
을 지키리라 10슬로브핫의 딸들이 여호와께서 모세에게 명령하신 대로 행하
니라 11슬로브핫의 딸 말라와 디르사와 호글라와 밀가와 노아가 다 그들의 숙
부의 아들들의 아내가 되니라 12그들이 요셉의 아들 므낫세 자손의 종족 사람
의 아내가 되었으므로 그들의 종족 지파에 그들의 기업이 남아 있었더라 13이
는 여리고 맞은편 요단 가 모압 평지에서 여호와께서 모세를 통하여 이스라
엘 자손에게 명령하신 계명과 규례니라

[36 : 1-13] 36장에 기록된 슬로브핫의 딸들의 재산 상속 문제는 27장의 내용과 직접적으로 연결되어 있다. 27장과 36장 사이의 공통된 특징은 용어와 문장에서도 잘 드러나고 있으며, 내용의 구조적인 유사성에서도 그러한 점들을

발견할 수 있다 ; (1) 지도자들에게 호소함, (2) 요청, (3) 요청의 수용, (4) 법 제정(Itamar Kislev, "Numbers 36, 1-12 : Innovation and Interpretation," *Zeitschrift Für die Alttestamentliche Wissenschaft*〈*ZAW*〉, band 122, 2010, pp. 249-250).

27장		36장	
1절	**(족보)** 요셉의 아들 므낫세 종족들에게 므낫세의 현손 마길의 증손 길르앗의 손자 헤벨의 아들 슬로브핫의 딸들이 찾아왔으니	1절	**(족보)** 요셉 자손의 종족 중 므낫세의 손자 마길의 아들 길르앗 자손 종족들의 수령들이 나아와
2절	모세와 제사장 엘르아살과 지휘관들과 온 회중 앞에 서서 이르되	1절	모세와 이스라엘 자손의 수령 된 지휘관들 앞에 말하여
7절	슬로브핫 딸들의 말이 **옳으니**	5절	요셉 자손 지파의 말이 **옳도다**

요셉 자손 므낫세의 손자 마길의 아들 길르앗 자손 가운데 지파의 수령된 이들이 모세와 다른 지휘관들 앞에 나아와 슬로브핫의 딸들에게 땅을 상속하였을 경우에 생길 수 있는 문제를 이야기했다. 그들의 염려는 그 딸들이 다른 지파에 속한 사람들과 결혼할 경우에 자신들의 지파에 속해 있던 기업이 다른 지파로 자연스럽게 귀속될 수 있다는 문제였다. 4절에서 말하고 있는 '희년' 법은 현재의 재산 상속 문제를 부각시키기 위한 언급이며, 이 내용은 요셉 자손들이 제기한 문제가 기존의 법으로 해결될 수 없는 새로운 사안이라는 점을 보여 준다(Itamar Kislev, "Numbers 36, 1-12 : Innovation and Interpretation," *ZAW*, band 122, 2010, p. 256).

본문에서 사용된 '조상의 기업'(3, 8절)과 '조상 지파의 기업'(4, 7절)이라는 새로운 용어들은 재산 상속에 관한 요셉 지파의 새로운 문제를 개인과 가문의 유산을 지키기 위한 전통의 맥락에서 파악하도록 제시한다. 땅을 '제비' 뽑아 기업으로 주었다는 2절의 표현도 하나님에 의해 확정된 지파별 유산이 변경될 수 없는 것이라는 믿음을 반영함으로써, '지파 유산'의 보존이라는 주제를 더욱 강조하였다(I. Kslev, "Numbers 36, 1-12 : Innovation and Interpretation," *ZAW*, band 122, 2010, pp. 257 – 258. 참조). 이에 모세를 통하여 제시된 해결책은 슬로브핫의 딸들이 자신의 조상 지파에 속한 사람에게만 시집갈 수 있도록 하라는 것이었다.

이러한 결정은 개인과 여성의 권익을 보호하되, 그 사람들이 속한 지파 전체의 공동체적인 질서와 틀을 존중하고 보존하는 의미를 포함한다. 슬로브핫의 딸들은 그 결정에 순종하였으며, 이로써 양측 모두가 서로 만족할 만한 결론에 도달할 수 있었다. 그러한 결정의 구체적인 결과와 순종의 내용은 10~12절에 기록되어 있다. 슬로브핫의 딸들의 이름은 말라, 디르사, 호글라, 밀가, 노아였으며, 그들이 숙부의 아들들의 아내가 되어 모든 문제의 가능성이 자연스럽게 해결되었다. 36 : 13은 민수기 전체의 결론 문장에 해당하며, 이러한 율법이 여리고 맞은편 요단 가 모압 평지에서 모세가 여호와께 받았던 계명과 규례였다고 밝히고 있다.

설교를 위한 묵상

구약성경을 연구하는 사람들 중에는 구약성경을 가부장적 문화권에서 나온 전형적인 가치관들을 담은 책으로 평가하는 이들도 있다. 하지만 민수기 27장과 36장에서는 그러한 주장을 일방적으로 적용할 수가 없다. 여성에게도 재산 상속권을 인정해 줄 것을 요구했던 슬로브핫의 딸들이 보여 준 태도와 용기는 지금까지 누구도 이의를 제기하지 않았던 그 사회의 전통에 커다란 충격을 주었을 것이다. 그렇지만 여성들의 의견은 무시되지 않았고, 모세를 통하여 하나님 앞에서 모두가 납득할 만한 결론에 다다를 수 있었다. 모세오경에서는 하나님을 율법의 설립자이고, 개정자이며, 해석자로 묘사하면서 이 과정에 사람들의 참여가 있었음을 함께 설명하고 있다.
그 가운데 한 예가 민수기 36장의 슬로브핫의 딸들과 그들의 재산 상속법에 관한 경우이다(James W. Watts, *Reading Law*, 1999, p. 106). 하나님은 사람을 창조하시되 남자와 여자를 창조하셨다는 말씀처럼 사람들을 성의 차별 없이 동등하게 대화의 상대자로 인정하셨고, 그들의 의견을 받아들여 해결책을 제시해 주셨다. 이 사건에 관하여 조금 다른 시각에서 본문에 접근해 볼 수 있다. 여기서 함께 생각해 볼 문제는 '의사소통' 의 방법에 관한 주제이다. 광야 시대 40년의 역사 기록 속에서 우리는 출애굽 제1세대에 속했던 사람들이 남들과 다른 생각과 다른 의견을 가지고 있을 때, 그들이 이 문제를 원망과 분노와 분쟁의 방법을 통하여 표출하여 왔음을 볼 수 있었다.

이에 비해 출애굽 제2세대에 속해 있던 슬로브핫의 딸들은 전혀 다른 방식으로 문제에 접근하였다. 슬로브핫의 딸들의 재산 상속권에 관한 기록은 새로운 세대에 속한 사람들이 문제를 인식했을 때, 어떻게 이 문제들을 해결해 갔는지를 보여 주는 이야기이기도 하다. 광야에서 성장했던 이 새로운 세대는 부딪힌 문제를 외면하지 않았고, 더욱이 원망과 불평의 부정적이고 소극적인 대처 방식을 선택하지도 않았다. 이들은 당면 문제에 관하여 적극적인 문제 제기와 대화를 통해 대안과 해결책을 함께 모색해 가는 노력의 모습을 너무도 잘 보여 주었다. 이는 출애굽 제2세대의 새로운 사람들에게 나타난 변화를 보여 주는 하나의 예로 해석할 수 있다.

출애굽 제2세대에 속한 새로운 사람들의 변화된 모습 가운데서, 이제 우리는 '희망' 의 가능성을 찾을 수 있다. 왜냐하면 대화를 통해 문제를 해결할 수 있다는 것은 사람과 사람 사이의 의사소통이 가능하고, 동시에 하나님과 사람 사이의 소통이 가능함을 보여 주고 있기 때문이다. 이러한 대화와 소통을 통한 문제 해결의 길은 서로에 대한 믿음과 신뢰감 없이는 불가능한 일이며, 공동체 구성원의 성숙함이 전제되지 않고서는 이루어지기 어렵다. 모세 역시 이들의 변화된 모습들을 바라보며, 이제 출애굽 제2세대에 속한 사람들이 하나님께서 그들의 앞 세대에게 맡겨 주셨던 소명을 잘 감당할 준비가 되어 있음을 확신할 수 있었을 것이다.

민수기는 분명히 실패의 역사를 기록한 책이다. 그럼에도 불구하고 이 책은 동시에 그 실패의 역사 가운데서 자라난 새로운 세대의 가능성을 이미 충분하게 보여 준 희망의 책이라고 말할 수 있다. 왜냐하면 그 희망의 가능성을 하나님과 지도자 모세와 새로운 세대에 속한 사람들의 '대화' 와 '소통' 가운데서 찾을 수 있기 때문이다.

참고문헌

The Oxford Study Bible, Revised English Bible(REB), New York : Oxford University Press, 1992.

Life Application Study Bible, Carol Stream : Tyndale House Publishers, 2004.

강사문 외 3인 공저, 「구약성서개론」, 서울 : 한국장로교출판사, 2002.

강사문, "전쟁에 대한 성서적 이해," 「구약의 하나님」, 서울 : 한국성서학연구소, 1999.

강성렬, "고대 근동 종교의 풍요 제의 이해," 「신학이해」(1994. 4).

_____, 「고대 근동의 신화와 종교」, 서울 : 살림출판사, 2006.

김영진 외 15인 공저, 「구약성서개론」, 서울 : 대한기독교서회, 2004.

김중은, 「거룩한 길 다니리 : 설교를 위한 레위기 연구」, 서울 : 한국성서학연구소, 2001.

김진명, "레 16장 : 속죄일의 속죄와 성결 의식," 목회와신학 편집부, 「레위기 : 어떻게 설교할 것인가」, 두란노 HOW주석, 서울 : 두란노아카데미, 2009.

_____, "레 19장의 정경적 전개에 관한 주석적 연구," 「구약논단」 제13권, 24집(2007. 6. 30).

_____, "안식일에 나무하는 자 이야기의 의미와 역할에 대한 해석"(민 15 : 32-36), 「구약논단」 제17권, 40집(2011. 6. 30).

노세영 · 박종수, 「고대근동의 역사와 종교」, 서울 : 대학기독교서회, 2002.

노재명, 「성경배경을 통한 성경읽기」, 서울 : 도서출판 기쁜날, 2009.

박종수, 「구약성서 역사 이야기 : 쉽게 읽고 새롭게 깨닫는 오경·역사서 입문서」, 서울 : 한들출판사, 2002.

배철현, 「창세기, 샤갈이 그림으로 말하다」, 서울 : 코바나컨텐츠, 2011.

변순복, 「토라」(하), 서울 : 도서출판대서, 2010.

서명수, "민 1 : 1-10 : 10 : 시내 광야 체류와 행군 준비," "민수기의 새로운 공동체 형성과 저항," 「민수기 : 어떻게 설교할 것인가」, 두란노 HOW주석, 서울 : 두란노아카데미, 2009.

왕대일, 「민수기」, 대한기독교서회 창립 100주년 기념 성서주석, 서울 : 대한기독교서회, 2007.

이미숙, "도피성," 「위대하신 하나님과 그의 백성들」 구약 1-1, 서울 : 한국장로교출판사, 2004.

이원우, "민수기는 어떤 책인가," "민수기의 거시 구조 : 구세대에서 신세대로의 전환," 목회와신학 편집부 엮음, 「민수기 : 어떻게 설교할 것인가」 두란노 HOW주석, 서울 : 두란노아카데미, 2009.

정중호, 「새로운 해석과 설교를 위한 민수기 I」, 서울 : 프리칭아카데미, 2008.

_____, "민수기 해석과 설교," 「민수기 : 어떻게 설교할 것인가」, 두란노 HOW주석, 서울 : 두란노아카데미, 2009.

Aaron, D. H. *Etched in Stone*, New York, London : T & T Clark, 2006.

Baumgartner, K. *The Hebrew & Aramaic Lexicon of the Old Testament*, Leiden, Boston, Köln : Brill, 2001.

Budd, P. J. *Numbers, Word Biblical Commentary(WBC)*, vol. 5, Waco : Word, 1984.

Currid, J. D. *A Study Commentary on Numbers*, Darlington : EP

Books, 2009.

Davis, E. F. *Scripture, Culture, and Agriculture*, Cambridge : Cambridge University Press, 2009.

Davies, G. I. *The Way of the Wilderness*, Cambridge : Cambridge University Press, 2009.

Douglas, M. *In the Wilderness : The Doctrine of Defilement in the Book of Numbers*, Oxford : Oxford University Press, 2001.

_____, *Leviticus as Literature*, 1999.

Gray, G. B. *Numbers*, ICC, Edinburgh : T. & T. Clark, 1903.

Haran, M. "The Character of the Priestly Source : Utopian and Exclusive Features," Yosef Kaplan(ed), *Proceedings of the Eighth World Congress of Jewish Studies*, Jerusalem : World Union of Jewish Studies, 1983.

Havea, J. *Elusion of Control : Biblical Law on the Words of Women*, Atlanta : Society of Bliblical Literature, 2003.

Kang, S. M. *Divine War in the Old Testament and in the Ancient Near East*, Berlin, New York : Walter de Gruyter, 1989.

Kim, J. M. *Holiness & Perfection : A Canonical Unfolding of Leviticus 19*, Bern : Peter Lang, 2011.

Lee, W. W. *Punishment and Forgiveness in Israel's Migratory Campaign*, Grand Rapids, Cambridge : William B. Eerdmans Publishing Company, 2003.

Leveen, A. B. "Variations on a Theme : Differing Conceptions of Memory in the Book of Numbers," *JSOT*(2002), vol. 27.

_____, *Memory and Tradition in the book of Numbers*, Cambridge : Cambridge University Press, 2008.

Marguerat, D. and Bourquin, Y. *How to Read Bible Stories*, London : SCM Press, 1999.

Mattingly, G. L. "Chemosh," *ABD* vol. 1, 1992.

Milgrom, J. *Numbers, The JPS Torah Commentary*, New York : The Jewish Publication Society, 1990.

_____, *Leviticus 1–16*, The Anchor Bible, New York : Doubleday, 1991.

Moore, M. S. *The Balaam Traditions*, Atlanta : Scholars Press, 1990.

Noth, M. *Das vierte Buch Mose : Numeri*, 이경숙 역, 「민수기」, 서울 : 한국신학연구소, 1986.

Notley, S. *Carta's Atlas of the Biblical World*, 강성열 옮김, 「성경 역사, 지리학, 고고학 아틀라스」, 서울 : 이레서원, 2010.

Novick, T. "Law and Loss : Response to Catastrophe in Numbers 15," *Harvard Theological Review(HTR)* 101 : 1, 2008.

Olson, D. T. *Numbers*, 한미공동주석편집/번역위원회, 「민수기」 현대성서주석, 서울 : 한국장로교출판사, 2007.

Pietersma, A. and Wright, B. G. *A New Translation of the Septuagint(NETS)*, New York, Oxford : Oxford University Press, 2007.

Rendtorff, R. *The Covenant Formula*, Old Testament Studies, Edinburgh : T&T Clark, 1998.

Richards, K. H. "Death," *The Anchor Bible Dictionary(ABD)*, vol. 2, New York : Doubleday, 1992.

Shanks, H.(ed), *Ancient Israel*, 김유기 옮김, 「고대 이스라엘」, 서

울 : 한국신학연구소, 2005.

Stubbs, D. L. *Numbers*, Grand Rapids : Brazos Press, 2009.

Tregelles, S. P.(tr), *Gesenius' Hebrew-Chaldee Lexicon to the Old Testament*, Grand Rapids : Eerdmans Publishing Company, 1980.

Watts, J. W. *Reading Law*, Sheffield : Sheffield Academic Press, 1999.

Way, K. C. "Animals in the Prophetic World : Literary Reflections on Numbers 22 and 1 Kings 13," *JSOT* vol. 34, 2009.

Wenham, G. J. *Story as Torah*, Old Testament Studies, Edinburgh : T&T Clark, 2000.

_____, *Exploring the Old Testament : A Guide to the Pentateuch*, vol. 1, Downers Grove : InterVarsity Press, 2003.

_____, *The Pentateuch*, 박대영 옮김, 「모세오경」, 서울 : 한국성서유니온선교회, 2007.

Wevers, J. W. "Camp," G. A. Buttrick(ed), *The Interpreter's Dictionary of the Bible(IDB)*, vol. 1, 1962.

Weyde, K. W, *The Appointed Festivals of YHWH*, Tübingen : Mohr Siebeck, 2004.

(1) 인구조사 명령(1 : 1-4)-34쪽

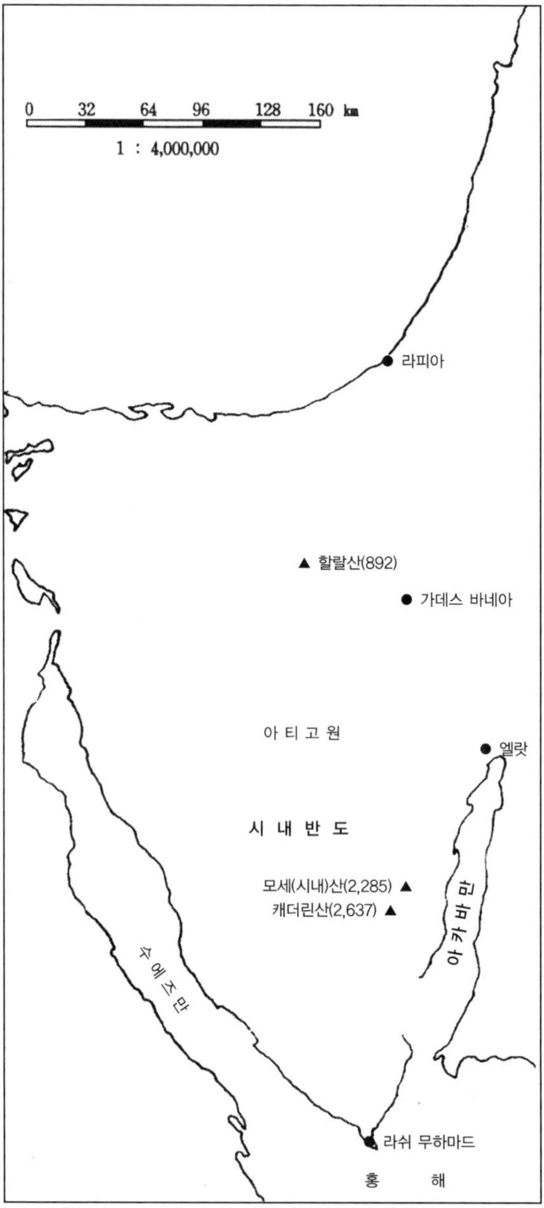

2) 진의 조직과 정비(2 : 1-4 : 49)-46쪽

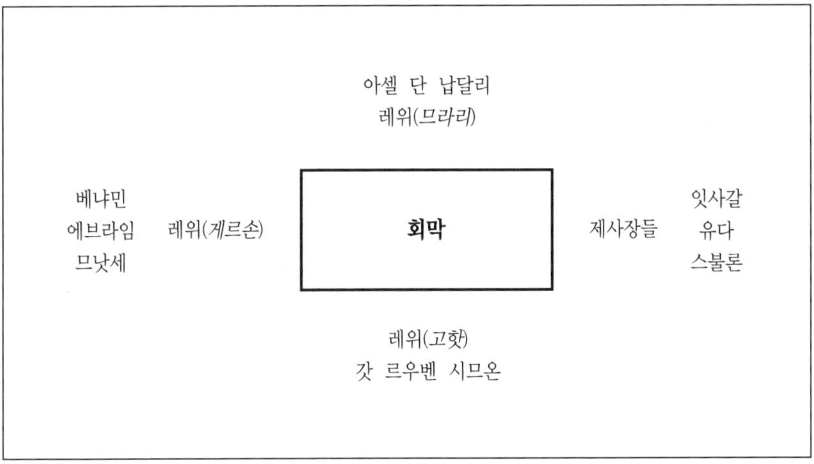

3. 시내 광야로부터의 출발[10 : 11-36]-111쪽

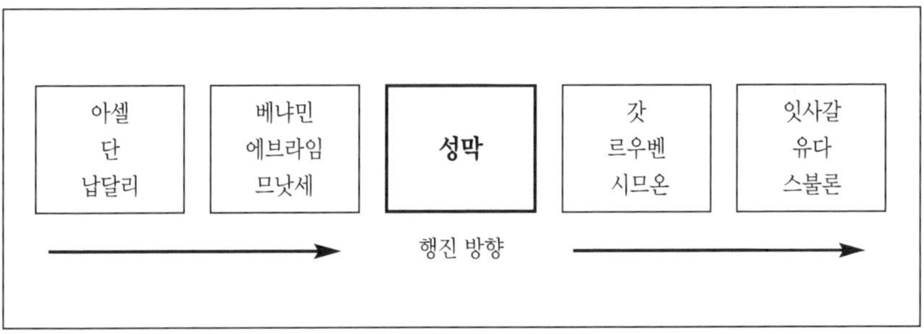

3) 에돔 지역 우회[20 : 14-21]-198쪽

B. 광야 시대 역사의 회고와 전망(33 : 1-36 : 13)-282쪽

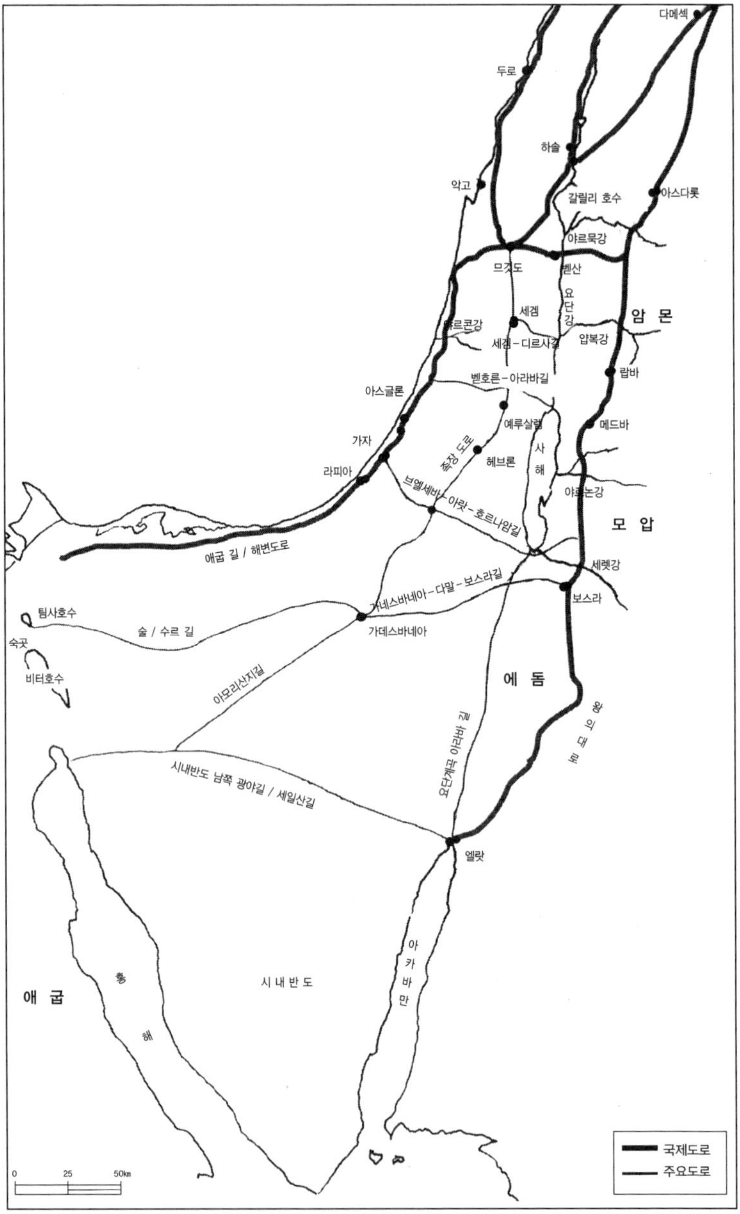

3) 발람의 주술 시도와 예언(22 : 36-24 : 25)-219쪽

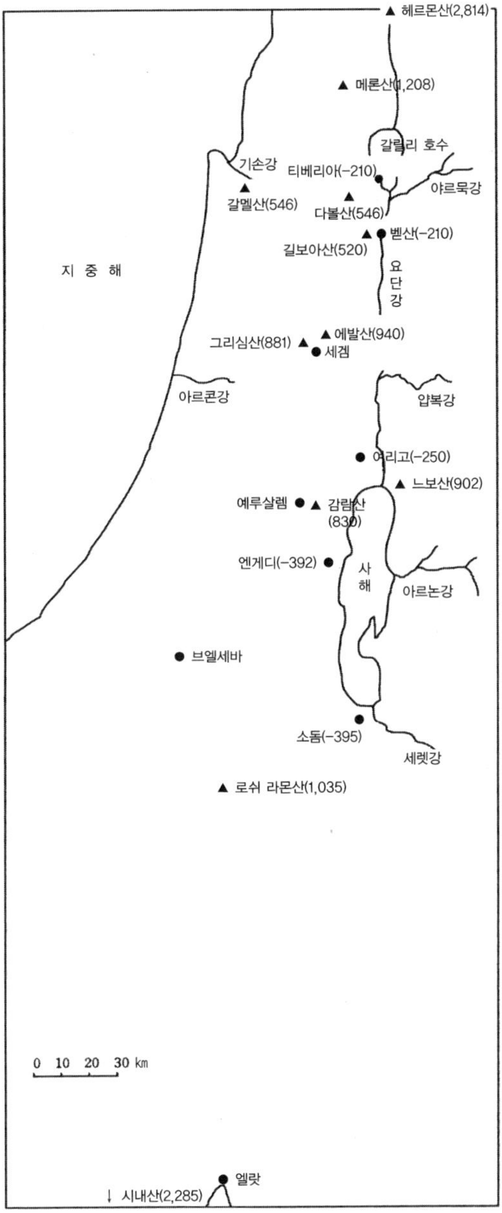

| 한국장로교총회창립 100주년기념 표준주석 |

구약

집필부분	집필자
창세기	김중은 박사
출애굽기	이종록 박사
레위기	정중호 박사
민수기	김진명 박사
신명기	김회권 박사
여호수아	강사문 박사
사사기/룻기	허성군 박사
사무엘상·하	김선종 박사
열왕기상·하	김태훈 박사
역대상	배희숙 박사
역대하	함 택 박사
에스라/느헤미야	민경진 박사
에스더	이미숙 박사
욥기	하경택 박사
시편	이승현 박사
잠언	천사무엘 박사
전도서	채은하 박사
아가	강승일 박사
이사야	조성욱 박사
예레미야	강성열 박사
예레미야애가	박동현 박사
에스겔	이은우 박사
다니엘	배정훈 박사
호세아/요엘	김정철 박사
아모스	최인기 박사
오바댜/요나	김유기 박사
미가	오택현 박사
나훔/하박국/스바냐	윤동녕 박사
학개/스가랴/말라기	김근주 박사

신약

집필부분	집필자
마태복음	최재덕 박사
마가복음	차정식 박사
누가복음	오덕호 박사
요한복음	김문경 박사
사도행전	이 달 박사
로마서	장흥길 박사
고린도전서	조광호 박사
고린도후서	박흥순 박사
갈라디아서	이종윤 박사
에베소서	석원식 박사
빌립보서/빌레몬서	김덕기 박사
골로새서	김철홍 박사
데살로니가전·후서	김형동 박사
디모데전·후서/디도서	박종기 박사
히브리서	소기천 박사
야고보서	이승호 박사
베드로전·후서	왕인성 박사
요한 1·2·3서/유다서	최흥진 박사
요한계시록	김춘기 박사

Presbyterian Church of Korea Standard Commentary

100
| 한국장로교총회창립 100주년기념 표준주석 |

민수기

초판인쇄 2012년 5월 1일
초판발행 2012년 5월 11일

기획·편찬 표준주석편찬위원회 김진명
편 집 인 대한예수교장로회총회교육자원부
발 행 인 채형욱
발 행 소 한국장로교출판사
주 소 110-470 / 서울 종로구 연지동 135 한국교회100주년기념관 별관
전 화 (02) 741-4381 / 팩스 741-7886
영 업 국 (031) 944-4340 / 팩스 944-2623
등 록 No. 1-84(1951. 8. 3.)

ISBN 978-89-398-0435-7 / 978-89-398-0434-0(세트)
Printed in Korea
값 16,000원